KB217103

우리는 독자들이 성경을 읽되 기록된 대로 읽기를 바란다. 다시 말해서 성경을 삶과 사랑과 권력에 대한 논의들을 모아놓은 책으로 읽으라. 특히 중심 주제에 주의를 기울여 주기 바란다. 즉 하나님이 지배와 살인 권력의 제국적 패러다임으로 작동하게 하려고 세상을 창조했는지, 농부와 평범한 사람의 긍휼과 공동체 비전으로 작동하게 하려고 세상을 창조했는지에 관한 것이다.

도서출판 대장간은
쇠를 달구어 연장을 만들듯이
생각을 다듬어 기독교 가치관을
바르게 세우는 곳입니다.

대장간이란 이름에는
사라져가는 복음의 능력을 되살리고,
낡은 것을 새롭게 풀무질하며, 잘못된 것을
바로 세우겠다는 의지가 담겨져 있습니다.

www.daejanggan.org

성경과 제국 시리즈를 간행하며

기독교계 안팎에서 "신은 죽었다", "성경은 죽었다", "기독교는 죽었다"는 주장이 대두되었다. 포스트모던 시대를 맞이하여 세상은 급변하는데 기독교는 달라지지 않는다는 것을 빗대어 하는 비평으로 들린다. 사실, 이러한 비평은 매우 심각하고 치명적인 지적들이다. 신학자 존 셸비 스퐁은 『기독교, 변하지 않으면 죽는다』는 책을 출간한 적이 있다. 철학자 슬라보예 지젝은 '기독교는 무신론이다'라고까지 말했다. 사태는 그만큼 엄중하다. 하지만 한국교계의 주류는 변화에 그리 큰 관심을 가지고 있지 않다. 아직까지는 한국 교회의 정사와 권세는 건재하다고 믿기 때문일 것이다. 그러나 한국 교회가 이대로 가다가는 자동 소멸할 것이라는 걱정도 허투루 다룰 전망은 아니다. 한국 교회에 종교개혁이 절실한 사정은 부지기수이다.

2017년 10월이 종교개혁 500주년이다. 종교개혁을 우려먹는 일도 반 천년에 이르렀다. 이제 500년 동안 종교개혁을 기념해온 일을 그치고 종교개혁을 비판해야 할 때이다. 종교개혁에 관한 낡은 이야기를 기계적으로 반복하는 일은 삼가야 할 시점에 도달했다. 종교개혁은 근대의 역사적 사건이었고 지금은 탈근대 사회, 포스트휴먼 시대이기에 종교개혁은 그 현재적 의미를 우리 시대에 다시 고쳐 쓰지 않는 이상 기념할 가치가 더는 없을 것이다. 뿐만 아니라 지금은 생태적 혁명도 동시에 이루어가야 하는 시대이다.

현대 기독교는 이집트 제국을 위시한 로마 제국의 예속과 억압과 불의에 대해 반역하고 저항할 수 있는 본원적 야성의 신앙을 회복하지 않으면 현대의 콘스탄티누스주의와 미국 패권의 새로운 세계 제국의 질서에 굴복하고 말 것이다. 팍스 아메리카나의 제국적 질서가 전지구화하는 현대 세계 상황에서 기독교는 저항과 반역의 기독교를 복직하게 하는 과업에 복무해야 하는 사명과 소명을 가지고 있다.

이러한 기독교는 성경 즉 텍스트와 상황 즉 콘텍스트를 분리하지 않는다. 하나님이 남긴 텍스트는 항상 세계 제국의 지배와 질서를 근원적 실재로 보고 이 콘텍스트와 관련해서 역사한다. 텍스트는 항상 세계 제국의 지배와 질서를 실재계로 파악하고 이와 대결 의식을 벌이는 가운데서 그 생명력을 발휘한다. 따라서 하나님은 성경의 문자 속에서 갇혀 있는 분이 아니다.

이러한 시각에서 성경과 제국 시리즈가 기획되었다. 이 시리즈는 일반학계의 제국 연구와 성경학계의 수용과 적용의 최근 성과를 널리 공유하는 목적에서 간행된다. 그러나 그 근본 취지는 한국 사회에 기독교의 혁명적 성격의 회복을 촉진하고 자본주의 제국의 현실을 콘텍스트로 하는 성경 연구의 변혁과 성경 읽기의 혁신을 꾀하고자 하는 것이다.

성경과 제국 시리즈 편집위원회
김근주 류의근 배덕만 이국운 장윤재 가나다순

If Not Empire, What?

A Survey of the Bible

Berry Friesen · John K. Stoner

Copyright ⓒ 2014 by Berry Friesen and John K. Stoner

Originally published in English under the title ;

If Not Empire, What?: A Survey of the Bible.

Published in cooperation with CreateSpace, DBA On-Demand Publishing, LLC

Korean Editions Copyright ⓒ 2020 by Daejanggan Publisher. in Nonsan, CN, South Korea.

제국에 저항하는 성경

지은이	베리 프리센, 존 스토너
옮긴이	류의근
초판발행	2020년 10월 22일
펴낸이	배용하
책임편집	배용하
등록	제364-2008-000013호
펴낸 곳	도서출판 대장간
	www.daejanggan.org
등록한 곳	충청남도 논산시 가야곡면 매죽헌로1176번길 8-54
편집부	전화 (041) 742-1424
영업부	전화 (041) 742-1424 · 전송 0303 0959-1424
ISBN	978-89-7071-541-1 94230
	978-89-7071-411-0 세트
CIP제어번호	CIP2020042610
분류	기독교 | 성경 | 제국

이 책은 저작권법에 의해 보호를 받는 출판물입니다.
기록된 형태의 허락 없이는 무단 전재와 복제를 금합니다.

 값 30,000원

이 책은 "거룩한 봉기에 가담하라"는 교회에 보내는 초청장이다. 이것은 세상을 뒤집는 일에 관한 것이다. 그리하여 꼴찌는 첫째가 되고 첫째는 꼴찌가 되며 권세가는 권좌에서 내쫓길 것이고 낮은 자는 들려 올려질 것이다. 우리는 무엇을 기다리고 있는가?

셰인 클레어본. 『믿음은 행동이 증명한다』 저자

성경, 하나님이 제국과 싸우는 역사

제국에 저항하는 성경

지은이 **베리 프리센 · 존 스토너**

옮긴이 **류의근**

나봇은 아합의 왕궁 근처에 포도원을 가지고 있었는데 아합 왕이 그 포도원을 돈을 주고 사겠다고 요구하니, 나봇은 거절하면서 아합 왕에게 이렇게 말했다. "이 땅은 조상의 유산입니다. 주님께서는 내가 이 유산을 파는 것을 원하지 않습니다."

그러자 아합 왕은 화가 났다. 나봇은 파는 것을 거절했을 뿐만 아니라 하나님을 그 이유로 내세웠다. 그러자 그의 아내가 힘을 내라고 하면서 "당신은 이스라엘의 왕이지 않느냐", "내가 나봇의 포도원을 왕의 것으로 만들어 드리겠습니다"라고 말했다.

왕비는 나봇이 살고 있는 성읍 지도자에게 접근해서 "나라가 위험하다"고 비밀리에 말한다. 이제 "왕의 경비대가 나봇을 의심한다. 그는 왕에게 탄원하는 절차 없이 죽어야 한다."

성읍 지도자들은 공식 심문을 위해서 회의를 개최하고 나봇에게 출두하라고 소환장을 보냈다. 두 증인이 그를 두고 하나님과 왕을 욕했다고 고발하니 성읍 사람들은 나봇을 돌로 쳐죽였다.

왕비는 나봇이 죽었다는 소식을 듣고 왕에게 이렇게 말했다. "자기 포도원을 팔지 않겠다고 말한 그 사람을 기억하십니까? 그 사람이 죽었다고 하니 그 사람의 재산을 차지할 수 있을 것입니다." 그렇게 아합 왕은 나봇의 포도원을 소유하게 되었다.

그때 디셉 사람 엘리야는 야훼의 음성을 듣게 되었는데 다음과 같은 말이다. 즉 "나봇의 포도원으로 가라. 가서 포도원을 직접 취한 아합 왕을 만나고 그의 폭력과 탐욕에 맞서라." 왕상21:1-19에 대한 저자의 의역

차례

추천사

알고보니 제국의 대안이 있다. 제국은 피할 수 없다는 편견에 저항하는 지침을 얻기 위해 이 책을 읽기 바란다.

스탠리 하우어워스Stanley Hauerwas
『교회의 정치학』 저자

프리센과 스토너는 지구의 모든 교회에 큰 선물을 주었다. 이들은 제국의 내부 중심으로부터 글을 쓰는 한편 변증론적으로 보이지 않게 끔 이 책을 썼다. 이 책에서 저자들은 다른 제국의 비전 즉 교회가 대리인으로 행동하는 가운데 기능하는 하나님의 제국을 비전으로 선포한다. 그들은 난삽한 성경 본문과 씨름하고 창세기에서 요한계시록에 이르는 성경을 일관적으로 참신하게 일반적으로 읽는 독법을 제시한다. 이 독법은 단순하기에 하나님의 이야기에 대한 그들의 이야기 방식을 뒷받침하는 뜻깊은 학문적 진실성은 더욱 증폭된다. 이 독법은 모든 교사와 설교자를 위한 자산이다. 이 독법은 우리의 삶에 만연하는 제국의 불평등과 억압과 교활한 폭력 세계와 싸움을 벌일 때 성경을 심각하게 다루는 최선의 노력을 위한 자문용으로 사용될 수 있다.

로버트 수더만Robert J. Suderman
캐나다 메노나이트 교단 대표 역임

이 책은 교사, 설교자, 토론 그룹 리더가 성경 곳곳에서 제국의 의미와 그 대안을 신속하게 찾을 수 있도록 도와준다. 이 책은 아무 그룹이라도 용기를 내어 저자의 절박한 질문과 씨름할 수 있도록 도와준다. 그 질문은 이렇다. '정의롭고 해방을 가져다주며 지속 가능한 사회를 만든다는 것은 무엇을 의미하는가?'

도커스 밀러 레만Dorcas Miller Lehman
랑카스터 메노나이트 고등학교 교목

프리센과 스토너의 책은 하나님의 사람과 제국 간에 발생하는 성경의 진정한 투쟁을 시작하려고 발심하는 사람에게 너무나 유용한 도구이다. 너무나 많은 사람들이 성경책이 만들어진 세계에 대해 무심하다. 따라서 이러한 소개서는 지극히 필요하다. 저자의 열정에는 전염성이 있다. 바라건대 신세대는 우리의 성서 유산을 구성하는 이 책의 이야기들에 진심으로 참여하는 즐거운 훈련을 맞이할 것이다.

웨스 하워드-브룩Wes Howard-Brook
시애틀 대학교 신학 강사

오랫동안 너무나 오랫동안 그리스도인들은 성경이 제국에 저항하는, 굽실거리지 않는 책이라는 사실에 얼마나 무지하게 무지했는지 모른다. 이 무지를 극복하는 데 도움을 줄 선명하고 이해하기 쉬운 책이 나왔다. 이 책으로 우리는 우리에게 필요한 것을 소유한다. 프리센과 스토너는 성경의 실제적 메시지 즉 바빌론으로부터 돌아서서 어린 양에게로 향하라는 메시지를 벗겨 밝힌다. 그리고 오늘 성경이 저항하는 것처럼 저항할 수 있는 힘을 이양해 줄 도구를 우리에게 제공한다.

테드 그림스러드Ted Grimsrud
이스턴 메노나이트 대학교 교수

우리는 성경 안으로 뛰어들어서 예수가 살았던 제국을 이해하고 그가 제국과 상호 작용했던 법을 이해해야 한다. 그리고 나서 우리는 오늘날 혁명의 예수를 따르는 것이 무엇을 의미하는지를 숙고해야 한다. 스토너와 프리센은 교회를 향한 성명서를 작성했고 거룩한 봉기에 가담하라는 초청장을 띄웠다. 이것은 세상을 뒤집는 일에 관한 것이다. 그리하여 꼴찌는 첫째가 되고 첫째는 꼴찌가 되며 권세가는 권좌에서 내쫓길 것이고 낮은 자는 들려 올려질 것이다. 우리는 무엇을 기다리고 있는가?

셰인 클레어본Shane Claiborne
『예수 혁명』 저자

우리의 생활 방식은 최종 단계에 와 있다. 우리는 대안을 구현할 수 있지 않으면 안 된다. 이 책은 성경에 대한 문해력을 키움으로써 이 과제에 도움이 되는 자원을 탐색한다. 저자들은 성경을 '평범한 사람들을 위해 평범한 사람들이 쓴 책'으로 언급한다. 그러나 진리는 우리를 거주지로 삼아 포위하고 있는 제국의 가치와 구조들에 저항하고 변혁하는 일이 문제가 될 때 우리는 모두 평범한 사람들이라는 것이다. 바로 이것이 세상에 대해 정신을 바짝 차리고 성경을 함께 읽는 것이 극히 위중한 이유인 것이다. 이러한 프로젝트는 극히 반갑다.

체드 마이어스Ched Myers
『오늘, 마가복음을 살다』 저자

이 책은 성경에 주의를 기울이게 되면 그리스도에 충실한 사람들이 어떻게 반문화에 비전의 영감을 가지게 되는지를 보여준다. 성경을 책별로 음미함으로써 프리센과 스토너는 성경 이야기가 그 오랜 역사의 다양한 문화적 환경에서 탐욕과 폭력과 권력의 지배적 서사에 도전하는 많은 방식들을 조명한다. 이 책은 수많은 성구들을 음미하는데 그 하나하나가 인상적이고 유용하다. 이보다 더욱 중요한 것은 제국의 거짓 약속의 정체를 폭로하는 성경의 능력을 알아보는 것이다. 많은 교회 신자들이 이 책과 함께해서 배움의 기회를 가지기 바란다.

쥬얼 깅거리치 롱네커Jewel Gingerich Longenecker
아나뱁티스트 메노나이트 성경대학원 교회리더십 센터 원장

서문

대부분의 사람들은 그저 단순한 "삶"을 원한다. 즉 사랑으로 이루어진 관계, 일에 만족하기, 우주의 영적 차원에 대한 창조적인 표현과 간간이 일어나는 만남과 같은 삶을 원한다. 그들은 제국 그리고 그 장치와 기만에 시달리기를 원하지 않는다. 삶이란 너무 달콤하고 부서지기 일쑤이고 짧은 것이라서 그런 문제로 시간을 낭비하고 싶지 않은 것이다. 아니라면 적어도 우리 영토 즉 아메리카합중국USA에서는 그렇게 보인다.

하지만 우리 시대의 동향은 제국이 우리를 데리고 가는 곳에 주의를 기울일 것을 요구한다. 우리는 주거 공간이 줄어드는 자연 환경, 우리 미래를 소비해도 돌려받는 것은 점점 작아지는 시장 경제, 사람들을 매일 일정 부분 피의자로 취급하는 정치적 현실 속에서 살아간다. 다수를 희생하여 소수를 배불리는 전쟁과 기만과 타협이 일상화되었다. 제국 정책들은 이러한 추세를 추동하고 심지어는 그 지도자들이 우리를 구원하는 구세주라고 주장하기까지 한다.

그렇다면 우리는 세계를 돌아가게 하는 제국과 제국의 방식을 다루지 않을 수 없다. 이를 무시하는 것은 더 이상 선택지일 수 없다. 우리는 제국 프로젝트에 몸을 던져 최선을 다해 그 파괴적 물결의 정상에 도달하고자 노력할 수 있다. 또는 우리는 다른 실재를 기반으로 하면서 제국의 일부를 조정할 수 있다. 또는 우리는 대안을 창조할 수 있는 저항에 참여할 수 있다.

우리가 "제국"으로 의미하는 것은 전 지구적 수준에서 압도적인 사회-경제적, 군사적 권력으로 자기를 부유하게 만드는 협조 통제 체제이다. 제국이 자신의 폭력과 탐욕을 정당화하는 수단은 악에 관한 도덕적으로 강력한 이야기와 신의 목적과 삶의 비극적 복잡성에 관한 유력한 신화와 종교적 신념이다. 제국은 자기 자신을 세계의 안전과 평화의 제일 원천으로서 묘사한다.

성경의 모험 이야기는 인간의 삶을 조직하는 일과 관련해서 힘에 대해 다른 이해를 소개한다. 즉 그 이해는 진리 말하기와 긍휼, 용서와 재시도의 기회, 아래로의 권한 이양, 그리고 삶의 도전을 처리하는 다양한 방식에 의해 작동한다. 예수는 이러한 다성적, 비폭력적 주도적인 접근을 하나님의 나라, 하나님의 제국이라 불렀다.

예수의 이야기와 하나님 나라 메시지는 좋든 나쁘든 인간 역사에서 가장 영향력 많은 이야기였다. 그것은 히브리 사람들의 신 즉 야훼의 이야기를 조명한다. 우리는 배타적이지는 않겠지만 시종일관 이 야훼라는 이름을 사용할 것이고 이는 야훼는 이름 지어지는 것을 거부한다는 의미이다. 또한 우리는 "신"을 예배 받는 존재 또는 사물을 의미하는 총칭적인 용어로 사용한다. 그러나 그 이야기는 그 묘사가 그렇게 보여주는 것만큼 그 정도로 종교적인 것은 아니다. 드러난 바와 같이 예수와 예수의 신은 본질적으로 세상을 구원하는 것에 관한 것이고요3:17 그것도 형이상학적으로 또는 인간사의 기적적인 개입으로가 아니라 이 땅에서 정의롭고 자유로우며 지속 가능한 삶을 사는 사람들의 공동체를 통해 구원하는 것에 관한 것이다. 이러한 삶의 방식을 발견하고 따르는 과정이 바로 우리가 "정치적"이라는 말로 의미하는 바이다.

우리 시대에 이러한 공동체는 이 땅에서 사는 인간 삶의 파괴에 이르는 공동 관점의 세 가지 가정에 도전장을 내민다. 첫째는 시장 지표가 실질적으로 중력과 같은 자연 법칙이라는 가정이다. 둘째는 모든 가용한 선택지 가운데서 제국의 권력 조정이 세계를 조직하고 무질서를 피하는 최선의 방법이라는 가정이다. 셋째는 개인 사후의 삶이 정말 중요한 것이라는 가정 다시 말해서 이 땅에서 사는 삶은 다만 지나가는 의미밖에 없다는 가정이다.

성경은 이러한 가정들에 대해 다양한 목소리로 말하고 있으며 그 다양성이 서로 일치하는 것은 아니다. 하지만 모든 것을 감안할 때 결국 성경의 메시지는 이 세 가정을 전복한다. 그 메시지는 시장은 인간을 섬겨야 한다고 주장하는 것이지 우리가 시장을 섬겨야 한다고 주장하는 것은 아니다. 그 메시지는 제국의 폭력과 지배가 정의롭고 자유로우며 지속 가능한 삶으로 이어진다는 주장을 거부한다. 그 메시지는 개개인에게 천국의 불멸성이나 지옥을 약속하는 것이 아니라 죽음 이후에 부활할 것과 지구 갱신을 소망할 것을 약속한다.

요컨대 이 책은 세계를 돌아가게 하는 제국의 방식 덕분에 미몽에서 깨어난 사람들을 위한 것이고 이 땅에서 정의롭고 지속 가능한 삶을 사고하고 이를 회복하기 위해 집단을 만들고 또 집단적으로 행동하는 방법에 대해서 성경이 어떤 통찰을 지니고 있는지를 궁금히 여기는 사람들을 위한 것이다.

제1부는 성경 저자들의 신학과 세계관을 소개한다. 그들이 가정하고 있는 몇 가지는 오늘날 종교적 사람들이 견지하는 가정들과는 매우 다르다. 그들이 쓴 것을 이해하고 진가를 평가하기 위해서 우리는 그들의 가정을 다시금 되살려야 한다.

제2부와 3부는 히브리어 구약과 그리스어 신약을 개관한다. 우리는 우리 자신을 어떻게 정치적으로 조직해야 할 것인지 하는 문제와 관련되는 문맥을 일정하게 소략적으로 제시하고 이와 유관한 성경 구절을 부각시킬 것이다.

제4부는 성경 본문에서 발견할 수 있는 기도문들로 이루어져 있다. 기도는 인간의 가장 심층적인 소망과 영적 삶의 목소리이다. 이 기도 본문들은 우리가 성경에서 얻은 것을 이해하고 인간이 신적인 것과 소통할 때 뭐가 가능한지를 이해하는 데 보조적인 도움을 준다.

이 책은 적어도 두 종류의 청중들을 위해 써졌다. 하나는 밀레니엄 세대이다. 이들은 현행 제국의 치명적 결과가 너무 분명하고 참담하며 따라서 무시할 수 없게 됨에 따라 세상에 리더십을 넘겨줄 사람들이다. 우리는 그들에게 도전하는 글을 쓰고자 했으나 그렇다고 성경의 신앙을 수임하거나 그러한 신앙을 포용하도록 설득하는 시도를 한 것은 전혀 아니다. 그 대신에 우리는 제국 이데올로기의 외부에서 정치적 공동체를 형성하는 과업에 유관한 본문들을 강조하고자 노력했을 뿐이다.

다른 하나는 우리는 그리스도인을 위해서 썼다는 것이다. 특히 이들은 성경에서 발견하는 도덕적 위반과 지적 모순을 의미를 지닌 것으로 만들려고 애쓰는 것을 거의 포기한 사람들이다.

두 청중 모두를 위해서 우리는 메노나이트 회중 안에서 성경을 읽고 연구한 평신도 예수 따르미로서 이 책을 썼다. 우리의 갈망은 나사렛 예수의 믿음을 회복하는 것이다. 현대 세계에 현존하는 다양한 기독교 안에서 예수 믿음의 특성과 내용은 왜곡되었으며 길들여져 있다. 이것이 발생하게 된 경로는 골치 아픈 비극적 이야기이지만 이 자리에서 우리는 언급하거나 비판하지 않으려고 한다. 그 대신에 우리는 예수 즉 하나님 나라를 선포하고 구현했던 인간 예수와의 신선한 만남을 촉진하고 제국의 주장들을 허물고 그 합법성을 빼앗는 정치적 길을 재촉하고자 한다.

이 책의 저자들은 '1040 평화 운동' 1040 for Peace 다시 말해서 연방 소득세 납부를 통해 제국주의와 전쟁을 지지하고 있다는 사실을 양심적으로 반성할 것을 요구하는 행동 집단 운동에 공조한 바 있는데 이로부터 우리의 공동 연구가 자라났다. 이러한 조세 저항은 다른 종류의 제국 저항 운동을 포함하여 보다 크고 적극적인 비전에 뿌리를 내릴 때 지속 가능할 수 있을 뿐이다. 이 책은 성경에서 발견되는 그와 같은 비전을 서술하는 우리의 시도를 반영한다. 존은 19, 23, 24장을 입안할 때 주도했었고 베리는 다른 장을 입안할 때 주도했었다.

우리는 정치적 공동체에 대해 별로 말하지 않거나 사회를 조직하는 방식에 대해 말하는 것이 거의 없는 성경책을 포함해서 개신교 성경 안에 들어 있는 성경책을 권별로 개괄적으로 연구할 것이다. 이렇게 접근하게 되면 예수의 가르침에 대해 말을 한다고 해도 그 말은 마땅히 나와야 할 말보다 훨씬 적어질 수밖에 없다. 그렇지만 이러한 접근은 넓고 다양한 범위에 걸쳐 있는 성경의 관심사를 소개해 줄 것이고 예수의 가르침을 그 가르침이 나오게 된 전통 안에서 차지하는 위치를 규정해 줄 것이다. 우리가 모든 성경 본문을 건드릴지라도 그 본문이 지닌 모든 유의미한 주제들을 논의했다고 주장할 수 없다. 그 대신에 우리는 개개의 본문이 어떻게 삶의 정치적 차원에 말하고 있는지를 중점적으로 다룰 것이다. 말하자면 우리는 공적 문제의 프레임, 집단 행동의 조직 방식, 합법적이라고 판단되는 목적과 전술, 권력의 행사 방식 등에 중점을 둘 것이다. 그것들은 성경 저자들의 핵심 문제였다. 이는 그것들이 우리 시대에 정치적으로 참여하는 사람들의 핵심 문제였던 것과 마찬가지이다.

참고문헌에 기재된 저자 한 명 한 명은 우리가 공적 삶에 대한 성경의 논의를 이해할 수 있도록 기여한 바가 있다. 또한 많은 사람들이 우리의 최초 원고를 논평함으로써 우리의 저술에 기여를 해주었다. 캐틀린 케른, 도커스 레만, 요르단 루터, 수에 슈바르츠, 웨스 베르겐, 노만 로우리, 페더 위그너,

야곱 레스터, 샤론 프리센, 이 모든 이들은 우리의 토론 파트너로서 가장 많이 참여해 주었다. 마가렛 하이는 우리의 원고를 편집해 주었다. 데니스 리버스는 출판 과정을 관장해 주었다. 그들 모두 다에게 감사를 드린다.

우리는 최소한 이 책을 읽을 때 당신과 같이할 수 있는 토론 파트너 한 명 정도는 찾으라고 권하고 싶다. 당신이 그와 토론을 함께하고 잠정적 결론에 따라 집단 행동을 같이한다면 이는 우리가 필요로 하는 정치적 대안을 창조하는 데 기여할 것이다. 우리는 당신의 토론 및 탐색 과정을 보조하기 위해 이 책 전반에 걸쳐서 토론 문제를 제공한다. 아마 최초로 볼 수 있는 토론 문제가 제1부 7장 말미에 있을 것이다.

제1부

성경 저자들의 세계관

서론

성경에서 우리는 언젠가 한 번은 읽을 가장 오래된 글을 발견한다. 최고 문서가 얼마나 오래되었는지에 대해 많은 논란이 있지만 학자들은 대체로 얼마의 글들은 거의 3000년 전 다시말해 기원전 1000년 직후에 써졌다는 데 일치한다. 현대 독자들이 이토록 오래된 글과 이야기들을 의미 있게 만드는 일은 어렵다. 그 어려움을 약간 덜어 주기 위해 우리는 이 서론에서 독자들의 세계관과 차이가 있을 수밖에 없을 성경의 세계관을 7가지 측면으로 나누어 논의하고자 한다.

물론 "성경의 세계관"을 하나의 것인 양 간주하고 말하는 것은 추정적인 것이다. 성경에 기여한 저자 수를 고려할 때 그들이 세상일을 어떻게 지각했 는지에 대해 유의미한 차이들은 많다. 하지만 많은 저자들이 우리와는 아니 지만 그들 서로 간에 공유한 몇몇의 가정들을 확인하는 것은 가치 있는 일이 다.

성경의 역사와 관련된 논쟁의 많은 부분은 어떤 이야기들이 전설이고 어떤 이야기들이 역사적으로 정확한 것인가에 대한 것이다. 신앙을 가진 많은 사람들은 창세기의 처음에 나오는 모든 이야기들이 "진실로 역사적"이라고 믿는다. 회의적인 사람들뿐만 아니라 많은 신자들은 신화, 알레고리, 전설이 성경에 있는 것을 보고 성경 바깥의 증거로 입증될 때만 역사적으로 정확하다고 간주한다. 이 후자의 입장으로 접근하게 되면 2850년 전에 기원전 850년경 즉 통치했던 이스라엘 왕들보다 더 거슬러 올라가는 이야기들은 실제의 사람과 사건을 기술하는 역사들이라기보다는 중요한 이해나 관념을 전해주는 전설이나 알레고리일 개연성이 다분하다.

그러나 사람들이 이렇게 본다고 할지라도 중요한 것은 고대 문서는 역사적 정확성은 없어도 그 자체가 역사적 문서이고 가치 있는 어떤 것을 증거한다고 인식하는 일이다. 이 말은 우리가 그것들을 액면가대로 받아들여야 한다는 뜻은 아니지만 그것들대로 존중해야 한다는 것을 요구한다는 뜻이다. 고대 작가들이 말한 것들 중 적어도 얼마는 우리에게 유용할 수 있다.

제1부와 관련된 토론 문제는 이 책 7장 말미에 있다.

성경 이야기는 어느 특정 민족 집단에 초점을 맞추고 있는 이야기로서 제국을 배경으로 해서 펼쳐지는 여러 개인과 사건들을 그리고 있다. 아래에 그 주요 사건들이 부분적으로 열거되어 있다. 여기에는 그 당시의 사건 개산 연도와 지배 제국 이름이 함께 들어 있다. 이 목록이 망라하는 기간은 기원전 900년에서 기원후 96년으로 거의 1000년이다.

사건	연도	제국
가나안 지역의 두 왕국 에브라임과 유다	900	--
예후 왕의 에브라임이 속국이 되다	830	아시리아
아하스 왕의 유다가 속국이 되다	733	아시리아
에브라임이 침공받다; 최북단 지역이 합병되다	732	아시리아
사마리아가 파괴되다; 에브라임이 멸망하다	722	아시리아
유다 성읍들이 파괴되다; 예루살렘이 공략되다	701	아시리아
바빌론이 니느웨를 파괴하다; 유다의 요시아 왕	612	바빌론
느부갓네살 군대가 예루살렘을 파괴하다	586	바빌론
바빌론으로 잡혀간 유대인이 귀향을 허락받다	538	페르시아
제2성전이 예루살렘에서 봉헌되다	516	페르시아
아닥사스다 왕이 에스라를 성전과 도시의 책임자로 임명하다	457	페르시아
알렉산더 대왕이 팔레스타인을 합병하다	332	그리스
셀류키드 왕이 프톨레미 왕을 이기고 팔레스타인을 장악하다	200	그리스
마카비 가문이 그리스를 몰아내다; 하스몬 왕조가 시작되다	165	그리스
폼페이우스가 팔레스타인을 합병하다	63	로마
나사렛 예수가 출생하다	4-3	로마
나사렛 예수가 선동으로 처형되다	30	로마
예루살렘 회의가 이방인 그리스도인과 관련해 개최되다	50	로마
다소의 바울이 아마도 선동으로 처형되다	65	로마
예루살렘 제2성전이 파괴되다	70	로마
도미티아누스 황제가 그리스도인을 박해하다	89-96	로마

1장: 특별한 신

"신"에 관해 대화를 나누는 것은 어려운 일이다. 왜냐하면 그 말은 사람마다 다른 것을 의미하기 때문이다. 신에 관해 이야기를 나눌 때 우리는 그 의미가 동일하다는 것을 어떻게 확신할 수 있는가?

대화를 나눌 때 우리는 하나님은 사랑이고 자비하며 권능이 있다고 말할 수 있다. 우리는 그 정도로 이야기를 나누고 그와 비슷하게 이해한다면 그때는 대화가 좀 더 순조롭게 이루어질 수 있다. 하나님에 대한 우리의 이해를 표현하는 방식에서 차이가 지속한다는 점이 거의 확실하다고 해도 우리는 그에 대해 논의하는 것이 아무런 의미도 없을 것이라는 점에 금방 동의하기란 쉬운 일이다. 사람들이 자주 말하는 바와 같이 "우리는 어림짐작으로 생각하고 있다."

통상적으로 이러한 대화에서 사람들은 단 하나의 신이 있다고 가정한다. 이 가정은 서양에서 가장 잘 알려져 있는 3대 종교에서 근저가 되는 가르침이었다. 일반적으로 유대교는 인간 역사에서 최초의 일신론이었다는 평가를 받는다. 기독교는 그 가르침을 동일하게 따르지만 신이 세 위격 즉 성부, 성자, 성령을 포함한다고 주장함으로써 문제를 복잡하게 만든다. 이슬람교는 엄격하게 일신론이다.

신에 대한 우리의 대화는 장님과 코끼리 이야기로 예시될 수 있을 것이다.

눈 먼 사람은 저마다 자신이 만진 코끼리를 묘사한다. 다리를 만진 사람은 코끼리가 나무 같다고 말한다. 몸통 면을 만진 사람은 코끼리가 거친 벽 같다고 말한다. 꼬리를 만진 사람은 코끼리가 밧줄처럼 생각된다고 말한다. 물론 그것은 모두 동일한 코끼리다.

이러한 이해 다시 말해서 사람마다 잘못 정의하고 다른 방식으로 기술하는 단 하나의 신이 있을 뿐이라는 이해는 제국의 이데올로기와 멋지게 어울린다. 제국은 자신을 많은 사람이 다양한 방식으로 경험하는 "일자", 그러면서 자신의 통합된 권능이 모든 사람에게 이로움을 주는 "일자"로 규정하도록 한다. 제국의 지배 목표는 다양한 신이 존재하는 세계에서 저항을 만나는 법이다. 신들의 차이가 서로 다른 세계관을 빚어내고 세계를 조직하려는 상상적 대안을 만들고 제국과 그 단일 방식에 대한 저항을 일으키기 때문이다. 제국에 대한 자세한 논의는 6장을 참조하라.

마크 밴 스틴위크Mark Van Steenwyck는 제국의 이데올로기와 우리의 신 관념 사이에 잠재하는 협동의 다른 측면을 가다듬는다. 그는 쓰기를, "제국주의는 창조를 명하는 것에 대한 것이다." "그것은 복종에 대한 것이다. 그것은 지배에 대한 것이다." 제국은 그러한 방식으로 행동하는 신을 상상하는 것이 사회에 유용하다는 것을 안다. "그는 거리를 두고 세상 위에서 고공비행하면서 세상 때문에 더러워지는 것을 거절한다. 그는 최고 권력자이자 만인 통치자이다."[1] 이렇게 생각하는 대신에 스틴위크는 우리에게 신을 다음과 같이 생각하자고 제안한다. 즉 우리는 신을 "우리 자신의 삶이 쏟아지는 창조적 야생적 원천으로 [생각한다]. 우리는 삶의 속박이 풀리는 거친 장소에서 이러한 신을 만난다. 우리는 삶을 속박하고 사람과 땅을 마음대로 조종

---

1) Van Steenwyck, *The Unkingdom of God*, p. 115.

하는 구조들에 이름을 붙여서 놓아주고 뉘우칠 때 이러한 신을 만난다."[2]

이러한 제안을 배경 삼아 유념하면서, 우리는 신에 대해 생각하기 쉬운 방식과는 다른 방식으로 성경 저자들이 신에 대해 생각한 두 가지 방식을 확인하고자 한다.

첫째, 성경 시대에는 민족이나 지역마다 자신의 신이나 신들이 있었다. 사람들은 이리저리 옮겨 다닐 때마다 상이한 신들의 권위에 지배를 받는다고 이해되었다. 이들 신은 동일한 신적 존재의 비슷한 형태들이 아니었다. 이들 신은 인간 문화의 커다란 차이들을 설명해주기도 하는데 서로 매우 달랐다. 어떤 신은 인간 제물을 요구했고 어떤 신은 그렇지 않았다. 어떤 신은 이러이러한 행동에 보상을 주었고 어떤 신은 저러저러한 행동에 보상을 주었다.

히브리 사람들이 숭배한 신은 독자들에게 소개될 때 인간이 신적인 것을 만나는 이야기로 소개된다. 이 신은 나중에 아브라함이라고 불리는 아브람이라는 이름을 가진 갈대아 사람에게 유프라테스강 상류에 자리 잡은 아버지의 집을 떠나서 "내가 너에게 보여줄 땅으로 가라"고 말했다. 모세라는 이름을 가진 이집트인은 바로 이 신을 광야의 불타는 가시덤불 속에서 만났고 모세에게 다음과 같이 말했다. "나는 이집트에 있는 나의 백성이 고통 받는 것을 똑똑히 보았고 … 이제 내가 내려가서 이집트 사람의 손아귀에서 그들을 구하여, 이 땅으로부터 저 아름답고 넓은 땅, 젖과 꿀이 흐르는 땅으로 데려 가려고 한다." 출3:7-8 이러한 두 형성적인 만남에서 이 신은 맨 먼저 특별한 장소 즉 가나안과 동일시된다. 이는 고대의 세계관과 전적으로 일치한다.

모세는 바로에게 명령을 요구할 권위를 신이 지니고 있다는 것을 보여주기 위해 히브리 사람에게 신의 이름을 말해 줄 필요가 있다고 말했다. 신은 "나는 곧 나다"라고 대답했다. 히브리어로 이 불가사의한 대답은 야훼로 번

---

2) Van Steenwyck, 같은 책, p. 119.

역되었다. 이것은 우리가 아브라함과 모세의 신을 지시하기 위해 구약 성경을 논의할 때 처음부터 끝까지 사용하는 이름이다. 야훼는 또한 예수의 신이다. 신약 성경을 논의할 때 우리는 어떤 때는 "야훼"를 사용하고 어떤 때는 "신"을 사용한다. "신"은 신약의 그리스어 본문에 사용된 용어를 번역한 말이다.

단 하나의 신만 있다는 개념은 시간이 지나면서 발전되었다. 초기 문서는 많은 신이 있었을지라도 이스라엘 사람은 어떤 특별한 신 즉 다른 신과는 다르게 일했던 야훼의 부름을 받았고 언약을 맺었다는 시각을 반영했다. 그래서 시편 16편은 우리에게 야훼는 "피로 빚은 제삿술"을 바라지 않으며 다른 신들을 섬기는 자들은 "더욱 더 고통을 당할 것이다" 시16:4라고 말한다. 여타의 시편도 비슷한 식으로 말한다. "신들 가운데 주님과 같은 신이 어디에 또 있습니까? 주님이 하신 일을 어느 신이 하겠습니까?" 시86:8 "나는 알고 있다. 주님은 위대하신 분이며, 어느 신보다 더 위대하신 분이시다." 시135:5 "주님, 온 마음을 기울여서 주님께 감사를 드립니다. 신들 앞에서, 내가 주님께 찬양을 드리렵니다." 시138:1

후기 문서는 단 하나의 신만 있다고 주장한다. "나는 시작이요, 마감이다. 나 밖에 다른 신이 없다." 사44:6 이른바 다른 신들은 "논에 세운 허수아비와 같고" 렘10:5 금으로 입혀서 받침대 위에 걸쳐 놓은 나무 조각과 같다. 사40:19-20 "그것은 그 곳에 서서 꼼짝도 하지 못한다. 사람들이 그것에게 부르짖어도 전혀 응답하지 못하며, 고난당하는 사람을 구원하지도 못한다." 사46:7

그러나 여전히 성경 저자들은 다른 신을 조롱할 때라도 이들 신의 권능을 일축하지 않았다. 뽕나무로 만든 우상들도 사람들로 하여금 예배를 드릴 수 있도록 하는 놀라운 능력을 가지고 있다.

이방 나라의 우상들은 은덩이나 금덩이일 뿐, 사람이 손으로 만든 것이므로, 입이 있어도 말을 못하고, 눈이 있어도 볼 수 없고, 귀가 있어도 듣지 못하고, 입으로 숨도 쉴 수 없으니, 우상을 만든 자들과 우상을 의지하는 자들은 누구나 **우상과 같이 될 것이다**.시135:15-18, 강조는 첨가

우리가 숭배하는 것을 우리가 닮는다는 이러한 경향 때문에 바울은 신약 성경 저자로서 사실상 이 땅에 "많은 신과 많은 주"가 있다는 인정과 함께 "오직 하나님 한 분 밖에는 신이 없다"는 단언을 내비치도록 촉발되었을지 모른다.고전8:5 "우리의 싸움은 인간을 적대자로 상대하는 것이 아니라, 통치자들과 권세자들과 이 어두운 세계의 지배자들과 하늘에 있는 악한 영들을 상대로 하는 것입니다." 엡6:12

그러므로 우리 가운데 많은 사람들과 달리 성경 저자들은 모든 사람들이 이름만 다르게 알려진 동일한 신을 예배하고 있다고 가정하지 않았다. 이들 저자들이 보기에는 "당신이 예배하는 신의 이름은 무엇인가? 이 신은 당신에게 무엇을 요구하는가?"라고 묻는 것은 필수적이었다.

성경 저자들은 우리의 가정과는 매우 다른 두 번째 가정을 가지고 있었다. 그들은 야훼를 기술할 때 매력적인 특질과 가치를 확인하고 나서 이를 야훼에게 귀속시키는 방식으로 시작하지 않았다. 그 대신에 그들은 역사적 사건을 보고했다. 이 사건에서 히브리 사람들은 경이롭고 주목할 만한 사건의 전환을 경험했고 야훼가 현존했다는 것을 각지했다. 사후에 그들은 그 사건이 이 신의 특성에 대해서 무엇을 말해주는지를 성찰했다.

이스라엘 역사가 계속함에 따라 많은 사건이 일어났고 이들 사건은 야훼의 특성을 보여주는 것으로 이해되었다. 어떤 것들은 야훼를 권능의 전사로서 드러내었다. 바로 군대가 이스라엘 민족을 추격했지만 모두가 홍해에 빠

져 죽게 되자 에언자 미리암이 노래를 메겼다. "주님을 찬송하여라. 그지없이 높으신 분, 말과 기병을 바다에 던져 넣으셨다." 출15:21 어떤 것들은 야훼를 악을 미워하거나 또는 히브리 사람들이 다른 신을 예배하자 분노를 표출하거나 하는 열정적인 존재로서 드러내었다. "당신들의 하나님은 삼키는 불이시며, 질투하는 하나님이십니다." 신4:24 다른 사건들은 삶에 낙담하여 주변부 인생을 사는 개인들을 염려하는 야훼를 드러내었다. "아이를 낳지 못하는 여인조차도 한 집에서 떳떳하게 살게 하시며, 많은 아이들을 거느리고 즐거워하는 어머니가 되게 하신다." 시113:9

우리는 저자들이 어떻게 야훼를 특별한 사건의 일부로 이해했는지를 독해할 때 어떤 해석들이 다른 해석들과 여지없는 모순을 보여준다고 해도 놀라서는 안 된다. 이것을 증시하는 가장 극적인 사례들 가운데 하나는 아시리아 제국의 유다 침공이다. 이에 대해서 이사야는 그 끝을 야훼 승리의 구원으로 묘사하는 반면, 미가는 그 끝을 재앙의 심판으로 묘사한다. 전망의 차이는 많이 있으며 특히 이스라엘 다윗 왕조를 변호하는 전망과 다른 나라처럼 되고자 하는 시도를 날카롭게 비판하는 예언자들의 전망 사이에는 많은 차이가 있다. 실로, 성경 본문이 야훼에 대한 다중적인 설명을 제공한다는 주장에는 정당한 논거가 있을 수 있다. 이 난점은 야훼는 주로 역사의 전개 과정에서 계시된다고 고집한 히브리 사람의 신학과 세계관에 불가피한 것이다.

이해를 시작하는 이 마당에서 가장 중요한 것은 성경 저자들에게 야훼는 자기 자신을 특정민족과 사건을 통해서 정의하고 개시한다는 점이다. **야훼는 우리가 뽕나무나 철학적 사고로부터 창조하는 신이 아니다.** 이 가정이 성경 전체에 걸쳐서 수행되고 그 정점은 신약 성경에 와서 도달한다. 신약 성경에서 우리는 "예수 자신에 세심한 주의를 기울임으로써 아마도 최초로 창조주 하나님, 언약의 하나님이 처음부터 내내 누구였고 누구인지를 발견하도록 초대 받게 된다."[3] 이를 실비아 키이즈마트와 브라이언 왈쉬는 다음과 같이 표현했다. "성경의 관점에 따르면 진리는 관념과 사실의 대응이 아니다. 진리는 인격에 구현된 것이다."[4]

주지하듯이 성경 저자들의 어떤 설명은 신화이거나 전설이다. 이러한 이야기에서라면 야훼를 결정적이고 극적으로 행동하는 신으로 그리는 것은 역사적 사실에 매여 있는 이야기에서보다 훨씬 더 수월하게 이루어진다. 그래서 성경 독자는 다음과 같은 물음을 명심하는 것이 중요하다. 즉 나는 역사적 설명 또는 신화나 전설을 읽고 있는가? 가끔씩 우리는 확신할 수 없다. 하지만 훈련하기에 따라 우리는 우리가 도달하는 결론에 대해 보다 주의하게 된다.

끝으로, 지금까지 명백해진 바와 같이 성경 저자들은 야훼의 "강한 손과 펴신 팔" 시136:12을 때때로 호된 벌을 주기 위해 행사되는 것으로 이해했다. 그들의 시각에서 신의 벌은 변덕스러운 존재의 자의적 결정이 아니었다. 그 대신에 그것은 **악행의 자연적이고 불가피한 결과였다.** 사법 체계가 부패하고 경제 체제가 부자를 더욱 부자로 만드는 부정 수단으로 농간을 부리게 되었을 때 사회 지도자의 회복력과 덕뿐만 아니라 사회의 응집력과 자원 활용성은 쇠퇴한다. 삶의 무자비한 경쟁 속에서 사회는 심각한 기능 장애를 보이고 이러한 사회는 장기간 존속할 수 없다. 부패하거나 패배하는 일이 발생할 때 현대의 감시자들은 이를 정부 정책, 정치적 리더십, 그리고 경제학의 견지에서 논의할 것이다. 이와는 대조적으로 성경 저자들은 신의 벌이라는 언어를 사용했다. 왜냐하면 추락한 사회는 **세계가 어떻게 작동하는지를 이해하지 못했기 때문이다.**

---

3) Borg & Wright, *The Meaning of Jesus*, pp. 214-215.
4) Keesmaat and Walsh, *Colossians Remixed: Subverting the Empire*, p. 130.

"악을 뿌리는 사람은 재앙을 거둘 것이다." 잠22:8 이것이 성경의 세계관이다. 바울도 우리 행동의 자연적 결과를 기술하기 위해 비슷한 비유를 사용했다. "사람은 무엇을 심든지 심은 대로 거둘 것입니다. 자기 육체에다 심는 사람은 육체에서 썩을 것을 거두고, 야훼에다 심는 사람은 영생을 거둘 것입니다." 갈6:7-8

우리가 성경 본문에 나오는 이러한 가정을 만날 때 중요한 것은 우리가 그것을 끝까지 들을 만큼 충분히 그것을 존중하는 것이다. 이 문제에 잘난 체할 수 있는 사람은 없다. 어떤 문제들과 관련해서 우리 현대 경험주의자들은 성경 저자들보다 더 원시적인 사고에 머물 수 있다.

우리는 개개의 문화가 역사를 설명하는 스스로의 "진리"와 이데올로기를 수많은 방식으로 전하는 힘이라는 것에 동의할 수 있는가? 우리는 어느 정도 부분적이나마 공유한 의미에서 우리 각자가 개개인으로서 우리 문화가 우리 목전에 유지하는 이미지 즉 가정과 속성으로 만들어진 합성물에 순응한다는 것에 동의할 수 있는가? 그렇다면 그때는 개개의 문화는 그 문화의 사람이 숭배 의향을 가지는 자기 자신의 신을 소유한다고 말하는 것은 무리한 과장인가? 현재에도 많은 신들이 지구와 지구에 사는 사람들을 다스리려고 한다고 말하는 것은? 이들 모든 신이 궁극적으로 동일한 신은 아니라고 말하는 것은? 우리는 그 많은 신 가운데서 추상적으로가 아니라 **이들 신이 우리에게 무엇을 요구하는가 그리고 세상에서 무엇을 하는가**를 기초로 해서 선택해야 한다고 말하는 것은?

우리가 그렇게까지 생각할 수 있다면 이제 야훼 즉 이스라엘 백성의 신, 나사렛 예수가 믿었고 신뢰했던 신을 숙고할 준비가 된 것이다.

2장: 야훼의 음성

성경 저자들이 야훼를 인용하는 것은 구약에서 자주 있는 일이고 신약에서 가끔 있는 일이다. 이 일은 독자들 대부분에게 하나의 문제이다. 왜냐하면 우리는 신적인 것을 대언한다고 주장하는 인간의 음성에 대해서 극히 의심스럽게 생각하기 때문이다. 어떤 환경에서는 그러한 주장은 정신병의 증거이다.

물론 우리는 성경에 나오는 야훼의 음성을 저자들이 자신의 말에 권위를 드높일 수 있도록 하는 문학적 장치로서 간주할 수 있다. 한 차원에서는 이것은 지금 일어나고 있는 것에 대한 정확한 기술이다. 즉 야훼의 이름으로 적은 저자들은 단순히 "내 의견으로 …"라고 말한 사람들보다 더 많은 주의를 끌 수 있었다. 그러나 많은 그리스도인들은 이 문제를 다른 차원에서 취한다. 즉 그들은 우리가 성경에서 "하나님이 말하기를"이라고 적힌 것을 볼 때 인간 저자들에 그렇게 쓰도록 영감을 주는 야훼의 실제적 말을 읽고 있다고 믿는다.

"하나님이 말하기를"을 이해하는 그 방식들은 각각 용처를 가지고 있다. 때때로 그 전부가 사실일 수 있다. 그러나 항상 그런 것은 아니다. 예를 들면 **예레미야서**는 잘 알려져 있듯이 28장에서 두 예언자 하나냐와 예레미야를 언급한다. 이들 각자는 야훼를 대언한다고 말함으로써 자신이 말한 것이 중요하다는 것을 고쳐시키려고 한다. 문제는 그들이 서로 일치하지 않았다는 것이다. 하나냐는 바빌론으로 잡혀 간 유다 포로들이 2년 안에 예루살렘으로 귀환하게 될 것이라고 말한 반면 예레미야는 70년이 지난 뒤에 복귀가 이루어질 것이라고 말했다. 이스라엘 백성은 예레미야가 전한 표지가 점점 맞는다는 것을 알게 되었다. 따라서 예레미야는 야훼의 말을 대언했던 것으로 기억되고 하나냐는 아니었다.

예레미야는 운이 좋았던 것일까 아니면 야훼가 자신이 했던 말을 예레미야에게 영감을 주어 말하도록 했을까? 이 물음은 정면 대응하듯이 답해질 수 없다. 결국 우리가 "하나님이 말하기를"을 어떻게 여기느냐는 부분적으로 우리가 야훼와 인간이 소통한다고 믿는지에 달려 있을 것이다. 성경 저자들은 소통한다고 생각한 것이 명백하다. 하지만 이쪽이든 저쪽이든 아무도 과학적 증명을 제공할 수 없다.

이 장의 논지는 독자에게 성경 본문에 나오는 야훼의 음성을 저자의 증언으로서 들어달라고 청하는 것이다. 성경을 "듣는" 이 제3의 길은 "하나님이 말하기를"을 문학적 장치로 보는 것을 불가능하게 하지도 않으며 하나님이 곧 이어서 말하는 것을 야훼의 영감된 말로 보는 것을 불가능하게 하지도 않는다. 그런데도 그것은 성경에 있는 하나님의 진술을 어떻게 여기느냐에 관한 내부의 토론을 독자에게 유예하는 방식으로 그 문제의 틀을 다시 짜는 데 도움을 준다. 이 유예로 말미암아 독자는 성경 본문이 말해야 하는 것을 더 잘 "듣는" 기회를 가지게 된다.

우리가 말한 "저자의 증언"은 무엇을 의미하는가? 아마 하나의 예시가 도움이 될 것이다.

이 책의 저자로서 우리는 어릴 때 간증 모임이 자주 열리는 교회를 다녔다. 그 집회는 개방적이고 아무나 나와서 "하나님과의 동행"이라는 은유적 주제에 관한 개인적 체험을 간단히 말하는 형식을 취했다. 일반적으로 사람들은 생활사에 관해 몇 분 동안 말할 것이다. 이를테면 땅을 사는 것, 이웃과의 논쟁, 건강 문제, 회사 보직 이동, 사업 실패 등. 때때로 그들은 "바른" 결정을 하고 "하나님의 인도를 분명하게 지각하며" "인내할 수 있는 힘을 가지도록" 기도해 달라고 청자에게 요구함으로써 자신의 증언을 마무리할 것이다.

증언을 계속하는 도중 어느 지점에 이르러서 화자는 "내가 이런 문제로 기도하고 있을 때 하나님이 나에게 말씀하시기를 …"하고 말하는 것은 매우 흔한 일이었다. 이렇게 대담하게 하는 말은 그러한 환경에서 매우 자연스럽게 보였고 하등 정신병의 징후는 아니었다. 특별히 흥미로운 것은 이 모임이 끝난 후에 우리 부모님이 증언들을 토론하는 방식이었다. 어떤 증언들로 우리 부모님은 큰 감동을 받았고 부모님은 이것을, 증언하는 개인을 통해서 야훼가 모든 회중에게 말하고 있었던 것이 아닌가 하는 가능성으로 진지하게 받아들였다. 그러나 다른 어떤 증언들은 회의적으로 바라보고 계셨다. 우리는 어릴 때 이 차이를 설명할수 없었다.

지금 되돌아보면 우리는 그들이 야훼를 배웠던 것, 생활에서 겪었던 개인적 체험, 말하는 사람의 성품과 의도에 대해 안 것, 증언하는 동안 느낀 것을 배경으로 삼아 자신들이 들었던 것을 평가하고 있었다는 것을 안다. 그들은 야훼의 지혜는 인간의 음성으로 소통될 수 있다는 것을 절대적으로 믿었다. 하지만 그들은 또한 이기적 목적으로 야훼의 음성을 주장하는 인간의 경향성에 대해서 알고 있었다. 말하자면 그들은 회중의 여타 사람들과 함께 증언이 어느 쪽인지를 분별하는 책임감을 수행했던 것이다.

성경을 모으는 일은 많은 세월 동안 비슷한 분별 과정을 거친 것들을 수반했다. 어떤 사람이나와서 야훼가 이렇게 말했다고 주장하면 이를 처음 들은 사람은 판단을 해야 했다. 이것은 그 후에 그 말을 양피지에 기록한 필경사도 마찬가지였고 세월이 지난 후에 그 양피지를 읽는 독자도 마찬가지였다. 시간이 지나면서 이 다양한 판단은 야훼가 진실로 그 특정한 인간을 통해 말했는지에 대해 의견 일치를 드러내었다. 그렇다면 그때는 "하나님이 말했다"는 화자의 주장은 성경에 포함되었다.

오늘날 성경을 읽는 현대 독자들은 각자 그러한 분별 과정을 계속하고 있다. 성경 본문이 1500년 동안 선정되어져 왔다고는 하지만 우리는 "하나님이 말했다"고 하는 자세한 구절을 야훼의 진실한 음성으로 간주하는 음성에다 우리의 음성을 추가할 수 있다. 성경 본문을 사용하는 예수의 방식은 특별한 권위를 가지고 있으며 이는 예수를 따르는 제자들에게 마찬가지이다. 그러나 최초 단계로서 수임해야 하는 과제는 사람들이 성경에 점점 친숙해질 때 야훼가 말한 것에 대한 저자의 인상을 포함해서 저자의 증언을 단순하게 읽고 "듣는" 일이다. 평가는 조금 뒤에 올 수 있는 일이다.

3장: 천국 없는 믿음

구약 성경은 이승 이후의 다른 삶을 예기하지 않는다. 구약 성경은 "천국"을 야훼의 "처소" 신26:15, "주님께서 계시는 곳" 왕상8:30으로 간주하지만 거기서 제2의 인생을 영위하는 인간을 말하는 것은 아니다.

이것은 중요한 사실이다. 왜냐하면, 그것은 우리가 죽음은 개인의식의 종말을 표시하는 것으로 확신해도 우리는 **여전히 성경적 신앙의 사람일 수 있다**는 것을 말해주기 때문이다. 역으로 우리는 성경적 신앙을 사후의 삶에 대한 믿음에 달려 있는 것으로 만든다면 성경적 신앙이 무엇인지를 혼동하기 쉽다.

그렇다. 신약 성경 대부분은 우리가 죽은 후의 다른 삶을 기대한다. 예수는 "의인들의 부활" 눅14:14을 말했다. 예수 제자들은 야훼가 예수를 죽은 자 가운데서 다시 살아나게 했다는 것을 확신했다. 베드로는 사도행전에 나오는 자신의 첫 번째 설교에서 그렇게 말했다. 그리고 바울은 부활에 대해 포괄적으로 썼다. "마지막 나팔이 울릴 때에, 눈 깜박할 사이에, 홀연히 그렇게 될 것입니다. 나팔소리가 나면, 죽은 사람은 썩어 없어지지 않을 몸으로 살아나고, 우리는 변화할 것입니다." 고전15:52

부활의 가르침은 성경적 신앙에 대한 보상 행렬을 확실히 확장했다. 불행한 것은 종교를 믿는 많은 사람들에게 이 확장이 그 모든 것의 요체가 되어버렸다는 점이다. 바꾸어 말하면 이 보상은 너무 매력적이라서 다른 모든 것을 부패시킬 정도였다. 이 문제를 마구잡이로 표현하면 사람들이 종교적이 됨으로써 죽음을 이 땅에서보다 더욱 더 잘 사는 영원한 축복을 받는 길로 바꿀 수 있다면 그때는 종교적이 된다는 것은 두뇌 없는 사람이 된다는 것이다.

우리가 성경적 신앙은 사후의 삶을 기대하기도 전에 존재했다고 이해한다면 그때는 우리 시대에도 신앙의 사람이 될 수 있는 기회를 부여받을 수 있게 된다. 따라서 우리는 구약을 읽을 때 다음과 같이 묻는다. 왜 이스라엘 백성 일부는 자신과 그 삶을 야훼에 바치는 데 신경을 썼을까? 왜 그들은 그 대신에 자신의 주위 제국에 동화되지 않았는가?

요컨대, 바로 여기에 구약 성경이 죽음을 말하는 방식이 있다. 아브라함이 죽었을 때 그는 "조상들이 간 길로 갔다." 창25:8 동일한 문구가 이스마엘, 이삭, 그리고 모세의 죽음을 기술하는 데 사용되었다. 그들은 그들의 조상과 동일한 지위 속으로 들어갔다는 것을 의미하는 것처럼 보였다. 드고아에서 온 한 여인은 죽음을 다른 방식으로 기술했다. "우리는 다 죽습니다. 땅에 쏟으면, 다시 담을 수 없는 물과 같습니다." 삼하14:14 전도서의 저자는 죽음을 이렇게 표현했다. "사람에게 닥치는 운명이나 짐승에게 닥치는 운명이 같다. 하나가 죽듯이 다른 하나도 죽는다. 둘 다 숨을 쉬지 않고는 못 사니, 사람이라고 해서 짐승보다 나을 것이 무엇이냐? 모든 것이 헛되다. 둘 다 같은 곳으로 간다. 모두 흙에서 나와서, 흙으로 돌아간다." 전3:1-20

구약 본문들은 종종 죽음을 스올Sheol 즉 말없는 어둠의 장소와 연결한다. "죽은 사람은 주님을 찬양하지 못한다. 침묵의 세계로 내려간 사람은 어느 누구도 주님을 찬양하지 못한다." 시115:17 히스기야 왕은 죽음에서 구제 받으려고 드린 유명한 기도에서 이러한 정조를 들려준다. "스올에서는 아무도 주님께 감사드릴 수 없습니다. 죽은 사람은 아무도 주님을 찬양할 수 없습니다. 죽은 사람은 아무도 주님의 신실하심을 의지할 수 없습니다. 제가 오늘 주님을 찬양하듯, 오직 살아 있는 사람만이 주님을 찬양할 수 있습니다." 사 38:18-19

수식 없는 실재론과 신앙을 이렇게 혼합한 것을 가장 잘 포착한 구절이 다음의 시편 구절이다.

> 인생은, 그 날이 풀과 같고, 피고 지는 들꽃 같아, 바람 한 번 지나가면 곧 시들어, 그 있던 자리마저 알 수 없는 것이다. 그러나 주님을 경외하는 사람에게는 주님의 사랑이 영원에서 영원까지 이르고, 주님의 의로우심은 자손 대대에 이를 것이니, 곧 주님의 언약을 지키고 주님의 법도를 기억하여 따르는 사람에게 이를 것이다. 시103:15-18

신앙의 히브리 사람들이 미래를 생각한 것은 확실하다. 하지만 일반적으로 볼 때 그들의 기대는 공동체의 포부에 꽂혀 있었지 개개인의 정체성에는 아니었다. 많은 본문들이 도래할 세대와 야훼의 영원한 언약을 말한다. "주님은 위대하시니, 그지없이 찬양받으실 분이시다. 그 위대하심은 측량할 길이 없다. 주님께서 하신 일을 우리가 대대로 칭송하고, 주님의 위대한 행적을 세세에 선포하렵니다." 시145:3-4 그들은 이러한 야훼의 "행적"이 어떤 형이상학적 영역에서가 아니라 물질적 세계에서 일어날 것이라고 이해했다.

어떤 본문들은 정체성을 지닌 개인의 운명을 기술하고자 기억의 개념을 사용했다. 시편 88편은 절망적인 어조로 "죽은 자들 가운데 버림 받아서 누워 있는 자, 주님의 기억에서 사라진 자"를 말한다. 시88:5 다른 시편들은 악인이 어떻게 망각되는지를 기뻐한다. "주님의 얼굴은 악한 일을 하는 자를 노려보시며, 그들에 대한 기억을 이 땅에서 지워 버리신다." 시34:16 "그러나 악인들은 패망할 것이니, 주님의 원수들은 … 불타 없어질 것이니, 연기처럼 사라질 것이다." 시37:20 다른 한편, 의인들이 받는 축복 중에는 "의로운 사람은 영원히 기억된다"는 것이 있다. 시112:6

기원전 약 165년 제일 마지막으로 써진 구약 **다니엘서**는 죽은 자의 부활을 분명히 말한다. "땅 속 티끌 가운데서 잠자는 사람 가운데서도, 많은 사람이 깨어날 것이다. 그들 가운데서, 어떤 사람은 영원한 생명을 얻을 것이며, 또 어떤 사람은 수치와 함께 영원히 모욕을 받을 것이다." 단12:2 성경 외경에 포함된 가톨릭용 본문인 **지혜서**는 비슷한 말을 한다. "의인들의 영혼은 하나님의 손에 있다. … 그들이 이 세상을 떠나는 것이 재앙으로 생각될 것이며 우리 곁을 떠나는 것이 아주 없어져 버리는 것으로 생각되겠지만 의인들은 평화를 누리고 있다. … 그들은 불멸의 희망으로 가득 차있다." 지혜서3:1-4, 공동번역 개정판 성서 가톨릭용

예수 시대에 의인의 부활에 대한 믿음은 흔히 있는 일이었고 특히 바리새파 사람들이 그랬다. 바리새파 사람 바울은 야훼가 예수를 죽은 자 가운데서 일으켰다고 확신한 후에 예수를 메시아로 따랐는데, 이러한 견해를 갖고 있는 제자였다. 바울은 야훼의 약속을 "참으면서 선한 일을 하여 영광과 존귀와 불멸의 것을 구하는" 롬2:7 사람에게 영원한 생명을 주시는 것으로 이해했다. 그렇지만 신약 내에서도 우리는 그 문제에 대한 균일한 이해를 발견하는 것은 아니다. 이 맥락에서 볼 때 요한복음서에 나오는 "영생"은 우리의 첫 번째 생에서 일어나는 질적 변화이지 바울이 기술한 방식으로 첫 번째 생에서 두 번째 생으로 들어가는 연대기적 확장이 아니다.

사후의 삶에서 받는 보상에 대한 강조가 신약 저자들의 몇몇 저술에서 강력하기 때문에 구약의 천국 없는 믿음을 왠지 열등한 것으로 간주하는 유혹이 있을 수 있다. 그러나 그것은 오류일 것이다. 성경적 신앙은 야훼가 어떻

게 땅과 그 거주민을 구하고 있는지에 관한 것이다. 그렇다. 그것은 형이상학적 요소를 지니고 있다. 하지만 그것은 또한 확고하게 역사적이고 정치적이다. 우리가 성경적 신앙을 천국에 관한 것이라고 생각한다면 우리는 중심을 이루는 논지를 놓치고 있는 것이다.

4장: 어떤 백성 이야기

성경이 천국에 가는 것에 관한 것이 아니라면 그것은 무엇에 관한 것인가? 우리가 서문에서 말한 바와 같이 그것은 최우선적으로 야훼 즉 히브리 사람의 신에 관한 것이다. 마찬가지로 성경은 처음에는 히브리인으로 나중에는 이스라엘인으로 그 후에는 유대인으로 알려진 백성의 부분적 역사라고 말하는 것은 정확하다.

이방인은 어째서 이와 같은 유대인의 역사에 세심한 주의를 기울여야 하는가? 한 가지 이유는 너무 많은 글들이 제국의 발아래 짓밟히는 힘겨운 삶의 현실을 기술하기 때문이다. 이러한 성경책들은 제국에 대한 우리 자신의 반응에 영향을 미치고 영감을 준다.

아브라함과 맺은 야훼의 언약은 두 번째 이유를 제공한다. 너의 후손으로 말미암아 "땅에 사는 모든 민족이 복을 받을 것이다." 창12:2 바꾸어 말하면 야훼와 이스라엘과의 관계는 이 땅에 사는 모든 민족에게 이로움을 주려고 의도된 것이다. 우리는 성경을 읽을 때 바로 이 집단이 어떻게 땅을 축복하고 땅을 그 파괴로부터 건져내는 야훼의 약속에 대해 산파로서 자기 역할을 실행했는지를 설명하는 본문을 읽고 있는 것이다.

성경에서 이야기된 역사를 통틀어서 우리는 다양한 개인들이 이스라엘인의 정체성을 형성하고 유대 민족의 방향을 정하는 데 역동적이고 중심적인 역할을 수행한 것을 볼 수 있다. 그러나 신약의 예수를 제외하면 이들은 성경 드라마에서 조연이었다. 다시 말해서 야훼, 이스라엘 집단, 예수의 죽음을 뒤따랐던 사회 운동이 주연을 맡았다.

야훼의 목적이 어떤 개인이 천국에 가고 못 갈 것인지를 구분하는 것이었다면 그때는 위와 같이 이야기하는 방식은 아무런 의미도 없을 것이다. 그러나 야훼의 목적은 삶의 방식이 정의롭고 자유로우며 지속 가능한 공동체를 형성함으로써 이 땅을 구원하는 것이다. 따라서 성경이 공동의 삶을 통해서 적어도 그 시대의 얼마 동안 그 목적을 달성하려고 노력하는 특정 집단의 백성에 초점을 맞추는 것은 말이 된다.

"세상에 복이 임할 것"이라는 것에 대해 이렇게 접근하는 것은 특별한 세계관과 인간학을 반영한다. 말하자면 개인이 아니라 문화와 그 신들이 사회적 실재를 창조한다. 우리 각자가 세상이 작동하는 것을 어떻게 지각하는지 말하자면 우리가 상상하는 가능성, 우리가 "사랑", "정의"라는 말에 부여하는 의미, 폭력과 강압에 대한 우리의 대응, 낯선 사람과 외부인에 대한 우리의 태도, 경제학에 대한 우리의 이해는 우리가 동일시하는 집단에 의해서 형성된다.

집단과 그 신들은 사회적 실재를 구성하기 때문에, 그리고 야훼는 그 실재가 정의롭고 자유롭게 하며 지속 가능한 것이기를 의도하기 때문에 성경은 집단을 혁신하고 그 길의 모범을 보이는 것에 집중한다. 다음 장에서 우리는 이것이 어떻게 더 많은 세상을 이롭게 하는 것으로 여겨질 수 있는지를 살펴볼 것이다.

어떤 독자들은 성경 저자들이 글을 쓸 때 자주 "제국"을 자신의 문서에 생명을 불어넣은 문제로 확인했다는 우리의 주장을 불편해 할 것이다. 안전을 보장하고 뜻대로 하고 싶고 타인을 지배하고 싶은 욕망은 인간 개개인의 마음속에 존재한다. 죄는 인간의 보편적 경험이다. 그렇다면 제국에 대해서 그토록 말을 많이 하는 이유는 무엇인가?

실로 성경 저자들 대부분은 인간의 이기심을 충분히 확신한 것으로 보인다. 하지만 그들이 보기에, 문제는 인간의 마음이 완전하게 그리고 변화 불가능하게 부패해 있다는 것이 아니라 도리어 뒤섞인 의도들로 끊임없이 분열하고 괴로워한다는 것이다. 실로 이것이 우리가 저 유명한 성구를 이해하는 방식이다. 즉 "만물보다 더 거짓되고 아주 썩은 것은 사람의 마음이니, 누가 그 속을 알 수 있습니까?" 렘17:9

그러므로 성경 저자들 대부분은 인간 개개인이 선한 것에 헌신하는 문제로 분열하는 것을 각지하는 반면에 마찬가지로 야훼의 의도에 따라 의롭고 평화로운 방식으로 살 수 있는 인간 능력을 충분히 확신한 것으로 보인다. 성경의 세계관에서 볼 때 이것은 개인의 선택과 헌신을 확실히 포함한다. 그러나 훨씬 더 결정적인 것은 사람들이 숭배하는 신이며 그 귀결로 사람들이 살아가는 사회적 환경이다. 야훼에 의해서 생명을 지니게 된 세계관과 공동체만이 소수의 영웅적 개인들이 아니라 수많은 사람들로 하여금 선한 것을 보는 것을 가능하게 할 것이고 다수의 사람들로 하여금 그것을 품는 것을 가능하게 할 것이다.

따라서 성경의 초점은 자율적 개인의 형이상학적 구원이 아니라 참된 신을 지향하는 의롭고 정의로운 사회이다. 이런 일이 일어나려면 우리는 거짓된 신들과 기만적 현실로부터 해방되어야 하고 생명을 주는 사회 구조, 바울의 이른바 "새롭게 창조되는 것" 갈6:15에 심겨져야 한다. 오직 그때만 인간의 긍정적 능력은 만개할 것이다.

우리는 이러한 세계관이 야훼에 의해서 이집트 제국의 속박으로부터 해방되어 시내 산에서 야훼와 언약을 체결하고 새로운 정치 공동체를 형성하게 된 히브리 노예 이야기를 통해 가장 극적으로 전개된 것을 안다. 성경 저자들에게 이 이야기는 인간 존재를 가리키는 비유이다. 즉 그것은 우리가 누구인지, 야훼가 누구인지, 그리고 세상이 어떻게 구원되는지를 기술한다. 구원의 길은 먼저 제국에 속박되어 있는 정신적 육체적 예속을 깨뜨리고 나서 우리의 바람, 의도, 행동을 재형성하는 새로운 정치 공동체에 참여하는 것으로 이끌어간다.

이 장을 끝내기 전에 조금 말해 두어야 할 중요 사항이 있는데 이는 이 책이 제시하는 신의 구원에 관한 기술이 어떻게 대중적인 기독교의 관점과 다른지에 관한 것이다. 그 구체적 차이점은 예수의 삶과 죽음을 어떻게 이해하는지에 있다. 우리는 그것을 구약의 예언적 프로젝트의 연장과 확장으로 이해하거니와 그 프로젝트는 사람을 제국에서 해방시키는 것, 대안적 정치 공동체를 구축하는 것, 그리고 모든 사람에게 정의와 평화의 삶을 통해 야훼를 예배하는 일에 참여해 주기를 초대하는 것이다. 이와는 대조적으로 대중적인 기독교는 예수가 인간 역사와 땅의 구원에 대한 구약의 강조에서 벗어나서 하나님과의 형이상학적 화해와 천국의 영원한 삶을 향하는 결정적 전환을 이루었다고 이해한다.

이것들은 성경을 매우 상이하게 이해하는 것이다. 특히 이 책의 3부에서 우리는 독자들에게 이 구별을 명심하도록 촉구할 것이다.

또한 이 장을 마치기 전에 우리는 성경 이야기를 함께 전해준 사람들과 현대를 사는 사람-집단 사이를 연결하는 것이 얼마나 복잡한 것인지를 인정하지 않으면 안 된다. 많은 사람들이 고대 히브리인에서 시작하여 현대의 유대인에 이르기까지의 계보를 한 줄로 표시한다. 이러는 것에는 일말의 진리가 있다. 하지만 그것은 역시 심각하게 오도된 것이다.

첫째, 그렇게 접근하면 아브라함의 많은 후손 즉 이스마엘, 에서 그리고 북 이스라엘 왕국을 포함한 대부분의 사람들이 시간이 지나면서 어떻게 성경 이야기의 줄거리에서 **빠졌는지**를 인식하지 못하게 된다. 남 이스라엘 왕국 즉 유다에서 소수파로 살았던 사람들은 200년 이상 아브라함의 이야기를 전해주었지만 결국 그들 대부분도 똑같이 제2성전 초창기에 성결을 강조한 에스라에 의해서 배제되었다. 이렇게 해서 아브라함 후손 중 적은 무리만이 끝까지 성경 이야기의 일부를 구성하게 되는 것이다.

둘째, 그것은 아브라함과 야곱의 유전적 자손들이 우리가 오늘날 유대인이라고 생각하지 않는 많은 사람들에게서 발견될 수 있다는 사실을 인지하지 못한다. 이들은 지구상에서 전쟁으로 가장 많이 황폐화된 한 지역에서 수천 년 이상을 살아오는 동안 무슬림이나 그리스도인이나 여타 종교인이 되었기 때문이다.

셋째, 그것은 성경 서사의 초점이 유대인의 메시아에는 충실했지만 유대교의 종교적 관례는 전면적으로 취하지 않았던 이방인을 어떻게 신약에 포함시키는 데까지 확대되었는지를 무시한다. 이 이방인들은 아브라함과 유전적으로 연결되어 있지 않지만 야훼 즉 아브라함에 처음 계시된 신을 예배했다.

넷째, 그것은 예언자 무함마드가 야훼에 충실하겠다고 확언했을 때 즉 성경 시대가 끝나고 100년을 경과한 후에 일어난 일을 무시한다. 따라서 이슬람교인들 역시 성경 서사와 강력한 관계를 맺고 있다.

요약하면, 우리는 "아브라함의 자손"에 속하는 현대 사람들을 상상할 때 오늘날의 유대인들은 물론이거니와, 고대 셈족과 유전적 연관성은 가지고 있으나 현대 유대인의 정체성은 없는 사람들 예컨대 팔레스타인 사람들, 그리고 셈족의 유전적 유산은 없으나 아브라함의 신에 대한 충실함을 주장하는 사람들을 모두 포함해야 한다. 그리고 우리가 오늘날 **야훼의 백성**을 확인하고 싶으면 수천 년 전에 살았을 남자와 여자에 관련된 조상 전래의 엄청난 양의 혼란스러운 주장이 아니라 야훼의 정체성에서 출발해야 한다.

5장: 민족들의 순례

그렇다면 야훼의 축복을 나머지 우리들은 어떻게 공유하게 되는가? 이러한 질문으로 인해서 우리는 세계가 어떻게 작동하는가에 대한 성경의 가정을 깊이 천착하게 된다.

성경은 야훼를 역사적 사건에서 행동하는 존재로 간주하는 종교적 책이기 때문에 야훼가 세상에서 어떤 일을 벌이는 마술을 사용한다는 유아기적 가정으로 되돌아가는 유혹이 있을 수 있다.

예를 들면 우리는 모세가 자기 백성과 함께 홍해에 다다랐을 때 야훼가 그 바닷물을 갈랐으며 이로써 히브리인은 마른 땅을 건널 수 있었다고 기록한 것을 읽는다.출14:21-22 이스라엘 군대가 아모리족과 싸울 때 여호수아는 주님에게 이렇게 외쳤다. "이스라엘이 그 원수를 정복할 때까지 태양은 멈추고 달은 멈추어라." 수10:12-13 엘리야가 기도하니 야훼가 하늘에서 불을 보내 엘리야의 제물을 태웠으며 이로써 적수인 바알 신의 예언자들을 수치스럽게 만들었다. 왕상18:38 아시리아 제국의 군대가 예루살렘을 포위하자 히스기야 왕이 기도하니 "그 날 밤에 주님의 천사가 나아가서 아시리아 군영에서 185,000명을 죽였고 아침이 밝았을 때 그들은 모두 주검으로 발견되었다." 왕하19:35 헤롯 왕은 예수의 제자 야고보를 처형한 후 베드로도 처형하려고 그를 체포한 적이 있다. 베드로는 두 쇠사슬에 묶여서 두 군인들 틈에서 잠들어 있었는데 "주님의 천사가 나타나고 감방에 빛이 비치었다. 천사가 베드로의 옆구리를 쳐서 깨우고 말하기를 '빨리 일어서라' 고 하였다. 그러자 쇠사슬이 그의 두 손목에서 풀렸다." 행12:7

이와 같은 모든 것들 중에 가장 중요한 것은 로마 제국이 예수를 처형한 후 야훼가 그를 다시 살렸다는 것이다.

이러한 사건들 및 여타의 이런 것들을 기술하는 것은 중요한 일이다. 우리는 이들 하나하나에 대해서 진지하게 그리고 이들 자신의 방식으로 씨름해야 한다. 어떤 것들은 과장을 나타내고 때때로 발생한 사건이 수백 년 동안 입으로 전해지다가 마침내 오랜 세월이 지나 문서화될 때 일어나는 전설을 반영한다. 어떤 것들은 사건이 어떻게 일어났는가에 대한 저자의 성급함을 반영한다. 다시 말해서 그는 자연적 사건이 일어나도록 한 존재가 야훼였다는 것을 먼저 말하고자 하는 것이다. 어떤 것들은 아무런 "자연적" 설명도 없다는 저자의 자신감을 반영한다. 즉 오로지 초자연적 원인만이 설명을 제공한다는 것이다.

그러나 우리가 그러한 주목할 만한 사건들을 어떤 방식으로 보든지 간에 이들 사건들이 외견상 마술적 특성을 지니는 것으로 보는 것은 성경에 대한 우리의 이해를 왜곡할 수 있다. 즉 그것은 야훼가 사용하는 것으로 간주되는 일상적 방법을 간과하게 만든다. 이 일상적 방법은 야훼의 방식을 따라서 자신의 삶을 영위하는 사람들에게 영향을 주는 방법이다.

이 일상적 방법을 성경 본문에서 발견하려면 우리는 다음과 같은 가정에서 출발해야 한다. 즉 우리는 사람으로서 언제나 서로의 욕망과 행동을 모방한다. 우리가 서로의 "성공적" 행동을 닮는다는 것은 매우 명백한 사실이다. 그러나 그것은 그보다 더 심층적인 데가 있다. 즉 좋은 나쁘든 우리는 **잠재의식적으로 타인이 욕망하는 것을 욕망한다.** 이 메커니즘은 우리의 두뇌에 연결되어 있고 잠재의식적 차원에서 작용한다. 실로 우리는 이것을 첫 돌이 되기 전의 영아들에게서 잘 볼 수 있다. 때때로 이것은 질투, 적의, 경쟁, 심지어 폭력으로 이어지기도 한다. 그러나 **이것은 역시 다른 방향 즉 협력, 친절, 용서를 향할 수 있다.**롬5:15-21 참조

이러한 동학을 예수에 반응하는 사람들의 많은 이야기가 그렇듯 성경에 나오는 이브와 아담의 이야기, 아벨과 가인의 이야기가 보여주고 있다.

이러한 동학을 사회로 확대하여 투영할 때 우리는 이 메커니즘이 어떻게 작동하는가를 기술하기 위해 "명성" 또는 "증언"이라는 말을 사용한다. 한 사회의 생활 방식, 관습과 열망은 모든 사람이 만나볼 수 있도록 전시되어 있고 다른 사회에서 온 사람들은 여기에 주의를 주기 마련이다. 예를 들면 전 세계에 있는 사람들은 미국에 이민가고 싶어 한다. 왜냐하면 그들은 그 나라가 경제적 기회의 땅이라고 알고 있기 때문이다. 마찬가지로 우리는 빈곤한 쿠바 사회가 어떻게 우수한 공중 보건과 거의 보편화된 문해 능력에 도달하는지, 그리고 이란 사회가 어떻게 제국의 적대적인 응징에도 불구하고 예술에 대한 응집과 강조를 유지하는지에 대해 매혹을 느낀다. 이러한 "매혹"은 그것 자체가 하나의 힘이다.

성경 저자들은 이 점을 날카롭게 의식하고 있었다. 아주 자주, 그들은 이 점을 야훼의 평판의 견지에서 표현했다. 그래서 **시편**은 야훼에게 반복적으로 이렇게 호소한다. "바른 길로 나를 인도해 주십시오" 시23:3, "내가 저지른 큰 죄악을 용서해 주십시오" 시25:11, "나를 인도하시고 이끌어 주십시오" 시31:3, "우리를 도와주십시오" 시79:9, "나를 도와주십시오" 시109:21, "**야훼의 이름을 위하여 나를 살려 주십시오.**" 시143:11, 강조는 첨가

사무엘은 예언자로서 고별사를 전할 때 왕을 달라고 고집하는 이스라엘 백성을 질타한 바 있다. 하지만 그는 또한 그들을 편안하게 만들어주었다. 즉

"야훼는 자기의 귀한 명예를 지키기 위해서라도, 자기의 백성을 버리지 않으실 것입니다." 삼상12:22 나중에 예언자 이사야는 이와 동일한 취지로 야훼의 말을 인용했다. 즉 "내 이름 때문에 내가 분노를 참고, 내 영예 때문에 내가 자제한다." 사48:9 예수가 말한 문구는 이와는 약간 다르지만 그 사상은 같다. 즉 "너희 빛을 사람에게 비추어서, 그들이 너희의 착한 행실을 보고, 하늘에 계신 너희 아버지께 영광을 돌리게 하여라." 마5:16

우리가 이 본문에서 보는 것은 삶에는 경쟁하는 세계관들 사이의 강렬한 경쟁이 있고 개개의 세계관은 세계가 어떻게 작동하는지를 설명한다는 것이다. 이러한 경쟁 속에서 종종 우리의 타자 모방은 바람직하지 않은 자질과 행동을 본받는 방향으로 몰아간다. 그러나 그것은 또한 역방향으로 작동할 수 있고 평화의 길을 향해 신호를 보내기도 한다. 인간은 죄로 인해 전적으로 부패한 것은 아니다. 다시 말해서 **우리는 우리 자신의 욕망에 의해 빛의 방향으로 움직일 수 있다.** 즉 우리는 이 땅에서 사는 야훼의 삶의 방식으로 이동할 수 있다.

그러나 이것이 "이 땅에 사는 모든 민족"에게 일어나려면 야훼의 삶의 방식은 가시화되어야 하고 더 한층 유명해져야 한다. 그리하여 다른 사람들이 그것을 보고 경험하고 욕망하며 품을 수 있도록 되어야 한다. 그것은 어느 한 종족 집단의, 어느 한 문화의 사적 소유, 또는 개성을 지닌 개개인의 집합체의 사적 소유로 남을 수 없다. 그러기 때문에 우리는 **요한복음서**에서 예수가 니고데모에게 다음과 같이 말하는 것을 안다. "모세가 광야에서 뱀을 든 것 같이, 인자도 들려야 한다." 요3:14 더욱이 우리는 예수가 다른 때는 다음과 같이 말하는 것을 발견한다. "사람이 등불을 켜서 말 아래에다 내려놓지 아니하고, 등경 위에다 놓아둔다. 그래야 등불이 집 안에 있는 모든 사람에게 환히 비친다." 마5:14-15

그러므로 아브라함은 당대의 큰 무역로의 요지에 자리 잡은 가나안에 자신의 천막을 쳤던 것이다. 예레미야, 에스겔, 세례자 요한, 베드로 그리고 바울은 매일같이 공공장소에 나가서 살았던 것이다. 예수는 성인 시절을 세상 사람들의 주목을 받으면서 보냈고 골고다 언덕에 "들려져서" 오늘날까지 회자되는 끔찍한 장면을 보여준 후에 죽었다. 메시아를 믿는 초기 신자들은 예수가 당국의 권위에 반하는 커다란 분노의 행동을 직접 수행한 공공 장소 즉 성전에서 정기적으로 모였다.

성경의 어떤 다른 본문보다도 한층 더 이사야서는 이러한 논리를 명시적으로 보여준다. "마지막 때에, [야훼의] 성전이 서 있는 산이 모든 산 가운데서 으뜸가는 산이 될 것이며, 모든 언덕보다 높이 솟을 것이니, 모든 민족이 물밀듯 그리로 모여들 것이다. 백성들이 오면서 이르기를 '자, 가자. 우리 모두 [야훼의] 산으로 올라가자. [야훼의] 성전으로 어서 올라가자. 주님께서 우리에게 주님의 길을 가르치실 것이니, 주님께서 가르치시는 길을 따르자' 할 것이다." 사2:2-3

야훼의 산으로 향하는 이러한 민족들의 순례는 예수가 야훼의 제국을 선포하는 맥락이다. 예수는 그 유대 공동체를 다시 한 번 야훼의 길로 소환함으로써 자신이 모든 사람을 사로잡고 끌어 모을 것이라고 알고 있었던 빛을 소생시키려고 노력했다. 그중 가장 매력적인 것은 이스라엘의 비폭력이다. 이사야서는 이렇게 얘기했다. "[야훼께서] 민족들 사이의 분쟁을 판결하시고, 뭇 백성 사이의 갈등을 해결하실 것이니, 그들이 칼을 쳐서 보습을 만들고 창을 쳐서 낫을 만들 것이며, 나라와 나라가 칼을 들고 서로를 치지 않을 것이며, 다시는 군사훈련도 하지 않을 것이다." 사2:4

예수는 죽는 시점까지 일관하여 비폭력을 구현했고 이는 아직도 우리를 사로잡는다. 그러나 민족들의 순례가 일어났는가? 평화가 사람들 사이에 터졌는가? 그렇다고 베드로는 자신의 최초의 공개적인 설교에서 말했다. 베드로는 전례 없는 협력의 영이 터지고 가지각색의 예수 제자들이 이 영을 서로 공유한 오순절의 기적적인 사건 이후에 최초로 공개적으로 설교한 바가 있다. 또 2세기 교회 지도자들도 그렇다고 말했다. 그들은 문화나 신조의 차이 때문에 한때 서로를 죽인 사람들이 이제는 함께 평화롭게 사는 것을 관찰했기 때문이다.

진리는 어떻게 이 땅의 통치를 확립하는가? 그것은 어떻게 사람의 마음을 얻는가? 성경 저자들은 진리 즉 야훼의 진리는 위의 높은 곳에서 아래로 전해질 수 있을 뿐이라고 가정하지 않았다. 그들은 사람들이 기적적인 사건이나 누군가가 야훼가 너희들은 해야만 한다고 말했다는 주장만을 이유로 해서 다른 세계관을 채택하고 삶의 방식을 바꿀 것이라고 가정하지 않았다. 그 대신에 그들은 야훼의 진리는, 갑남을녀가 타인들이 관찰했고 경험했으며 욕망했던 공개적인 방식으로 살아갔던 바와 같이, 역사 안에서 살과 피를 취해야 한다고 가정했다. 왜냐하면 바로 그 공개적인 방식이 평화를 구현하고 공동체를 키우며 정의를 위한 길을 준비했기 때문이었다.

이것이 이 땅이 구원 받는 일상적 방식이다. 이것이 우리 중 어느 누구도 설명할 수 없는 간헐적인 초자연적 신호와 놀라움 사이에서 야훼의 축복이 이 땅의 모든 사람에게 공유되는 방식이다.

6장: 제국에 대한 저항

이 책을 읽는 사람들 일부는 현행 지배 제국의 테러를 경험하고 그 종말을 염원하지만 대다수 사람들은 제국의 많은 실패와 오류에도 불구하고 현행 제국은 세상을 더 안전하게 보장하고 더 번영하는 곳으로 만든다는 견해를 취할 것이다. 바꾸어 말하면 제국이 없이 지내는 것보다 제국과 함께 하는 것이 더 낫다는 것이다.

이와는 대조적으로 많은 성경 저자들은 그들 시대의 제국을 야훼의 적으로 간주했다. 신학적으로 이 적대감은 의미가 있다. 제국은 세상이 어떻게 작동하고 어떤 변화가 가능한지를 규정함으로써 실재를 창조할 수 있는 능력 면에서 신과 같은 존재이다. 여러 가지 방면에서 이러한 현실은 거짓된 것이다. 하지만 제국의 기만은 너무나 대대적이고 압도적이라서 상례적인 책임 메커니즘은 기능을 중지한다. 즉 대안적 삶의 방식, 대안적 인간 행동 조직 방안, 대안적 문제 해결 방식은 주변으로 밀려나고 평화와 번영의 위협으로 낙인찍힌다. 제국은 나락으로 질주하고 있을지 모르지만 제국이 선택하는 대안의 범위는 일체의 합리적 선택을 모두 포함하는 것으로 지각된다. 이것이 제국의 본질이고 행동이다. 그 이상이 아무리 고상하고 그 지도자가 아무리 진정성이 있다고 하더라도 그렇다.

야훼만이 우리를 구원할 수 있다. 이것이 성경의 세계관을 주도한다. 야훼의 구원은 여러 가지 모양과 형태로 우리에게 다가오지만 항상 대안을 살아 냄으로써 제국에 저항하는 공동체를 포함한다. **이것이 야훼가 세상을 구원하는 방식이다.**

키이즈마트와 왈쉬는 우리가 택하는 제국의 정의를 다음과 같이 제시한다. "사회-경제적 군사적 통제 구조에 의해서 안전이 보장된 체계적으로 중앙 집중화된 권력이다. 이 권력은 토대가 되는 가정들에 뿌리박은 강력한 신화들에 의해 종교적으로 정당화되고 민중의 상상력을 포획하는 제국의 이미지들을 확산함으로써 유지된다."[5]

현행 제국은 미국의 군사적 및 유관 보안기구와 정보기관 이외에도 동맹 국가의 유사 능력을 포함한다. 이를테면 국제 금융 제도, 전 지구적 개인 사유 관계 네트워크 예컨데 기업, 미디어, 연예 기획 회사, 싱크 탱크, NGO, 자선 단체, 심지어 인권 단체들이 포함된다. 이 모두는 다함께 자신들의 재강화 구조와 제도들을 위한 엘리트층을 키우고 권력을 쥐어 주는 현실을 창조한다.

많은 사람들이 이 전 지구적 지배가 과거의 제국들과 같지 않게 보이면 이를 "헤게모니"라고 부른다. 고대 제국은 총독 임명을 통해 속국의 통제를 행사하는 단 한 명의 지도자에 의해서 다스려졌다. 이것은 현재 제국 내에서 통용되는 처리 방식과는 대조적이다. 지배국은 몇 년마다 대중 선거를 통해서 지도자를 바꾸고 이들 지도자는 자주 속국의 행정 당국과 고도의 공개적인 토론에 참여한다. 약소국을 지배하는 운영 권한의 명백한 결여 때문에 일부 사람들은 속국 지도자가 주로 지배국의 뜻에 따라 임명될지라도 "제국"이라는 용어가 시대에 뒤진 것이라는 생각을 가지게 된다.

일부 사람들이 "제국" 또는 "전 지구적 헤게모니"가 현재의 전 지구적 현

---

5) Keesmaat and Walsh, *Colossians Remixed: Subverting the Empire*, p. 131.

실을 기술하는 데 더 나은가 하는 문제로 논란을 벌이고 있을지라도 지배 수단이 어떻게 진화했는지를 인식하는 일은 중요하다. 전 지구적 금융 제도의 통제 이외에 현행 제국 권력은 전 지구의 구석구석에 대한 지속적인 위성 영상 감시와 전 세계의 지속적인 디지털 통신 추적을 유지한다. 이것은 지구상에 있는 거의 1000개에 가까운 기지가 수행할 수 있는 고강도 전투 작전 능력에 상응한다. 이것은 적국을 미사일 포대와 핵무기의 원안에 들어오는 것으로 표시하고 지역전, 공중전, 해상전, 잠수전, 지상전에서 우세를 점하기 위한 압도적 화력을 유지한다. 또한 이것은 매년 100개 이상의 나라에서 비밀 군사 작전을 수행한다. 이것이 가장 치명적인 것은 비밀정보국, 개인업자, 용병, 대리인이 "테러리스트"로 움직이면서 범죄망을 조직하여 살인, 파괴, 붕괴를 익명적으로 자행한다는 점이다. 이러한 방식들로 인해서 이 땅에 거주하는 보통 사람들은 제국의 보호를 받고 싶다는 욕망을 가지지 않을 수 없게 된다. 이제 제국 권력은 지식, 권한, 범위에서 신과 같은 존재이다.

오늘날의 제국이 시키는 대로 하라는 방침을 따르지 않는 국가는 "불량국가"로 낙인찍히고 무역으로 응징되고 체제 위협적인 내부 폭력과 외부 공격 양쪽 모두 또는 어느 한쪽의 표적이 된다. 이렇게 붕괴된 나라의 목록을 제시하면 쿠바, 베트남, 칠레, 니카라과, 북한, 이란, 세르비아, 아프가니스탄, 이라크, 미얀마, 수단, 리비아, 시리아, 우크라이나, 그리고 베네수엘라이다. 러시아는 최근에 등재된 목록이다.

그러나 현행 제국은 속국에 행정 집행 권한을 행사하는 것에는 거의 관심이 없다. 그 대신에 그것은 세 가지 목표를 추구한다. 첫째, 속국, 개인, 기관으로부터 얻는 경제적 이익의 흐름을 방해하지 않기. 여기서 이들 대상은 대부분 개인의 손 안에 있다. 둘째, 자기를 보호하기 위해 능력을 집결시키는 속국의 모든 노력을 붕괴하기. 셋째, 제국의 세계관과 경쟁을 벌이는 어떤 세계관에도 낙인을 찍고 주변화하기.

키이즈마트와 왈쉬가 다음과 같이 조감한다.

> 제국은 우리에게 모든 것이 정상 상태라는 느낌을 투사한다. 제국은 실
> 재가 제국적으로 구성된 구조, 상징, 체제들로 이루어져 있다고 생각하
> 도록 하고 또한 미래는 제국의 희망과 꿈을 드높이 실현하는 것밖에는
> 없다고 믿게 한다. … 모든 지침은 제국이 제공하고 우리가 볼 수 있는
> 모든 실재는 제국이 우리를 위해 구성한 것이라면 그때는 우리의 **실천**
> 은 결코 창조적일 수 없을 것이고 제국을 전복할 수 없을 것이다.[6]

어떤 독자들은 미국을 제국의 지도자로 동일시하는 것을 불편해 할 것이
다. 일부 사람들에게 이러한 불편함은 세상에 현존하는 권력과 부의 배치를
좋아하는 데서 발생한다. 다른 사람들에게 이러한 불편함은 미국이 이끄는
제국의 일부에 속하지는 않지만 역시 그와 동일한 세계관과 열망을 반영하
는 지배와 통제의 형식을 경험한 적이 있는 데서 발생한다. 이 책의 저자들로
서 우리는 성경의 문서들이 제국이 기능할 때만 그런 것이 아니라 전반적으
로 분명히 제국적 세계관에 도전한다는 사실에 진심으로 동의한다. 하지만
우리는 정직하려면 다른 것들이 제국의 자리를 대신 채우기를 간절하게 바
라고 있는 동안에도 그 지배 제국의 이름을 밝히지 않으면 안 된다.

존 도미닉 크로산은 어떤 문화들은 무력으로 지배하는 것을 추구하지 않
는다고 할지라도 모든 **문명**은 정확하게 바로 그런 것이라는 전제에서 출발
한다. "나의 요점은 … 제국 자체에 저항하려면 우리가 직면해 있는 것이 무
엇인지를 알아야 한다는 것이다. 제국은 문명 자체에 본래부터 내재하는 어

---

6) Keesmaat and Walsh, *Colossians Remixed: Subverting the Empire*, pp. 155-156.

떤 것이다. 비제국적 문명은 이제껏 지구상에 나타나 본 적이 없는 어떤 것이다.”[7] 하지만 크로산은 비제국적 문명은 가능하다고 주장한다. 이는 크로산이 나사렛 예수와 사도 바울에서 지지를 발견하는 확신이다. 더욱이 그는 비제국적 방식을 발견하는 일이 앞으로 시급한 일임을 가장 냉엄한 말로 기술하고 있다. “우리의 지성이 진화한 이래로 우리가 성취한 모든 것의 미래는 앞으로 몇 년에 걸쳐 우리의 행동이 얼마나 지혜로운가에 달려 있을 것이다.”[8]

우리는 모든 성경 저자들이 제국에 관계하는 방식에 일치를 보았다고 제안하는 것은 아니다. 어떤 저자들은 저항을 강변했고 어떤 저자들은 이런저런 형태로 협조를 강변했으며 다른 저자들은 이스라엘 백성이 스스로 제국을 이룬다고 강변했다. 가끔씩 이러한 논란은 매우 뚜렷했고 강렬했으며 다른 때는 뒷전에 사라져 있었다. 제국에 대한 관점은 성경 내에서 다양하지만 “많은 사람[본문]은 제국에 어쩔 수 없이 적응하는 동안에도 제국의 통치에 저항하려고 노력했다.”[9] 이러한 본문은 암암리에 북미에서 가장 많이 거부하는 견해이고 유럽에서 아직은 받아들이는 견해이다. 모든 것을 감안할 때 제국은 폭력의 빈도를 줄이고 안전을 증대하며 사람들이 잘 살 수 있는 조건을 만들어준다.

부분적으로 성경의 반제국 관점은 이스라엘이 처해 있었던 억압적 환경에 뿌리를 박고 있다. 북왕국 이스라엘 즉 에브라임의 서기관들은 아시리아 제국이 그들의 조그만 나라에 심각한 위협으로 나타났을 시기에 **출애굽기**를 썼다. 남왕국 이스라엘 즉 유다의 서기관들은 200년 뒤 동일한 위협을 의

---

7) Crossan, *God and Empire*, p. 36.
8) Crossan, 같은 책, p. 47.
9) Horsley, *In the Shadow of Empire: Reclaiming the Bible as a History of Faithful Resistance*, p. 177.

식하고서 그들의 왕의 역사를 기록했다. 아모스, 호세아, 미가, 하박국, 이사야 같은 예언자들은 그 시기에 말씀을 선포했으며 자주 아시리아를 언급했다.

나중에 다른 제국 즉 바빌론이 남왕국 유다를 침공했고 전문 인력을 노략질했으며 마침내 예루살렘을 파괴했다. 예언자 예레미야는 예루살렘이 포위 공격을 받고 있었던 시기에 말씀을 선포했다. 강제로 끌려간 수십 년의 유배기 동안 **에스겔서와 제2이사야서가** 써졌다.

유배기 포로 유대인의 일부가 예루살렘과 그 주변 지역으로 귀환했다. 그들과 그 자손들이 세웠던 제도들은 제3의 제국 페르시아의 권위와 지시 하에 기능을 수행했다. 제국의 협조 안에서 새로운 소망을 가지는 이 복잡한 시기 동안 서기관들은 **창세기, 레위기, 신명기를** 정리했고 **역대기, 에스라기, 느헤미야기를** 썼다.

알렉산더 대왕의 치하에서 그리스 제국은 페르시아의 지도권을 이어받았다. 팔레스타인 지역 유대인들은 이집트식 그리스 통치 즉 프톨레미 왕조에 적응하는 길을 찾았지만 기원전 200년경에 그 지역을 다스렸던 시리아식 그리스 통치 즉 셀류키드 왕조 하에서 끔찍한 경험을 겪었다.

그리스 제국에 대한 마카비의 반란은 예루살렘 성전의 통제를 포함하여 어느 정도 유대인의 자율성 회복을 가져다주었다. 그리고 나서 100년 동안의 부분적 자치 기간이 경과한 후에는 제5제국 즉 로마가 통치를 거머쥐었다. 로마 제국의 야만적 지배는 예수를 선동죄목으로 처형했다. 예수가 죽고 나서 약 36년이 지나자 조세 저항에서 발원된 열심당이 이끄는 반란 때문에 로마 군대가 예루살렘에서 퇴각했다. 이어서 제1차 로마-유대 전쟁이 뒤따랐다. 이 전쟁의 결정적 사건은 로마 군대가 예루살렘을 포위 공격한 것이다. 유대인은 7개월 동안의 고초를 겪었고 마침내 로마 군대는 성벽을 부수고 그 도시의 거의 모든 건축물을 파괴하며 생존자들을 노예로 끌고 갔다.

바울은 이 전쟁 발발 직전 15년 동안 목회서신을 썼다. 그 서신 중 일부는 로마 감옥에서 써졌으나. 신약의 마지막 책 **요한계시록**은 로마 황제 도미티아누스에 의해 밧모섬으로 추방된 사람이 그 곳에서 쓴 것이다.

모든 성경 저자들이 강압을 받은 상태에서 저술한 것은 아니지만 그 모두가 제국적 통제를 벗어나서 살고 싶다는 전통 안에서 작업했다. 이것은 우리 시대의 제국이 제의했으나 실패한 "해결책"을 넘어서 이 땅에서 지속 가능한 삶의 방식을 추구하는 오늘날의 우리에게 절실하게 필요한 전망이다.

야만과 테러는 제국의 정신을 나타내고 제국의 가장 중요한 도구들 중의 하나이다. 제국은 그렇게 폭력의 무대를 지배하고 늘 있는 한계에 도무지 아무런 책임도 지지 않기 때문에 우리는 자신의 뜻을 부과하기 위해 야만과 테러를 사용하지 않는 제국을 발견하지 못할 것이다. 이러한 원초적인 실재는 특히 우리가 제국과 헤게모니와 전형적인 민족 국가의 관성적인 주권 행사를 서로 구별하는 문제에 **빠져들게** 되면 지금과 같이 간소하게 논의하는 자리에서는 쉽게 보이지 않게 된다.

예를 들어 아시리아 제국의 어떤 황제가 한 말을 고려해보자.

> 나는 그 도시의 대문 앞에 벽을 설치했고 반군 대장의 살가죽을 벗겼으며 그 가죽을 벽에 발랐다. 반군의 일부는 벽돌 사이에다 생매장을 했으며 다른 일부는 벽에 걸어 처형했다. 나는 많은 사람을 내가 보는 앞에서 살가죽을 벗기도록 했으며 그 가죽을 벽에 발랐다. 나는 머리를 모아서 왕관을 만들기도 했고 토막 난 시체로 화환을 만들기도 했다.[10]

---

10) *Bible History Online*, www.bible-history.com/destruction_of_israel/destruction_of_israel_assyrians.html.

또는 그리스 왕 안티오쿠스 에피파네스가 유대인이 돼지고기를 먹지 않겠다고 하자 그들을 어떻게 대형 프라이팬에 산 채로 집어넣어 구웠는가를 설명하는 기록도 있다. 또는 야생 동물이 그리스도인의 사지를 물어뜯자 로마 경기장의 군중들이 환호를 내지르는 보고도 있다.

현대 제국도 마찬가지로 비록 정교한 무기를 가지고 인도주의적 필요와 기만으로 위장할지라도 테러와 야만을 사용한다. 논란은 있을 수 있지만 정치적 목적을 위해 도쿄, 히로시마, 나가사키에 사는 일본 시민을 폭탄으로 불태우는 것은 전쟁 테러리즘이다. 이런 견해를 받아들이지 않는다고 할지라도 테러리즘을 입증하는 증거는 방대하다. 1990년대 후반에 있었던 가혹한 제재로 이라크 어린이들 500,000명은 나이에 비해 너무 빨리 죽었다. 베트남, 엘살바도르, 과테말라, 온두라스, 코소보, 아프가니스탄, 이라크, 파키스탄, 예멘, 소말리아에서 제국의 힘과 그 대리인들이 실행한 "반테러리즘" 계획으로 수많은 시민들이 살해되었다. 911사건 이후 고문의 사용은 일탈 행동으로 여겨졌지만 이미 한 세기 전에 미국이 필리핀을 침공할 때 표준적으로 사용된 행동이다. 고문은 대리인들이 자행했으며 오늘날에도 여전히 "암흑 지대"에서 일어난다. 이라크 수니파와 시아파는 폭력을 선동하고 리비아, 시리아, 우크라이나는 대중 저항 운동을 살짝 건드려서 무장 폭력과 내전으로 전환하도록 무차별적으로 살인하는 저격수를 사용한다. 이런 것들은 오늘날의 제국이 자신의 목표를 추구하기 위해 테러와 야만을 어떻게 사용하는지를 드러낸다.

우리는 이 중 어느 것도 감히 잊을 수 없다. 그런 일이 과거에 늘 일어났다는 것도 부인할 수 없고 앞으로 여전히 일어날 것이라는 것도 부인할 수 없다.

7장: 좋은 사회

우리는 소득의 분배나 가족의 안정에 관련 있는 윤리적 결과에 헌신하는 사회를 택해서 살 것인가? 아니면 그런 사회는 엄격하고 권위주의적이며 갈등으로 분열할 공산이 높기 때문에 그런 사회를 피해서 살 것인가?

성경 저자들은 "윤리적 결과" 모형으로 사회에 접근하는 열정적 지지자들이었다. 실로 그 중 많은 사람들이 무엇이 "선하고" "나쁜지"에 대해 "가치 판단"을 하는 것 이상이었다. 그들은 거짓된 신의 숭배와 정의롭지 못한 삶을 고통과 파멸의 원천으로 강하게 고발했다.

성경 본문으로 뛰어들기 전에 잠시 그들의 접근을 살펴보는 것이 현명할 것이다. 왜 우리는 틀림 없이 그것이 가혹하게 심판하는 것이라고 여기는가? 그들의 가치 판단과 저주를 우리에게 이로움을 주는 목적으로 "듣는" 길이 있는가?

1985년에 로버트 벨라Robert Bellah와 4명의 사회학자는 『마음의 습관』에서 미국 사회에서 개인주의와 헌신이라는 주제를 논의했다. 이 책은 우리가 공동선에 대한 공유의식을 거의 가지지 않는 상태에서 절차적 공평을 위한 공적 삶에 어떻게 정착했는가를 기술한 것이다. 벨라와 공동 저자들은 다음과 같이 썼다. "우리는 보다 실질적인 합의에 도달하려고 노력하는 것을 두려워했다. 왜냐하면 그 노력이 수용 불가한 갈등 수준을 초래할 수도 있겠다는 두려움이 있었기 때문이다."[11]

벨라와 그 동료 학자들은 상위를 보여주는 사례를 제시했다. 그들은 미국 역사의 어느 시기에 기업의 조직 형태가 어떻게 기업 자산을 주주만이 아니라 공동체에 속하는 것으로 보는 의지를 포함해서 공공선에 봉사하는 공동 목적에 헌신하는 것을 입증한 사람들에게 제약을 받았는지를 기술했다. 이러한 가치 판단은 무엇이 "공공선"이고 아닌지에 대한 대략적인 합의를 공유한 사회에서만 가능하다. 이에 반하여 절차적 민주주의는 이러한 종류의 윤리적 식별을 피한다. 그것은 사람들이 합법적인 목적을 위해서 기업을 설립할 수 있도록 해준다.

예수 이후의 이스라엘 사람들 그리고 유대인과 이방인이 섞인 교회 신자들은 분명히 절차적 공평 이상을 원했다. 야훼의 명령, 예언자의 메시지, 그리고 예수를 메시아로 확신한 사람들에게 주어진 예수의 가르침에 기초한 **좋은 사회를 그들은 원했다.** 그들은 구원을 역사에 있었던 사건으로 이해했다. 다른 어떤 장소가 아니었다. 야훼는 정의를 사랑하고 악을 미워하기 때문에 좋은 사회는 정의를 추구하고 악에 반대할 것이다.

위대한 입법자 모세는 이러한 세계관을 분명히 표현했다. "보십시오. 내가 오늘 생명과 번영, 죽음과 파멸을 당신들 앞에 내놓았습니다. … 나는 오늘 생명과 사망, 복과 저주를 당신들 앞에 내놓았습니다. 당신들과 당신들의 자손이 살려거든, 생명을 택하십시오. 주 당신들의 하나님을 사랑하십시오. 그의 말씀을 들으며 그를 따르십시오. 그러면 당신들이 살 것입니다." 신 30:15-20 이와 같이 모세는 모든 빚이 사해지는 안식년, 모든 토지가 원소유자에게 돌아가는 희년을 지키라는 명을 이스라엘 백성 앞에 "내놓는다."

---

11) Bellah et al., *Habits of the Heart: Individualism and Commitment in American Life*, p. 287.

성경에 나오는 이스라엘의 역사 전체에 걸쳐 예언자들은 윤리적 차원을 옹호하고 악행을 고발했다. 아모스는 이스라엘에 심판이 임박했다는 이유를 다음과 같이 기술했다.

> 그들이 돈을 받고 의로운 사람을 팔고, 신 한 켤레 값에 빈민을 팔았기 때문이다. 그들은 힘없는 사람들의 머리를 흙먼지 속에 처넣어서 짓밟고, 힘약한 사람들의 길을 굽게 하였다. 아버지와 아들이 같은 여자에게 드나들며, 나의 거룩한 이름을 더럽혔다. 그들은 전당으로 잡은 옷을 모든 제단 옆에 펴 놓고는, 그 위에 눕고, 저희가 섬기는 하나님의 성전에서 벌금으로 거두어들인 포도주를 마시곤 하였다. 암2:6-8

"불의로 궁전을 짓고, 불법으로 누각을 쌓으며, 동족을 고용하고도 품삯을 주지 않는 너에게 화가 미칠 것이다." 렘22:13 예레미야의 말이다. 그러나 그는 역시 구원의 길도 선포했다. "너희는 공평과 정의를 실천하고, 억압하는 자들의 손에서 고통 받는 사람들을 구하여 주고, 외국인과 고아와 과부를 괴롭히거나 학대하지 말며, 이곳에서 무죄한 사람의 피를 흘리게 하지 말아라. … 그[너의 아버지]는 가난한 사람과 억압받는 사람의 사정을 헤아려서 처리해 주면서, 잘 살지 않았느냐? 바로 이것이 나를 아는 것이 아니겠느냐? 나 주의 말이다." 렘22:3,16

마찬가지로 로마와 유대인 협력자가 행한 억압 상황 속에서 예수는 축복과 저주를 선포했다. "너희 가난한 사람들은 복이 있다. 하나님의 나라가 너희의 것이다. 너희 지금 굶주리는 사람들은 복이 있다. 너희가 배부르게 될 것이다. 너희 지금 슬피 우는 사람들은 복이 있다. 너희가 웃게 될 것이다. … 그러나 너희, 부요한 사람들은 화가 있다. 너희가 너희의 위안을 받고 있기 때문이다. 너희, 지금 배부른 사람들은 화가 있다. 너희가 굶주리게 될 것이기 때문이다. 너희, 지금 웃는 사람들은 화가 있다. 너희가 슬퍼하며 울 것이기 때문이다." 눅6:20-26

이와 유사하게 바울은 신약 초기 본문에서 신자들에게 "모든 것을 분간하고, 좋은 것을 굳게 잡으십시오" 살전5:21 라고 강력하게 권고했다. "아무도 악으로 악을 갚지 말고, 도리어 서로에게, 모든 사람에게, 항상 좋은 일을 하려고 애쓰십시오." 살전5:15

이스라엘 역사에서 때때로 사회는 "선한 것"과 "악한 것"에 대한 성경의 비전을 정부가 집행한다는 신정 정치에 의해서 조직되었다. 도덕적 기준과 신의 승인과 국가의 강제력을 이렇게 결합하는 것은 매우 호감이 가지 않기 때문에 그 결과로 우리는 좋은 사회를 세우고자 하는 어떤 구상이라도 전적으로 피하고자 한다. 그러나 다른 때에는 성경은 "좋은 사회"의 추구에서 그 초점을 윤리적 결과로 이어지는 행동을 육성하고자 정부가 아니라 문화의 권위에 맞추었다.

우리는 독자들에게 다음과 같은 문제들을 염두에 두고 성경과 씨름할 것을 촉구하고 싶다. 우리는 선한 것을 경축하고 나쁜 것에 등을 돌림으로써 정의, 평화, 번영을 **상시적으로** 추구하는 사회를 어떻게 창조할 수 있는가? 우리는 국가 권력을 장악하지 않고 바람직한 삶의 방식을 구현함으로써 효과적인 공동 정치를 상상할 수 있는가? 우리는 **타자를 지배하는** 구조화된 권력에 대한 심취를 끝내고 그 대신에 사회의 기저에서 관계, 헌신, 가치를 육성하는 것에 집중할 수 있는가?

성경에서 발견된 가치 판단은 그 권위주의적, "신탁적인" 프레임 때문에 좋아하기 힘든 것일 수 있다. 하지만 우리는 그 때문에 토대가 되는 주장 즉 사회 정의, 평화, 번영으로 이어지는 우리의 이해 범위 안에 있는 삶의 방식이 있다는 주장에 귀를 기울이는 것을 금지해서는 안 된다. "너희를 두고 계획하고 있는 일들은 오직 나만이 알고 있다. 내가 너희를 두고 계획하고 있는 일들은 재앙이 아니라 번영이다. 너희에게 미래에 대한 희망을 주려는 것이다. 나 [야훼]의 말이다." 렘29:11 아마도 **전도서**를 적은 저자를 제외하면 성경 저자들은 우리는 그 모든 것이 결국 똑같이 끝날 것이기 때문에 우리가 어떻게 살 것인가는 중요한 것이 아니라고 결코 말한 적이 없다. 그러한 생각은 정말로 그들의 세계관에 어울리는 것이 아니었다.

이렇게 해서 우리는 골치 아픈 문제에 도달한다. 즉 우리는 끝없는 갈등과 그럴듯한 폭력을 유발하지 않고 사회에 대한 도덕적 비전을 추구할 수 있는가? 예수는 그것이 가능하다고 믿었다. 그는 평화에 헌신했지만 그렇다고 정의와 의로움에 대한 자신의 열정을 줄이지는 않았다. 그 대신에 그는 폭력을 버리고 야훼를 믿었으며 자기를 내어주고 고난을 감내하는 사랑의 힘을 믿었다. 이것이 세상을 구원하는 예수의 길이다.

예수가 죽은 후에 등장한 제자 공동체는 그러한 비폭력의 열정이 세상에 줄 수 있는 긍정적 충격을 깨달을 수 있게 해주었다. 예수가 예측한 바와 같이, 예수 제자들은 위대한 일을 성취했다. 요14:12 그러나 그들이 사회에 보다 광범한 충격을 주기 시작하자 제국은 폭력적으로 그들의 운동을 억압했다. 예수 제자들 일부는 그러한 제국의 폭력에도 불구하고 존속했던 반면 다른 일부는 제국의 요구를 수용했다. 우리는 이러한 긴장을 반영하는 성경 본문을 22장에서 조사할 것이다.

성찰과 토론 1

1. 우리는 삶으로부터 의미를 구성한다. 이 일은 인간 활동의 독특한 모습으로 널리 이해되어 왔다. 우리가 "신"이라고 부르는 것은 이러한 의미 구성의 일부이다. 성경은 이 모든 것에 동의한다. 하지만 성경은 또한 하나님 달리 말하면 인간의 구성 작용에 **선행하는** 야훼가 존재한다는 것을 고수한다. 성경 본문을 들여다보기 전에 그러한 주장이 설득력을 갖고 있다는 것을 발견할 수 있는 증거가 무엇인지를 숙고해보자.

2. 이제 여러분은 많은 성경 저자들이 천국에서 누리는 사후의 삶을 가정하지 않았다는 것을 알게 되었을 터인데 그렇다면 성경과 친숙해지는 일에 다소 흥미가 생기는가? 그 이유는?

3. 현행 제국이 당신의 삶에 어떻게 영향을 미치는지를 숙고해보자. 제국은 어떤 경우에 특혜를 주고 어떤 경우에 위험에 빠뜨리는가? 당신에게 그 영향을 다르게 느끼는 가족이나 친지가 있는가? 있다면 어떻게 다르게 느끼는가?

4. "7장 좋은 사회"는 구원은 역사 안에서 일어난다는 점과 성경은 "좋은 사회"를 성취하는 길에 집중한다는 점을 제시한다. 7장은 이 목표가 정부가 제공하는 힘들을 장악하는 것보다 문화의 힘을 통해 어떻게 성취될 수 있는지를 숙고하기를 요구한다. 당신은 이러한 입장을 지지하는 편인가 또는 비판하는 편인가?

제2부

구약 전서

서론

창세기에서 말라기까지 히브리 성경 또는 구약은 39권의 책으로 구성되어 있다. 많은 책들이 본질적으로 역사적이고 800년을 넘어서는 기간 동안 일어난 사건들과 연결되어 있다. 그 시기는 북왕국과 남왕국 사이의 대립에서 시작하여 그리스 제국의 팔레스타인 점령을 거쳐 예루살렘 성전 모독, 종교적 유대인의 박해로 끝나는 때까지다.

이보다 더 먼 시기까지 거슬러 올라가는 이야기들도 역시 포함되어 있다. 하지만 이 이야기들은 성경 이외의 자료에서 확증될 수 없는 것들이다. 물론 이 이야기들은 역사이든 전설이든 중요하기는 마찬가지이다. 이들 이야기는 히브리 민족의 정체성과 그들의 신관을 형성했다.

역사적 사건이 일어난 시기를 보여주는 대략적인 연도는 33쪽에 제시된 바 있다.

문자 언어가 발달하기 이전에는 이야기의 구두 전승이 사건과 전통에 관한 앎을 보존하는 유일한 방법이었다. 다윗 왕이 살았다고 말해지는 기원전

1000년 경 히브리 문자가 발달한 후 글을 쓸 줄 아는 개인이 중요한 사건, 전통, 이야기를 설명하고 보존하고자 문서를 작성하기 시작했다. 이 과정은 맨 처음에 엘리트 집단에서 일어났는데 여기에는 왕을 모시는 자리에 있는 사람들이 포함되어 있다. 이렇게 본다면 가장 빠른 성경 문서는 아마도 기원전 10세기 즉 900년대의 어느 시점까지 거슬러 올라갈 것이다.

어떤 문서를 성경에 포함시킬 것인가를 결정하는 과정에는 많은 유대인 지도자들이 연관되어 있고 이 과정은 수백 년에 걸쳐서 일어난 과정이었고 나사렛 예수의 생애를 전후에서 수십 년 사이에 마무리되었다. 그것은 사소한 과정은 아니었다. 그 과정 동안 강조를 달리하는 많은 전통들이 사건에 대한 자신의 설명을 경쟁하듯 보여주었다. 편자들은 서로 대립 관계에 있는 관점을 화해시키려고 애썼고 어떤 경우에는 서로 다른 관점을 포함함으로써만 합의를 이룩했다. 제국의 문제가 그 한 예이다. 즉 야훼의 백성은 제국의 방법과 목표에 저항해야 하는가, 협조해야 하는가 아니면 추구해야 하는가?

구약 성경을 이해하려고 할 때 구약의 최종본이 언제 정리되었고 누가 정리했는지를 아는 것이 도움을 준다. 이 맥락은 구약 성경 분문이 어떤 목적으로 의도되었는지를 아는 데 중요한 단서를 제공한다. 이것은 어떤 문서에 대해서도 사실이겠지만 유달리 어떤 문서가 사건이 발생한 지 오랜 세월이 지난 후에 써진 경우에는 더욱 그렇다.

예를 들어보자. 기원전 586년에 바빌론 군대가 예루살렘을 파괴하기 전에 써진 텍스트가 있는데 여기서 우리는 두 개의 다른 왕국의 경험을 반영하는 두 가지 관점을 볼 수 있다. 이 두 왕국은 때로는 에브라임으로 불리기도 했고 때로는 이스라엘로 불리기도 했던 북왕국과 항상 유다로 불렸던 남왕국이다. 이 두 왕국은 기원전 10세기에 가나안에 등장했고 대립 국가로 현존했다. 물론 그들은 동일한 신 야훼를 숭배했고 동류의 셈 종족에서 나왔으며 자신의 기원에 대해 동일한 구두 전승을 공유했다. 왕들이 다스리는 시기에 써진 텍스트를 읽을 때 텍스트를 쓴 저자가 이 두 나라 중 어느 나라에 속하는지를 아는 것이 매우 많은 도움을 준다.

최종 형태의 구약 책들이 써진 시기를 연대기 순으로 살펴보면 이 책들의 연대기 순서가 성경에 배치되어 있는 순서와 매우 다르다는 것을 발견할 수 있다. 거의 모든 학자들이 이 점에 대해서만은 일치를 본다. 하지만 이 책들은 매우 오래된 사건들에 대한 고대 문서라서 특정 연도를 확정하는 것은 어려운 일이고 매우 많은 논란을 일으킨다.

아래에 나오는 연표는 구약 책명에 따른 **개산** 연도와 개연성 높은 저자를 연대기 순으로 표기한 것이다. 이 정보는 출처가 다양하지만 가장 유의미한 것은 웨스 하워드-브룩Wes Howard-Brook의 저서이다.[1]

책명	완성	저자
사무엘상 13장-열왕기상 10장	기원전925	솔로몬 왕조 서기관
출애굽기	기원전875	북왕국 서기관
오바댜서	기원전790	남왕국 예언자
아모스서	기원전760	북왕국에 있는 남왕국 예언자
호세아서	기원전730	북왕국 예언자
미가서	기원전700	지방에 있는 남왕국 예언자
열왕기상 11장-열왕기하20장	기원전700	남왕국 서기관
이사야서 1-39장	기원전700	유다 왕조 고문
스바냐서	기원전640	예루살렘에 있는 예언자

1) Howard-Brook, *Come Out, My People: God's Call out of Empire in the Bible and Beyond*, p. 105.

나훔서	기원전610	남왕국으로 피신한 예언자
신명기, 여호수아기, 사사기, 사무엘상 1-11장, 열왕기하 21-25장	기원전610	남왕국 서기관
하박국서	기원전605	예루살렘에 있는 예언자
예레미야서	기원전585	예루살렘에 있는 예언자
예레미야애가	기원전585	예루살렘에 있는 예언자
에스겔서	기원전570	바빌론 유배 제사장
민수기	기원전550	바빌론에 있는 서기관
욥기	기원전550	바빌론 유배 유대인
이사야서 40-55장	기원전535	바빌론에 있는 예언자
학개서	기원전525	예루살렘에 있는 예언자
스가랴서 1-8장	기원전525	예루살렘에 있는 예언자
레위기	기원전475	바빌론에 있는 서기관
창세기	기원전450	바빌론에 있는 서기관
에스더기	기원전450	페르시아 거주 유대인
에스라기	기원전425	바빌론에 있는 서기관
느헤미야기	기원전425	바빌론에 있는 서기관
말라기	기원전425	유다 예후드에 있는 서기관
역대지상하	기원전425	예루살렘에 있는 제사장 또는 서기관
잠언	기원전400	여럿
시편	기원전375	여럿
이사야서 56-66장	기원전375	유다 예후드에 있는 서기관
룻기	기원전375	유다 예후드에 있는 서기관

요나서	기원전375	유다 예후드에 있는 서기관
요엘서	기원전325	유다에 있는 예언자
아가	기원전325	성명불상
전도서	기원전250	성명불상
스가랴서 9-14장	기원전175	유다에 있는 예언자
다니엘서	기원전165	유다에 있는 예언자

우리는 뒤따르는 8-12장에서 **성경에 배치되어 있는 순서에 따라** 첫 14권의 책 중 13권을 논의할 것이다. 여기서 룻기는 제외하는데 나중에 논의할 것이다. 그리고 나서 구약 전체에 걸쳐서 비슷한 시기나 스타일을 감안하여 주제화해서 논의를 계속할 것이다. 우리는 이 땅에서 시작된 생명의 기원에 관한 이야기에서 출발한다.

이 책 제2부인 구약에 속하는 장들과 관련되어 있는 성찰과 토론은 각각 10, 13, 16, 18장 끄트머리에 제시되어 있다.

8장: 태초에

창세기 1-11장

생명에 관한 모순들이 삐걱거릴 때 우리는 혼동을 느낀다. 생명은 두렵기도 하지만 숭고한 것일 수 있는가? 신의 현존은 그런 것인가? 신의 현존은 우리가 사는 방법에 관해 어떤 차이를 만들어내는가?

고대인들이 이런 문제들을 의미화하려는 노력은 생명의 현실과 생명의 모순적 측면들이 어떻게든 서로 조화를 이루는 방법을 설명하는 기원 설화를 이야기하는 것이었다. 이스라엘 사람들도 예외는 아니었다. 이들의 기원 이야기는 창세기 1장에서 11장에 이르는 이야기들로 전해져 내려왔다.

이 이야기들은 페르시아 통치 하에서 바빌론에 살던 이스라엘 사람들이 쓴 것인데 그 형식은 우리가 오늘날 가지고 있는 것과 가까운 형태를 취하고 있다. 그들은 예루살렘에서 바빌론으로 유배되어 온 세대의 증손자 세대일 것이다. 바빌론과 페르시아는 그들이 출생한 장소였고 전 생애를 거기서 보낸 곳이다. 따라서 이 이야기의 저자들은 태고 시점이 아니라 800년간 호를 이루며 움직인 구약 성경의 문학적 연표에서 중간 지점에 자리하는 유대인의 종교적 리더십이 지닌 신학과 역사의식을 반영했다.

이들 이야기 중 얼마는 한때 바빌론을 다스렸던 고대 수메르 문명의 이야기와 유사하다. 다른 측면에서 히브리인들의 이야기는 그들을 포로로 삼았던 사람들의 기원 이야기와는 선명하게 구별된다. 예를 들어, 폭력은 세계의 창조, 지배, 웰빙에서 아무런 역할도 주어지지 않는다. 이 단순한 "부정"이 모든 제국적 요구 중에 가장 결정적인 것 즉 제국의 폭력은 좌우지간 생명과 문명에 필수적이라는 결정적 주장을 뒤집는다. 논의를 계속하려면 144쪽에 나오는 5번 문항을 참조하기 바란다.

(1) 천지는 어떻게 존재하게 되었는가? (1:1-2:3)

이것은 두 개의 창조 이야기 중 첫 번째 것이다. 첫 이야기는 6일간에 걸쳐 야훼가 "천지를 창조하였다"고 말한다. 엿샛날에 야훼는 땅에게 말하기를 "땅은 생물을 그 종류대로 내어라"고 했다. 같은 날에 야훼는 "우리의 형상을 따라서 우리의 모양대로 사람"을 창조했다. 그 다음 절에 나오는 바와 같이 "야훼는 당신의 형상대로 사람을 창조하셨다. 야훼는 그들을 남자와 여자로 창조하셨다." 그리고 나서 야훼는 그들에게 말했다. "생육하고 번성하여 땅에 충만하여라. 땅을 정복하여라. 바다의 고기와 공중의 새와 땅 위에서 살아 움직이는 모든 생물을 다스려라."

이 이야기의 여러 가지 특징들이 눈에 띈다. 야훼는 피조물을 기뻐했으며 "보시기에 좋았다"는 말을 반복했다. 창조 활동 하나하나는 이전에 진행된 것 위에 세워지고 따라서 질서, 심지어 합리성을 암시한다. 땅은 창조 과정에서 능동적인 행위자이다. 땅은 "채소를 내라", "살아 움직이는 생물을 내라"는 야훼의 말에 반응한다. 인간과 동물은 채식주의자이고 그들 사이에는 폭력이 없다. 창조 과정에는 어떤 종류의 갈등도, 투쟁도, 폭력도 없다.

또한 이 창조 이야기는 야훼의 "형상과 모양"이라는 두 가지 사항을 논급함으로써 인류 창조의 뚜렷한 변별성을 드러낸다. **인류에게 있는 야훼의 형**

상이란 무엇인가? 대중적인 견해에 따르면 그것은 개개인들이 지니는 불멸하는 영혼이다. 그러나 이러한 사상은 그 본문 안에 없다. 그 대신에 인간이 야훼와 같다는 두 개의 다른 방식이 암시된다. 즉 피조물을 돌보는, "관리하는" 책임과 남자와 여자일 수 있는 생성적인 능력이다.

(2) 인간 존재인 우리는 누구인가? (2:4-25)

이 물음은 동일한 이야기를 다시 한 번 알려주는 것에 다름 아니지만 최초의 남자와 여자를 창조할 때의 강조점과 연대순 배열은 다르다.

채소가 땅에서 돋아나기 전에 야훼는 땅의 먼지로 사람의 형상을 만들고 그의 코에 "생명의 숨"을 불어넣었다. 그리하여 흙으로 만들어진 형상은 살아 있는 인간이 되었다. 야훼는 "에덴에" 동산을 일구었고 지은 사람을 거기에 두고 "그 곳을 맡아서 돌보게" 하였다.

또한 첫 번째 이야기와는 다르게 이 두 번째 이야기는 야훼는 이 최초의 결과에 전적으로 기뻐한 것은 아니었음을 시사한다. 즉 "남자가 혼자 있는 것은 좋지 않다"는 것이다. 그래서 야훼는 남자를 돕는 사람 곧 그에게 알맞은 짝을 만들어주는 일에 착수한다. 먼저 야훼는 사람을 만든 것과 같이 흙으로 동물과 새를 만들고 이들을 그 남자에게 데려와서 이름을 붙이도록 한다. 그러나 그 남자는 이들 중 누구도 알맞은 짝이라는 것을 발견하지 못했다.

이런 일이 있고 난 후에 야훼는 그 남자를 깊이 잠들게 해서 그가 잠든 사이에 그의 갈빗대 하나를 뽑고 그 갈빗대로 여자를 만들었다. 이 일로 그 남자는 그 여자가 다른 점은 있지만 자신과 같은 것을 보고 기뻐했다. 즉 "이제야 나타났구나, 이 사람. 뼈도 나의 뼈, 살도 나의 살." 그리하여 이 이야기는 여자에 대한 남자의 바람으로 남자는 아버지와 어머니를 떠나 아내와 "결합하여" 한 몸을 이루는 것이라고 말한다.

사람 창조 이야기를 이런 방식으로 말하는 것은 여자와의 연합 속에서 자신의 잃어버린 일부를 발견하는 남자 중심적 관점을 반영하는 것이다. 다시 말해서 그것은 여자는 남자를 완성하기 위해서 창조된 것이지 그 반대는 아니며 따라서 위계와 남자 통제를 정당화하는 것을 말해주는 것으로 읽힐 수 있다. 이 개념은 남자만이 동물 하나하나에 이름을 붙여주고 따라서 책임을 지는 일에 관여한다는 방식으로 강화된다.

이 이야기에서 야훼는 남자가 홀로 있는 문제를 검토하는 결정권자로 여겨진다. 당황스럽게 만드는 성의 차이에 관해 말하면 이 차이는 멋진 매력이자 친밀성으로 간주되지 두려움이나 혐오나 폭력으로 간주되지 않는다.

(3) 왜 삶은 이토록 힘든가? (3:1-24)

남자와 여자는 동산에 살았으며 야훼와는 가까이서 직접 말을 주고받았다. 에덴동산 중앙에는 두 개의 특별한 나무가 있었다.^{창2:9} 하나는 먹으면 영생을 주던 열매가 있었고 이 나무의 열매를 먹는 것은 허용되었다. 다른 하나는 먹으면 선과 악을 알게 하는 지식을 주던 열매가 있었고 이 나무의 열매를 먹는 것은 금지되었다.

이 이야기는 여자와 두 번째 나무 주위에 있는 뱀 사이에 주고받는 대화에서 시작한다. 여자는 야훼가 자신과 남자에게 두 번째 나무의 열매를 먹지 말라는 명을 내렸다는 것을 알고 있었다. 즉 그것을 먹는 날에는 반드시 죽는다는 것이다. 뱀은 여자에게 반쪽짜리 진실을 가지고 대응했다. 즉 "너희는 죽지 않는다. 왜냐하면 야훼는 너희가 그 열매를 먹으면 너희의 눈이 밝아지고 하나님처럼 될 것을 알기 때문이다."

여자는 야훼처럼 되고 싶다고 말하지 않았다. 그러나 그 나무의 열매는 그녀를 사로잡았고 그녀는 **지혜롭고** 싶었고 삶을 충분히 이해하고 싶었다. 결국 그녀는 야훼와의 신뢰 관계가 위험해질 거라고 생각했지만 그 열매를 따서 먹고 남자에게도 주니 그도 그것을 먹었다.

이 본문은 그 열매가 선과 악을 알게 하는 지식을 전해주지 못했다고 주장하지 않는다. 실제로 그것은 그 열매를 먹으면 한 쌍의 인간 남녀가 곧바로 다른 의식 수준에 들어갈 것임을 시사한다. 그들은 자신의 신체적 차이를 지각하고 당황스러워했다. 그들은 자신의 불순종에 죄의식을 느꼈고 동산을 거닐고 있는 야훼를 만나기를 두려워했다. 그들은 자신의 반응을 계산하게 되었다. 먼저 그들은 야훼를 피했다. 그 후 소용없는 일임을 깨닫고 자신의 행동에 대한 책임을 모면하고자 했다. 그 열매를 먹는 동시에 그들은 우리가 인간적인 것과 같은 방식으로 인간적이 되었던 것이다.

야훼의 처벌은 뱀에게 저주를 내리는 것이었다. 즉 뱀은 평생토록 흙을 먹고 배로 기어 다니고 여자와 원수가 될 것이다. 이브와 남자에 대한 야훼의 대응은 더 애매하다. 이후부터 새로운 생명을 낳는 여자의 놀라운 신과 같은 능력은 임신의 괴로운 고통에 의해 흐려질 것이다. 여자는 남자의 생물학적 차이를 매력만이 아니라 지배와 위협의 원천으로 보게 될 것이다.

남자에게 주어진 귀결은 먹을 것을 구하는 새로운 방식에 관련되어 있다. 즉 남자는 나무와 관목에서 무상으로 나는 것을 채집하는 대신에 땅을 갈고 농작물을 심고 수확해야 할 것이다. 그러나 야훼는 말하기를, 땅은 저항할 것이다. 또한 먹거리 수집에서 경작으로 이동하게 되면 경험이 매우 많이 뒤섞이게 될 것이다. 즉 많은 토지가 필요하고 사람이 하는 수고는 가시덤불과 엉겅퀴로 좌절감을 겪을 것이다.

남자와 여자는 이러한 변화들을 금단의 열매를 먹은 처벌로서 경험했을지도 모른다. 그러나 그 본문은 야훼가 그러한 방식으로 보았다고 말하지 않는다. 그것은 또한 그들의 행동이 악했다고 말하는 것도 아니다. 그리고 우리는 여자와 남자가 죄를 지었고 인간의 성숙을 향한 단계를 밟았거나 아니면 그 모두를 행했는지에 대해 의구심을 가진 채로 남아 있다. 우리의 수수께끼는 이 이야기가 동산 한가운데 있는 두 나무를 묘사하는 것 즉 그 두 나무는 각각 어떤 면에서든 인간을 야훼처럼 만드는 능력을 가졌다고 묘사하는 것에 의해 더욱 고조된다. 이브의 관심은 입장할 수 없는 금지 측면에 집중했다. 아마도 이것은 그 본문이 인간 조건의 위기 측면을 전달하는 방식일 것이다. 다시 말해서 우리 대부분은 생명을 주는 다른 삶의 대안이 바로 눈앞에 가까이 있을 때도 우리가 가질 수 없는 것을 욕망한다. 정말로 우리는 한계 심지어 이로움을 주는 한계조차도 수용하기가 매우 어렵다는 것을 발견한다.

어쨌든 이브의 지혜의 지름길은 모든 것을 바꾸어놓았다. 그것 때문에 인간은 본능에서 계산으로 넘어가는 문턱을 가로지르게 되었다. 삶은 엄청난 양의 동기와 욕망에 박혀 있는 가능성들을 끊임없이 저울질하는 것이 되었다. 이것이 의미하는 바는 선택이 전부 또는 대부분 악했다는 것이 아니라 다만 타산적으로 접근함으로써 인간 존재는 분열된 경험을 하게 되었다는 것이다. 사도 바울은 이러한 분열을 신약에서 다음과 같이 썼다. "나는 내가 하는 일을 도무지 알 수가 없습니다. 내가 해야겠다고 생각하는 일은 하지 않고, 도리어 해서는 안 되겠다고 생각하는 일을 하고 있으니 말입니다. … 나는 내가 원하는 선한 일은 하지 않고, 도리어 원하지 않는 악한 일을 합니다." 롬7:15-19

여자와 남자는 너희는 죽을 것이라는 야훼의 말대로 죽었는가? 즉시로는 아니지만 결국은 그렇다. 야훼는 계속해서 그들을 돌보았으며 시든 무화과나뭇잎을 대신하는 가죽옷을 만들어 입혔을지라도 그들을 에덴동산에서 내쫓았다. 왜냐하면 그들은 악을 알게 되어서 스스로 악을 선택할 수 있을 뿐만 아니라 이를 생명나무의 열매를 따서 먹음으로써 피조물의 영구적인 특징으로 공고히 할 수 있기 때문이다. 그들이 불멸로 가는 길을 야훼가 폐쇄한 것은 그분의 자비로운 행위였다. "너는 흙이다." "흙이니 흙으로 돌아갈 것이다." 야훼의 말씀이었다.

(4) 악의 원천은 무엇인가? (4:1-25)

폭력은 많은 문화에서 언급된 창조 서사의 일부이다. 이 폭력의 희생자는 유죄이고 마땅히 치러야 할 대가를 치른다. 창세기에 나오는 네 번째 이야기는 이와 같은 일반적 주제를 따른다. 하지만 몇 가지 비틀림이 있다. 이를테면 희생자는 무고했고 죄를 지은 폭행자는 치러야 할 대가를 치르지 않았다.

남자의 도움으로 이브는 두 아들 가인과 아벨을 낳았다. 어른이 되어 가인은 밭을 갈아 먹거리가 많아졌고 아벨은 양을 쳤다. 어느 날 가인과 아벨은 각각 소출한 것을 야훼에게 바쳤다. 가인의 제물은 특별한 것이 아무것도 없었지만, 아벨의 제물은 맏배 따라서 가장 큰 것이었다. 야훼는 아벨의 제물은 반겼지만 가인의 것은 아니었다.

가인은 마음속으로 당황했고 화가 났다. 야훼는 이를 주목하고 가인에게 아벨의 것만큼 특별한 것을 바치는 것은 너의 손에 달렸다는 점을 상기시키는 말을 했다. 야훼는 또한 가인에게 경고했는데 이는 네가 최상의 것보다 못한 제물을 계속 바친다면 "문에 도사리고 있는 죄"의 지배를 받는 위험을 무릅쓰는 것과 같다는 것이었다. 가인은 야훼의 충고에 주의하는 대신에 아벨을 들로 데려가는 일을 도모했다. 그것은 함정이었다. 즉 그들이 들에 같이 있을 때 가인은 아우를 죽였다.

야훼는 즉시 가인을 마주하고 아벨이 어디에 있는지를 물었다. 가인의 대답은 "모릅니다. 제가 아우를 지키는 사람입니까?"라는 것이었다. 야훼의 응답은 "너의 아우의 피가 땅에서 나에게 울부짖는다"는 것이었다. 야훼는 가인을 경작했던 땅에서 쫓아내었다. "네가 밭을 갈아도 땅이 이제는 너에게 효력을 더 나타내지 않을 것이다. 너는 이 땅 위에서 쉬지도 못하고 떠돌아다니게 될 것이다."

가인은 자신의 곤경한 처지가 공포스러웠다. "나는 하나님을 뵙지도 못하고 … 저를 만나는 사람마다 저를 죽이려고 할 것입니다." 야훼는 그 일은 일어나지 않을 것이라고 말했다. 왜냐하면 가인을 죽이는 자는 "일곱 갑절의 복수"나 보복을 받을 것이기 때문이다. 정말로 야훼는 가인에게 표를 찍어 주어서 "어느 누가 그를 만나더라도 그를 죽이지 못하게 하였다."

가인은 야훼를 떠나 "에덴의 동쪽"에 정착했다. 그는 거기서 가정을 꾸리고 최초의 도시를 세웠다. 이 이야기에는 그 후 5세대에 이르는 가인 자손 이름들이 나온다. 한 후손인 라멕은 어떤 남자를 죽였는데 그 잠재적 결과를 두려워하는 마음이 있었다. 그는 이렇게 말했다. "가인을 해친 벌이 일곱 갑절이면 라멕을 해치는 벌은 일흔일곱 갑절이다."

이것은 우리를 악의 본성의 심층으로 데려가는 성가신 이야기이다. "죄"는 최초로 언급되고 폭력 즉 형제 살해와의 연관 속에서 분명히 드러난다. 폭력은 일단 상자에서 나오기만 하면 들불처럼 위협적으로 확대되고 더 많은 희생자를 낸다. 가인이 그 다음 대상인 듯했고 실로 폭력은 가인에서 멈추지 않을 것이다. 가인의 죽음은 폭력의 다음 차례를 낳을 것이고 나중에 때가 되면 그 위험은 더욱 증가할 것이다.

야훼는 아벨의 터진 피가 울부짖는 소리를 들었다. 그 사건의 부정의가 야훼의 귀에 이르렀고 야훼는 응답했다. 그러나 야훼는 보복의 동학을 추진하지 않았다. 눈에는 눈은 결코 없었다. 그 대신에 살인자와의 솔직한 대화가 있었고 폭력의 순환을 경고 표시의 자비로운 행위로 차단하는 시도가 있었다. 그렇다. 가인이 그 땅에서 쫓겨난 것은 처벌로서 이해될 수 있다. 그러나 그것은 가인이 마땅히 받아야 할 대가에 비하면 무색해진다.

가인이 범죄를 저지른 것과 "야훼를 떠나" 최초의 도시를 세운 것과의 관계는 무엇인가?창4:16 인류학자들은 이 문제를 탐구했다. 그들은 이 이야기를 폭력이 증가함에 따라 어떻게 고대인이 정착된 촌락과 도시에서 살게 되었는가를 설명하는 이야기로 본다. 보호 장벽 때문에 죽음의 상승이 줄어들었다. 보호 장벽 덕분으로 위험인물을 밖으로 추방할 수 있었고 외부인이 들어오는 것을 막을 수 있었다. 이러한 시각으로 이해하면 인간 문명이 시달린 원죄는 가인의 폭력적 질투이지 이브의 지혜 욕구는 아니었다.

(6) 땅은 신뢰할 수 있는 집인가? (6:5-9:17)

노아의 이야기, 방주 그리고 대홍수는 표면적으로 보면 자연의 폭력에 관한 것으로 보인다. 확실히 홍수의 위력은 고대인들을 공포에 떨게 했다. 이것은 오늘날의 우리도 마찬가지이다. 이것이 각별히 진실인 것은 성경 저자들이 산 곳이 어디인지 즉 메소포타미아 강변 저지대 평지라면 더욱 그렇다.

그러나 이 이야기는 자연의 가공할 위력이 인류의 폭력과 연결되면서 복잡해진다. "폭력이 땅에 가득 찼다"고 성경 본문은 말한다. 그것은 너무 악한 것이라서 야훼는 남자와 여자를 창조한 것을 후회했다. 그래서 그 이야기는 우리에게 이렇게 말한다. 야훼는 "살아 숨쉬는 살과 피를 지닌 모든 것"을 멸할 대홍수를 일으켜서 사람뿐 아니라 짐승, 땅 위를 기어 다니는 것과 새까지 이 땅 위에서 "쓸어 버리겠다"고 결심했다. 따라서 그 이야기는 인간의 폭력이 자연의 분노를 유발했다는 것을 말해준다.

노아는 "하나님과 동행하는" 의로운 사람이었다. 야훼는 노아에게 홍수가 임박했다고 말해주고 특정 규모의 삼층 방주를 만들라고 명한다. 야훼는 그것이 필요했는데 왜냐하면 "내가 이제 땅 위에 홍수를 일으킬 것이고 …
너하고는 언약을 세울 것이기" 때문이다.

　노아와 그 가족들 그리고 땅 위에서 사는 온갖 종류의 짐승, 땅에 기어 다
니는 것과 새들이 방주에 들어가자 "땅 속 깊은 곳에서 큰 샘들이 모두 터지
고 하늘에서는 홍수 문들이 열렸다." 비는 사십 일 동안 밤낮으로 쏟아졌다.
홍수가 땅과 가장 높은 산까지 뒤덮었다. 코로 "생명의 숨"을 쉬며 사는 모든
것들이 다 죽었다. 물이 빠지는 데는 일 년 가까이 걸렸다. 마침내 노아와 그
가족들 그리고 동물, 기어 다니는 것과 새들이 방주에서 나와 마른 땅을 밟았
다. 이어서 노아는 제단을 쌓고 야훼 앞에 "모든 정결한 집짐승과 정결한 새"
를 제물로 바쳤다.

　야훼는 노아의 감사 행위에 기쁨을 표하면서 다음과 같이 말했다. "다시
는 사람이 악하다고 하여서, 땅을 저주하지는 않겠다. 사람은 어릴 때부터 그
마음의 생각이 악하기 마련이다. 다시는 이번에 한 것 같이, 모든 생물을 없
애지는 않겠다. 땅이 있는 한, 뿌리는 때와 거두는 때, 추위와 더위, 여름과 겨
울, 낮과 밤이 그치지 아니할 것이다." 이 약속을 노아의 이야기 후반에 가서
야훼는 보다 제한된 언어로 다시 한 번 진술한다. "땅을 파멸시키는 홍수가
다시는 일어나지 않을 것이다." 이 언약의 표로서 야훼는 무지개를 구름 속
에 두었다.

　이러한 야훼의 재보증과 함께 세 가지 다른 변화가 나타났는데 이 세 가
지는 폭력이 노아의 새로운 출발로 제거되지 않을 것이라는 점을 말해주었
다. 첫째, 동물, 기어 다니는 것, 새와 바다에 사는 물고기가 처음으로 인간 존
재를 두려워하기 시작했다는 점이다. 둘째, 인간의 고기 소비가 허락되었고
이와 함께 동물이 인간을 두려워하는 공포를 새롭게 가지게 된 것을 설명한
다는 점이다. 셋째, 비례의 원리가 폭력을 통제하기 위해 시행되었다는 점이

다. "사람이 사람의 피를 흘리게 하면 그 사람도 보복당할 것이다. 사람은 하나님의 형상대로 지음을 받았기 때문이다." 이것은 우리에게 야훼가 가인을 취급하는 방식보다 엄하다는 인상을 줄지 모르지만 보다 중요한 논지는 살인이 처음에는 일곱 갑절 다음에는 일흔일곱 갑절로 보복하는 복수의 소용돌이를 억제한 방식이라는 점이다.

이 이야기는 인간의 폭력과 자연의 폭풍 사이의 인과 관계를 다루는 것이 아니다. 역시 인간의 악을 숙청하기 위해 야훼가 홍수를 사용하는 것에 대해 불편함을 표현하는 것도 아니다. 그 대신에 그것은 야훼를 자연의 파괴력의 충격을 **制限하는** 데 있어서 신뢰를 가지고 의탁할 수 있는 신으로 간주한다. 자연의 위협은 잔존하고 많은 사람들이 결과적으로 죽을 것이다. 하지만 어떤 사람들은 생존해서 살아갈 것이다. 이러한 야훼의 "자비" 때문에 땅은 "숨을 쉬며 사는" 모든 피조물들에게 믿을 것이 못 되는 땅은 결코 아닐 것이다. 또한 계절과 "파종기와 수확기"도 없어지지 않을 것이다. 야훼는 이를 언약했고 무지개로 날인했다.

(6) 다른 문화들은 어떻게 존재하게 되었는가? (11:1-9)

창조 이야기가 한 남자와 한 여자만을 포함한 것으로 보이는 사람들이나 홍수 이야기가 이 땅 위에 사는 단 한 가족으로만 끝난 것으로 보이는 사람들에게는 다양한 인간의 신체적 특징, 다양한 문화와 언어들은 혼란을 가져오는 것처럼 여겨졌다. 이러한 다양성은 어떻게 생겨났는가? 이번 이야기는 이러한 문제에 답한다.

처음에 세상에는 언어가 하나뿐이어서 모두가 같은 말을 썼고 동일 지역에서 살았다. 그들은 서로 말하였다. "자 도시를 세우고 그 안에 탑을 쌓고서 탑 꼭대기가 하늘에 닿게 하여 우리의 이름을 날리고 온 땅 위에 흩어지지 않게 하자." 그래서 그들은 도시를 세우기 시작했고 탑 말하자면 높은 건물을 완성했다.

그것은 매우 의미심장한 성취물이었다. 그러나 야훼가 "내려와서" 탑을 보고는 다음과 같이 경고했다. "이렇게 이런 일을 하기 시작하였으니 이제 그들은 하고자 하는 것은 무엇이든지 하지 못할 일이 없을 것이다."

그리하여 야훼는 그들이 하는 말을 뒤섞어서 동일한 언어를 더 이상 말하지 못하게 했다. 야훼는 "거기에서 그들을 온 땅으로 흩으셨다. 그래서 그들은 도시 세우는 일을 그만두었다." 그러므로 바벨 탑 이야기는 "그 도시 이름을 바벨이라고 한다. 왜냐하면 야훼는 거기서 온 세상의 말을 뒤섞었고 거기서 그들을 온 땅에 흩어놓았기 때문이다."

이 이야기는 분명히 주목할 만한 공적을 쌓는 인간의 잠재 능력을 존중심을 가지고 전해준다. 야훼조차도 짓고 있는 탑과 도시를 보고 인상 깊게 생각했다. 그 탑은 때때로 야훼와 같아지고 싶다는 인간의 욕망을 보여주는 증거로 해석되곤 하지만 "하늘"은 아마도 단순히 "창공"을 뜻하는 것으로 이해해야 할 것이다. 바꾸어 말하면 건축자들은 정말로 높은 탑을 세우기를 원했다. 어째서? 이 이야기가 말해주는 바에 따르면 그들은 **삶의 원심력을 극복하고 사람들을 결속할 수 있는 인상적인 어떤 일을 성취하기를 원했다는 것**이다. 이것은 존경할 만한 목적이다. 그렇지 않은가?

제국을 구축하는 사람들과 제국 비전을 가지고 있는 사람들은 마음을 다해 "긍정"적으로 답할 것이다. 그러나 제국이 시키는 대로 그 고통을 느끼며 살아가는 이스라엘 백성에게 이 이야기는 커다란 위안을 주었을 것이다. 그들은 자신의 공동체 내부에서 일어나는 원심적인 동학을 두려워할 필요가 없었고 마찬가지로 그들의 삶이 주변으로 밀려나거나 흩어지는 일도 두려워할 필요가 없었다. 야훼는 다양성을 인정했고 사람을 흩어서 땅을 거주지로 만드는 방식을 밀어주었다. 야훼는 업적과 획일성과 중앙화로 이루어지는 제국의 자만과 억압에 반대했다.

바벨 탑의 이야기가 제국을 반대하는 메시지라는 것은 이 정도면 충분히 분명하다. 더욱이 이 이야기는 이어지는 두 번째 메시지를 반복적으로 말해 주는데, 이는 매우 좋은 소식이다. 즉 야훼는 악 다시 말하면 항상 현존하지 만 자주 고발되는 **악의 영구적 공고화**를 막을 것이다. 야훼가 아담과 이브를 동산에서 추방함으로써 영생을 허락하지 않은 것처럼 하나님은 그 땅에 사는 사람들의 언어를 혼란스럽게 함으로써 바벨 땅의 영원한 지배를 허락하지 않았다. 이것은 바벨이 악했다는 것이 아니고 악을 추구하는 지식을 가졌다는 것이다. 바벨이 그런 지식을 가졌다면 야훼는 그 결과가 영원해지는 것을 원하지 않았다.

9장: 전복적 하나님

창세기 12장 – 출애굽기 15장

창세기 12장과 아브람과 사래 이야기를 시작하면서 우리는 특정 집단의 사람들인 히브리 사람에 관한 이야기를 듣는다. 이 이야기를 들으면서 우리는 그들의 신 야훼에 대해서 더 많이 알게 된다.

아브람과 사래가 살았다고 말해지는 때로부터 대략 1400년이 경과한 후에야 이들 이야기가 써졌다. 창세기보다 더 빨리 써진 본문에 이삭의 이름뿐만 아니라 아브람의 이름이 나온다. 따라서 우리는 이스라엘 사람들이 이 족장 설화를 포함한 구두 전승을 가지고 있었다는 것을 안다. 상상의 인물인 저자들은 그 전통과 유배 경험을 간직한 채 작업하는 가운데 이 본문을 인증했다.

이 저자들은 누구였는가? 그들은 강제로 끌려갔던 전쟁 포로의 후손들이었다. 고향 땅에서 너무 떨어진 곳에 살면서 그들은 절망의 목소리를 내었고 시편 137편에 기록된 말로 복수를 구했다.

우리가 바빌론의 강변 곳곳에 앉아서, 시온을 생각하면서 울었다. 그 강변 버드나무 가지에 우리의 수금을 걸어 두었더니, 우리를 사로잡아

온 자들이 거기에서 우리에게 노래를 청하고, 우리를 짓밟아 끌고 온 자들이 저희들 흥을 돋우어 주기를 요구하며, 시온의 노래 한 가락을 저희들을 위해 불러 보라고 하는구나. 우리가 어찌 이방 땅에서 주님의 노래를 부를 수 있으랴. 예루살렘아, 내가 너를 잊는다면, 내 오른손아, 너는 말라비틀어져 버려라. 내가 너를 기억하지 않는다면, 내가 너 예루살렘을 내가 가장 기뻐하는 것보다도 더 기뻐하지 않는다면, 내 혀야, 너는 내 입천장에 붙어 버려라. 주님, 예루살렘이 무너지던 그 날에, 에돔 사람이 하던 말, "헐어 버려라, 헐어 버려라. 그 기초가 드러나도록 헐어 버려라" 하던 그 말을 기억하여 주십시오. 멸망할 바빌론 딸아, 네가 우리에게 입힌 해를 그대로 너에게 되갚는 사람에게, 복이 있을 것이다. 네 어린 아이들을 바위에다가 메어치는 사람에게 복이 있을 것이다. 시 137편

바빌론에서 태어난 자녀들은 히브리 백성을 비제국적 삶의 방식에 대한 살아 있는 증인이라고 부른 신 즉 야훼를 어떻게 알게 되었는가? 고대의 구두 전승, 바빌론 유배 이전의 사본, "외국 땅에서" 일어난 야훼와의 놀라운 만남에 의거해서 창세기 저자들은 그 문제에 대한 답을 제시했다.

거기에 기록된 이야기들은 우리를 놀라게 할지도 모른다. 기대할 수 있는 바와 같이 그 저자들은 제국을 비판적으로 언급한다. 하지만 그들은 수치를 겪고도 **뻔뻔한** 사람들에게서 예상할 수 있는 허세나 자화자찬을 나타내지 않았다. 그 대신에 그들은 자신의 조상들을 흠 있는 사람으로 보았고 야훼를 세상이 돌아가는 방식에 대한 인습적 사고를 전복하는 신으로 여겼다.

많은 학자들이 **창세기**가 써진 시기와 비슷한 바빌론 포로 기간 동안 있었

던 출애굽기의 편집 작업을 강조한다. 하워드-브룩의 연구를 따라[2] 우리는 북왕국 이스라엘 즉 에브라임의 서기관에 의해 **출애굽기의 실질적인 부분**은 400년 더 일찍이 **써졌다**는 것을 강조한다. 그 때는 에브라임은 중요한 사회였고 대적하는 열방뿐만 아니라 아시리아 제국의 침입에 저항을 벌이는 시기였다. 서기관들은 자신들의 정체성을 분명히 하고 결의를 강화하기 위해 모세의 영웅 이야기, 이집트 탈출 이야기, 이스라엘 백성이 시나이 반도에서 만나는 하나님 이야기를 말해주었다.

창세기처럼 **출애굽기**는 히브리 백성의 구두 전승에 의존하는 역사를 상상적으로 다시 말하기이다. 우리는 히브리 백성 일부가 역사적 뿌리를 이집트에 두고 있다고 확신하고 있다. 또 저자들은 이집트를 구체적으로 아는 정보를 접할 수 있었다. 하지만 **출애굽기**가 히브리 백성의 출애굽 이야기를 말하는 과장된 방식은 **창세기**의 자기 비판적 스타일과 매우 다르고 이로 인해 우리는 어떤 의제가 그 저술 과정에 작용했는지에 대해 궁금히 여긴다. 예를 들면 그 성경책은 600,000명의 히브리 장정과 그 가족이 이집트의 많은 "은붙이와 금붙이와 의복"과 함께 자신의 "양과 소"를 데리고 제국에서 나왔다고 말한다. 정말로 그 본문은 이집트를 떠나기 전에 "히브리 사람들이 이집트 사람들을 약탈했다"고 말한다. 출12:35-37

저자들은 무엇을 얻으려고 애쓰고 있었는가? 하워드-브룩이 설명하는 대로 그들은 에브라임이 예루살렘 "왕들"에게 충성하기를 거부한 이유를 설명하고자 했다. 그들은 바로왕과 부딪히는 모세의 대결을 야훼가 명하는 언어로 서사시적으로 표현함으로써 제국에 열중해 있는 다윗 가문의 장악으로부터 북왕국을 끌어낸 에브라임 초대 국왕 즉 여로보암을 정당화했던 것

---

2) Howard-Brook, *Come Out, My People: God's Call out of Empire in the Bible and Beyond*, p. 139.

이다.[3)]

창세기와 출애굽기를 읽을 때 그 두 책에 기술된 두 개의 기초 "언약"의 중요성을 인지하는 것이 중요하다. 이 맥락에서 언약이란 **신뢰와 의존과 책임의 관계에 대한 엄숙하고 영속적인 헌신**을 말한다. 나머지 성경의 많은 부분은 **출애굽기**에 그 문학적 기원을 두는 이 두 개의 언약에 대한 이러한 이해를 감당한다.

첫째 언약은 야훼가 나중에 아브라함이라 부르는 아브람과 맺은 약속이다. 야훼가 아브람과 세우는 언약은 "이 땅 가나안을 주어서 너의 소유가 되게 하는 것" 창15:7, "나와 너 사이에 맺는 것일 뿐 아니라 너의 뒤에 오는 너의 자손과도 세우는 것" 창17:7, 아브람의 자손을 "여러 민족"으로 만드는 것 창17:4, 너의 자손을 "별처럼 많아지게" 만드는 것 창15:5, 너의 자손으로 말미암아 모든 민족이 복을 받는 것 창12:3이다. 그 언약의 일부는 아브람이 야훼의 언약을 "지키는 것"이고 창17:9 "옳고 바른 일"을 하는 것이며 창18:19 포피를 베어서 할례를 받게 함으로써 야훼에 대한 충의를 신체적으로 기억하는 것이다. 창17:9-27

둘째 언약은 모세가 야훼가 명령한 말씀을 처음으로 말한 시내산에서 있었던 야훼와 히브리 백성 사이의 약속 교환이다. 야훼는 자신이 "독수리의 날개로 업어 날랐던" 히브리 백성이 "제사장 나라", "거룩한 민족"이 될 것이라고 선포했다. 야훼는 이스라엘 민족에게 이 세상에서 제국의 대안으로 사는 것을 가능하게 해줄 모세의 율법을 주었고 출19:4-6 그들을 위한 집을 가나안에 마련해 줄 것을 약속했다. 그 답례로 이스라엘 민족은 야훼의 명령에 복종할 것을 약속했다. 출24:3

---

3) Howard-Brook, *Come Out, My People: God's Call out of Empire in the Bible and Beyond*, pp. 100, 138-139.

이렇게 해서 **창세기** 12장에서 시작하는 서사가 **출애굽기** 15장을 통해서 계속하며 바로 이 서사에 의해서 권위를 지녔던 7개의 인습적인 개념이 뒤집힌다.

(1) 제국은 영광스럽고 대단하다

창세기 12장 초두에서 우리는 유프라테스강 하구 근처에 있는 고대 도시 "바빌로니아의 우르"창11:28에서 온 아브람과 사래를 만난다. 그러나 그들은 함무라비 바빌론 제국의 핵심 장소인 그 곳을 떠났고 야훼의 부름에 응하여 가나안이라고 부르는 벽지로 이주했으며 거기서 가솔들과 함께 텐트를 치고 유목민으로 살았다. 이곳에서 그들은 이 새로운 신 즉 나중에 야훼라고 부르는 신과 친해졌고 야훼의 인습에 얽매이지 않는 색다른 기대에 의해서 그들의 삶을 형성해갔다.

이러한 방식으로 시작함으로써 저자들은 야훼가 제국과 그 장대함을 대단하게 생각하지 않는다는 것을 선포했다. 누구에게 그것이 필요한가?

마찬가지로 **출애굽기** 2장에서 우리는 바로의 딸이 입양해서 궁정에서 키운 히브리 소년 모세를 만난다. 모세 역시 제국이 주는 기회를 거부하고 그 대신에 미디안 광야 벽지에서 살았다. 그 광야에서 그는 불타는 가시덤불을 보게 되었으나 타서 없어지지 않는 가시덤불 위에서 야훼의 음성을 들었다. "이제 나는 너를 바로에게 보내어, 나의 백성 이스라엘 자손을 이집트에서 이끌어 내게 하겠다."출3:10 모세는 모자라는 것이 많아서 못하겠다고 했으나 야훼는 변함이 없었다. 마침내 모세는 동의하고 이집트로 돌아가서 바로와 그 대신들과의 대결을 연속적으로 벌인다.

이 이야기가 모세를 소개하기 전에도 십브라와 부아라고 하는 두 히브리 산파가 히브리 여인이 낳는 남자 아이는 죽이도록 하라는 바로의 명령을 거부한 일화가 먼저 나온다. "산파들은 하나님을 두려워하였으므로, 이집트 왕이 그들에게 명령한 대로 하지 않고, 남자 아이들을 살려 두었다." 출1:17 바로가 명령 불복종한 산파들을 불러들였을 때 산파들은 히브리 여인들은 아기들을 빠르게 출산하기 때문에 출산하기로 되어 있는 어머니에게 보통은 늦게 도착하게 되어 개입할 틈이 없다고 설명했다. 바로는 이 의심스러운 설명을 받아들인 듯하다. 따라서 이 이야기는 야훼를 두려워하는 히브리 여인들을 그리고 있고 이 여인들을 통해서 야훼는 위대한 바로와 지혜를 겨룰 수 있는 능력을 가지고 있다는 것을 그려낸다.

제국을 떠난 이주를 감행했음에도 불구하고 아브람과 사래는 제국에 의존하는 기대가 떨치기 어려운 습성이라는 것을 발견했다. 가나안으로 이동한 직후에 그들은 기근을 맞이하게 되었다. 그들은 위기를 관리하고 이용하는 제국의 방식에 익숙해져 있었으므로 도움을 얻고자 이집트로 "내려갔다." 거기서 그들은 곧바로 부당한 일과 마주치게 되었다. 즉 바로가 이 이국적 여인을 자신의 규방으로 불러 들였다. 그는 사래가 아브람의 여동생이라고 생각했다. 만일 바로가 그녀를 아브람의 아내인 것으로 알았다면 아브람을 죽인 후에 그녀를 취했을지도 모른다. 좌우간 이 본문은 야훼가 "사래의 일로 바로와 그 집안에 무서운 재앙을 내리셨다"고 진술한다. 창12:17 그래서 바로는 사래를 남편에게 돌려보내고 일가식솔을 이집트 밖으로 추방해버렸다. 그후 아브람과 사래는 가나안으로 돌아갔다.

아브람과 그 조카 롯의 이야기가 나오는 본문은 직접적으로 제국을 다루지는 않지만 롯과 그 가족이 제국의 방법과 방식에 대해 지녔던 강한 흥미를 다룬다. 아브람과 롯은 각자 많은 집짐승을 가지고 있었다. 그들은 방목지 이용에 관한 다툼을 피하기 위해 따로 떨어져 살기로 했고 롯은 "이집트의 땅과도 같은" 창13:10 요단 들판을 가지기로 하고 동쪽으로 떠났다. 롯은 양을 치는 목자지만 요단 들판 도시 중의 하나인 소돔에 자리를 잡았다. 소돔은 제국은 아니었지만 제국 워너비wannabees가 사는 곳이었다.

이런 일들이 일어난 뒤 웬 나그네들이 아브람과 사래를 방문했고 소돔과 그 자매 도시 고모라의 악행에 대해 들려오는 "울부짖음"을 언급했다. 아브라함은 소돔에 "의인" 쉰 명, 마흔 명, 서른 명, 스무 명, 또는 열 명만이라도 살면 구원해 줄 것을 아뢰었다. 야훼께서 대답하셨다. "열 명을 보아서라도, 내가 그 성을 멸하지 않겠다." 창18:32

그러나 의인 열 명도 거기에는 없었다. **창세기 19장**은 그 도시의 최후 시간을 알려준다. 그 도시 남자들은 롯이 집주인으로서 대접하는 손님들을 강간하고 싶은 욕망을 통해서 자신들의 무분별한 폭력을 예시한다. 저자는 19장에서 "그 도시"를 여러 번 언급함으로써 롯 이웃들의 고의적인 사악함을 이들 삶의 도시 구조와 연결시키는 의도를 전달한다. 그리고 롯과 그 가족이 소돔 바깥으로 기적적으로 탈출했을 때 롯의 아내는 "뒤를 돌아보았고 그 때문에 소금 기둥이 되었다." 창19:26 롯은 탈출하기는 했으나 자기 아내처럼 여전히 도시의 거짓된 안정에 대한 아쉬움이 남아 있었다. 제국의 방식이 주는 매력 때문에 그는 더 이상 다른 방식으로 사는 삶을 상상할 수 없는 인간으로 남았다. 그래서 그는 어느 정도 제국의 매력을 다시 경험할 수 있는 가까이 있는 "작은 성" 창19:20-21 으로 피하게 해달라고 구출자에게 간청했다.

아브람의 증손 즉 요셉이라는 양치기 소년은 형제들에 의해 은 스무 냥에 노예로 팔렸다. 창37:28 그는 이집트로 가게 되었는데 그 곳에서 바로의 신하이자 경호대장인 보디발에게 팔렸다. 보디발의 아내를 만난 일 때문에 요셉은 한 동안 감옥에 갇히게 되었다. 드디어 요셉은 꿈을 해석하는 능력 때문에 바로의 주목을 받게 되었다. 바로는 요셉에게 말하기를 "너처럼 명철하고 슬기로운 사람이 어디에 또 있겠느냐?"고 했다. 창41:39

요셉은 제국의 방식에서 보면 뛰어난 사람이었다. 요셉은 바로 정부의 총리가 된 후에 곡식의 저장과 분배를 중앙화하였다. 흉년이 들어 먹거리가 부족할 때 "온 세상이 곡식을 사려고 이집트의 요셉으로 왔다." 창41:57 먹거리 부족이 계속되면 요셉은 이집트 백성의 집짐승과 땅을 먹거리와 교환해주었다. "백성에 대해서는 [바로는] 이집트 이 끝에서 저 끝까지 사는 백성을 노예로 만들었다." 창47:21

요셉의 형제들도 먹거리를 찾아 이집트에 왔다. 가족의 재결합이 긴장 상태에 있고 복수가 행해질지도 모르는 상황이었지만 요셉은 형제들과 화해하였다. "형님들은 나를 해치려 했지만, 하나님은 오히려 그것을 선하게 바꾸셔서, 오늘과 같이 수많은 사람의 생명을 구원하셨습니다." 창50:20

요셉의 이야기는 창세기 후반부 15개의 장에 걸쳐 매우 자세히 적혀 있다. 그 이야기는 많은 교훈을 제공하는데 그 중 하나는 독자들에게 제국을 섬기는 것을 경고하는 것이다. 요셉의 모든 성공은 그 노력을 제국이 그렇게 하도록 한 것이었고 또 요셉의 후손을 노예화하는 데 사용되었다. 제국을 경영하는 데 필요한 자랑스러운 전문 지식에 대해서는 이는 지나치게 부풀려진 것이라는 점을 그 이야기는 암시하고 있다. 누구라도 그렇게 할 수 있고 심지어 교육 받지 못한 히브리 양치기 소년도 그렇게 할 수 있다.

그러나 그 이야기가 말해지는 방식은 요셉의 지위에 따르는 권력, 그리고 생존을 위해 요셉에 의지했던 수많은 사람들과 이집트 땅에 미치는 그의 영향력을 존경의 시선으로 바라본다는 것을 전해주는 방식으로 이루어진다. 야훼는 책임을 지고 있는 대표적인 인물이 지닌 인성 때문에 제국을 반대할 수도 있을까? 야훼는 요셉 같은 좋은 사람이 책임을 지고 있었다고 하면 제국을 지지하지 않았을까? 우리는 저자들이 페르시아 제국 안에서 유대인으로 살아가는 자신들의 환경들로부터 던지는 이러한 질문들을 암암리에 듣고 있는 셈이다.

다른 한편, 출애굽기는 모세가 이집트의 바로와 대결하는 것을 기술해감에 따라 제국에 대해 어떠한 양가감정도 표현하지 않는다. 바로는 "나의 백성을 보내라" 출5:1는 모세의 말에 일을 더 시키고 지원을 줄이라는 말로 대응한다. 이에 백성들이 항의하자 바로는 히브리 사람들이 "게을러 터졌다" 출5:17고 말한다. 그래서 모세는 연속적인 재앙 중에 첫번째 재앙을 일으킨다. 즉 나일강을 피로 물들인다.

하워드-브룩은 이렇게 말한다. "재앙은 일련의 자의적인 공포를 보여주는 것이 아니라" … 제국에서 사는 "삶이 참으로 어떠한가를 공개적으로 각성하게 만드는 것이다."[4] 제국이 세계를 돌아가게 하는 방식은 공급하는 음식의 질, 자연의 균형, 천연 자원의 지속 가능성에 좋지 않은 결과를 가져온다. 이것이 첫 번째 재앙 이야기를 맨 처음 접한 사람들이 그 이야기를 이해한 방식이다. 즉 **제국의 감춘 비용을 폭로하기**이다. 이러한 시각에서 볼 때 우리는 출애굽 이야기가 북왕국에 용기를 주어 아시리아 제국의 강압에 저항하게 했을 뿐만 아니라 그 방식을 모방하는 것에 대해 경고하는 방식으로 사용된 것을 이해할 수 있다.

그러나 이러한 경고는 히브리 백성이 제국의 마법에 홀리는 것을 끝낼 때 성공할 수 있을 것이다. 바로 이것이 바로와 대결하는 모세의 이야기가 성취하고자 했던 것을 정확하게 말해준다. 연달아 일어나는 대결마다 그 이야기는 바로가 백성을 풀어주기로 동의한 것을 말하고 야훼가 "바로에게 고집을 부리게 하여" 동의를 철회하도록 할 것이라고 말한다. 이것은 우리가 그 이야기를 야훼를 기술하기 위해 사용한다면 도저히 이해할 수 없는 일이다. 그

---

4) Howard-Brook, *Come Out, My People: God's Call out of Empire in the Bible and Beyond*, p. 146.

러나 제국에 홀렸다가 떨어졌다가 하는 이야기로서는 정말로 진리이다. 그 본문이 매우 분명해지는 것은 그 본문에 바로에 관한 이야기가 들어 있는 이유를 우리에게 말해줄 때이다. 즉 "이것은 내가, 그들이 보는 앞에서 나의 온갖 이적을 보여 주려고 그렇게 한 것이다. 그뿐만 아니라, 내가 이집트 사람들을 **어떻게 벌하였는지**를 네가 너의 자손에게도 알리게 하려고 그렇게 한 것이다." 출10:1-2, 강조는 첨가 정확히 말하면 야훼는 히브리 백성이 제국의 지도자를 경탄스럽게 바라보기보다는 그들을 바보처럼 보기를 원했다는 것이다. 오늘날에 와서 제국의 지도자가 보증하는 약속을 우리가 들을 때 비슷한 선택이 우리에게 닥쳐오지 않겠는가?

(2) 장자 상속제가 가족생활을 지배한다

장자 상속제는 아버지의 부와 지위를 장자에게 양도하는 문화적 실천이다. 이 제도는 성공한 사람이 자신의 권력의 원천을 나누거나 분산하지 않는 것을 보증 받는 체제이다. 시간이 흐르면서 장자 상속제는 소수의 사람만이 가지는 특권과 확고한 권력을 누리는 토지 귀족주의를 낳았다.

아브라함은 아들이 여덟 명이었지만 **둘째** 아들 "이삭에게 전 재산을 물려 주었다." 창25:5 이 결정은 야훼에 의한 것으로 보인다. 야훼는 말하기를, "내가 너의 말을 들었으니, 내가 반드시 이스마엘에게 복을 주어서, 그가 자식을 많이 낳게 하고, 그 자손이 크게 불어나게 할 것이다. 그에게서 열두 명의 영도자가 나오게 하고, 그가 큰 나라를 이루게 하겠다. 그러나 나는 내년 이맘때에, 사라가 너에게 낳아 줄 아들 이삭과 언약을 세우겠다." 창17:20-21

이삭과 그 아내 리브가는 쌍둥이 아들 에서와 야곱을 가졌다. 이삭은 먼저 태어난 에서에게 장자의 축복을 주려는 의도를 가지고 있었다. 그러나 어머니 리브가와 야곱이 공모하여 늙은 이삭을 속이기로 했다. 이삭은 부주의로 야곱을 유산의 상속자로 지명하게 되었다.창27:1-40 이 이야기가 전해주는 바와 같이 야훼는 이 속임수를 유효한 것으로 인정했다.

야곱은 아내가 둘이었고 열두 아들과 여종들이 있었다. 요셉은 끝에서 둘째였는데 가정에서 형들보다 뛰어난 역할을 훨씬 많이 수행했다. 야곱은 재산을 분배할 때 요셉에게 "형들보다 더 많은 몫"을 주었다.창48:22

요셉은 이집트 여인과 결혼했고 두 아들 므낫세와 에브라임이 있었다. 야곱이 죽을 때쯤 요셉은 두 아들의 축복을 위해 할아버지에게 데려갔다. 실망스럽게도 야곱의 축복은 "에브라임을 므낫세보다 앞세웠다."창48:20

이 이야기들에서 우리는 통찰을 얻는다. 즉 야훼의 축복은 부, 권력 그리고 관습의 인습적 패턴을 따르지 않는다는 것이다. 흥미롭게도 이 통찰은 두 이스라엘 민족 이야기가 말해지는 방식에도 적용된다. 즉 북쪽 사회는 첫 번째로 세워진 보다 큰 사회로서 족장 설화와 시내산 언약을 포함한 구두 전승이 있는 **단 하나의** 사회였지만 잔존하지 못했다. 남쪽 사회는 두 번째로 세워진 보다 작은 나라로서 전승을 빌려 살았지만 의외로 지속했다.

(3) 희생양이 평화를 이룬다

희생양은 집단이 긴장을 해소하고 폭력의 확대를 피하는 방법이다. 그러나 이를 위해 희생양이 매우 가혹한 대가를 치른다. 그녀는 문제로 인해 수치를 짊어지고 비난을 받고 집단이 평형과 평온을 회복할 수 있도록 공격 표적이 된다. 하갈 이야기는 우리에게 야훼가 희생양 제도를 반대하고 희생자의 편에 서는 것을 말해준다.

사래가 불임이라서 아기를 가지지 못하자 그녀는 아브라함에게 자기 이집트 여종 하갈을 "아내"로 주는 조치를 취한다.창16:3 하갈은 임신을 빨리 하자 사래가 아기를 못 낳는 것을 멸시한다. 그러자 사래는 임신한 젊은 여자를 집에서 쫓아내었다. 성경 본문은 천사가 사막에 있는 샘 곁에서 하갈을 만났고창16:7 주인집으로 돌아가서 사래에게 복종하고 아들을 낳을 것이라고 말한 것을 보고한다. "너는 그의 이름을 이스마엘이라고 해라. 네가 고통 가운데 부르짖는 소리를 야훼가 들었기 때문이다."창16:11 그래서 하갈은 집으로 돌아갔고 이스마엘을 낳았다.

나중에 이름이 사라로 바뀌는 사래는 노년의 나이에 이삭을 낳았다. 두 소년은 많이 자라서 같이 놀았다. 다시금 긴장이 발생했다. 사라는 말하기를, "저 여종과 그 아들을 내보내십시오. 저 여종의 아들은 나의 아들 이삭과 유산을 나누어 가질 수 없습니다."창21:10 아브라함은 거부했지만 야훼는 아브라함에게 사라의 원대로 해주라고 말했다. 그래서 아브라함은 자기 아내와 아들을 다시 한 번 광야로 내보냈다.

이번에는 하갈은 자기 아들이 광야에서 죽을 것이라는 것을 충분히 예상했다. 그녀는 이스마엘을 덤불 아래에 뉘어 놓고서 "소리를 내어 울었다."창21:16 그런데 성경 본문 이야기는 야훼가 그들의 우는 소리를 들었다고 전해준다. 그리고 하나님의 천사가 다시 한 번 하갈을 부르며 말했다. "아이를 안아 일으키고, 달래어라. 내가 저 아이에게서 큰 민족이 나오게 하겠다."창21:18 그러고 나서 성경 본문은 야훼가 하갈의 눈을 밝히니 하갈이 샘을 발견했다고 전해준다. 이리하여 이스마엘의 생명은 구제되었다.

하갈은 동맹이나 그 지위가 없는 국외자이고 아브라함과 사라와의 관계에서 형성된 장애로 말미암은 적대감의 이상적 표적이었다. 우리는 강자가 그들의 실패에 대한 비난을 약자에게 돌리는 것을 반복적으로 수행함으로써 우리 시대에 하갈의 고통을 재연하는 것을 본다. 확실히 이것은 제국이 애호하는 전술이다. 주목할 점은 성경 본문이 두 번이나 아브라함과 사라가 이러한 추잡한 전술을 실행하는 것으로 그린다는 것이다. 하지만 야훼는 하갈과 이스마엘을 보호했고 오직 아브라함만이 여태껏 경험했던 방식으로 이 여종과 대화를 하면서 소통했다.

(4) 야훼는 배타적인 땅의 소유를 의도한다

야훼가 아브라함과 맺은 언약에는 아브라함의 자손에게 땅을 약속했다는 것이 포함되어 있다. 이 땅은 "이집트 강에서 큰 강 유프라테스에 이르기까지" 창15:18 뻗쳐 있다. 알려진 바와 같이 아브라함은 아들이 여덟 명이었다. 성경 본문은 야훼가 이삭과 그 자손들에게 약속의 땅에서 얻는 혜택을 주겠다고 말한다. 창26:3 야훼는 이삭의 자손들의 배타적 소유권을 의도했는가 아니면 다만 어떤 형태의 공유권을 의도했는가?

사라가 죽어 아브라함이 그녀의 장지로 쓸 땅뙈기가 필요했을 때 확실히 그는 자신이 차지한 땅의 어느 부분에 대해서도 배타적 권리를 가진 것처럼 행동하지 않았다. 창세기 23장은 아브라함이 헷 족속 사람들과 흥정하여 은 400 세겔을 주고 그 땅을 구입한 것으로 기술한다. 26장은 우물의 권리에 대해 블레셋 족속 지도자와 협상을 길게 벌이는 이삭을 자세히 전한다. 이 이야기는 이삭이 그 문제에 결론을 내는 방식에 동의한다는 점을 말해준다. 이 두 이야기는 모두 저자들이 바빌론에서 배운 교훈을 반영한다. 즉 **야훼에 대한 신실함은 아무런 지리적 분리를 요구하지 않았다.**

야훼는 또한 이삭의 아들 야곱에게도 땅을 주겠다고 약속했다. 이때는 야곱이 형을 속여 형 에서의 분노에 대한 두려움으로 가나안 땅에서 도망칠 때였다. 이 약속이 이루어진 곳은 어떤 곳에 이르러 야곱이 바위를 베개 삼아 잠자고 있을 때 꾸었던 꿈에서였다. 그는 꿈속에서 땅에서 하늘에 닿아 있는 사닥다리를 보았고 야훼가 그 위에 서서 다음과 같이 말하는 것을 보았다.

주님께서 그 층계 위에 서서 말씀하셨다. "나는 주, 너의 할아버지 아브라함을 보살펴 준 하나님이요, 너의 아버지 이삭을 보살펴 준 하나님이다. 네가 지금 누워 있는 이 땅을, 내가 너와 너의 자손에게 주겠다. 너의 자손이 땅의 티끌처럼 많아질 것이며, 동서남북 사방으로 퍼질 것이다. 이 땅 위의 모든 백성이 너와 너의 자손 덕에 복을 받게 될 것이다. 내가 너와 함께 있어서, 네가 어디로 가든지 너를 지켜주며, 내가 너를 다시이 땅으로 데려오겠다. 내가 너에게 약속한 것을 다 이루기까지, 내가 너를 떠나지 않겠다." 창28:13-15

야곱이 깨어나서 외쳤다. "이 얼마나 두려운 곳인가! 이 곳은 다름 아닌 하나님의 집이다. 여기가 바로 하늘로 들어가는 문이다." 창28:17

이 야곱과 꿈 이야기는 이스라엘 사람 이야기의 두 가지 심대한 측면을 건드린다. 하나는 야훼가 어디서 예배될 수 있는가에 관한 것이다. 보다 이른 성경 본문은 예루살렘과 그 성전만이 적절한 장소인 것을 고수했다. 그러나 야곱의 신현epiphany은 다른 것을 제안한다. 결국 야곱은 베델 즉 에브라임의 초대 왕 여로보암이 비록 논란을 불러일으켰지만 예배 장소로 지정한 바로 그 장소, 또한 유대의 "선한" 왕 요시야가 **다시는 예배 제단으로 사용할 수 없도록** 왕하23:15-16 부정하게 만들었던 바로 그 장소에 있었던 것이다. 이어지는 야곱의 꿈 이야기는 베델의 복원을 도와주고 바빌론 포로기 동안 있었던 저자들의 야훼 만남을 반영한다. 그 이야기는 야훼의 현존이 예루살렘 성전에 제한된 것이 아님을 입증한다. 즉 야훼는 어디서든 만날 수 있다.

이 이야기는 또한 언제든지 되돌아갈 수 있는 일종의 고향인 가나안 땅의 이스라엘 사람들에게 주는 야훼의 은총을 반복한다. 이 약속이 어떻게 이해될 수 있는가? 야곱 이야기를 보다 넓은 의미에서 말하는것이 이 물음에 대한 대답에 도움을 준다. 야곱은 쌍둥이 형제의 동생으로서 항상 첫째가 되고 자 했고 이로 인해 경쟁과 불화의 삶을 살았다. 예를 들어 어느 날 에서는 들에서 일을 마치고 집으로 돌아왔는데 매우 "허기졌다." 그는 야곱에게 끓이고 있는 죽을 달라고 했다. 그러자 야곱은 형에게 죽을 줄 테니 이제부터 나를 장자로 대하고 장자 상속권을 전부 나에게 준다고 맹세만 하면 그렇게 하겠다고 했다. 창25:29-34

이 삽화는 야곱의 이기심과 교만에 대해 강력한 부정적 감정을 끌어내기 위해서 의도된 것이다. 그러나 이 이야기를 이스라엘 사람과 가나안 사람의 주장에 대해 적용하는 일은 으레 간과된다. 땅에 관해서 가나안 사람은 형에 해당하고 이스라엘 사람은 이기적이고 교만한 동생에 해당한다. 가나안 사람은 이스라엘 사람을 배제하는 땅의 소유를 주장하지 않았지만 이스라엘 사람은 그러한 주장을 했다. 그들은 "장자"이기를 열망했고 한때 우위를 점했고 자신의 힘을 가나안 사람을 배제하는 데 사용했다.

성경 본문은 야곱이 네 명의 아내와 다수의 자녀를 가졌고 그 후 많은 세월이 흘러 오랫동안 헤어졌던 형을 만날 준비가 되었음을 말한다. 밤이 새도록 야훼의 천사와 씨름을 벌인 후 야곱의 세계관은 바뀌었고 자신의 이기심과 교만을 회개했다. 다음 날 야곱은 에서가 장정 400명을 데리고 자기에게 오고 있는 것을 보았다. 야곱은 형을 만나는 것을 매우 두려워했고 에서가 분노를 터뜨리면 일어날 수 있는 참사를 줄이고자 관대한 선물로 에서를 위무하고 주의를 기울여 면밀하게 준비했다. 그러나 그들의 재결합은 야곱이 예상한 것과는 전혀 달랐다. "에서가 달려와서, 그를 끌어안았다. 에서는 두 팔을 벌려, 야곱의 목을 끌어안고서, 입을 맞추고, 둘은 함께 울었다." 창33:4 야곱이 주는 선물에 대해서 에서는 "아우야, 나는 넉넉하다" 창33:9고 말했다. 야곱이 에서에게 보여준 반응은 놀라운 통찰을 계시한다. "**형님의 얼굴을**

뵙는 것이 하나님의 얼굴을 뵙는 듯합니다." 창33:10, 강조는 첨가

이리하여 야곱은 처음으로 에서의 뒤를 따른다. "형님께서는 이 아우보다 앞서서 떠나십시오. 저는 천천히 가서, 형님께 나가겠습니다." 창33:14 오랜 시간이 흐른 후에야 야곱은 형을 지배하려는 욕구에서 벗어났고 야훼의 약속이 자신을 승자로, 에서를 패자로 만들었다는 시각에서 자유롭게 되었다.

이스라엘 사람의 가나안 땅 소유를 공유물로 생각하는 것은 우리가 아브라함과 맺은 야훼의 보다 넓은 범위의 언약을 이해하는 방식과 일치한다. 야훼의 축복은 확실히 아브라함과 그 후손들에게 복을 주는 것이었다. 하지만 처음부터 야훼는 그 축복을 "땅에 사는 모든 민족" 창12:3을 위한 것이도록 의도했다. 마찬가지로, 야훼는 진실로 가나안 땅을 이스라엘 민족에 고향으로 주었지만 처음부터 그들의 소유를 그 땅에서 살았던 다른 사람들과 공유한 것이도록 의도했다. 바빌론 유배의 경험에서 형성된 **창세기** 저자들에게는 바로 이것이 야훼의 은총의 본성이다. 즉 그것은 포용적이지 배타적이지 않다.

(5) 이스라엘 사람은 도덕적으로 우월하다

수모를 겪은 희생양으로서 유대인의 바빌론 유배는 자신들이 그들의 유배자를 포함해서 다른 사람들보다 우월하다는 것을 입증하는 이야기를 기록함으로써 마음의 안정을 찾을 수 있었다. "우리는 패배자처럼 보일 것이다. 그러나 실제로 우리는 도덕적으로 남다르다"고 말하고 싶었을 것이다.

그러나 **창세기**는 이렇게 읽으면 안 된다. 20장에서 우리는 아브라함이 사라의 신분에 대해 다시 한 번 거짓말 한 것을 읽는다. 아브라함은 블레셋 지역 왕에게 사라가 누이 동생이라고 말한 적이 있다. 꿈속에서 야훼는 그 **왕**에

게 사라는 남편이 있는 여자임을 알려주었다. 이 이방 나라의 왕은 아브라함을 만나서 그에게 기본 도덕을 가르쳤다. "당신은 어찌하여 우리에게 이렇게 하였소? … 당신은 나에게 해서는 안 될 일을 한 거요." 창20:9 아브라함이 대답하였다. "나는 '이 곳에서는 사람들이 아무도 하나님을 두려워하지 않는다' 고 생각했기 때문에 그렇게 했습니다." 창20:11 아브라함은 자신의 도덕적 우월성을 가정했기 때문에 잘못된 판단을 한 것이다.

야곱은 자기 아버지와 형제를 속였다. 우리가 앞 절에서 본 바와 같이 야곱의 형은 나중에 용서하고 화해하는 면에서 야곱을 가르친 교사가 되었다.

야곱의 딸 디나는 가나안 사람 세겜에게 강간을 당했는데 이 일이 있은 후에 세겜 아버지는 디나가 자기 아들과 결혼하고 두 가족이 합쳐서 새로운 마음으로 살아갈 것을 제의함으로써 일을 바로 잡으려고 했다. "우리 사이에 서로 통혼할 것을 제의합니다. 따님들을 우리 쪽으로 시집보내어 주시고 우리의 딸들도 며느리로 데려가시기 바랍니다. 그리고 우리와 함께 섞여서, 여기에 같이 살기를 바랍니다. 땅이 여러분 앞에 있습니다. 이 땅에서 자리를 잡고 여기에서 장사도 하고 여기에서 재산을 늘리십시오." 창34:9-10 야곱의 아들들은 "세겜과 그의 아버지에게 속임수를 써서 대답했다." 창34:13 그들은 세겜 가족의 남자들이 할례를 받도록 협상하고 나서 그렇게 하는 동안 시므온과 레위는 그 남자들을 모조리 죽여 버렸다. 그들은 가나안 아낙네들과 어린 것들을 사로잡고 "약탈하였으며" 모든 재산을 빼앗았다. 창34:29

야곱은 이러한 살인을 인정하지 않았고 죽을 때까지 이 일을 후회했지만 창49:5-7 이 살육을 제때에 멈추게 하는 데 실패했다.

다말은 가나안 여인으로서 야곱의 아들 유다에게 과부를 정의롭게 다루는 법에 관해 교훈을 주었다. 다말은 유다의 아들과 결혼했지만 과부가 되었다. 다말은 유다의 막내 아들과 재혼을 하게끔 해 달라고 했으나 유다는 이를 무시했다. 다말은 창녀로 가장하여 유다를 유혹했고 유다의 아이를 임신했다. 이 아이는 그녀를 내팽개쳤던 그 가족 가운데서 안전한 지위를 보장해 주는 아이였다. 유다는 "그녀는 나보다 옳다"고 말했다. 창38:26

　광야 생활을 하는 동안 모세는 다른 종교의 제사장이었던 이드로라는 미디안 사람의 딸 십보라와 결혼했다. 그녀는 아들 게르솜에게 할례를 행했고, 이는 모세가 무시했던 야훼에 대한 신실함을 보여주는 행동이었다. 출4:24-26 나중에 이스라엘 민족이 시내 광야를 경유하는 여정에서 이드로는 모세를 방문했고 모세에게 조언을 주어 받아들이게 했고 야훼에게 제물을 바쳤다. "아론과 이스라엘 장로들이 모두 와서 하나님 앞에서 모세의 장인과 함께 제사 음식을 먹었다." 출18:12 미디안 사람이 끼친 적극적 영향을 이렇게 묘사하는 것은 민수기와 사사기가 제시하는 악한 이미지와는 현저하게 다르다.

(6) 야훼는 사람의 피를 좋아한다

　신들은 죽을 수밖에 없는 존재에 불과한 인간에게 무엇을 요구하는가? 그 답은 우리가 논의하는 신에 따라 달라진다. 일반적으로 신들은 신성한 신이든 권위의 다른 원천으로서 신이든 **인간의 헌신을 요구한다**. 자신의 피든 사랑하는 사람의 피든 흘리는 피보다 헌신을 보여주는 믿을 만한 설득력 있는 증거는 없다.

　그렇다면 야훼는 무엇을 요구하는가? 창세기 22장은 이 문제를 설명한다. 아브라함은 야훼가 예배와 헌신의 행위로서 아들을 바치라고 말하는 것을 알았다. 결국 이것은 가나안 이웃 사람들이 믿는 신이 그 사람들에게 기대하는 것과 같은 것이었다. 그래서 아브라함은 소년을 데리고 장작을 태운 나귀와 함께 모리아 산꼭대기로 갔다. **창세기**는 그 소년이 이삭이었다고 말하고 이슬람교 학자들은 이스마엘이었다고 제의한다. 거기서 아브라함은 아들을 제단 장작 위에 묶어서 올려놓고 야훼에게 제물로 바치기 위해 아들을 죽이려고 칼을 꺼냈다. 그러나 바로 그 때 아브라함은 하던 일을 멈추어야 한다고 느꼈다. "그 아이에게 손을 대지 말아라! 그 아이에게 아무 일도 하지 말아라! 네가 너의 아들, 너의 외아들까지도 나에게 아끼지 아니하니, 네가 하나님 두려워하는 줄을 내가 이제 알았다." 창22:12

이웃의 신들과는 정반대로 야훼는 분명히 아이를 제물로 바치는 것을 요구하지 않는다. 하지만 그 이야기에는 의심의 그림자를 남길 만큼 충분한 애매성이 있었다.

그 의심이 잠재워지는 것은 유월절 이야기를 통해서이다. 유월절 제사는 **출애굽기** 12장에 기술된다. 이 제사는 모세가 이집트를 떠나기 전에 야훼가 모세에게 명한 규례이다. 전반적으로 그것은 제국을 탈출해 사람들이 야훼를 만나고 야훼의 길을 실천하는 것을 배우는 광야 여정에 대비하는 먹는 것에 관한 것으로 이루어져 있다.

이 새로운 규례의 배경으로는 야훼가 유월절 식사가 행해진 그 유월절 밤에 "사람이든지 짐승이든지 이집트 땅에 있는 처음 난 것을 모두 치겠다"고 작정한 것이었다. 야훼는 이 끔찍한 사건은 "이집트의 모든 신에 대한" 출12:12 심판이라고 말했다. 히브리 백성은 문틀에 양이나 염소의 피를 발라 놓음으로써 이 참극을 피했다. 이렇게 해서 죽음의 역병은 히브리 백성의 가족과 무리를 치지 않고 넘어갔다.

이 끔찍한 사건이 일어난 적이 있다는 것을 사실로 확증하는 역사적 가공물이나 기록은 아무것도 없다. 그렇지만 그것은 출애굽 이야기의 유명한 부분이다. 그 시절 그 장소에서 살고 있던 이집트 가족의 관점에서 독해하면 야훼는 피를 탐했던 것으로 보인다.

그러나 그 이야기는 그렇게 독해하는 청중을 위해 써진 것이 아니다. 그 대신에 수 세기가 지나 이집트 사람을 거의 알지 못하는 이스라엘 백성을 위해 써진 것이다. 이들이 직면한 문제는 이들의 이웃이 오랫동안 시행하고 아시리아 침략 제국이 장려하는 헌신 행위를 채택할 것인지 여부였다. 그 행위는 고대 가나안의 신 즉 몰록에게 아이를 불태워서 제물로 바치는 것이다. 야훼는 그 정도에 이르기까지를 기대했는가? 출애굽기 이야기의 메시지는 여타 신들이 아이 살해를 요구한 반면 야훼는 그렇지 않았다는 것이다. 아이의 피 대신에 야훼는 가족마다 처음 난 것을 **삶의** 예배를 위해 따로 "떼어 놓아야 한다"창13:12는 것을 요구했다.

그렇다면 성경 본문은 왜 죽음의 역병을 야훼에게 귀속시키는가? 왜 그 대신에 역사가 우리에게 아이의 피흘림을 요구했다고 전해주는 이집트의 신에게 귀속시키지 않는가? 그 문제에 대답하려면 우리는 야훼와 여타 신의 관계에 대한 이스라엘 백성의 이해를 살펴야 한다. 1장에서 논의된 바와 같이, 이스라엘 백성은 시간이 지나면서 야훼는 많은 신 중에서 가장 위대한 신이라는 믿음에서부터 야훼는 유일신이라는 믿음으로 옮겨갔다. 출애굽기가 써진 때는 저자들이 신에 대한 전자의 견해를 가졌던 때였다. 그래서 이스라엘 서기관들은 죽음의 역병을 이집트의 열등한 신들에 귀속시키기보다 차라리 심지어 제국의 신들보다 더 위대한 신으로서 야훼에 귀속시켰다.

신실한 유대인들은 오늘날까지 유월절을 지킨다. 그것은 야훼의 특성 즉 인간의 피를 탐하는 것이 아니라 대신에 삶의 헌신을 요구하는 신을 증언하는 것으로 남아 있다.

(7) 제국의 군대는 꺾을 수 없다

앞에서 주목한 대로 에브라임 사람들은 아시리아 제국의 공포 속에서 살았다. 아시리아 군대는 그에 필적하는 군대가 없었고 무자비하게 정복하는 잔혹성은 가장 용감한 사람도 겁을 먹게 만들었다. 이러한 힘을 보고 제압당하면 좋은 선택은 도무지 있을 수 없다. 여러 가지 모양의 항복과 패배만 있을 뿐이었다.

이러한 살풍경의 현실 속에서 **출애굽기**는 다른 대안을 확인했다. 즉 야훼가 당신을 위해서 제국의 패배를 가져올 것이다. 그것은 당신을 더 훌륭한 전사로 만들어서가 아니라 그들의 용맹과 자만을 책임지게끔 바꾸는 방힉으로 이루어질 것이다.

바로는 히브리 백성이 집을 떠나서 동진하여 홍해를 향해 가고 있는 것을 알았다. 그 때 그는 어떻게 모를 수 있겠는가? 강력한 기마 부대, 전차 부대 그리고 전차병과 기병을 이끌고 그들을 추적했다.

> 바로가 다가오고 있었다. 이스라엘 자손이 고개를 들고 보니, … 이스라엘 자손은 크게 두려워하며, 주님께 부르짖었다. 그들은 모세를 원망하며 말하였다. "이집트에는 묘 자리가 없어서, 우리를 이 광야에다 끌어내어 죽이려는 것입니까? 우리를 이집트에서 끌어내어, 여기서 이런 일을 당하게 하다니, 왜 우리를 이렇게 만드십니까? … 광야에 나가서 죽는 것보다 이집트 사람을 섬기는 것이 더 나으니, …그대로 내버려 두라고 하지 않았습니까?" 출14:10-12

그러나 모세는 조용히 백성들에게 홍해를 향해 진군하라고 말했다. 그들이 강 기슭에 이르자 모세는 "바다 위로 팔을 내밀었다. 야훼가 밤새도록 강한 동풍으로 바닷물을 뒤로 밀어내시니 바다가 말라서 바닷물이 갈라졌다." 출14:21 이스라엘 백성은 바다를 건너기 시작했고 이집트 병거들이 뒤를 쫓아 가까이 왔다. 그러나 그 때 이집트의 병거 바퀴가 바닥에 빠져 전진하기가 어렵게 되었다. 히브리 백성들이 강을 모두 건너자 모세가 다시 바다 위로 팔을 내미니 바닷물이 본래의 깊이로 되돌아왔다. 강을 건너던 바로의 모든 군대는 빠져 죽었다. "하나도 살아남지 못하였다." 출14:28 그 이집트 사람들도 야훼가 그 일을 했다는 것을 알았다. 출14:25

분명히 제국의 군대는 보였던 것만큼 꺾을 수 없는 것은 아니었다. 야훼는 바로와 그 부대를 우습게 만들었다.

다시 한 번 말하지만 **출애굽기**의 본문과는 별개로 이 사건이 일어난 것을 확증하는 아무런 역사적 가공물이나 기록은 전혀 없다. 현대를 사는 우리가 듣기에도 전설적인 이야기로 들리지만 그 역사성은 요점을 벗어나는 이야기이고 그 요점은 제국의 패배를 가져오고 백성을 속박 상태에서 구출하는 야훼의 헌신이다. 이 서사를 완성하는 모세의 노래 시는 이러한 제국의 패배를 "구원"이라고 부른다. 출15:2

우리는 제국을 사는 시민으로서 살아가는 한 역시 바로 군대의 운명을 애처롭게 생각한다. 우리는 이 애처로움이 감정이 이입되어 부추겨진다고 주장하지만 아마도 부분적인 데 지나지 않을 것이다. 그러나 이 애처로움은 역시 제국 그리고 제국의 거창한 업적과 필적할 수 없는 권능이 주는 매력 때문에 부추겨지는 것이다. 제국이 그와 같은 장악력을 상실할 때 우리는 어떻게 될 것인가? 그럴 때 세계는 어떻게 될 것인가?

10장: 제국을 넘어선 삶 I

출애굽기 16-40장, 레위기, 민수기, 신명기

　제국의 지배적인 규범 밖에서 살고자 애써 보지 않은 사람들에게 이번 장에서 논의되는 성경 본문들은 이 책의 목적에 비추어 폐물 같고 상관물이 아닌 것처럼 보일지도 모르겠다.

　그러나 제국의 길을 대신하는 대안을 살아내기 위해 시간과 에너지를 투입하는 사람들은 그들의 헌신을 공유하는 공동체의 일부가 되는 것, 그들의 노력을 시험하고 정공하는 것, 그리고 이 다른 길을 가시화하는 것이 얼마나 중요한 일인지를 알고 있다. 그들은 유대 사람들이 정치적 대안을 구현할 수 있는 굳건한 갈망과 능력을 어떻게 획득했는지를 설명하는 본문들의 적합성을 볼 것이다.

　우리가 6장에서 말한 바와 같이 제국은 세계를 지배하는 현실을 창조한다. 그 현실 밖으로 나가는 것은 다른 현실이 나타나지 않는 이상 스트레스와 당혹의 경험을 안겨주고 견디기가 불가능하다. 이 다른 현실은 다른 세계관, 실천, 사회적 기대와 전통을 포함해야 한다. 우리는 성경 저자들이 **출애굽기** 후반과 **레위기, 민수기, 신명기**에서 설명하는 것이 바로 이것이라고 이해한다.

우리가 100쪽에서 기록한 대로 비제국적 정체성의 비전은 야훼가 가나안에서 아브라함과 맺은 그리고 나중에 시내산에서 모든 사람들과 맺은 언약으로부터 자라났다. 그것이 다음의 성경 본문에 반영된다. "너희는 모든 민족 가운데서 나의 보물이 될 것이다. 온 세상이 다 나의 것이다. 그러므로 너희는 내가 선택한 백성이 되고, 너희의 나라는 나를 섬기는 제사장 나라가 되고, 너희는 거룩한 민족이 될 것이다." 출19:5-6

98-99쪽에서 언급한 바와 같이 이스라엘 북왕국 에브라임의 서기관들은 그 사회의 존재를 기록한 초기 무렵 기원전 9세기 동안 출애굽기의 상당 부분을 썼다. 출애굽기 20-24장의 본문은 야훼가 어떻게 히브리 민족을 제국에서 구해내었으며 어떻게 그들과 직접 언약을 맺었는지를 전하는 이야기 이외에 초창기의 모세 율법을 설명하는 성경 본문을 제공한다.

레위기와 **민수기**는 각각 기원전 5세기와 6세기에 살고 있었던 서기관들에 의해 완성된 것 같다. **민수기**는 이 편집본이 **출애굽기**의 연속, 그리고 요시야 왕의 통치 하에 이루어진 위대한 문학적 종합과의 연결로 사용되기를 원했던 저자들에 의해 바빌론 유배기 초에 처음으로 완성된 것으로 보인다. 190-191쪽을 참조하기 바란다. **레위기**는 아마도 75년 뒤에 써졌고 바빌론과 페르시아에서 1세기를 사는 동안 얻어진 지혜를 반영한다. 이 책이 담고 있는 종교적 실천과 전복적 가르침의 윤리는 예루살렘 안과 밖에서 그리고 성전도 없었던 곳에서 또한 디아스포라 유대인들을 위해서 할 수 있는 정도까지 상대적으로 새로운 공동체에 주는 규범으로 의도된 것이다.

남왕국 유다의 서기관들은 추정컨대 기원전 9세기 후반 경에 **신명기** 초본을 썼다. 그것은 짧았고 아마도 처음에는 세 장으로만 구성되었을 것이다. 우리가 오늘날 가지고 있는 판본은 250년 동안 진화하고 늘어난 것이다. 이에 관해서 우리는 다음을 참조한다. 즉 여호사밧 왕의 역사대하17:9, 히스기야 왕의 역사왕하18:6, 대하31:21, 요시야 왕의 역사.왕하22, 23장 722년 북왕국에 브라임이 망하자 도피했던 서기관들은 함께 노력하고 도우며 그 관점을 확장했다. 어떤 다른 본문보다 더 그것은 유다 왕들의 시대에 일어난 극심한 정치적 논쟁을 반영한다.

우리가 위에서 열거한 책들을 읽을 때 명심해야 할 중요 사항은 이 책들을 낭독할 때 들었을 청중을 염두에 두어야 한다는 것이다. 이렇게 함으로써 우리는 유대인의 삶을 형성할 때 맡았던 이 성경 본문들의 역동적 역할에 집중할 수 있다. 그런 연후에 우리는 그 본문들이 우리의 삶에서, 만약에 있다면, 어떤 역할을 할 수 있는지를 숙고할 수 있다.

종종 저지르는 오류는 말해진 사건의 역사적 정확성에 초점을 맞추는 일이다. 이렇게 되면 그 일은 막다른 골목에 빠지게 된다. 여기서 말해진 이야기의 무대는 기원전 15세기이고 이는 히브리 사람들이 알파벳과 문자 언어를 가지기 수백 년 전의 일이다. 수 세기가 경과한 뒤에 이 이야기를 성경 본문으로 쓰는 일은 분명히 상상적인 과업이었다. 더 나아가서 우리가 여기서 기술된 사건들을 확증하는 다른 기록물이나 가공물의 결여를 인정한다고 하더라도 신화, 전설, 그리고 우화가 유의미한 요소로서 포함되어 있다는 점을 상정하지 않을 수 없다.

(1) 출애굽기

출애굽기 15장이 끝나는 부분을 보면 새롭게 해방된 히브리 사람들은 사흘을 걸어서 "수르 광야"로 들어갔는데출15:22 물이 몹시 필요했다. 16장을 보면 그들은 남쪽으로 더 이동하여 신 광야로 들어갔는데 굶주림으로 괴로워했다. 여전히 그들은 남쪽으로 더 이동하여 시내광야로 움직였다. 그곳은 불모지였고 힘든 환경이었으며 음식과 음료가 많아서 가까이 구할 수 있던 이집트와는 달랐다.

우리가 아브람과 모세에서 이미 보았듯이 제국으로부터 야훼의 영감을 받은 대안으로 나아가는 여정은 **광야를 통과한다**. 우리는 당연하게 왜 그런지를 묻는데 성경 본문은 여러 가지 대답을 제공한다.

첫째, 그 사람들은 이집트를 떠난 지 오래되지만 이집트의 방식에 홀려 있는 상태이다. 그들은 이집트 생활이 얼마나 수월했는지를 반복해서 상기했다. 그들은 또한 제국의 화려한 행사에서 풍부하게 제공된 즐거운 오락물을 동경했다. 따라서 그들은 모세가 야훼의 명령을 받기 위해 40일 주야로 진영을 떠나 있을 때 쉽게 불평을 터트리고 번제와 화목제에서 통합을 이룰 수 있는 확실한 상을 요구했다.출32:6 모세의 형 아론은 금송아지를 제공했고 "내일 주님의 절기를 지킵시다" 하고 선포했다.출32:5

성경 본문은 결코 광야를 목적 자체로 간주하지 않는다. 최종 목적지는 항상 가나안 즉 "젖과 꿀이 흐르는 땅" 출33:3이었다. 그러나 히브리 사람들은 이집트로 무장한 상태에 머물고 있는 한 다른 삶의 방식을 상상할 수 없었고 하물며 구현할 수 없었다. 광야 생활은 그들의 홀림을 제거해준다. 제국에 대한 향수로부터 해방되는 문제에 대해서 144쪽 8번 문항을 참조하기 바란다.

둘째, 그 사람들이 야훼의 현존을 의식하지 못한 이집트와는 달리 광야의 가혹함 속에서 야훼의 현존은 실재적이 되었다. 야훼는 모든 사람들의 한복판에 현존했고 그들의 여정을 따라다녔던 "구름"으로 가시화되었다.출 16:10; 19:16; 33:9; 40:34-38 종교 의례에 관해 야훼가 모세에게 하달한 지시는 야훼 현존의 공통 경험을 강조했다. "내가 거기서[희생제단에서] 이스라엘 자손을 만날 것이다. … 그들은 내가 그들의 주 하나님임을 알게 될 것이다." 출29:43, 45

셋째, 광야 생활은 안전에 대한 전적으로 새로운 이해를 키워준다. 이집트에서 풍부함이란 군사력과 권력 중앙 집중화로 성취된 것이다. 이 체제는 많은 희생양을 낳을 수밖에 없었고 또한 안전에 대한 환상을 산출했다. 광야에서는 오늘 하루만으로 충분했다. 내일은 어떤가?

만나와 메추라기 이야기는 충분히 공급하는 야훼를 신뢰하는 것에 관한 비유이다. 야훼는 아침마다 땅을 서리처럼 보이는 "가는 싸라기 같은 것"으로 덮어 주었고, 거두어서 24시간 동안 부패되지 않도록 보관할 수 있게 했다. 저녁마다 야훼는 메추라기를 보내서 진영 주위를 뒤덮게 했다.출16:14 하루치 이상을 거두면 쉽게 부패했다. 매주 엿샛날은 안식일 이외의 날도 공급이 필요했으므로 예외였다. 그러나 매일매일 사람들의 필요를 충족해줄 만큼 공급은 항상 충분했다.

출애굽기 후반부의 초점은 야훼와 그 민족 사이의 언약의 확립이다. 성경 본문은 이 단일한 중추적 사건을 단순한 용어로 직접 기술한다. "모세는 백성이 하나님을 만날 수 있도록 진으로부터 그들을 데리고 나와서, 산기슭에 세웠다."출19:17 야훼는 연기가 자욱한 가운데 그 산 꼭대기로 내려와서 모든 사람이 들을 수 있는 소리로 모세에게 말했다.출19:9 야훼의 말씀은 20장에서 23장까지를 채운다. 모세가 야훼의 언약을 그 민족에게 말하자 그들은 한 목소리로 "주님께서 명하신 모든 말씀을 지키겠다"출24:3고 비준했다. 그들의 헌신은 "이스라엘 민족 가운데 젊은이들"출24:5이 준비한 번제에 의해서 상징되었다. 이 비상한 사건은 종교나 왕의 권력의 트래핑 없이 묘사된다. 그 대신에 그 이야기는 우리에게 동시적인 시간과 장소에서 서로에게 신실성을 약속하는 자가 야훼이고 그 민족이었다는 것을 알려준다.

이러한 언약 사건의 일부로서 야훼는 모세에게 그 민족의 삶을 다스리는 십계명을 간명하게 일러준다. (1) 야훼 이외의 다른 신을 섬기지 말라. (2) 우상을 만들지 말라, 우상을 섬기지 말라. (3) 야훼의 이름을 함부로 부르지 말

라. (4) 안식일을 거룩하게 지켜라. (5) 부모를 공경하라. (6) 살인하지 말라. (7) 간음하지 말라 (8) 도둑질하지 말라. (9) 네 이웃에 대하여 거짓 증거 하지 말라. (10) 이웃의 아내나 소유를 탐내지 말라.출20:1-17

첫 네 계명은 제국의 삶에 관계한다. 제국은 우리의 충성을 요구하고 우리의 상상력을 사로잡는 이미지를 사용하며 자신의 목표와 활동을 강화하기 위해 야훼의 이름을 사용하고 쉼과 모임과 반성의 기회를 주지 않도록 삶을 구조화한다. 야훼의 첫 네 계명은 이러한 실천들과 공조하지 말라는 금지 명령이다.

21-23장은 공동체가 종, 폭력, 재산 손괴와 절도를 어떻게 관리할지, 부적절한 성관계를 어떻게 다룰지, 경제를 어떻게 관리할지를 기술한다. 이러한 윤리적 기대들은 이것들이 제국의 방식들과 얼마나 급진적으로 단절했는지 하는 점에서 주목을 요한다. 남자의 노예 신분은 여섯 해에 한정되었다. "일곱 해가 되면 [종은] 아무런 몸값을 내지 않고 자유의 몸이 된다." 출21:2 가난하게 사는 사람에게 돈을 빌려주었을 때 이자를 받아서는 안 되었다. 옷을 부채 담보로 잡았을 때 옷은 해가 지기 전에 돌려주어야 했다.출22:25-27 거짓 고발을 유포했을 때처럼출23:1, 7 외국 나그네를 학대하거나 억압하는 것은 금지되었다.출22:21-24, 23:9

매주 이렛날에 쉬는 것은 종종 예배와 관련된 것으로 생각되었다. 그러나 성경 본문은 우리에게 안식일은 "소와 나귀도 쉴 수 있고 여종의 아들과 몸 붙여 사는 나그네도 숨을 돌릴 수 있" 출23:12기 위해서 지켜져야 했다고 알려준다. 바꾸어 말하면 안식일 준수는 모든 사람에게 심지어 사회적으로 가장 주변부에 있는 사람들에게도 노동에서 쉬어가는 여가의 축복을 공유하는 것을 보장하기 위함이었다. 우리는 이러한 사회적 경제적 이익의 공평한 공유에 대한 동일한 관심사를 안식년 법 준수에서도 본다. 즉 땅, 포도밭, 올리브 밭은 일곱 해에 놀리고 묵혀서 "가난한 사람들이 먹게 하고 그렇게 하고 남은 것은 들짐승이 먹게 해야 한다." 출23:10-11

범죄 행위에 대한 설명도 있다. 고의로 살인한 자는 사형에 처할 수 있었지만 실수로 죽였으면 정해진 곳으로 피신할 수 있도록 했다. 출21:12-13 싸우다가 낙태하게 했다면 가해자는 배상 처벌을 받을 수 있었다. 출21:22 배상은 절도범이나 부주의로 재산 피해를 입힌 사람에게 요구되는 중요한 필수 조건이었다. 출21:28-22:14

리처드 호슬리는 산기슭에서 자기 백성과 만난 야훼의 이야기에 담겨 있는 조망을 제시한다. 호슬리가 쓴 바에 따르면 시내산 언약은 "제국의 왕과 그 강제 노동에서 벗어나는 독립 선언문"에 비유될 수 있다. "왜냐하면 하나님은 이제 글자 그대로 이스라엘의 유일한 하나님일 뿐만 아니라 왕이었기 때문이다. 더욱이 언약 계명들에서 하나님은 **아무도 제국 방식의 왕이 될 권력을 얻게 되지 못하도록** 이스라엘 사람들 사이에서 정의로운 사회 경제적 관계들을 요구했다." 5)

출애굽기의 여남은 장들은 언약궤와 언약궤를 둘러싸는 성막을 기술한다. 이 이동용 성지는 히브리 사람들이 여정을 계속해 갈 때 야훼가 거주하는 곳으로 사용되었다. 출29:42-46; 40:34-38 성경 본문은 왜 이에 대해서 그토록 많은 주의를 기울이는가? 부분적으로 그것은 **열왕기상** 5-8장에서 솔로몬 시대의 서기관이 먼저 기술한 성전 즉 마름돌로 쌓은 대형 성전을 비난하는 의도를 지녔다. 이 비난은 야훼의 말씀에서 명시적으로 밝혀진다. "너희는 흙으로 제단을 쌓고, 그 위에다 번제물과 화목제물로 너희의 양과 소를 바쳐라. 너희가 나의 이름을 기억하고 예배하도록 내가 정하여 준 곳이면 어디든

---

5) Horsley, *In the Shadow of Empire: Reclaiming the Bibe as a History of Faithful Resistance*, p. 6. 강조는 첨가.

지, 내가 가서 너희에게 복을 주겠다. 너희가 나에게 제물 바칠 제단을 돌로 쌓고자 할 때에는 다듬은 돌을 써서는 안 된다. 너희는 제단에 층계를 놓아서는 안 된다. 그것을 밟고 올라설 때에, 너희의 알몸이 드러나서는 안 되기 때문이다." 출20:24-26

이것은 충격을 주는 구절이다. 이것은 야훼가 지역 신을 훨씬 넘어서는 신이라는 것을 암시한다. 게다가 이것은 한 곳에서 드리는 예배의 중앙화를 비합법화하는 것이고 따라서 권좌에서 제단에 참여함으로써 권력 장악을 강화하는 통치자와 제사장을 위태롭게 하는 것이다.

성경 본문은 구약 전체에 끈질기게 지속하는 야훼에 관한 기술을 소개하는데 이는 갈등을 일으키는 기술이다. 하나는 죄를 벌하는 폭력의 사용에 관한 것이다. 금송아지 사건이 발생한 후에 모세는 하나님이 칼로 "너희의 친족과 친구와 이웃을 죽여라"라는 명령을 내렸다고 전하면서 야훼의 권위를 선포했다. 레위 자손이 "모세의 말대로 하니 바로 그 날 백성 가운데서 어림잡아 삼천 명쯤 죽었다." 출32:27-28 성경 본문은 야훼가 살육을 명했다고 말하는 데까지는 가지 않으면서도 야훼가 별도로 재앙을 내렸다고 분명하게 진술한다.출32:35 하지만 성경 본문은 또한 야훼를 아름답게 기술하는 구절을 포함한다. "주는 자비롭고 은혜로우며, 노하기를 더디하고, 한결같은 사랑과 진실이 풍성한 하나님이다. 수천 대에 이르기까지, 한결같은 사랑을 베풀며, 악과 허물과 죄를 용서하는 하나님이다." 출34:6-7

출애굽기에서 레위 사람에게 주어지는 예배와 관련된 특별한 책임이 상세히 나와 있지 않은 것은 주목할 만한 점이다. 그 세부 사항은 뒤에 이어지는 토라, 민수기와 확장판 신명기에만 나온다.

출애굽기가 가나안의 소유에 대해 말하는 방식은 우리가 창세기에서 들은 것과는 차이가 있다. 출애굽기에서 야훼의 말은 이렇다.

나는 너희가 번성하여 그 땅을 너희의 소유로 차지할 때까지, 그들을 너희 앞에서 조금씩 쫓아내겠다. 내가 너희 땅 경계를 홍해에서 블레셋 바다까지, 광야에서 유프라테스 강까지로 정하고, 그 땅에 사는 사람들을 너희 손에 넘겨줄 터이니, 너희가 그들을 쫓아내어라. 너희는 그들과 언약을 맺지 말아라. 그들의 신들과도 언약을 맺지 말아라. 너희는 그들을 너희 땅에서 살지 못하게 하여라. 출23:30-33

출애굽기에서 그 땅의 소유는 배타적인 것이고 그 축복은 공유될 수 없는 것이었다.

그러나 그것은 어느 곳에서도 이스라엘 사람들이 가나안을 손에 넣기 위해 전쟁을 사용할 것이라는 것을 제시하지 않는다. 참으로 출애굽기 전체에 걸쳐서 "성전"을 뜻하는 히브리어는 가나안 사람과 관련해서 결코 사용되지 않는다. 그 대신에 그것은 야훼가 그 땅을 비워서 그들이 그 땅으로 이동할 것임을 알려준다.

내가 나의 위엄을 너희보다 앞에 보내어, 너희가 만날 모든 백성을 혼란에 빠뜨리고, 너희 모든 원수가 돌아서서 달아나게 하겠다. 내가 말벌을 너희보다 앞질러 보내어, 히위 사람과 가나안 사람과 헷 사람을 너희 앞에서 쫓아내겠다. 출23:27-28

(2) 레위기

이 성경 본문의 무대는 **출애굽기** 후반부와 동일하다. 즉 그들이 일 년 동안 머문 시내산에 있는 히브리 사람들의 진지이다. **레위기**는 "제사장의 매뉴얼"이라는 뜻으로 많은 부분이 제식에 관해 모세와 아론에게 명령한 상세한 지침으로 이루어져 있다. 그러나 그 성경 본문은 또한 "제사장 나라와 거룩한 민족" 출19:6 그리고 세계의 증인이 되는 법에 대해 모든 사람에게 알려주는 지침을 포함한다.

첫 부분의 장들은 사람들이 성막에서 야훼에게 바치도록 지시된 다섯 가지 다른 희생 제물을 기술한다. 번제, 소제, 화목제1-3장는 자발적이었고 속죄제, 속건제4-5장는 의무적이었다. 때때로 이 제사들은 소, 양, 염소, 산비둘기 또는 집비둘기의 피 흘림을 포함했다. 하지만 소제는 피 흘림을 포함하지 않았다. 그러나 제물을 바치는 사람이 매우 가난할 때는 속죄제물은 피 흘림이 없어도 되었다.레5:11-13

희생 제물을 바치는 제사는 참여자들에게 기억에 남을 만한 감각적 경험을 창조했다. 그것은 때때로 동물이나 새를 제사 장소로 운반하는 일을 포함하는 손으로 하는 일이었다. 우리는 동물들이 외치는 아픈 소리를 상상할 수 있다. 고기를 굽는 냄새는 하늘을 가득 채웠다. "좋은 향"이라는 표현이 본문에서 여러 번 나온다. 제단의 불이 일부 제물을 태우는 동안 제사장들과 예배자들은 고기의 대부분을 공동 식사로 먹었다. 이 모든 것은 모든 사람이 보는 공개 장소에서 이루어졌다.

이같이 희생 제물을 바치는 것을 공개적으로 보여주는 의도는 사회와 정신의 형성을 위함이다. 첫째, 그것은 이스라엘 백성들에게 **윤리적 책임성**이 야훼와의 언약 관계에서 내재적 부분이었음을 상기시킨다. 언약이 야훼 예배를 포함한 것은 확실하지만 역시 이웃과의 화목과 돌봄 그리고 비행에 대한 책임감을 포함했다. 둘째, 그것은 예배와 정의를 결합했다. 이를 우리는 속건제에서 **보상**을 강조하는 것으로 알 수 있다.레5:14-6:7 셋째, 그것은 악행자를 공동생활로 충분히 **회복**시켜주는 공적 의례를 제공했다. 즉 죄는 용서되었고 관계는 회복되었다. 넷째, 그것은 위계질서를 약화시키는 **평등주의**

를 실현했다. 속죄제는 그 제사를 드리려는 사람에 의해서 제물을 바쳐야만 했다. 참살이를 위한 제물은 "자기 손으로" 레7:30 직접 가져와야 했다. 바꾸어 말하면 어떠한 대리 제사도 존재하지 않는다. 심지어 아무리 부자고 권력자라고 해도 대리인으로서 제물을 바치지 못한다.

동물 제물을 기술할 때 성경 본문은 "제단 둘레에 그 피를 뿌려야 한다" 레1:5고 강조한다. 이것은 분명히 피에 대한 이스라엘 사람들의 이해와 연관이 있다. "생물의 생명이 바로 그 피 속에 있기 때문이다. 피는 너희 자신의 죄를 속하는 제물로 삼아 제단에 바치라고, 너희에게 준 것이다. 피가 바로 생명을 지니고 있기 때문에, 죄를 속하는 것이다." 레17:11 이것이 생명은 생명이 새롭게 되기 위해 주어져야 한다는 것을 말한다면 **그것은 결코 희생이 야훼의 분노를 달래기 위해 필요하다는 것을 말하지 않는다.** 그 대신에 성경 본문은 책임성, 보상, 회복 그리고 평등주의가 함께 히브리 공동체의 일부가 되도록 희생 제의를 그 공동체에 베푼 야훼의 은총으로 간주한다.

우리의 현대적 감성은 피의 희생 제물은 그 형태가 어떠하든 간에 야만적인 것이라고 알고 있다. 그러나 이 본문은 신들이 피 흘림을 헌신의 증거로 요구한다고 상정된 시대에 써졌다. 따라서 독실한 부모들은 자녀들을 그들이 믿는 신들을 달래기 위해 바칠 것이다. 레위기 18장 21절은 이러한 관습을 금한다. 이러한 맥락에서 볼 때 야훼가 요구한 헌신 제의는 색다른 빛을 발한다.

레위기 11-15장은 영양의 문제, 피부병과 개인위생의 통제와 치료, 신체의 이물질과 오염물의 접촉으로 "부정한" 사람의 정결을 언급한다. 일반적으로 "부정한" 사람이 된 결과는 사회적 격리는 아니지만 정결하게 될 때까지 성막 예배 및 연관 활동에 참여하는 것은 거부되었다. 물론 그러한 제한 및 금지가 작은 문제는 아니었다.

16장은 선도 제사장이 법궤가 안치된 성막 즉 훗날의 성전의 지성소에 들어가서 이스라엘 백성의 죄를 위한 제물을 바치는 속죄일을 소개한다. 이 연례 행사는 "길이 지킬 규례"레16:31로 선포되었고 자기 검증, 정결, 회복의 의례 속에서 모든 사람에 관계한다.

이어지는 10개의 장들은 의례와 도덕적 순결을 반복적으로 언급하기 때문에 성결 법전으로 알려져 있다. 어떤 자료들은 이전에 포함된 것을 반복하지만 많은 부분이 새로운 것들이다.

17장은 제사장이 주재한 성막 문 앞과는 다른 장소에서 동물 제물을 바치는 것을 금지함으로써 시작한다. "번제물이나 어떤 희생 제물을 잡고자 할 때에는 그 짐승을 회막 어귀로 끌고 가서, 주에게 제물로 바쳐야만 한다. 그렇게 하지 않을 때에는, 그런 사람은 백성에게서 끊어진다."레17:9 바꾸어 말하면 희생 제물을 야훼에게 바치는 것은 자기 스스로 하는 행위가 아니라 인가 받은 제사장에 의해 공적으로 행해지는 것이었다. 이것은 이 성경책이 써진 시기 즉 바빌론 이후 시대에 유대교 제사장의 권위 지배 원칙과 일치한다.

18장은 성 관계하는 것과 벗은 몸을 보는 것에 관련되는 경계를 확립한다. 이 모든 것은 가문과 공동체 내에서 성적 대상을 공유하는 것과 관련된 상피, 학대, 경쟁을 방지하기 위함이다.

19장은 "가난한 사람들과 외국 사람들"에게 밭, 포도원, 과수원에서 이삭줍기를 하도록 허가한다. 이 장은 역시 소유주에게 곡식, 포도, 과일을 모조리 거두어들이는 것을 금한다.레19:9-10 이 장은 다툰 사람을 포함해서 이웃 관계를 광범위한 말로 설명한다. "너는 동족을 미워하는 마음을 품어서는 안 된다. 이웃이 잘못을 하면, 너는 반드시 그를 타일러야 한다. 그래야만 너는 그 잘못 때문에 질 책임을 벗을 수 있다. 한 백성끼리 앙심을 품거나 원수 갚는 일이 없도록 하여라. 다만 너는 너의 이웃을 네 몸처럼 사랑하여라."레

19:17-19 논란이 일 수 있지만 본문은 또한 이스라엘 백성들에게 외국인을 너희의 몸처럼 사랑하라고 명한다.레19:34

23장은 모든 사람에 관계되며 달력 순서를 구성하는 여섯 가지 연중 절기를 기술한다. 즉 유월절, 초실절, 칠칠절, 나팔절, 속죄일, 초막절이 그것이다.

25장은 토지 소유권을 주기적으로 재분배함으로써 부의 구축을 피하는 방법을 확립한다. 땅은 "아주 팔지 못한다. 땅의 나의 것이다. **너희는 다만 나그네이며 나에게 와서 사는 임시 거주자일 뿐이다.**"레25:23, 강조는 첨가 그 대신에 땅의 구입과 매각은 50년을 주기로 일어날 수 있는 것이었다. "너희는 오십 년이 시작되는 이 해를 거룩한 해로 정하고, 전국의 모든 거민에게 자유를 선포하여라. 이 해는 너희가 희년으로 누릴 해이다. 이 해는 너희가 유산 곧 분배받은 땅으로 돌아가는 해이며, 저마다 가족에게로 돌아가는 해이다."레25:10-11 따라서 땅값은 다음 새해가 시작될 때까지 "거둘 수 있는 수확의 횟수"였다.레25:16 성곽 안에 있는 집을 팔았을 때는 한 해 안에 무를 수 있고 그렇지 못하면 아주 산 사람의 소유가 된다. 그러나 레위 사람은 성읍 안에 있는 집을 팔았어도 언제든지 그것을 다시 무를 수 있다.

26장은 야훼에 대한 순종에 따르는 축복을 기술한다. "내가 땅을 평화롭게 하겠다. 너희는 두 다리를 쭉 뻗고 잘 것이며 아무도 너희를 위협하지 못할 것이다."레26:6 이 장은 또한 제국에 거주하는 현대인에게 많은 여운을 남기는 불순종에 따르는 저주를 생생하게 기술한다. "너희는 쫓는 사람이 없어도 도망 다니는 신세가 될 것이다. … 너희가 아무리 힘을 써도 열매를 맺지 못할 것이다. … 너희 가운데 살아남은 사람들이 바람에 나뭇잎 떨어지는 소리만 나도 달아나게 하겠다."레26:17, 20, 36

그러나 너희가 여전히 나에게 불순종할지라도, 내가 너희를 "여러 민족 사이로 흩어버릴"지라도, "원수들의 땅이 너희를 삼킬"지라도 **레위기**는 여전히 야훼의 신실한 자비의 언약은 계속할 것이라고 강력하게 주장한다. "그렇게 되었다고 하더라도 너희가 원수의 땅에 있는 동안 나는 너희를 버리지 않을 것이며 미워하지 않을 것이다 그래서 너희와 세운 나의 언약을 파기하지도 깨뜨리지도 않을 것이다. 내가 주 너희의 하나님이기 때문이다." 레 26:38, 44

(3) 민수기

이 성경책은 히브리 사람이 이집트에서 나온 지 이 년이 되던 해 둘째 달 초하루의 서사로 시작한다. 그 본문은 싸울 수 있는 연령대에 있는 남자의 수 603,550명을 세는 것에서 시작한다. 이것은 가나안 침공과 가나안 사람과의 전쟁에 준비하기 위한 일부로 간주된다.

시내산 진지를 떠나 행군하던 이스라엘 백성들은 다시 한 번 모세에게 불평을 늘어놓았다. "이집트에서 생선을 공짜로 먹던 것이 기억에 생생한데, 그 밖에도 오이와 수박과 부추와 파와 마늘이 눈에 선한데, 이제 우리 눈에 보이는 것이라고는 이 만나밖에 없으니, 입맛마저 떨어졌다." 민11:5-6 모세가 다시금 야훼에게 불평했다. "어찌하여 주님께서는 주님의 종을 이렇게도 괴롭게 하십니까? 어찌하여 저를 주님의 눈 밖에 벗어나게 하시어, 이 모든 백성을 저에게 짊어지우십니까?" 민11:11-12

그래서 야훼는 메추라기 수백만 개를 공급하여 진 주위 쪽 지면에 떨어뜨려 높이 쌓이게 했다. 백성들의 반응은 자신들이 노력만 하면 욕망이 채워지게 될 것처럼 할 수 있는 한 모든 고기를 끌어 모으는 것이었다. "백성들이 일어나 바로 그 날 온종일, 그리고 밤새도록, 그리고 그 이튿날도 온종일 메추라기를 모았는데, 적게 모은 사람도 열 호멜은 모았다. 그들은 그것들을 진

주변에 널어 놓았다." 민11:32 그러나 "고기가 아직 그들의 이 사이에서 씹히기도 전에, 주님께서 백성에게 크게 진노하셨다. 주님께서는 백성을 극심한 재앙으로 치셨다." 민11:33 이 본문은 백성들의 잘못을 설명하지 않는다. 하지만 이야기는 물질적 과잉과 축적을 통한 안전 추구를 반대하는 **출애굽기**의 교훈을 상기할 때 우리에게 동일한 논지를 제공하는 것으로 보일 수 있다.

거대한 행렬은 북쪽으로 긴 여행을 하다가 바란 광야의 가데스 바네아에서 행군을 멈추었다. 거기서 모세는 "가나안 땅을 탐지하라" 민13:16고 열두 명을 보냈다. 그들이 돌아와서 한 보고는 심각한 것이었다. "그 땅에 살고 있는 백성은 강하고, 성읍들은 견고한 요새처럼 되어 있고, 매우 큽니다." 민13:28, 32 그 땅을 탐지하고 돌아온 이들 가운데서 갈렙과 여호수아만이 우리는 반드시 그 땅을 점령해야 한다고 말했다.

이스라엘 백성들은 두려움에 아우성쳤다. "주님은 왜 우리를 이 땅으로 끌고 와서, 칼에 맞아 죽게 하는가? 왜 우리의 아내들과 자식들을 사로잡히게 하는가? … 우두머리를 세우자. 그리고 이집트로 돌아가자." 민14:4 분명히 이스라엘 백성들은 군사력 지표에 의해서 선택을 저울질하는 제국적 계산에 고착되어 있었다. 야훼는 모세에게 이렇게 말했다. "언제까지 이 백성이 나를 멸시할 것이라더냐? 내가 이 백성 가운데서 보인 온갖 표적들이 있는데, 언제까지 나를 믿지 않겠다더냐? 내가 전염병으로 이들을 쳐서 없애고, 너를 이들보다 더 크고 힘센 나라가 되게 하겠다." 민14:11-12

모세는 탄원조로 야훼에게 **야훼의 명성이 전해졌음**을 상기시켰다. "이제 주님께서 이 백성을 한 사람 처리하듯 단번에 죽이시면, 주님께서 하신 일을 들은 나라들은 '그들의 주가 자기 백성에게 주기로 맹세한 땅으로 그들을 데리고 갈 능력이 없어서, 그들을 광야에서 죽였다' 라고 말할 것입니다." 민14:15-16 이 때문에 야훼는 수그러들긴 했지만 조금만 그랬을 뿐이다. "… 너희의 어린 것들은 내가 이끌고 너희가 거절한 그 땅으로 들어가겠다. 그러나 너희는 이 광야에서 시체가 되어 뒹굴 것이다." 민14:31-32 야훼는 스무 살 미만의 사람들만이 그 땅에 들어갈 것을 보장하고 이를 위해 스무 살이 넘은 사람들은 사십 년 동안 광야에서 방황할 것이라고 공포했다.

회중들은 가데스에서 북쪽으로 진군하면서 신 광야에 들어가 물이 조금 있는 므리바에 이르렀다. 다시 한 번 백성들은 비통하게 불평을 터뜨렸다. 야훼는 모세와 아론에게 바위 앞에 백성들을 불러 모으라고 말했고 "그 바위에 물을 내라고 명령하라"고 말했다. 민20:8 이제 모세는 그들을 "반역자"라고 불렀고 자신의 지팡이로 화난 듯이 그 바위를 쳤다. 그랬더니 물이 많이 솟아나왔다. 하지만 모세는 그 바위에 말하는 대신 쳤기 때문에 야훼는 모세도 가나안 땅에 들어가지 못할 것이라고 말했다.

아론은 곧이어 죽었고 그의 아들 엘르아살이 대제사장으로서 그를 대신했다. 이 이야기는 20장에 나오는데 호르산에서 일어난 일이다. 호르산은 므리바 사건이 일어난 직후에 회중들이 당도한 곳이다. 그러나 민수기 후반부를 보면 아론의 죽음은 "이스라엘 백성이 이집트 땅에서 나온 지" 사십 년 되던 해에 일어났다고 말해진다. 민33:38

이스라엘 백성들은 다시 북진해서 사해와 요단강 동쪽 편에 있는 모압 땅과 암몬 땅으로 가기 전에 먼저 호르산에서 동쪽으로 행군하여 아카바 만 상류에 이르렀다. 이스라엘 백성들은 아모리족의 시혼 왕과 바산족의 옥 왕을 정복한 후에 사십 년 형의 나머지 기간 동안 "아모리 사람들의 땅에 자리를 잡았다." "그들은 그 주변 촌락들을 점령하고 거기에 있던 아모리 사람들을 내쫓았다." 민21:31-32

이 본문은 이스라엘 백성들이 가나안 땅에 진입하기 전에 모압과 암몬 땅에서 얼마 동안 살았는지를 우리에게 말해주지 않지만 35년 이상은 된 것으로 보인다. 민수기는 가데스에서 모압까지 진군하는 동안 아무런 지연도 없었고 광야를 헤매는 아무런 유랑도 없었다고 보고한다. 그 대신에 그것은 그들의 종착지 부근에 있는 장소를 향해 가는 목적을 지닌 여행을 기술한다.

모압에 사는 동안 모세는 히브리군사 조직을 준비하기 위해 인구조사를 새로이 명했다. 싸울 수 있는 연령의 남자 수가 601,730명으로 확인되었다. 모세는 자기에게 시간이 얼마 없다는 것을 알았기 때문에 백성들을 가나안으로 인도하기 위해 "주님께서 말씀하신 대로 자기의 손을 여호수아에게 얹어서 그를 후계자로 임명하였다." 민27:23 모세는 갓 자손과 르우벤 자손과 협상을 벌였고 그들이 모압에 영구적으로 정착하는 것에 동의했다. 따라서 갓 자손과 르우벤 자손은 모압에 성읍을 재건축했고 요새화했으며 그 지역을 양과 가축들을 기르는 데 알맞은 장소로 만들었다. 민32:33-38 모세는 또한 백성들에게 요단강을 건너 그 땅에 들어가도록 준비했다. 여기에는 백성들이 요구한 가나안 땅의 경계를 정한 기술과 그 땅을 나머지 열 지파에게 분할하는 계획이 포함되었다. 민34:13-15

모세의 마지막 준비는 그의 군사를 동원하는 것을 포함했다. 여기에는 미디안 사람을 치는 것과 아카바 동쪽에 살았던 유목 지파를 선발하는 것이 포함되었다. 그는 이 목적을 이루고자 12,000명의 남자를 뽑아서 전쟁에 내보냈다. 히브리 군인들은 미디안의 다섯 왕과 남자들을 모조리 죽였고 "… 미디안 여인들과 그 아이들을 사로잡고 짐승과 가축 떼와 재산들을 약탈했다." 민31:10 모세는 여인들이 살아 있는 것을 보고 화를 내었고 처녀가 아닌 여자들과 남자 아이들을 모조리 죽이라고 명령했다. 그는 전리품으로 히브리 군인들에게 돌아갈 삼만 이천 명의 처녀들을 얻었고 이외에 "양은 육십칠만 오천 마리, 소는 칠만 이천 마리, 나귀는 육만 천 마리였다." 민31:33-35

요컨대 **민수기**는 야훼, 모세 그리고 이스라엘 백성들의 혐오적인 이미지를 제공한다. 사실이다. 6장 끝부분에서 야훼는 모세와 아론에게 이스라엘 백성들과 공유하는 사랑의 축복을 준 바 있고 슬로브핫의 딸들은 모세를 설득하여 여자에게 재산권이 돌아가도록 한 바 있다.민27:1-11 하지만 이 성경책에는 교화적인 것이 거의 없다. 이스라엘 백성들은 반항적이었고 구제할길 없는 존재였다. 야훼는 변덕스러웠고 앙심을 품었으며 폭력적이었다. 모세의 반복적인 중보만이 이스라엘 백성을 파멸로부터 구원했다. 이 성경책은 야훼가 자기 백성들과 맺은 언약에 대해 사실상 아무런 언급도 포함하지 않는다. 정의의 요구 사항에 대해 거의 아무런 언급이 없다. **출애굽기**나 **레위기**가 요구하는 것 이상의 가혹한 처벌을 통해 강화된 정결법이 많은 주의를 끄는 것처럼민5:1-4, 5:11-31; 9:9-14, 15:32-36 이 성경책에서 많은 주의가 주어지는 것은 제사장들과 레위 사람이다.

민수기는 시내에서 가나안으로 가는 여정 이야기에 있는 간격을 메우고 예루살렘이 재건되고 그 주변 지역이 재정착되고 있을 때 제사장 권력을 합법화하기 위해 써진 것이다. 유감스럽지만 그것은 우리를 끌어당기는 히브리 사람의 신 야훼의 매력을 훼손하는 방식으로 그 목적들을 성취했다.

(4) 신명기

토라의 마지막 책에 해당하는 이 성경책은 **출애굽기**, **레위기**, **민수기**에서 말해진 것이기도 하지만 이를 요약적 형태로 말하는 모세의 세 가지 설교를 사용한다. **신명기**의 본문은 성경에서 가장 복잡한 본문 중의 하나이다. 그것은 아름다운 산문, 확장된 언약, 벅찬 정의의 소명을 포함한다. 하지만 그것은 또한 인종 청소를 요구하고 왕의 중앙 집권을 승인한다. 그것을 유대 서기관과 에브라임 서기관 자손 사이의 수십 년 협상을 반영하는 외교문서로 생각하는 것은 유용하다. 대조를 이루는 구절들을 포함함으로써 각 집단은 역사를 기억하고 자신의 삶에 대한 야훼의 의도를 기술하는 애호 방식들에 대해 정당성을 부여했다. 이 구절들은 항상 서로 일치하는 것은 아니다. 그러나 그 전체는 이 성경책 대부분이 최종 정리된 때인즉 유다 왕국 마지막 수십 년에 걸쳐서 이룩한 이스라엘의 합의를 반영했다.

모세의 첫 번째 설교는 본문에서 호렙산이라 부르는 시내산에서 가나안으로 행군하는 동안 일어난 사건을 다시 설명한다. 이 설명과 **민수기**의 설명 사이의 흥미로운 차이점은 이 성경 본문이 가데스 바네아를 떠나 사해 동쪽의 모압 땅에 들어가기 전 38년 동안 광야에서 유랑한 사람들을 진술한다는 점이다. 신2:13-14

이 최초의 설교에서 우상 금지는 각별한 주의를 받았다. "주 당신들의 하나님은 삼키는 불이시며, 질투하는 하나님이십니다." 신4:24 모세는 우상 숭배는 이스라엘을 망하게 하고 흩어지게 할 것이라고 경고했다. 그러나 "주 당신들의 하나님은 자비로운 하나님이시니, 당신들을 버리시거나 멸하시지 않고, 또 당신들의 조상과 맺으신 언약을 잊지도 않으실 것입니다." 신4:27-31

모세의 두 번째 설교는 십계명에서 시작한다. 신5:1-21 그것은 오늘날까지 유대인의 아침과 저녁 기도의 핵을 이루는 헌신과 촉구의 말 **쉐마**shema를 포함한다. "이스라엘은 들으십시오. 주님은 우리의 하나님이시요, 주님은 오직 한 분뿐이십니다. 당신들은 마음을 다하고 뜻을 다하고 힘을 다하여, 주 당신들의 하나님을 사랑하십시오." 신6:4-5 이 쉐마 직후에 실제적 권고가 따라온다.

> 내가 오늘 당신들에게 명하는 이 말씀을 마음에 새기고, 자녀에게 부지런히 가르치며, 집에 앉아 있을 때나 길을 갈 때나, 누워 있을 때나 일어나 있을 때나, 언제든지 가르치십시오. 또 당신들은 그것을 손에 매어

표로 삼고, 이마에 붙여 기호로 삼으십시오. 집 문설주와 대문에도 써서 붙이십시오.신6:6-9

몇 장 뒤에 모세는 비슷하게 호소한다. ""이스라엘 자손 여러분, 지금 주 당신들의 하나님이 당신들에게 원하시는 것이 무엇인지 아십니까? 주 당신들의 하나님을 경외하며, 그의 모든 길을 따르며, 그를 사랑하며, 마음을 다하고 정성을 다하여 주 당신들의 하나님을 섬기며." 신10:12 이어서 모세는 윤리적으로 지도한다. "주 하나님만이 … 사람을 차별하여 판단하시거나, 뇌물을 받으시는 분이 아니시며, 고아와 과부를 공정하게 재판하시며, 나그네를 사랑하셔서 그에게 먹을 것과 입을 것을 주시는 분이십니다. 당신들이 나그네를 사랑해야 하는 것은, 당신들도 한때 이집트에서 나그네로 살았기 때문입니다." 신10:17-19

모세는 15장에서 24장까지 훨씬 더 많은 윤리적 지침을 제공했다. 모세는 경악할 만한 명령으로 시작했다. "매 칠 년 끝에는 빚을 면제하여 주십시오." 신15:1 모세는 이 명령의 근원을 우리의 귀에 불가능한 이상으로 들리는 것에 두었다. "… 주 당신들의 하나님의 말씀을 잘 듣고 오늘 내가 당신들에게 명한 이 모든 명령을 다 지키면," "당신들 가운데 가난한 사람이 없게" 될 것이다. 신15:4-5 더욱이 이 본문은 "빚을 면제해 주는 해"가 가까이 올 때 꾸어 주지 않는 경향을 경고한다. "가난한 동족이 살고 있거든, 당신들은 그를 인색한 마음으로 대하지 마십시오. 그 가난한 동족에게 베풀지 않으려고 당신들의 손을 움켜쥐지 마십시오. 반드시 당신들의 손을 그에게 펴서, 그가 필요한 만큼 넉넉하게 꾸어 주십시오. 당신들은 삼가서 마음에 악한 생각을 품지 마십시오. 빚을 면제하여 주는 해인 일곱째 해가 가까이 왔다고 해서, 인색한 마음으로 가난한 동족을 냉대하며, 아무것도 꾸어 주지 않아서는 안 됩

니다." 신15:7-9

이어서 모세는 광범위한 문제에 대해 다른 윤리적 가르침을 제시한다. 이웃의 경계선을 옮기는 문제신19:14, 범죄 확정에 필요한 증언의 수 문제신19:15, 길 잃은 이웃의 소나 양에 개입하는 문제신22:1, 간통을 처벌하는 문제신22:22, 도망친 종을 그의 주인에게 돌려보내서는 안 되는 의무 문제신23:15-16, 돈을 차용한 동족에게 이자를 받아서는 안 되는 문제신23:19, 품삯을 신속하게 지급하는 문제신24:14-15 등.

이 성경책은 가나안에 들어간 후에 이스라엘 사람들은 거기서 사는 사람들을 "전멸시켜야 한다"고 강력하게 주장한다. "그들과 어떤 언약도 세우지 말고, 그들을 불쌍히 여기지도 마십시오. 그들과 혼인관계를 맺어서도 안 됩니다. … 그렇게 했다가는 그들의 꾐에 빠져서, 당신들의 아들이 주님을 떠나 그들의 신들을 섬기게 될 것입니다." 신7:2-4 "전멸"은 거룩한 전쟁을 가리킨다. 20장은 전쟁 수행의 세부 지침을 제시한다. 모세는 가나안 변두리에 있는 성읍에 가까이 갔을 때 "평화를 제의하라" 신20:10고 말했다. 그는 이스라엘 사람들이 살기로 되어 있는 땅에 자리한 성읍에 대해서는 이렇게 말했다. "숨쉬는 것은 하나도 살려 두면 안 됩니다. … 하나님이 당신들에게 명하신 대로 전멸시켜야 합니다. 그렇지 않으면, 그들이 그들의 신을 섬기는 온갖 역겨운 일을 당신들에게 가르쳐서, 당신들이 주 당신들의 하나님께 죄를 짓게 할 것입니다." 신20:16-18

따라서 이 성경책은 우리에게 성전을 규범으로 수여한다. 창세기의 포용적 관점은 여기에 없고 또한 야훼의 백성들의 증언에 사로잡혀 야훼로 이끌리는 민족들의 순례도 전혀 암시되지 않는다. 그 대신에 힘과 폭력이 야훼의 수단으로서 현존한다.

정치적 중앙집권화라는 저자들의 목표는 종교적 의례는 "주 하나님께서 자기의 이름을 두려고 택하신 곳에서만" 신16:6 드릴 수 있다는 반복되는 강력한 주장 속에서 현저하게 드러난다. "당신들은, 주 당신들의 하나님이 자기의 이름을 두려고 거처로 삼으신, 당신들 모든 지파 가운데서 택하신 그 곳으로 찾아가서 예배를 드려야 합니다. 당신들은, 번제물과 화목제물과 십일조와 높이 들어 바치는 곡식제물과 서원제물과 자원제물과 소나 양의 처음 난 것을, 그 곳으로 가져다가 바쳐야 합니다. 당신들은 주 당신들의 하나님이 계시는 그 앞에서 먹도록 하십시오." 신12:5-7; 또한 다음을 참조. 12:14; 14:23-25; 15:20; 17:8-10; 26:2

따라서 유월절은 이집트에서 일찍이 관찰된 바와 같이 사람들의 집에서 실행될 수 없고 또한 출애굽기 20장 24절에 진술되어 있는 바와 같이 그들은 희생 제물을 "나의 이름을 기억하고 예배하도록 내가 정하여 준 곳이면 어디든지"에서도 바칠 수 없고 다만 예루살렘 성전에서만 바칠 수 있다. 이로 인해 예루살렘 성전에서 멀리 사는 사람들은 주변화되었다. 특히 가난한 사람들은 그렇게 되었다. 그러나 이로 인해 역시 성전을 관장하는 제사장의 권위와 제사장들이 결탁되어 있는 왕의 권위도 강화되었다.

왕의 문제는 17장에서 특별히 언급되었다. "당신들은 반드시 주 당신들의 하나님이 택하신 사람을 당신들 위에 왕으로 세워야 합니다." 신17:15 우리는 유다의 왕들이 이 언어가 포함되어야 한다는 것을 고수했다고 상정할 수 있다.

그러나 이미 없어진 북왕국에서 도피한 자손들을 포함하는 왕궁의 일부 서기관들에게는 다른 의제가 있었다. 즉 이 언어는 다윗과 솔로몬의 전승 그리고 예루살렘 중앙 집중 권력 정책에 대해 틀렸음을 폭로해준다는 것이다. 그래서 이렇게 이러한 우상적 인물들을 은근히 가격하면서 이 성경책은 왕이 어떻게 행동할 것인지를 한정한다. "왕이라 해도 군마를 많이 가지려고 해서는 안 되며 … 왕은 또 많은 아내를 둠으로써 그의 마음이 다른 데로 쏠리게 하는 일이 없어야 하며, 자기 것으로 은과 금을 너무 많이 모아서도 안 됩니다." 신17:17 따라서 이 성경책은 제국의 찬미자와 제국의 비판자 사이에서 균형을 도모한다.

모세의 세 번째 마지막 설교는 "야훼가 모세에게 명하여, 모압 땅에서 이스라엘 자손과 세우신 언약의 말씀" 신29:1 으로 간주된다. 그것은 모든 이스라엘 사람에게 던지는 벅찬 도전을 포함한다. "오늘 내가 당신들에게 내리는 이 명령은, 당신들이 실천하기 어려운 것도 아니고, 당신들의 능력이 미치지 못하는 것도 아닙니다. … 그 명령은 당신들에게 아주 가까운 곳에 있습니다. 당신들의 입에 있고 당신들의 마음에 있으니, 당신들이 그것을 실천할 수 있습니다." 신30:11, 14 바꾸어 말하면 당신들 주변에 있는 사람들과 다른 대안적 삶을 사는 것은 불가능하지 않다. 당신들은 그것을 할 수 있다. 계속해서 모세는 이렇게 말했다. "보십시오. 내가 오늘 생명과 번영, 죽음과 파멸을 당신들 앞에 내놓았습니다. … 당신들과 당신들의 자손이 살려거든, 생명을 택하십시오. 주 당신들의 하나님을 사랑하십시오. 그의 말씀을 들으며 그를 따르십시오. 그러면 당신들이 살 것입니다. 당신들이 잘 살 것입니다." 신 30:15, 19-20

모세는 죽었고 요단강 동쪽의 모압 땅에 묻혔다. 이 성경책은 "모세의 가문"에 대해서 아무것도 말해주지 않는다. 모세의 자녀들은 출신 가문 때문에 그의 권위를 계승했을 텐데 말이다. 그 대신에 이 성경책은 우리에게 야훼가 이스라엘을 지도하기 위해 모세 집안 출신이 아닌 사람 즉 여호수아를 선택했다고 알려준다. 그러나 모세에 대해 기억되어야 할 것은 "그 뒤에 이스라엘에는 모세와 같은 예언자가 다시는 나지 않았다. 주님께서는 얼굴과 얼굴을 마주 대고 모세와 말씀하였다" 는 사실이다. 신34:10

성찰과 토론 2

5. 제국의 합법성의 뿌리는, 폭력은 유감스럽지만 범죄를 억압할 뿐만 아니라 사람에게 통일성, 목적, 정의를 부여한다는 것이 문명의 비극적 필연적 측면이라는 전제에 있다. 이러한 전제에 대해서 8장에서 조사된 기원 이야기는 무엇이라고 말하는가?

6. 창세기는 족장들을 야훼와의 상호 신뢰의 "언약"을 맺은 흠 있는 사람으로 묘사한다. 그들은 신약 저자인 바울에 의해서 "야훼의 약속을 믿은" 사람들로 간주되었다. 여러분은 창조주가 우리에게 약속을 한다고 생각하는가? 그러한 약속으로 무엇이 있을 것 같은가?

7. 9장에서 조사된 이야기들은 야훼가 "전복적" 존재라는 것을 드러낸다. 이러한 특성은 여러분에게 작용하는가? 그렇다면 이러한 이해는 현대의 삶에 어떻게 적용될 수 있는가?

8. 출애굽 이야기를 통해 히브리 사람들은 바로를 믿는 희망을 포기하고 그를 어리석은 자로 간주하게 될 때만 해방을 경험했다는 것을 알 수 있다. 광야 생활에서 그들이 공동체로 변화된 것은 그들을 예속화했던 자신의 제국 향수병과 대결할 때만 일어났다. 이 이야기들은 미국이 이끄는 제국 속에서 우리가 겪는 경험과 연결되는가?

9. 10장은 모세 율법이 히브리 사람들에게 제국과 다른 사회적 정치적 대안 능력을 이루어내면서 문화를 형성하는 것으로 간주한다. 여러분은 이러한 종류의 문화 형성적 작용이 오늘날 어디서 일어나고 있다고 생각하는가? 모세 율법은 이러한 작용에 적합한 지속적인 관련성을 지니는가?

11 장: 땅을 소유하기 또는 않기

여호수아기, 사사기, 사무엘기상 1-12장

이번 장에서 논의되는 성경책들은 히브리 사람들이 가나안 땅에 들어가기 위해 어떻게 요단강을 건넜는지, 그 땅에서 어떻게 발판을 구축했는지, 거기서 느슨하게 연합된 지파로서 어떻게 살았는지, 그리고 어떻게 임시적 정치 리더십에서 영구적 관료제와 왕의 지휘 군대로 이동했는지를 말해준다.

여호수아기는 야훼가 히브리 사람들에게 가나안의 선주민을 몰아내라고 명령했다는 주장과 함께 유럽의 아메리카 인종 대량 학살, 현대 이스라엘의 팔레스타인 민족 추방과 같은 잔혹 행위를 정당화하는 데 사용되었다. 그러나 **여호수아기**의 인종 청소 주장은 고고학에 의해 입증되지 않았다. 그 이야기의 일부 이를테면 아이성의 정복은 곧바로 모순을 보여주었다. 고고학자들은 그 성이 **여호수아기**가 제안하는 시점보다 거의 1천 년 전에 파괴되었다고 보고한다.

고고학은 그 일은 기원전 12세기 가나안 구릉 지역 문화에서 나타난다고 확증했다. 이 지역 문화에는 뚜렷이 다른 음식 관습 예컨대 돼지 음식이 없는 관습, 구별되는 항아리, 주택 건축 양식, 그리고 할례 관습이 있었다. 이런 것은 **사사기**에서 거의 동일한 시기에 가나안에 자리잡고 있는 히브리 사람의 문화와 같다고 결론하는 것이 온당하다. 그러나 이러한 일반적 형태의 입증과는 별도로 우리는 사사기에서 외부 자료에 의해 확증되지 않은 사건들을 읽게 된다. 이러한 영역과 관련된 증거에 대해서 노만 갓월드[6]와 웨스 하워드-브룩[7]의 저서를 참조하기 바란다.

우리가 보기에 이번 장에서 조사되는 세 성경책은 주로 유다 왕 요시야의 시대와 기원전 7세기 후반에, 그리고 이 성경책들이 기술하는 시대보다 훨씬 뒤에 써졌다. 이 성경책들이 전하는 이야기의 일부는 이스라엘의 구두 전승에서 채취된 것이었을지도 모르지만 역사적 정확성은 중요한 고찰 대상이 아니었다. 그 대신에 이 이야기는 히브리 민족이 비록 그들이 구별되는 민족이라고 호명한 신을 예배했을지라도 왜 다른 민족처럼 왕을 세우고 그 아래 자기 자신들을 조직화했는지를 설명해준다. 이스라엘의 자기 이해의 이 결정적 부분은 **사무엘기상** 첫 12개 장에서 요약되어 있다. 이 장들은 이번 장에서 세 번째 성경책으로 다루어진다.

우리의 정체성을 형성하는 "역사"와 우리가 사회를 정하는 선택의 힘에 대해서 234쪽 10번 문항을 참조하라.

(1) 여호수아기

이 성경책이 시작하는 부분을 보면 이미 두 개의 반쪽 지파는 요단강 동쪽 지역의 땅에 정착해 있었다. 그들은 거의 40년 동안 그 지역을 점령하고 있었지만 분명히 나머지 사람들은 여전히 노영하면서 아니면 임시 거처에서 살았다.

---

6) An essay by Gottwald, "Early Israel as an Anti-Imperial Community," in Horsley, *In the Shadow of Empire: Reclaiming the Bible as a History of Faithful Resistance*, pp. 9-24.

7) Howard-Brook, *Come Out, My People: God's Call out of Empire in the Bible and Beyond*, pp. 199-211.

여호수아의 최초 행동은 여리고 성의 강하고 약한 면을 살펴보기 위해 그 성에 두 명의 정탐꾼을 보내는 것이었다. 그 정탐꾼은 성에 들어가 창녀 라합의 집에 머물렀다. 라합은 여리고 왕에게 발각되지 않도록 그들을 숨겨놓고 다치지 않게 도주하는 것을 도와주었다. 그들은 돌아와서 여호수아에게 확신을 가지고 보고했다.

그러자 여호수아는 언약궤를 운반하는 레위 제사장들에게 백성들이 요단강을 건널 때 길을 안내하도록 명령했다. 레위 제사장들의 발이 요단강물가에 닿았을 때 "물줄기가 솟구치면서 위에서 흐르던 물이 멈추었다." 수3:16 백성들은 마른 땅 위로 강을 건넜다. 따라서 이 이야기는 여호수아를 새로운 모세로 묘사한다.

다음으로, 길갈에서 진을 치고 있는 동안 여호수아는 남자들의 할례를 명령했다. 이스라엘 백성은 이집트에서 나온 뒤 광야를 지내는 40년 동안 할례를 베풀지 않았던 것이다. 그 곳에서 여호수아는 환상 속에서 "야훼 군대 사령관" 수5:14을 만났다. 이 신화적 인물은 이스라엘 편도 적군 편도 아닌 상태로 여기에 왔다고 설명했다. 당혹한 여호수아는 무엇을 해야 하는지를 물었고 야훼 군대 사령관은 "네가 서 있는 곳은 거룩한 곳이니 너의 발에서 신을 벗어라"고 말했다.수5:15 모세가 광야에서 불타는 떨기나무와 더불어 하나님을 만난 것과 비슷하게 이 이야기는 여호수아가 새로운 모세였다는 것을 반복한다. 그러나 그것은 또한 불일치하는 분위기도 주입한다. 즉 야훼는 개시하려 했던 모든 전란과 학살을 지지하지 않은 것이 아닌가? 하는 분위기 말이다.

12장 끝부분에 이르면 우리는 여호수아와 그 군대가 31명의 가나안 왕들을 격퇴했고 수천명의 가나안 사람들을 죽였으며 여리고와 아이의 성읍들을 완파했다고 읽는다. "야훼는 이스라엘을 편들어 싸우셨다" 수10:14고 그 본문은 우리에게 말한다. 10장과 11장에서 우리는 성전을 10회 언급하는 것을 읽고 성전이기에 이스라엘 백성은 남자, 여자, 아이들을 모조리 죽였다. 그리고 우리는 이렇게 읽는다. 즉 "여호수아는, 주님께서 모세에게 말씀하신 대로, 모든 땅을 점령하고, 그것을 이스라엘 지파의 구분을 따라 유산으로 주었다. 그래서 그 땅에서는 전쟁이 그치고, 사람들은 평화를 누리게 되었다." 수11:23

그러나 그 성경책의 나머지 반은 문제를 아주 다르게 기술한다. 그것은 야훼가 여호수아에게 "정복하여야 할 땅은 아직도 많이 남아 있다" 수13:1고 말한다고 보고한다. 정복하지 못한 땅은 13장 전체, 또한 15장 63절, 16장 10절, 17장 12절, 17장 16절에서 상당히 자세하게 기술한다. 사사기 1장은 이러한 실패를 되풀이해 설명한다.

이러한 모종의 비일관성은 어째서 아주 중요한 것인가? 이를 역사적 설명으로 취한다면 그것은 이스라엘 백성이 그들이 정복한 모든 땅을 차지할 만큼 충분히 숫자가 많지 않았다는 사실을 단순히 반영할 것이다. 사실에 더 가까운 것은 그 성경책이 두 저자 집단끼리의 논쟁을 반영한다는 점이다. 첫 번째 집단은 가나안에 대한 대규모의 영웅적 정복 즉 다윗-솔로몬 서사에 어울리는 제국적 어조를 기술한 본문을 원했다. 두 번째 집단은 여호수아가 살아 있다고 주장된 이후부터 이 저자들의 시기를 포함해서 그 후의 수백 년 동안 이스라엘 백성이 가나안 사람들과 함께 살았다는 명백한 사실을 설명한 본문을 원했다.

이 성경책의 나머지 반은 또한 12지파에 할당된 땅을 상세하게 기술한 부분을 포함한다. 유다 지파는 가나안 남부의 많은 지역을 받았고 요셉 지파 즉 에브라임 지파와 므낫세 지파는 중부 지역의 많은 부분을 받았다.

앞에서 전술한 바와 같이 몇 개의 지파 즉 르우벤 지파, 갓 지파, 므낫세 지파는 요단강 동쪽 지대의 땅을 배정받았다. 요단강 서쪽에 있었던 대규모의 전쟁이 끝난 후에 동쪽 지역에서 출정한 전사들은 집으로 돌아갔다. 그들은 요단강을 건넌 후에 야훼에 대한 헌신의 증거로서 커다란 제단을 지었다. 요단강 서쪽 지파들이 이 소식을 듣고는 이를 야훼를 반역하고 모든 희생과 제의는 중앙에서 행해지며 실로에서 레위 제사장들의 통제 하에서 드려져야 한다는 요구를 거역하는 행위로 여겼다. 실로는 성막과 언약궤가 모셔져 있는 장소였다.수18:1 이제 그들은 중앙 통제의 원칙에 불복종하는 것으로 여겨졌기 때문에 이스라엘의 온 회중이 이들과 싸우려고 실로에 집결했다.수22:12

이 상황은 직접 만나 대화함으로써 진정되었다. 동쪽 지파의 지도자들은 미래 자손들에게 요단강은 야훼가 그은 경계선으로 지각될지 모르고 "훗날 당신들의 자손이 우리의 자손에게 '너희가 주 이스라엘의 하나님과 무슨 상관이 있느냐?'고 말할지 모른다"수22:24고 설명했다. 제단은 제물을 드리려고 사용되지 않을 것이라는 보증과 함께 그 논쟁은 평화롭게 해결되었다.

이 이야기는 이스라엘이 두 왕국으로 갈라지는 데 큰 공헌을 한 역사적 권력 투쟁을 강조한다. 종교적 제의는 어디서 드려질 수 있는가? 지정 장소에서 멀리 떨어져 사는 사람들 또는 그곳에 이를 수 있는 수단이 없는 사람들은 어떻게 야훼의 현존을 경험할 수 있는가? 그들이 야훼를 예배할 수 있는 어떤 다른 길을 발견한다면 그것은 우상 숭배로 간주될 것인가? 이러한 문제에 대한 대답은 심각한 정치적 함축을 지니고 있었다. 이스라엘이 그 자체로 자립적 소제국이 되기를 원했던 사람들에게 예배 의식의 중앙 통제화는 주요 전략이 되었다.

여호수아는 그들이 어떤 신을 섬길 것인지를 "오늘 선택하십시오"라고 호소하면서 자신의 마지막 설교를 마쳤다. 여호수아는 "나와 나의 집안은 주님을 섬길 것입니다"수24:15라고 말했다. 그것은 간단한 것 같지만 그만큼 제국의 정치학에 의해서 애매해진 문제가 되었다.

(2) 사사기

이 마지막 이야기는 사사기에서 말해지는 바와 같이 여호수아가 죽고 땅에 묻힌 직후에 "이스라엘 자손이 바알 신들을 섬기어, 주님께서 보시기에 악한 행동을 일삼았으며, … 하나님을 저버리고, 다른 신들을 따랐다. 그러므로 주님께서 이스라엘 백성에게 크게 분노하셔서, 그들을 약탈자의 손에 넘겨주었고 … 그들을 주위의 원수들에게 팔아 넘기셨다."삿2:11-14

이 때문에 순식간에 다음과 같은 분명한 의문이 일어난다. 왜 그 백성들은 자기들이 믿는 신에 대해 그토록 낮은 충성도를 보여주는가? 왜 그들은 가나안 사람들을 그토록 단호하게 대하여 얻은 것을 되풀이해서 지키지 않으면 안 되었던가? 뭔가가 잘못 되었다. 이 성경책의 끝부분에 이르면 우리는 저자들이 그들은 왕이 필요했다고 설명하는 것을 알게 된다.

그 과정에서 이 성경책은 왕을 원하는 합의에 도달하는 고통스러운 과정을 기술한다. 유다 지파는 성경 본문이 말하는 바와 같이 행동했다. 말하자면 유다에게 주어진 땅에서 가나안 족속들을 몰아내었다. 그래서 성경 본문은 우리에게 "주님께서 유다 지파 사람들과 함께 계셨다"삿1:19고 말한다. 하지만 베냐민 지파, 므낫세 지파, 에브라임 지파, 스불론 지파, 아셀 지파, 납달리 지파, 단 지파는 유다가 행한 대로 하지 못했다. 그들은 "그 땅의 주민을 몰아내지" 못했고삿1:21-36 "가나안 족속의 단"을 헐지 못했으며삿2:2 다른 신들을 예배한 사람들과 섞여 살았다. 결국 그들은 그 신들을 예배하기 시작했다.

이에 대응하여 성경 본문은 우리에게 야훼는 이스라엘 사람을 돕는 것을 중지했다고 말한다. "나도, 여호수아가 죽은 뒤에도 남아 있는 민족들 가운데 어느 하나라도 더 이상 몰아내지 않겠다." 야훼는 이렇게 하여서 "이스라엘 백성이 나 주가 가르쳐 준 길을 그들의 조상처럼 충실하게 걸어가는지 가지 않는지를 시험하여 보겠다." 삿2:21-22 그리고 대부분의 히브리 지파는 그 땅에서 가나안 사람들을 **완전히** 제거하는 노력을 포기했기 때문에 야훼는 그들이 하는 부분적인 노력에 대해서도 돕는 것을 중지했다.

확실히 이러한 설명은 사사기 저자의 나라와 족속인 유다는 우월하다는 점과 다른 나라를 세우는 족속인 에브라임이 불복종한 것과 에브라임은 야훼가 버리고 아시리아 제국에 의해 멸망한 것이라는 점을 보여주기 위해 **사사기가 써진 시기인 기원전 7세기 후반에는 유효하게 작용했다.**

성경 본문은 계속해서 "이스라엘을 약탈자의 손에서 구하고자" 야훼가 일으킨 "사사들" 삿2:16에 대해 말한다. "야훼가 사사를 일으킨 것"은 임시적 과정이었다. 삶은 평상시대로 지역의 친족 집단의 권위에 따라 일정하게 돌아갈 것이다. 이후에 야훼는 가나안 족속의 습격이나 위협에 대응하여 카리스마를 지닌 지도자를 일으킬 것이고 지파의 경계선을 넘어서 사람들을 동원할 것이며 통상 폭력으로 대응할 것이다. 성경 본문은 이와 같은 위기상황을 이스라엘 백성을 위한 학습 경험 다시 말해 주의를 끌고 회개를 촉구하며 배타적 충성을 회복하는 수단으로 야훼가 촉발시킨 경험으로 묘사한다.

어떤 사사들은 이스라엘 전국을 대상으로 권위를 행사했고 어떤 사사들은 그렇지 못했다. 최초의 사사는 옷니엘이었다. 삿3:7 그는 40년 동안 "이스라엘의 사사였다." 삿3:10-11 분명히 그는 위기 대응을 넘어 여러 가지 문제들에 대해 결정을 내리는 권위를 행사했다. 다수의 다른 사사들이 이어졌고 그들 중 일부는 오직 군사적 지도자로서 행동했다.

사사 집단에서 유일하게 여성이었던 드보라는 "예언자"였고 그녀가 "에브라임 산간지방인 라마와 베델 사이에 있는 … 종려나무 아래에 앉아 있으면, 이스라엘 자손은 그에게 나아와 재판을 받곤 했다." 삿4:4-5 그녀는 바락을 군지휘관으로 임명했고 그에게 가나안 왕 시스라와 교전하기 위한 전략을 지령했다. 그는 바락과 함께 전장에 임했고 공격 계획을 언제 어떻게 수행할지를 지시했다. 가나안 왕을 이기는 승리의 순간은 또 다른 여성 야엘에 의하여 구현되었는데 그녀는 자신이 제공한 장막에서 잠을 자고 있었던 왕의 머리에 말뚝을 박아 죽인 여자였다. 드보라의 승리를 찬양하는 노래는 세 번째 여성 시스라의 어머니를 특징지어 표현하고 삿5:28-30 바락 군대가 시스라의 병거를 격퇴하는 데 아무것도 도와주지 않은 이스라엘 지파를 험하게 표현한다.

야훼의 천사는 이스라엘을 미디안 사람의 통치로부터 구원하고자 가나안식 이름이 여룹바알이었던 기드온을 택했다. 그는 농부였고 야훼의 천사가 나타나서 "힘센 장사야, 주님께서 너와 함께 계신다" 하고 말했을 때 "포도주 틀에서 밀이삭을 타작하고 있었다." 삿6:11-12 기드온을 아주 매력적인 인물로 만든 것 중의 일부는 그가 자기 자신을 장사로서 생각하지 않았다는 점이다. 그는 가정적인 사람이었고 약간 회의적이었으며 자유롭게 사고하는 사람이었다. 삿8:29-32; 6:13 천사로부터 신호가 있고 난 후 기드온은 두 제단을 지었고 그 제단 위에 두 수소를 바쳤으며 바알 제단을 허물었다. 이 일 때문에 이웃 사람들이 분노했고 그는 지정된 장소에서 레위 사람의 도움으로만 야훼에 제물을 바칠 수 있다는 모세의 명령을 위반한 것이 되었다.

그렇지만 "야훼의 영"이 기드온과 함께 했고 22,000명이 기드온 군대의 부름에 응했다. 삿7:3 기드온은 군사의 수를 10,000명으로 줄였지만 야훼는 여전히 군인이 아직도 많다고 말하고 물가에서 물을 마시는 시험을 통해서 그 수를 300명으로 줄였다. 이어서 기드온은 나팔과 항아리와 횃불을 가지고 "바닷가의 모래알처럼 헤아릴 수 없이" 삿7:12 많은 미디안 군영으로 내려

갔다. 그와 그 부대는 피를 거의 흘리지 않았다. 그것은 확실히 육체적 부딪침이었고 제국적 종류의 것은 아니었다.

미디안 사람들에 대한 기드온의 승리에서 주목할 점은 그 승리가 야훼를 신뢰하고 순종하는 사사들의 최고점이라는 것이다. 임시변통 면에서 카리스마를 지닌 지도력은 유효하게 작용하는 것 같았다. 그러나 그 이야기는 우리에게 이것이 이스라엘 사람들에 의해 그렇다는 것으로 인식되지 않았다는 것을 알려준다. 에브라임 지파는 에브라임 군사들을 포함하지 않은 것에 대해 "기드온에게 거세게 항의했다." 삿8:1-3 갓 지파의 사람들은 기드온에게 빵을 나누어 주기를 거절했다. 그는 그들이 따르기를 원했던 종류의 지도자가 아니었다. 기드온은 인습적으로 폭력의 방식을 통해서 미디안 사람들을 공격하고 나서야삿8:11 비로소 스타로서 떠오르기 시작했다. 그 뒤에 이스라엘 사람들은 그에게 다가갔다. "우리를 다스리시고 대를 이어 아들과 손자가 우리를 다스리게 하여 주십시오." 그러나 기드온은 거절하면서 그들에게 말하였다. "나는 여러분을 다스리지 않을 것입니다. 나의 아들도 여러분을 다스리지 않을 것입니다. 오직 주님께서 여러분을 다스리실 것입니다." 삿8:22-23

기드온의 고무적인 이야기는 두 가지 우울한 기록으로 끝을 맺는다. 기드온은 자신의 승리를 표시하고자 미디안 사람들로부터 취한 금귀고리들을 가지고 에봇을 만들었다. 이 전리품 같은 옷은 숭배의 대상이 되었고 성경 본문은 우리에게 이렇게 말한다. "온 이스라엘이 그 곳에서 그것을 음란하게 섬겨서, 그것이 기드온과 그 집안에 올가미가 되었다." 삿8:27 둘째로, 기드온이 죽은 후 아들 가운데 한 명인 아비멜렉은 많은 혈육 형제를 살해하는 권력 놀음을 통해서 왕이 되고자 했다. 아비멜렉은 이스라엘에서 최초의 왕이 되어 삼 년 동안 다스리게 되었다.삿9:22 하지만 그는 여타 이스라엘 사람들과 전투하다가 죽음을 맞이했다. 데베스 성읍 안에 있는 아주 강한 여성이 아비멜렉의 머리에 맷돌을 내리 던졌는데 이것이 "그의 두개골을 부숴버렸다."삿 9:53 아비멜렉의 권력 장악은 중히 여겨지지 않았다. 오히려 그것은 타인 지배 권력을 추구하는 사람들을 폄하하는 간결하고도 함축적인 반제국적 나무 비유를 만들어냈다.삿9:8-15

기드온 이후의 성경 본문은 이스라엘 사람들이 보여주는 도덕적 상태의 급격한 쇠퇴를 기술한다. 마지막 두 사사는 입다와 삼손인데 이들은 이스라엘이 처한 상태를 체감적으로 묘사하는 만화 같은 형상이고 희화이다.

입다는 창녀의 아들이고 광야 건달패의 두목이었는데 동쪽 지파를 데리고 암몬 족속을 치러갈 때 야훼가 은총을 베풀어 줄 것을 구했다. 그 때에 입다가 주님께 서원했다. "내가 암몬 자손을 이기고 무사히 돌아올 때에, 누구든지 내 집 문에서 먼저 나를 맞으러 나오는 사람은 주님의 것이 될 것입니다. 내가 번제물로 그를 드리겠습니다."삿11:30-31 입다의 군대는 이겼고 그가 자기 집으로 돌아갈 때 그를 맞으려고 나온 첫 번째 사람은 "소구를 치고 춤을 추고"삿11:34 있었던 그의 외동딸이었다. 위험에 넋이 나간 입다는 서원한 것을 지켰고 딸을 야훼의 제물로 죽였다. 나중에 성경 본문은 입다의 군대는 에브라임 지파에 소속된 전사 42,000명을 죽였다고 말한다. 왜냐하면 그들은 입다가 암몬 군사작전을 실행에 옮긴 방식을 비판했고 요단강 동쪽에 살던 히브리 지파 사람들을 모욕했기 때문이다.삿12:1-7

삼손은 제의 절차상 규례가 요구하는 순결에 헌신한 나실 사람이고 동물의 사체에 고인 꿀을 먹었고 잡다한 블레셋 여자들과 사귀는 즐거움을 많이 알고 또 "야훼의 영이 세차게 내려덮쳤을" 때삿14:19, 15:14 이유 없는 폭력 행위를 폭발적으로 보여주는 자로 기술되었다. 삼손은 이스라엘의 "사사"로서 마지막을 맞이한 때에 블레셋 사람의 신전에 사슬로 묶여 있었는데 이곳에서 그는 이스라엘의 패배를 맹목적으로 조롱하는 전리품으로서 놀림감이 되어 있었다.

마침내, 성경 본문은 경쟁의식이 이스라엘 지파들을 갉아먹으며 다시 한 번 유다 지파를 긍정적인 측면에서 묘사하는 이야기를 우리에게 제공한다. 베냐민 지파의 성읍 기브아에 사는 주민들은 소돔 이야기를 재연한다. 그들은 한 레위 사람과 베들레헴에서 데리고 온 그의 첩을 접대하는 노인 집을 둘러싸고 문을 두드리며 그 레위 사람에게 접근할 수 있도록 요구하는데 이는 "우리가 그 사람하고 관계를 좀 해야" 삿19:22 하기 때문이다. 그 남편은 그러는 대신에 자기 첩을 그들에게 내어주었고 그러자 그녀는 "밤새도록 윤간 당했다." 그녀는 아침에 문간에 쓰러져 죽은 채로 발견되었다. 삿19:25-28; 20:5 성경 본문은 그 여자를 "첩"concubine으로 언급한다. 이는 단순히 다소 낮은 지위에 있는 아내를 의미한다. 그 레위 사람은 칼을 가져다가 첩의 주검을 열두 토막으로 내고 이를 각각 베냐민 지파를 기소하는 소름끼치는 고발장으로 열두 지파에게 보냈다. 유다 지파가 뒤이어 발발한 내전에 앞장섰다. 베냐민 사람은 50,000명이 죽었고 여타 이스라엘 사람은 40,000명이 죽은 것으로 추산되었다. 삿20:19-48

마지막 4개의 장은 "그 때에 이스라엘에 왕이 없었다"는 문구를 반복적으로 보여준다. 삿17:6; 18:1; 19:1; 21:25 명백한 사실이 여기에 있다. 즉 이 이야기들의 저자들은 독자들이 왕에 의해 다스려지는 확립된 정부를 이스라엘의 어려운 일을 해결하는 해법으로 간주하기를 원했다는 것이다.

(3) 사무엘기상 1-12장

사무엘은 "야훼가 태를 닫아 놓았다"삼상1:6는 것을 확신한 어떤 여인에게 주어진 놀라운 기쁨이었고 이스라엘의 마지막 사사이기도 했고 왕의 권위 하의 공식 정부로 전환하는 이야기에서 주요한 인물로 간주된다. 그의 어머니 한나는 그가 아이였을 때부터 감사와 헌신의 행위로서 그를 야훼에게 바쳤다.삼상1:28 사무엘은 실로의 최고 제사장인 엘리의 돌봄 속에서 자랐다. 실로는 성막과 언약궤가 있는 곳이었다. 사무엘은 이스라엘의 사사로서 봉직하는 것 이외에 제사장이자 예언자라고 말해진다.

이 기간 동안 가나안 땅을 소유하기 위한 히브리 사람의 투쟁은 블레셋 사람의 요구와 대립하는 상태에 초점이 맞추어져 있었다. 사무엘이 백성에게 요청했다. "이방의 신들과 아스다롯 여신상들을 없애 버리고, 주님께만 마음을 두고 그분만을 섬기십시오. 그러면 주님께서 여러분을 블레셋 사람의 손에서 건져 주실 것입니다." "이스라엘 온 족속"이 미스바에 모여서 금식하고 회개함으로써 응하였다. 블레셋 사람이 이스라엘을 치려고 올라왔다. "그러나 그 때에 주님께서 큰 천둥소리를 일으켜 블레셋 사람을 당황하게 하셨으므로, 그들이 이스라엘에게 패하였다." 사무엘은 야훼의 승리를 표시하기 위해 큰 돌을 하나 가져다가 " '우리가 여기에 이르기까지 주님께서 우리를 도와주셨다' 하고 말하면서 그 돌의 이름을 에벤에셀이라고 지었다." 삼상7:3-12 평화로운 삶이 이어졌다. 여기서 다시 한 번 우리는 임시변통적 리더십, 신실함, 그리고 야훼의 기적적인 개입의 결합을 통해서 안전을 성취하는 이스라엘 이미지를 갖게 된다.

아쉽게도 사무엘이 나이가 많아지자 그 아들들은 사익을 위해 자신들의 지위를 이용하는 것이 분명해졌다. "그 아들들은 뇌물을 받고서 치우치게 재판을 하였다." 계승의 문제가 다가오자 "이스라엘의 장로들"은 사무엘에게 "모든 이방 나라들처럼 우리에게 왕을 세워 주셔서 왕이 우리를 다스리게 하여 주십시오"라고 요구하였다. 이 요청에 사무엘은 마음이 상했지만 야훼는 이렇게 말했다. "백성이 너에게 한 말을 다 들어주어라. 그들이 너를 버린

것이 아니라 나를 버려서 자기들의 왕이 되지 못하게 한 것이다." 삼상8:3-7

　그러나 우선 우리의 성경책은 사무엘이 백성에게 왕이 어떻게 행동해야 될 것인지에 대해 경고했다고 알려준다.

> 그는 당신들의 아들들을 데려다가 그의 병거와 말을 다루는 일을 시키고, 병거 앞에서 달리게 할 것입니다. 그는 당신들의 아들들을 천부장과 오십부장으로 임명하기도 하고, 왕의 밭을 갈게도 하고, 곡식을 거두어들이게도 하고, 무기와 병거의 장비도 만들게 할 것입니다. 그는 당신들의 딸들을 데려다가, 향유도 만들게 하고 요리도 시키고 빵도 굽게 할 것입니다. 그는 당신들의 밭과 포도원과 올리브 밭에서 가장 좋은 것을 가져다가 왕의 신하들에게 줄 것이며, 당신들이 둔 곡식과 포도에서도 열에 하나를 거두어 왕의 관리들과 신하들에게 줄 것입니다. 그는 당신들의 남종들과 여종들과 가장 뛰어난 젊은이들과 나귀들을 끌어다가 왕의 일을 시킬 것입니다. 그는 또 당신들의 양 떼 가운데서 열에 하나를 거두어 갈 것이며, 마침내 당신들까지 왕의 종이 될 것입니다.삼상8:11-17

　"이렇게 일러주어도 백성은 사무엘의 말을 듣지 않고 말하였다. '그렇지 않습니다. 우리에게도 왕이 있어야 되겠습니다. 우리도 모든 이방 나라들처럼 우리의 왕이 우리를 다스리며 그 왕이 우리를 이끌고 나가서 전쟁에서 싸워야 할 것입니다.'" 삼상8:19-20 우리의 성경 본문은 야훼가 사무엘에게 백성의 말을 들어서 "왕을 세워 주어라" 삼상8:22고 말한 것으로 알려준다. 이리하여 사무엘은 조사를 시작하게 되었다.

　사무엘은 제사장 일과를 보는 중에 키가 크고 잘생긴 사울을 만났다. 그는 잘 사는 베냐민 지파 사람의 아들이었다. 분명히 사울의 외모에 반한 사무엘은 다음날 아침에 사울의 머리에 기름을 붓고 그에게 입을 맞춘 후 이렇게 말했다. "주님께서 그대에게 기름을 부으시어 주님의 소유이신 이 백성을 다스릴 영도자로 세우셨습니다." 삼상10:1 그 뒤 사무엘은 백성을 미스바로 불러 모았고 거기서 사울을 "주님께서 뽑으신 이 사람이라고 소개했고 … 온 백성이 환호성을 지르며 '임금님 만세' 하고 외쳤다." 사울은 집으로 돌아갔지만 폄하하는 자들은 "이런 사람이 어떻게 우리를 구원할 수 있겠느냐?"고 물었다.삼상10:24-27

암몬 족속이 요단강 동쪽의 갓 지파와 르우벤 지파를 공격하자 사울은 자신의 가치를 입증할 수 있는 기회를 가졌다. 성경 본문은 "사울에게 하나님의 영이 세차게 내렸다"고 말한다. 사울은 이스라엘을 소환해 자기와 함께 전투에 참가할 것을 전했다. 삼십만 명이 응했고 사울은 그들을 승리로 이끌었다. 길갈에서 사무엘은 사울이 "우리의 왕이라는 것을 새롭게 선포하는" 두 번째 예식을 주관했다. 이제 사울은 전쟁을 통해 새롭게 신임을 얻게 되었다. 삼상11:14-15

우리의 성경책은 백성에게 주는 사무엘의 고별 설교로 끝난다. 그는 왕을 요구한 그들의 욕망을 "죄악"이라고 말했다.삼상12:17 하지만 그는 또한 용기를 주는 말도 했다. "두려워하지 마십시오! … 주님께서는 당신들을 기꺼이 자기의 백성으로 삼아 도와주시기로 하셨기 때문에, 주님께서는 자기의 귀한 명예를 지키기 위해서라도, 자기의 백성을 버리지 않으실 것입니다." 삼상12:20-22

이 본문은 이 이야기의 무대가 없어진 지 오래된 지금 청중에게 처음으로 전해졌을 때 어떤 메시지를 전하게 될 것인가? 이렇게 왕의 권위에 복종하는 것은 고대 이스라엘이 마지못해 도달하게 된 선택이었고 그것도 비극적 필연성이 되어버린 이후의 선택이었다. 그것은 야훼가 바랐던 것이 아니었다. 결코 아니었다. 그것은 이상적인 것이 아니었다. 하지만 그것은 이스라엘이 할 수 있었던 최상의 것이었고 야훼로 하여금 이스라엘을 포기하도록 만들지 않았다.

그것은 오늘날 우리가 너무나 많이 익숙해져 있는 중앙 집권적 권력과 영구 폭력을 위한 합리화이다.

12장: 나라처럼 되어버린 이스라엘

사무엘기상 13-31장, 사무엘기하, 열왕기상하, 역대지상하

이번 장은 이스라엘 왕들이 지배한 400년을 다룬다. 히브리 문자는 이 시기의 초기에 개발되었고 히브리어로 성경을 쓰는 가능성을 창조한 시기이다. 이 시기는 또한 이웃 국가의 역사적 기록들이 이스라엘 사람과 그 지도자들을 언급하기 시작한 때였다.

이번 장에서 조사되는 성경책들은 저자들이 살았던 동일 시대의 사건과 사람들을 기술한다. 이것은 우리가 제2부 8-11장에서 조사한 성경책들과 대조를 이루는 사실이다. 이 성경책들은 저자들이 살았던 시기보다 많은 세기를 앞섰던 고대의 사건들을 묘사했다. 따라서 이번 장에서 조사되는 성경책에서 우리는 일반적으로 "역사"라고 간주되는 것에 더 가까이 접근하는 셈이다. 우리는 확신을 가지고 이 성경책에 기술된 사건들의 연대를 적절하게 기재할 수 있고 그 사건들을 33쪽에 소개된 간단한 역사적 연대표 초반부에 배치할 수 있다.

고고학적 증거는 기원전 10세기와 9세기 동안 가나안 구릉 지대 인구와 정착촌의 수가 유의미하게 증가했다는 것을 시사한다. 성경 본문에 보고된 막대한 수를 지지하기에는 충분하다고 볼 수 없지만 인구가 증가했다는 점

은 이 시기에 지방 정부 구조가 출현하기 시작했다는 성경의 주장을 입증한다. 가나안 지역에서 이러한 발전은 이집트와 같은 제국 열강이 쇠퇴한 시기에 발생했다.

아시리아와 모압에서 나온 역사적 유물은 기원전 9세기와 8세기 동안 에브라임으로 또는 이스라엘로 불린 북왕국이 가나안에서 유의미한 민족 국가로 출현했다는 것을 확증한다. 이집트와 남부 아시아를 연결하는 주요 육상 무역로뿐만 아니라 올리브유 생산과 지중해 항구의 통제는 북왕국을 전략적으로 중요한 국가로 만들었다. 북왕국의 신 야훼는 이러한 유물들 가운데 하나로부터 확인된다. 즉 거기서 북왕국 오므리 왕조 때의 왕 일부의 이름뿐만 아니라 야훼도 발견되었다.

더욱이 고고학적 증거는 남왕국 유다는 처음에는 더 약했고 작았으며 그래서 이웃 나라의 명단에 들어가지도 못했다는 것을 시사한다. 그러나 기원전 8세기 후반 동안 아시리아 제국이 에브라임을 여러 번 공격함으로써 많은 사람들이 남쪽으로 도피했다. 이 도피한 사람들은 유다에 인구와 기량을 보태주었다. 히스기야 왕이 다스리기 전에 유다는 "지도상"에 있었지만 그 후부터 다른 나라들의 공식 기록에 나타나기 시작했다. 이 시기 동안 예루살렘은 확장했고 강화되었다. 기원전 7세기에 예루살렘은 가나안의 두드러진 지방 도시가 되었다.

이 모든 것은 충분히 숨김없는 사실로 보인다. 그러나 성경의 설명과는 잘 맞지 않는다. 성경의 설명은 이렇다. 이스라엘은 사울 왕 아래 하나의 통일 왕국으로 출발했고, 다윗 왕 아래 예루살렘을 주요 도시로 삼았으며, 솔로몬 왕 아래 소제국이 되었고 솔로몬의 죽음 직후에 두 왕국으로 분열되었다고 말한다. 이것은 수수께끼이다. 성경의 설명은 다윗과 솔로몬 그리고 예루살렘 부근에 있는 그들의 "왕국"을 과장하는 것 같다. 어째서?

이 수수께끼를 해결하는 열쇠는 하워드-브룩과 **출애굽기**의 기원에 대한 그의 통찰이 제공한다. 우리가 8장과 9장에서 논의한 바와 같이 실질적인 형태의 **출애굽기**는 기원전 9세기 아마도 이르면 875년 북왕국에서 편성되었다. 그것은 이집트에서 태어나고 히브리 백성을 이집트 노예 생활에서 끌어낸 모세라는 이름을 가진 사람의 삶을 다루었다. 그것은 또한 모세를 불타는 가시덤불에서 처음 만난 야훼라는 신을 기술했다. 야훼는 바로를 우습게 만들었고 이집트 군대에게 전멸 당할 수 있는 히브리 사람을 구출했으며 시내 산에서 히브리 사람과 언약을 맺게 했고 제국과 구분되는 삶을 사는 방법을 가르쳤다.

우리는 **출애굽기**를 다윗과 솔로몬에 관한 성경 본문과 같이 읽는 일을 거의 하지 않는다. 만일 그렇게 하게 되면 그것들은 서로 다른 시간과 장소를 기술하는 것으로 가정하기 쉬울 것이다. 그것들이 매우 이른 시기에 그것도 거의 동시에 아마도 서로 50년 내에 써졌다고 우리가 깨닫게 됨으로써만이 그것들이 야훼와 야훼의 히브리 백성과의 관계를 얼마나 다르게 기술하는지를 주목하게 된다. 이제야 우리에게 분명해지는 것이 있다. 즉 **성경을 편성할 시작 즈음에 야훼라고 부르는 이 신에 대한 매우 다른 두 가지 이해가 논쟁을 개시했다**는 것이다.

한 설명은 야훼는 제국적 힘을 드높이는 왕과 동역했다고 말했고 다른 설명은 야훼는 왕을 바보처럼 보이게 만들었다고 말했다. 한 설명은 야훼는 왕과 영원한 약속을 했다고 말했고 다른 설명은 야훼는 보통 사람과 영원한 약속을 했다고 말했다. 한 설명은 야훼는 예루살렘, 왕궁, 성전과 큰 거래를 하고 거기서만 예배될 수 있다고 말했다. 다른 설명은 야훼는 어느 곳에서든지 예배될 수 있다고 말했다.

이 모든 것은 더 많은 토론을 필요로 한다. 하지만 이 정도의 설명은 이번 장의 맥락 즉 왕을 개관하는 맥락에 도움을 준다. 그것은 제국적 세계관을 가진 사람들이 자기 자신의 중요성을 과장하기를 원했을 이유를 설명하는 데 도움을 준다. 또한 그것은 북왕국과 남왕국 사이의 역사적 경쟁의식이 애초부터 부분적으로 야훼와 야훼의 제국적 힘에 대한 관심을 매우 다르게 이해하는 관점에 기초해 있었다는 것을 알게 하는 데 도움을 준다.

이번 장에서 우리가 1절에서 조사하는 첫 번째 성경책은 사무엘기상 13장에서 시작하여 **사무엘기하** 전부를 거쳐 **열왕기상** 10장에서 마친다. 하워드-브룩에 따르면[8] 이 성경책은 **출애굽기 또는 성경의 다른 어떤 책보다도 일찍이** 기원전 10세기에 써졌다. 이 성경책은 기원전 11세기와 10세기를 배경으로 설정한 사울, 다윗, 솔로몬의 이야기를 알려주고 이 왕들이 북쪽과 남쪽의 모든 히브리 사람을 다스렸다고 주장한다.

충격적인 사실은 세 왕을 길고도 자세하게 전하는 풍부한 이야기 속에 아브라함, 이삭, 또는 야곱에 대한 언급을 우리는 하나도 발견하지 못한다는 것이다. 그 이야기는 그들이 결코 존재하지 않았던 양한다. 우리는 모세에 대한 언급을 오직 네 군데서만 발견한다. 그 하나하나는 부수적이고 나중에 편자에 의해 성경 본문에 쉽게 덧붙여질 수 있는 것이었다. 여호수아에 대한 언급은 하나도 없다. 야훼와 아브라함 또는 야훼와 시내산 백성 사이에 있었던 언약은 전혀 언급되지 않는다. 그러나 우리는 다윗의 승리, 솔로몬의 지혜와 부, 그리고 예루살렘 성전과 왕궁의 영광에 대해 자세한 언급이 많이 있다는 것을 발견한다. 그리고 우리는 다윗 가문이 항상 이스라엘의 왕좌에 앉게 될 것이라는 약속 즉 야훼가 다윗에게 한 약속을 많이 언급한다는 것을 발견한다. 바꾸어 말해서 이스라엘 사람들이 최초로 쓴 이 성경책은 제국의 가정들

---

8) Howard-Brook, *Come Out, My People: God's Call out of Empire in the Bible and Beyond*, pp. 104-115.

을 반영한다.

이것이 무엇을 의미하는지를 숙고하는 것은 중요한 일이다. 역사적 본문이 우리의 삶에 어떠한 영향을 주는지에 대해서 234쪽 11번 문항을 참조하기 바란다. 성경에서 가장 오래된 본문은 왕에 관한 것으로되 삶보다 더한 이야기를 모은 본문이다. 이 이야기는 다른 나라들도 마찬가지로 공포한 세계관을 하나님이 인정했다는 점을 전해주었다. 즉 우리의 왕은 우리의 신을 대변하고 우리의 신의 축복을 받는다. 이것은 **출애굽기**가 아주 다른 관점에서 응답한 중대한 본문이었다.

이번 장의 2절에서 논의하는 두 번째 성경책은 200-300년 뒤인 히스기야 왕과 요시야 왕 시절에 수집된 것이다. 이 본문들 역시 왕에 찬동하는 편향성을 가지고 있고 이는 에브라임에서 피신해 기록과 편집에 참여한 서기관과 그 후손들의 영향을 반영한다. 이 서기관들은 **출애굽기**를 잘 알았고 출애굽기의 제국 방식 비판, 야훼와 아브라함의 언약 기록, 야훼와 모세 및 시내산 백성의 언약 이야기를 섞어 결합했다. 이로 인해 야훼에 대한 새로운 이해가 솔로몬의 서기관이 전개한 이야기에 소개되었고 나중의 성경 본문이 써진 방식에 영향을 미치기 시작했다.

이번 장의 3절에서 논의되는 세 번째 성경책은 **역대지 상하** 두 권을 조사한다. 이 성경책은 유다 왕들의 이야기를 다시 들려주지만 나중에 즉 바빌론 유배 이후에 써진 것이다. 우리의 **역대지** 조사는 그 반복성 때문에 매우 간략하다.

텔단Tel Dan의 석비 즉 기원전 9세기 중엽 아람의 석판에서 "다윗의 집"이 존재했다는 것이 확증된다. 모압의 돌로 알려진 메사Mesha의 석비는 그 연대가 동일한 시기였고 또한 다윗에 대한 언급이 들어있다. 따라서 우리는 다윗 왕이 존재했으며 또한 강력한 왕이었던 것 이상으로 군사 지도자였던 것으로 추정한다. 솔로몬 왕을 입증해 주는 언급은 다른 나라의 기록에서 발견되지 않았고 솔로몬 통치에 대한 고고학적 논쟁은 발굴된 10세기 구조물에 초점이 맞추어져 왔다. 그럼에도 불구하고 우리는 솔로몬이 다윗을 계승했고 그의 측근 인사가 다윗과 솔로몬의 왕국을 실제로 그랬던 것보다 훨씬 더 많이 그런 것처럼 보이게 만든 최초의 본문을 썼다고 추정한다.

제한된 고고학적 증거물에도 불구하고 다윗과 솔로몬은 오늘날까지 우리의 상상력을 강력하게 붙잡고 있다. 많은 유대인과 그리스도인들은 다윗과 솔로몬의 시대를 이 땅에서 야훼가 원하는 방식으로 사는 이스라엘의 성숙한 순종과 야훼가 바라는 좋은 사회를 보여주는 일종의 본으로서 간주한다.

우리는 정반대를 말하고 있다. 우리는 출애굽기와 창세기의 본문, 예언자의 가르침, 그리고 예수의 삶과 가르침이 제국을 지지하는 다윗과 솔로몬의 이야기에 의해 유대교, 기독교, 이슬람교의 신앙에 소개된 야훼의 거짓된 상과 **반대되는** 것을 말하는 것으로 이해한다.

1. 사울 다윗 솔로몬 (사무엘기상 13-31장, 사무엘기하, 열왕기상 1-10장)

사울은 왕으로 재위하기 시작한 초기에 문제를 맞이한 것으로 보고된다. 길갈에서 그는 가나안 전역에 걸쳐 수많은 부대를 소집한 바 있다. 그때 그는 전장에 나가기 전에 야훼 앞에서 제물을 바치려고 최고 제사장 사무엘을 기다렸다. 사무엘은 이레가 되어도 오지 않았고 부대는 "흩어지기" 시작했다.삼상13:8 그래서 사울은 직접 번제를 드렸다. 사울이 막 번제를 끝내자 사무엘이 도착했다. 사무엘은 "주 하나님이 명하신 것"을 지키지 않았다고 질타하고 즉각적으로 가혹한 판단을 선언했다. "이제는 임금님의 왕조가 더 이상 계속되지 못할 것입니다. 주님께서는 달리 마음에 맞는 사람을 찾아서, 그를, 당신의 백성을 다스릴 영도자로 세우셨습니다." 삼상13:13-14

세 장이 지난 16장을 보면 사무엘은 다윗을 사적 절차를 통해 차기 왕으로 기름을 부어준다. 다윗은 즉시 사울의 군사가 되어 전투에 임하지만 어느 덧 사울 왕의 공개적인 경쟁자가 되었다. 나중에 다윗은 불만을 가지고 있고 억울한 일을 당한 사람들을 자신의 군대로서 규합했다.삼상22:2 사울이 블레셋 족속과의 싸움에서 전사한 후 유다 사람들은 헤브론에 모여서 다윗을 그들의 왕으로 기름 부음으로써 통일 이스라엘에서 분리되어 나왔다. 그 후 7년 반이 되어 사울의 아들의 통치 기간과 다윗과 그 부하들과의 계속되는 싸움이 끝나자 다른 지파의 장로들이 헤브론에 와서 다윗을 북왕국도 다스리는 왕으로서 기름을 부어 주었다.삼하5:3 이리하여 사울의 통치 시절에 존재했던 통일이 회복되었다. 이어서 다윗은 여부스 사람으로부터 예루살렘을 점령하고 이를 수도로 삼았다.

사울은 어떤 계명을 위반했는가? 그 하나는 아마도 제사장들만이 사울이 바친 종류의 제물을 올려 드릴 수 있다고 말하는 것이다. 그러나 그것은 사실 중요하지 않다. 왜냐하면 그 이야기의 논점은 사울과 그 아들들을 제척하고 다윗을 하나님이 승인한 왕조의 설립자로 묘사하는 데 있기 때문이다.

15장 역시 사울이 어떻게 야훼의 성전 요구와 대량 학살을 수행하는 데 실패했는지를 다시 이야기한다. 사무엘은 사울에게 "아말렉을 쳐라. 그들에게 딸린 것은 모두 전멸시켜라. 사정을 보아 주어서는 안 된다. 남자와 여자, 어린아이와 젖먹이, 소 떼와 양 떼, 낙타와 나귀 등 무엇이든 가릴 것 없이 죽여라"고 명했다.삼상15:3 사울은 역사적 원수인 아말렉 사람을 쳤지만 아말렉 왕을 사로잡고 가축들과 좋은 것들을 아껴서 전멸하지 않았다. 우리는 이것 때문에 야훼가 사울을 왕으로 세운 것을 후회했다는 말을 듣는다.삼상15:11 그러자 사무엘 자신이 참혹한 희생 의례로 "길갈 성소의 주님 앞에서" 삼상15:33 아각 왕을 난도질하여 처형함으로써 야훼의 명령을 수행했다.

다윗의 이야기들은 **사무엘기상** 16장에서 시작해서 그 나머지 장들과 **사무엘기하** 전체에 나온다. 다윗은 정력적이고 용감하며 강인한 인물로 말해진다. 그는 수금을 뛰어나게 타며 아름다운 눈을 가졌고 여자들을 사랑했고 자기 친구 요나단을 더욱 사랑했다. 그의 열정적 삶은 때로는 법을 어기는 이탈 행동을 가져왔다. 이로 인해 곤란에 빠졌을 때 다윗은 모든 사람이 볼 수 있도록 격렬하게 후회하는 모습을 보여주었다. 다윗의 풍부한 정력은 끝이 없는 것 같았고 많은 자녀들, 충성하는 옹호자들, 거대한 부를 만들어냈다. 그래서 성경 본문은 야훼는 다윗에게 야훼가 결코 사울에게 하지 않았던 것을 했다고 말한다.

다윗은 특이하게 위압적인 인물이고 우리에게 할리우드 스타를 기억나게 한다. 사무엘이 그에게 기름을 부은 후 그는 다른 사람의 지도를 거의 구하지 않았다. 그렇다. 그는 제사장에게 먹을 음식을 요구했고삼상21:3, 사용할 칼을 요구했으며삼상21:8, 기도하고삼상23:9, 30:7 춤 출 때삼하6:14 입을 에봇을 요구했다. 단 한 번만 우리는 다윗이 야훼의 사자가 전해주는 주님의 명령을 따르는 것을 본다. 즉 그의 생애 말년에 예언자 갓이 그에게 회개의 제단을 세울 곳을 전해주었을 때였다.삼하24:18

그렇다. 이번 성경책은 위와 같이 종종 다윗을 부정적인 시각으로 묘사한다.

(a) **사무엘기상** 25장을 보면, 다윗과 그의 부하들은 마치 폭력배가 갈취하는 것처럼 행동했고 양과 염소가 많은 부유한 목부인 나발의 귀중한 것들을 강탈하기 위해 자신들의 폭력 유명세를 이용했다. 나발이 응

해주기를 거절했을 때 다윗은 나발 집에 속한 모든 사람들을 죽이겠다고 맹세했다.삼상25:22 나발의 "이해심도 많고 용모도 아름다운" 삼상25:3 아내인 아비가일은 많은 음식을 준비함으로써 그 폭력을 간신히 모면했다. 다윗은 그 선물을 경건하게 수락했고 이어서 며칠 후에 나발이 기묘하게도 사망하자 아비 가일을 자신의 아내로 맞이했다.

(b) 16개월 동안 다윗과 600명의 부하들은 블레셋 왕 아기스를 위해 용병으로 일했다. 처음에는 가드에 나중에는 시글락에 거점을 두고 그들은 남쪽과 서쪽 지역의 성읍과 정착촌을 습격했다. 그들은 "남녀를 가리지 않고 한 사람도 살려두지 않고, 양과 소와 나귀와 낙타와 옷을 약탈하였다." 삼상27:9-11 다윗이 아무런 증거도 남겨두지 않는 접근 방식은 성공적이었고 그는 이런 강도질과 살인으로 얻은 부를 사용해서 유다의 장로들의 정치적 지지를 샀다.삼상30:26-30

(c) 다윗과 그 부하들이 언약궤를 예루살렘으로 옮긴 후 "다윗이 주님 앞에 번제와 화목제를 드렸다." 삼하6:17 이 성경 본문은 어디에서도 레위 사람이 관련되어 있음을 전혀 언급하지 않는다. 나아가서, 다윗은 제사장들이 대개 입는 예복 즉 모시로 만든 에봇만을 걸치고 길에서 춤을 추었다. 그의 아내 미갈은 다윗이 옷을 벗어서 젊은 여자와 소녀들이 보도록 한 것 때문에 그를 업신여겼다. 다윗은 이렇게 대답했다. "내가 이보다 더 낮아지고 싶소." 삼하6:22

(d) 다윗은 유부녀인 밧세바를 자기 방으로 오라고 명령해서 성관계를 맺었다. 그녀가 임신했을 때 다윗은 군인이었던 남편을 전장으로 보내

도록 조치해서 죽게 만들었다.삼하11

(e) 다윗은 자기 딸인 다말을 강간한 자기 아들 암몬에게 아무런 징계 처분도 내리지 못했다.삼하13장 이러한 다윗의 실패는 다른 아들 압살롬으로 하여금 성폭행에 복수하고자 폭력을 행사하도록 이끌었다. 이 사건은 또 다시 압살롬을 3년 동안 유배 생활을 하도록 만들었고 결국 그가 예루살렘으로 돌아와서 자기 아버지에게 반역하는 행동을 낳았다.

다윗에 관한 수많은 부정적 측면을 폭로하는 성경 본문은 우리에게 왕권을 선전하는 것과는 정반대라는 인상을 줄지 모른다. 그러나 이 성경책의 저자들은 청중에게 다윗이 모범적이었음을 확신시키려고 노력하고 있는 것이 아니다. 그런 일은 다윗 생애의 시간적 흐름을 가까이 들여다보며 그가 "피비린내 나는 인간"삼하16:8임을 공공연하게 인식하게 되면 시간 낭비일 따름이다. 그 대신에 저자들은 **왕이 무슨 죄를 범해도** 군주제에 대한 신의 권위와 합법성을 확립하고 싶었다. 다윗의 많은 죄를 다시 말하는 것은 그 왕조를 합법화하는 이러한 전략의 통합적 일부였다.

이 전략은 다윗이 왕의 직위에 대해 보여준 깊은 존경심을 성경 본문이 우리에게 말해주는 횟수로 확증된다. 규율을 기꺼이 위반하면서도 다윗은 사울을 예우하는 데는 세심한 주의를 기울인다. 우리는 이것을 사울이 다윗을 죽이려 한 후에도 그가 사울을 위해 음악을 연주하는 데서 알 수 있다.삼상18:10-16 그는 골리앗을 죽인 보상으로 사울의 딸을 받는 것을 미루었다.삼상18:18, 23 그는 사울을 죽일 기회가 두 번이나 주어졌지만 손대지 않았다.삼상24:9-15; 26:22-24 그는 사울이 죽자 매우 공공연하게 애도했다.삼하1:11-27

그는 **사울의 요청에 따라** 사울을 죽였다고 주장하고 이를 전한 사람을 죽였다.삼하1:13-16 그는 북쪽 지파의 왕으로서 다윗에 대항해 싸우고 있었던 사울의 아들을 죽인 두 사람도 처형했다.삼하4:9-12 그는 발을 저는 사울의 아들 므비보셋에게 공공연하게 친절을 베풀었다.삼하9:1-13

따라서 다윗의 이야기들은 죄 많은 인간에 대해 말하면서 그 후손이 이스라엘을 영원히 다스리게 될 것이라고 전한다. 이 점은 예언자 나단이 다윗에게 야훼의 말씀을 전해줄 때 명백해진다. 야훼는 다음과 같이 말한 것으로 보고된다.

> 너의 생애가 다하여서, 네가 너의 조상들과 함께 묻히면, 내가 네 몸에서 나올 자식을 후계자로 세워서, 그의 나라를 튼튼하게 하겠다. … 나는 그의 나라의 왕위를 영원토록 튼튼하게 하여 주겠다. … 내가, 사울에게서 나의 총애를 거두어, 나의 앞에서 물러가게 하였지만, 너의 자손에게서는 총애를 거두지 아니하겠다. 네 집과 네 나라가 내 앞에서 영원히 이어 갈 것이며, 네 왕위가 영원히 튼튼하게 서 있을 것이다.삼하7:12-16

거의 모든 구약 성경의 원천인 남왕국 측에서 볼 때 **다윗에게 주어진 이 약속은 야훼가 이스라엘과 맺은 초석 언약이다.** 이것은 땅에 사는 모든 민족이 너로 말미암아 복을 받을 것이라는 약속 즉 아브라함에 주어진 약속창12:1-2이 아니고 이스라엘이 제사장 나라, 거룩한 민족이 될 것이라는 약속 즉 모세에게 주어진 약속출19:5-6이 아니다. 바로 이것이 필수적인 해석의 열쇠인 것이다.

다음으로 우리는 다윗과 밧세바의 아들 솔로몬으로 넘어간다. 솔로몬의 역사는 그의 형제 아도니야와의 정치적 투쟁에서 시작한다. 예언자 나단과 밧세바의 속임수가 공조함으로써왕상1:15-27 다윗은 솔로몬을 후계자로 선포하게끔 설득되었다. 그는 최고 제사장 사독과 예언자 나단에게 야훼의 임명을 의미하는 기름을 부어 이를 시행하라고 명령했다.왕상1:33-34

솔로몬은 해묵은 원한을 처리하고 다시 말해서 형제이자 경쟁자인 아도니야 그리고 아도니야를 지지한 다윗의 군사령관 요압을 죽임으로써 자신의 통치를 시작했다.왕상2:13-25 솔로몬의 집행자는 주님의 장막 안 지성소 곁에 피해 있는 요압을 죽였다.왕상2:28-35 이어서 솔로몬은 "이집트 왕 바로와 혼인 관계를 맺고 바로의 딸을 아내로 맞았다. 그리고 그 아내를 다윗 성에 있게 하였다."왕상3:1 나중에 그는 모압 사람과 암몬 사람과 에돔 사람과 시돈 사람과 헷 사람에게서 여자를 후궁으로 맞아들였다.왕상11:1

성경 본문은 솔로몬을 아낌없이 칭찬한다. 그의 지혜는 "동양의 어느 누구보다도, 또 이집트의 어느 누구보다도 더 뛰어났다." 스바 여왕이 솔로몬을 "여러 가지 어려운 질문으로 시험해 보려고" 예루살렘을 찾아왔다. 솔로몬은 척척 대답하여 통과했고 여왕은 그의 지혜와 궁전과 음식과 왕실 행사와 번제물을 보고 제압되었다.왕상10:1-5

나아가서, 솔로몬은 야훼에게 지혜를 구하는 그의 겸손한 이야기로 칭송을 받는다. 야훼는 꿈에 솔로몬에게 나타나 말했다. "내가 너에게 무엇을 주기를 바라느냐? 나에게 구하여라." 솔로몬이 대답했다.

> 내가 아직 어린 아이인데 나는 아직 나가고 들어오고 하는 처신을 제대로 할 줄 모릅니다. 주님의 종은, 주님께서 선택하신 백성, 곧 그 수를 셀 수도 없고 계산을 할 수도 없을 만큼 큰 백성 가운데 하나일 뿐입니다. 그러므로 주님의 종에게 지혜로운 마음을 주셔서, 주님의 백성을 재판

하고, 선과 악을 분별할 수 있게 해주시기를 바랍니다. 이렇게 많은 주님의 백성을 누가 재판할 수 있겠습니까?왕상3:7-9

아이를 두고 다툼을 벌이는 두 창녀 이야기왕상3:16-28는 솔로몬의 지혜를 강조하는 목적으로 말해진다. 하워드-브룩은 이 이야기를 나라 즉 유다나 에브라임이 이스라엘 전체를 다스리는 올바른 권위를 가졌다는 것에 관한 우화로 본다.9) 솔로몬이 유다가 참된 "친어머니"이고 에브라임은 찬탈자였다고 결론내리는 것은 놀라운 일이 아니다.

열왕기상은 예루살렘 성전을 짓는 과정을 거장답게 지휘하는 솔로몬의 모습을 세 장을 할애해서 기술한다. 그리고 나서 8장은 성전 봉헌 특히 솔로몬의 연설과 기도를 기술한다. 그는 연설에서 다윗을 5회 언급하고 기도에서 3회 언급하며 다윗에게 한 야훼의 약속 즉 이스라엘의 왕위를 후손에게 영원히 지켜주겠다는 하나님의 언약을 길게 간구한다. 이어서 솔로몬은 이스라엘의 온 회중을 축복하여 주고 야훼에게 희생 제물을 드렸다. 그가 그 모든 것을 다했고 제사장은 거의 언급되지 않는다.

성경 본문은 또한 솔로몬의 행정 기술을 강조한다. 그는 이스라엘을 12구역으로 조직화했다.왕상4:7 그는 주위 지역으로부터 엄청난 양의 음식을 조달했다.왕상4:22-23 그는 예루살렘 성전과 궁전을 위해 향나무와 잣나무 목재를 공급하고자 두로 왕과 조약을 맺었다.왕상5:1-12 그는 이스라엘 전국에서 사람을 징집하여 목재를 베고 석재를 자르고 예루살렘 성전과 궁전을 짓게 했다.왕상5:13-18 그는 "모든 양곡 저장 성읍들과 병거 주둔 성읍들과 기병 주둔 성읍들을 세웠다. 그래서 솔로몬은 예루살렘과 레바논과 그가 다스리는

---

9) Howard-Brook, *Come Out, My People: God's Call out of Empire in the Bible and Beyond*, p. 130.

모든 지역 안에, 그가 계획한 것을 다 만들었다." 왕상9:19 그는 수입과 수출을 위해 배를 모았다. 왕상9:26-28 그는 내국인이 아닌 가나안 지역 거주민들을 강제로 "노예 노동"에 동원했다. 왕상9:21

이는 바로를 연상하게 한다. 하지만 성경 본문은 우리에게 이스라엘 백성은 즐겁게 지냈다고 말한다. "유다와 이스라엘에는 인구가 늘어서, 마치 바닷가의 모래알처럼 사람이 많아졌지만, 먹고 마시는 것에 모자람이 없었으므로, 백성들이 잘 지냈다. … 유다와 이스라엘의 모든 사람은 저마다 자기 포도나무와 무화과나무 아래에서 평화를 누리며 살았다." 왕상4:20, 25

2. 에브라임과 유대의 왕들 (열왕기상 11-22장, 열왕기하)

이번 장의 두 번째 성경책 저자들은 그 첫 구절에서 솔로몬을 떠받치고 있던 받침대를 빼버리기 시작한다.

> 솔로몬 왕은 외국 여자들을 좋아하였다. … 그는 자그마치 칠백 명의 후궁과 삼백 명의 첩을 두었는데, 그 아내들이 그의 마음을 사로잡았다. … 솔로몬은 주님 앞에서 악행을 하였다. … 솔로몬은 예루살렘 동쪽 산에 모압의 혐오스러운 우상 그모스를 섬기는 산당을 짓고, 암몬 자손의 혐오스러운 우상 몰렉을 섬기는 산당도 지었는데, 그는 그의 외국인 아내들이 하자는 대로, 그들의 신들에게 향을 피우며, 제사를 지냈다. 왕상11:1-8

몇 구절을 지나면 솔로몬의 명성에 타격을 주는 또 다른 공격이 나온다. 북쪽 지파와 동쪽 지파의 대표자들은 르호보암을 새로운 왕으로 세우려고 했던 곳으로 가서 솔로몬의 아들 즉 르호보암을 불러내었다. 그들은 이렇게 말했다. "임금님의 아버지께서는 우리에게 무거운 멍에를 메우셨습니다. 이제 임금님께서는, 임금님의 아버지께서 우리에게 지워 주신 중노동과 그가 우리에게 메워 주신 이 무거운 멍에를 가볍게 해주십시오. 그러면 우리가 임금님을 섬기겠습니다." 왕상12:3-4 르호보암의 원로들은 그들의 요구를 허락하라고 충고하였지만 젊은 신하들은 동의하지 않았다. 왕은 젊은 신하들의 충고를 따랐고 백성에게 가혹한 말로 대답했다. "내 아버지는 너희를 가죽 채찍으로 매질하였지만 나는 너희를 쇠 채찍으로 치겠소." 왕상12:11

그래서 사람들은 르호보암에게 대꾸하였다. "우리가 다윗에게서 받을 몫이 무엇인가? 이새의 아들에게서는 받을 유산이 없다. 이스라엘아, 저마다 자기의 장막으로 돌아가라." 왕상12:16 따라서 이스라엘 열 지파는 분리된 민족으로서 자신의 동일성을 재개했다. 그들은 솔로몬의 이전 신하였던 여로보암을 그들의 왕으로 추대했다. 유다 지파와 베냐민 지파만이 르호보암에 충성하는 민족으로 남았다. 이스라엘은 결코 다시 통일하지 못했고 에브라임과 유다는 전쟁 중에도 서로 싸웠다. 따라서 분열은 솔로몬이 남긴 유산의 하나로 인증된다.

두 번째 유산은 제국의 방식에 마음을 빼앗긴 것이다. 왕을 가지는 것, 바로 이것이 다른 민족들이 경험한 불의, 부패, 권력 남용을 가져왔음에도 불구하고 이스라엘 사람은 사정이 매우 악화되었을 때도 다른 대안을 상상할 수 없게 되었다. 이스라엘을 창건한 위대한 왕들의 이야기에 대한 집착 때문에 그런 일은 봉쇄되었다.

가나안 신들을 예배하는 일 역시 솔로몬의 유산의 일부인가?

우리가 위에서 주시한 대로 솔로몬은 야훼와 구별되는 다른 신들을 예배하는 자기 아내를 위해 장소를 마련해주었다고 말해진다. 그러나 이번 성경책에서 이스라엘 사람에게 훨씬 더 흔한 것은 "신성한 기둥" sacred poles을 세우고 "산당high places에서 예배하는 것에 관한 언급이다. 예를 들면 유다는 예루살렘에 성전을 가지고 있는데도 르호보암은 유다의 왕으로서 "높은 언덕과 푸른 나무 아래마다 산당과 돌 우상pillars과 아세라 목상sacred poles을 만들었다." 왕상14:23 마찬가지로 에브라임의 여로보암 왕은 "높은 곳에" 왕상 12:31 예배를 위한 장소를 만들었다. 이러한 장소에서 드리는 예배는 대체적으로 다른 신들이 아니라 야훼에게 드리는 예배를 중심으로 했다.

이번 성경책을 쓴 예루살렘 기반의 서기관들이 보기에 문제의 핵심은 사람들이 **예루살렘의 통제 밖에 있는 장소에서 야훼를 예배하고 있었던 것이**라는 점이다. "산당"에서 드리는 예배를 야훼를 아주 모욕하는 어떤 것이라고 간주함으로써 이들 서기관은 그와 같은 실천을 비합법화하려고 시도하는 것이다. 그 대신에 그들은 예배를 예루살렘에 중앙집권화하기를 바라고 이렇게 해서 그 도시의 종교적 정치적 엘리트의 권력과 부를 증강하기를 바란 것이다.

에브라임은 때때로 여로보암의 금송아지를 통해 우상 숭배를 행하기 시작한 것으로 비난을 받는다. "이스라엘 백성들아, 너희를 이집트에서 구해주신 신이 여기에 계신다." 왕상12:28-30 여로보암은 금송아지 하나를 에브라임 남단에 위치하지만 예루살렘에 가까운 베델에 두고 다른 하나는 에브라임 북단에 위치하는 단에 두었다. 그러나 하워드-브룩은 여로보암은 가나안 신들을 예배하는 것을 고취한 것으로 비난 받지 않았다고 지적한다. "오히려 그는 급진적 예전 개혁의 혐의를 받았다. 여로보암은 제국적 사회 질서를 지지한 예배 실천을, 야훼 백성을 위한 그의 대안적 비전을 지지하는 것을 의도하여 만들어진 새로운 예배 실천으로 대체했다." [10]

---

10) Howard-Brook, *Come Out, My People: God's Call out of Empire in the Bible and Beyond*, p. 158.

금송아지에 대해서는 어떤가? 예루살렘 성전의 지성소 안에는 금을 입힌 올리브 나무로 만든 두 개의 그룹cherubim이 서 있고 각각 높이는 열 자이다.왕상6:23-28 어느 누가 한번이라도 이것들을 우상이라고 부른 적이 없다. 그것들은 그저 야훼의 영광을 가리킨 장식으로 이해되었다. 여로보암의 예전 개혁에서 아마도 송아지는 그룹을 보다 농경적 문양으로 대체한 것과 같다.

논쟁의 핵심은 종교적 준수와 왕의 행사와의 강력한 통일이었다. 여로보암은 에브라임 사람들이 희생 제물을 바치기 위해서 예루살렘 성전에 계속 가고 있었으므로 그들의 충심은 예루살렘의 왕을 따르려고 한다는 것을 알았다. 그래서 그는 사람들이 그들 자신의 나라에서 예배할 수 있도록 대안을 제시한 것이다.

그렇다. 이 성경책은 여로보암을 반대하는 증언을 한다. 여로보암에게 에브라임의 왕이 되라고 용기를 북돋운 최초의 에브라임 사람으로서 아히야 예언자는 여로보암 통치 초기에 그를 강력하게 고발했다. "그러나 너는 … 악한 일을 하여서, 다른 신들을 만들고, 우상을 부어 만들어서, 나의 분노를 격발시켰다. 결국 너는 나를 배반하고 말았다. 그러므로 내가 여로보암의 가문에 재난을 내리겠다. … 그가 여로보암의 가문을 끊어 버릴 것입니다." 왕상14:9-10, 14 이것은 극히 우상을 숭배한 것같이 들린다. 그러나 우리는 역시 이 성경 본문을 예루살렘에 있는 서기관이 썼다는 것을 기억한다. 이들 서기관은 다윗과 솔로몬을 기꺼이 비판했지만 역시 다윗 왕조에 충실하게 남았다. 이 왕조의 권위를 합법화하기 위해서 그들은 올바른 야훼 예배는 예루살렘 성전에서만 있을 수 있다고 고집했다. 우리의 성경 본문이 표현하는 대로 예루살렘은 "주님께서 자신의 이름을 두시려고 택하신 성읍"이었다.왕상14:21

(1) 에브라임의 왕들

여로보암은 북쪽 지역을 22년 동안 통치했지만 그의 아들은 물러나서 죽기 전에 2년 동안만 다스렸다. 바아사는 24년 동안 통치했지만 그의 아들이 다시 통치한 지 2년 후에 폭력으로 죽었다. 오므리는 성경 밖의 자료에 매우 자주 나오는 초기 왕인데 그의 왕조는 44년 동안 통치했다. 여기에는 그의 아들인 아합과 손자들인 아하시야와 요람이 포함되었다. 이 왕조 동안 에브라임은 강력해지고 번영한 나라가 되었고 이웃 나라들과의 무역 관계를 대규모로 확장했으며 올리브유와 섬유를 수출하기 시작했다.

아합 왕은 가나안 신의 예배를 에브라임의 삶에 가져왔다. 페니키아 사람들과의 동맹을 공고히 하기 위해 그들의 딸 즉 공주 이세벨과 결혼했고 가나안 신 바알을 섬기는 제단을 사마리아 수도에 세웠다.왕상16:31-32 충격적이게도 아합은 자기 아들 두 명을 죽여 제물로 바치고 시체를 주요 성벽 밑에 매장함으로써 여리고의 재건을 위한 바알의 축복을 구했다. "그는 그 성의 기초를 놓으면서는 그의 맏아들 아비람을 잃었고, 성문을 달면서는 그의 막내아들 스굽을 잃었다." 왕상16:34 이것은 가나안의 전통적 종교 의식을 따르는 것이었다.

성경 본문은 또한 아합의 권력 남용을 생생하게 설명한다. 이 책의 속표지 첫 면에 나오는 인용 단락을 참조하기 바란다. 그는 나봇의 포도원을 사고 싶었다. 왜냐하면 그 포도원은 왕궁 옆에 있었고 텃밭으로 편리한 곳이었기 때문이다. 나봇은 팔지 않았다. 그래서 이세벨은 나봇이 살고 있는 성읍의 "원로들과 귀족들"과 공모하여 금식을 선포하고 사람들을 모이라고 한 뒤에 "두 건달"로 하여금 나봇을 "하나님과 임금님을 저주하였다"고 비난하게 했다.왕상21:8-16 억지로 꾸민 사건이 전개되자 권력을 기쁘게 하는 탐욕의 동학이 나타나기 시작했고 사람들은 나봇을 성 바깥으로 끌고 가서 돌로 쳐

죽였다. 이렇게 해서 아합은 정원을 가지게 되었다.

오므리 가문의 통치는 예언자 엘리사의 개입으로 끝났다. 엘리사는 젊은 예언자 수련생을 중요한 전장에 보냈는데 이는 군대 장군들 가운데 한 명인 예후를 왕으로 기름 부음을 받게 하려는 것이었다. 이 젊은 예언자는 장군 회의를 하고 있는 예후를 불러내어 기름을 부어 주었다.왕하9:6 예후가 회의에 돌아왔을 때 다른 장군들이 물었다. "그 미친 녀석이 장군께는 무슨 일로 왔었소?" 예후가 대답했다. "장군들께서도 그 사람이 누구고 그가 쓸데없이 떠들고 간 말이 무엇인지 짐작하고 있을 것이라 믿소." 그러나 예후의 동료 장군들은 수그러들지 않았다. "슬쩍 넘어가지 마시오. 우리에게 사실을 말해주시오." 그래서 예후는 그들에게 주님께서 나를 에브라임의 왕으로 기름 부어 세웠다고 말해주었다. "그러자 그들은 황급히 일어나, 각자 자기의 옷을 벗어서, 섬돌 위 예후의 발 아래에 깔고, 나팔을 불며 '예후께서 임금님이 되셨다' 하고 외쳤다." 왕하9:12-13

예후는 요람 왕을 칠 모의를 실행에 옮겼다. 이 일은 전장에서 멀리 떨어진 사마리아 수도 가까운 곳에서 일어났는데 그 절정은 예후의 병거가 나봇의 포도원 근처에서 요람의 병거와 만났을 때 벌어졌다. 거기서 예후는 "힘껏 활을 당겨 요람의 등을 겨누어 쏘자 화살이 그의 가슴을 꿰뚫고 나갔다." 요람의 어머니 이세벨은 왕궁의 창문에서 길바닥 아래로 내던져져서 죽었고 이 길에서 개들은 이세벨의 주검을 많이 뜯어 먹었다.왕하9:24-37 예후는 아합의 모든 자손들, 바알의 제사장과 예언자들, 바알을 숭배한 모든 사람들을 살해했다.왕하10

예후 왕은 28년 동안 통치했고 때때로 아람의 하사엘 왕과 싸웠으며 에브라임의 동부 지역을 제어할 수 없게 되었다. 성경 본문은 그의 통치가 유혈이 낭자하게 시작했다는 것 말고 그밖에 대해서 그다지 많이 알려주지 않는다.

그것은 한 가지 흥미로운 토막 이야기를 털어놓는다. 즉 예후는 야훼 예언자의 기름 부음을 받았고 야훼에 대한 명백한 "그의 열심"에도 불구하고왕하 10:16 여로보암이 베델과 단에 설치한 금송아지를 건드리지 않았다. 다시 한 번 이것은 야훼 예배를 이러한 대상들이 존재하지 못하도록 막은 것이 아닌 것으로 이해했다는 점을 말해준다.

이상하게도 이 성경책은 우리에게 예후의 통치 기간 동안 에브라임이 아시리아의 속국이 되었고 에브라임은 결코 다시는 충분한 자율성을 가지지 못했다는 사실을 알려주지 않는다. 영국 박물관에 전시된 아시리아의 블랙 오벨리스크는 예후가 황제의 발 아래 지면에 입맞춤 하는 모습을 묘사한다. 오벨리스크의 비문은 예후가 협상의 일부로서 유다와 페니키아와의 동맹을 끊었다는 것을 확증한다. 우리는 예후가 이 조치를 취했다고 가정한다. 왜냐하면 그의 군대는 하사엘 왕과 아람 군대에게 너무 자주 두들겨 맞았기 때문이다.왕하10:32-33

예후를 시조로 하는 족벌 왕조는 에브라임을 91년 동안 통치했다. 예후의 아들인 여호아하스가 예후를 계승했고 손자인 여호아스가 그 뒤를 이었다. 증손자인 여로보암 2세는 41년 동안 통치를 누렸다. 그는 잃어버린 영토를 북쪽에서부터 동쪽에 이르기까지 회복했고왕하14:25-27 최대의 번영과 최강의 무역을 향유하는 시기 동안 에브라임을 지도했다. 이 왕조는 한 정적이 여로보암 2세의 아들 스가랴를 살해한 기원전 753년에 끝이 났다.

이 일로 인해 31년 동안 왕이 다섯 번 바뀌는 폭력적이고 불안정한 시기가 시작되었다. 이 시기에 왕위가 아버지로부터 아들에게로 넘어가는 경우는 단 한 번뿐이었다. 에브라임은 이 시기 내내 아시리아의 속국이었고 시간이 흘러갈수록 기간과 조건은 더욱 더 악화되어 갔다.

므나헴 왕의 통치 시기에 아시리아 군대가 점령군으로 진입했고, 그들은 므나헴이 백성들에게 세금을 부과해서 징수한 많은 부를 아시리아 왕에게 넘겨준 후에야 "되돌아갔다." 베가 왕의 통치 시기에 아시리아 황제는 다시 그 땅에 진입했고 북쪽 "납달리의 온 지역을 점령하고 주민들을 아시리아로 사로잡아 갔다." 왕하15:20-29 에브라임의 마지막 왕은 호세아였다. 그의 통치 기간에 아시리아 제국은 호세아가 바친 조공을 더 많이 내라고 옥죄었다. "그러나 아시리아 왕은 호세아가 이집트의 소 왕에게 사절들을 보내어 반역을 기도하고" 조공을 내지 않는 것을 발견했다. 왕하17:1-4

기원전 725년 아시리아는 다시 한 번 침공해서 요새화된 사마리아 도성을 3년 동안 포위했다. "호세아 제 구년에 앗시리아 왕은 사마리아를 점령하고, 이스라엘 사람들을 앗시리아로 끌고 가서" 오늘날 터키 동부, 이라크 북부, 이란 북부, 아르메니아와 아제르바이잔으로 알려진 지역에 이주시켰다. 왕하17:5-6 사마리아 도성은 파괴되었다. 유배된 사람들이 살았던 장소에는 다른 사람들이 와서 정착해 살았다. 왕하17:24

야훼의 백성들은 이러한 운명을 어떻게 만나게 되었는가? 성경 본문이 우리에게 말하는 것은 이렇다. 즉 그 사람들이 "다른 신들을 섬겼고 야훼가 내쫓으신 이방 나라들의 관습을 그대로 따랐기" 때문이다. 왕하17:7-8 여로보암 왕의 예전 개혁은 자녀들을 불살라 이방 신들에게 바치는 실천이 그러하듯이 특별히 부정적인 것으로 거론되었다. 왕하17:9, 17 **부정의, 가난한 자의 억압, 그리고 제국의 추구는 거론되지 않는다.** 이것들이 이스라엘의 삶에서 유의미한 관심사가 된 것은 예언자들 덕분이다. 이 책 13장을 참조하라.

때때로 아시리아의 승리는 히브리인이 가나안 중부, 북부, 동부 지역에 존재하는 것을 종결한 것으로 추정되지만 사실상 아시리아 제국은 그 인구의 4분의 1 약 40,000명 만을 유배 대상으로 삼았다. 많은 사람들이 주변 지역 특히 유다로 도피했고 다른 사람들은 아시리아 사람들의 동의를 얻어 잔류했다. 따라서 성경 본문이 에브라임의 종말을 말하는 단정적인 방식은 유다에 기반을 둔 저자들이 다윗 가문의 지도를 받지 않고 예루살렘에 중심을 두지 않는 에브라임과 정치 공동체에 반대하는 편향성을 여전히 보여주는 다른 사례이다. 사실을 말하면 나약하고 노예화된 이스라엘 정치 공동체는 북쪽에 남아 있었지만 우리는 **에스라기**를 읽을 때까지 그것을 다시 알지 못한다.

(2) 유다의 왕들

르호보암의 아들 아비야는 남쪽 나라를 3년간 다스렸고 이 기간 동안 이스라엘을 재통합하고자 에브라임을 치는 전쟁이 늘 있었다. 아비야의 왕위를 그 아들 아사가 물려받았고 아사는 41년간 다스렸다. 아사는 다른 신들과 혼합해서 야훼를 예배하는 것에 반대했다. "그는 성전 남창들을 나라 밖으로 몰아내고, 조상이 만든 모든 우상을 없애 버렸다." 아사는 할머니가 만든 혐오스러운 상을 토막내었다.왕상15:12-13

아사의 아들 여호사밧이 아사를 계승하고 아버지와 동일하지만 그보다 더한 방식으로 25년간 통치했다. 그는 일곱 해가 끝날 때마다 율법을 온 이스라엘 백성 앞에서 읽어서 들려주라대하17:7-9는 모세의 요구신31:10를 따랐던 최초의 왕이었다. 그는 또한 민사를 해결하고자 "온 유다의 요새화된 성읍에" 재판관들을 임명했다.대하19:5 그러나 그는 또한 에브라임의 아합 왕과 결혼 동맹을 맺었다.대하18:1 그리고 "그가 산당만은 헐어 버리지 않아서, 백성은 여전히 산당에서 제사를 드리며 분향하였다." 왕상22:43 따라서 "좋은 왕" 여호사밧은 백성들에게 예루살렘에 와서 예배하라고 요구하지 않았고 그의 뒤를 이은 계승자들도 마찬가지였다. 우리의 성경책은 이에 관해서 부정적으로 논평한다.

여호사밧의 뒤를 이은 여호람은 에브라임의 아합 왕의 딸 아달랴와 결혼했다. 이 결혼은 에브라임 왕가의 통치 계급과 유다 간의 결혼이기에 이스라엘이 재통일할 수 있는 잠재력을 보여주었다. 그러나 여호람은 아합의 정책을 채택했고왕하8:18 이 때문에 우리의 성경책은 부정적으로 언급한다. 여호람의 아들이자 계승자였던 아하시야는 자기 삼촌인 북쪽 왕을 방문하러 에브라임에 갔는데 그때 예후의 무력에 살해되었다.왕하9:27

아달랴 여왕은 그 보복으로 왕족을 다 죽이기 시작해서 다윗 왕조를 없애려고 예후의 열정에 버금가는 일을 벌였다. 그녀는 거의 성공했으나 그 여왕의 딸이 영아인 요아스를 몰래 빼내었다. 그 아이는 6년 동안 숨어 지냈으며 그 동안 나라는 유다의 유일한 여성 군주가 다스렸다.왕하11:1-3 그녀는 가나안 신들을 예배하는 장소를 유다에서 복원한 탓에 비난을 받는다. 다윗 가문은 대제사장 여호야다 덕분에 권좌에 복귀했다. 여호야다는 성전과 왕궁의 호위병들과 함께 공모하여 성전에서 일곱 살 된 요아스의 대관식을 거행하였다. 이것은 아달랴가 성전에 모여 있는 백성에게 가서 "반역이다! 반역이다!" 하고 외치는 장면을 연출한 드라마의 최고 순간이었다.왕하11:14

요아스의 통치는 길었지만 혼합적이었다. 그는 제사장들이 성전 헌금에서 받은 돈을 성전 수리에 사용하도록 했다. 그들이 그렇게 하지 않았을 때 헌금 공유 통제 시스템을 만들어서 왕의 측근들이 잔고를 감독하도록 했고 성전을 수리하는 일꾼들에게 지불하도록 했다.왕상12:9-16 그러나 그는 지방 관리들의 요구에 따라 지방 예배 성소의 "목상"을 복구하도록 허락했다.대하24:18 예언자 스가랴가 이에 맞서자 요아스는 그를 돌로 처형하라고 명령했다. 그의 통치 후반기에 요아스는 아람의 왕 하사엘에게 조공을 많이 바쳤다. 요아스는 노년에 그의 측근들에 의해 살해되었다.

요아스의 아들 아마샤는 이웃 에돔과 전쟁을 일으켜서 유다의 국경선을 공격적으로 확장했다. 이러한 성공적인 업적과 더불어 그는 에브라임을 향해 여호아스 왕에게 힘을 겨루어보자고 도전했다. "서로 직접 만나 힘을 겨루어 보자고 제안하였다." 왕하14:8 여호아스가 모욕적으로 응대하자 아마샤는 전투에 임했고 패배로 끝났다. 북왕국의 부대는 예루살렘의 성벽을 부분적으로 허물고 성전과 왕궁의 보물 창고를 약탈했다. 아마샤는 나중에 그의 아버지처럼 살해되었다.

아마샤의 아들 웃시야는 아사랴로 불리기도 하는데, 열일곱 살에 아버지의 뒤를 잇고 52년 동안의 성공적인 통치를 장기적으로 누렸다. 그러나 그는 성전 제사장이 모든 제의를 거행한다는 수시 집행 원칙에 저촉하는 행동을 했다. "아사랴 제사장이, 용감하고 힘이 센 주님의 제사장 팔십 명을 데리고 왕의 뒤를 따라 들어가면서, 웃시야 왕을 말렸다. 제사장들이 외쳤다. '웃시야 임금님께서는 들으십시오. 주님께 분향하는 일은 왕이 할 일이 아닙니다. 분향하는 일은, 이 직무를 수행하도록 거룩하게 구별된 제사장들, 곧 아론의 혈통을 이어받은 제사장들만이 할 수 있는 일입니다.'" 이 말을 듣고 그가 제사장들에게 화를 낼 때에 "그의 이마에 나병이 생겼다." 대하26:16-19 그에게 나병이 생겼기 때문에 그의 아들 요담이 왕궁에 살면서 왕의 직무를 수행했다. 요담은 아버지가 죽은 후 80년 동안 혼자 다스렸다.

다윗의 왕위 계승에서 차기 왕은 요담의 아들 아하스였다. 아시리아 제국의 공격적인 대외 정책으로 인해 아하스의 통치 구조가 형성되었다. 다시 말해서 그의 통치는 무엇보다도 이웃 나라 에브라임과 아람이 유다와 동맹을 맺어 다함께 아시리아에 대항할 만큼 충분히 강해지려는 노력에 의해 구조화되었다. 유다는 연접한 이웃 국가로부터 해를 입지 않았지만 아시리아에 비싼 조공을 바쳤고 독립성을 상실했으며 언제나 형제 국가인 에브라임의 파멸로 끝난 연쇄적인 사건들을 개시하는 나라로 기억될 것이었다.

아하스는 제국의 마음을 산 사람이었다. 그는 아시리아 통치자를 다마스쿠스에서 만났고 거기에 있는 아시리아 제단에 취해서 유다의 대제사장에게 그 본을 따라 예루살렘 성전 제단을 만들라고 명령했다. "앗시리아 왕에게 경의를 표하려고" 왕하16:18 그는 성전의 기구들을 재배치했다. 따라서 우리가 아하스는 "이방 민족의 역겨운 풍속에 따라 자기 아들을 불에 태워" 왕하16:3 자신의 살과 피를 바쳤다고 읽는 것은 전혀 놀라운 일이 아니다.

기원전 715년 아하스가 죽자 아들 히스기야가 왕위를 이어받고 성경책 저자들은 마침내 자신들이 좋아한 마지막 왕을 가지게 되었다. 그 한 가지 매우 중요한 이유는 히스기야의 이야기 초반에 등장한다. "그는 산당을 헐어 버렸고, 돌기둥들을 부수었으며, 아세라 목상을 찍어 버렸다. 그는 또한 모세가 만든 구리 뱀도 산산조각으로 깨뜨려 버렸다. 이스라엘 자손이 그 때까지도 그 구리 뱀에게 분향하고 있었기 때문이다." 왕하18:4-5 히스기야는 예루살렘 예배를 중앙집권화함으로써 예루살렘 엘리트들을 부유하게 만들었다.

아하스의 통치 마지막 몇 해에 에브라임은 멸망했고 많은 거주민들이 아시리아 손에 달려 있는 유배를 피하고자 남쪽으로 달아났다. 그 수는 예루살렘과 주변 지역의 인구수를 늘려주었고 그들의 기술과 힘은 유다의 경제적 생산력에 많은 기여를 했다. 히스기야는 성전을 수리하기 시작했고 정기적인 사용을 위해 재개소함으로써 도피한 사람들을 통합할 필요를 처리했다. 성전은 아버지 통치 시절에 폐쇄되었다. 역대지하 30장 2절을 보면 그는 유월절기를 다시 지키기로 했고 모든 백성에게 유배를 간신히 피해 도주한 북쪽 거주민들을 포함해서 유월절을 지키도록 예루살렘으로 오라고 선포했다. 아니나 다를까 이 초청을 수락한 북쪽 출신들은 거의 없었다. 하지만 이 유월절 행사는 거대했고 주목할 만한 회합이었으며 일주일 동안 계속된 종교적 부흥회였다. "다윗 왕의 아들 솔로몬의 날부터 이제까지 이런 일이 없었으므로, 예루살렘 장안이 온통 기쁨으로 가득 찼다." 대하30:26

기원전 705년에 아시리아의 유명한 전사 사르곤 2세 황제가 죽자 아시리아 제국의 많은 속국들은 조공 바치는 것을 중지했다. 히스기야도 마찬가지였다. 그는 또한 예루살렘 성벽 강화 사업을 시작했고 예루살렘 주위의 샘을 막아서 그 도성 안으로 신선한 물을 끌어들일 목적으로 533미터의 수로를 만들었다. 그는 이집트와 안보 동맹을 맺었다. 그리고 그는 바빌로니아의 사절단을 맞아들이고 보물창고의 귀한 것들을 그들에게 보여주었다.왕하20:13

히스기야는 29년 통치의 중간 시점에 죽을 병에 걸렸었다. 그가 가진 신앙은 그의 기도에서 표현되었는데 주목할 만하다.왕하20:1-11; 이사야서38장

기원전 701년에 아시리아 제국은 새로이 즉위한 산헤립 왕의 지휘 하에 유다를 다시 침공했다. 이 침공이 유다 지방에 준 충격은 엄청나게 파괴적이었고 100년 후 바빌로니아의 침공보다 심한 것이었다. 아시리아의 기록물에 따르면 아시리아 군대는 46개의 성읍을 파괴했고 200,150명을 포로로 끌고 갔다고 말한다. 히스기야는 산헤립에게 전령을 보내 말했다. "우리가 잘 못했습니다. 철수만 해주시면, 요구하시는 것은 무엇이나 드리겠습니다." 왕하18:14 또한 산헤립을 달래고자 막대한 은, 금, 귀중품을 조공으로 바쳤고 그 과정에서 성전 문에 입힌 금을 벗겨서 주었다.왕하18:14-16 그러나 산헤립은 누그러지지 않았다. 그의 목표는 예루살렘 정벌이었다.

이 도시가 포위된 사건 과정은 **열왕기하** 18-19장에 너무 자세히 기술되어 있다. 공격의 초기 단계에서 아시리아의 최고 지휘관 랍사게는 히스기야 대신들에게 히브리어로 말함으로써 모든 백성이 그들 앞에 주어진 공포의 선택을 듣고 이해할 수 있도록 확실하게 말한다. 그 말의 어조는 이렇다. "나와 평화조약을 맺고, 나에게로 나아오너라. 그리하면 너희는 각각 자기의 포도나무와 자기의 무화과나무에서 난 열매를 따 먹게 될 것이며, 각기 자기가 판 샘에서 물을 마시게 될 것이다. … 뭇 민족의 신들 가운데서 어느 신이 앗

시리아 왕의 손에서 자기 땅을 구원한 일이 있느냐? … 그들이 사마리아를 내 손에서 건져 내었느냐?" 왕하18:31-34

성경 본문은 우리에게 히스기야가 그에게 저항하라고 충고한 이사야에게 자문을 구했다고 말한다. 이사야는 히스기야에게 계속 저항하라고 용기를 북돋워 준 예언자였다. 그리고 나서 아시리아가 이집트 군대와 에티오피아 군대를 평정하는 막간이 있고 난 후 랍사게는 새로운 위협을 가했다. 히스기야는 야훼에게 도움을 구했다. 이사야는 그에게 야훼가 그의 기도를 들었다는 확신을 준다. "그 날 밤에 주님의 천사가 나아가서, 앗시리아 군의 진영에서 십팔만 오천 명을 쳐죽였다." 산헤립은 예루살렘에서 철수했다. 왕하19:8-36 일각에서는 이렇게 빠른 퇴각이 성 밖에 깨끗한 샘물이 없어서 발생한 콜레라 때문이었다고 사변했다. 어쨌든 예루살렘은 견뎠고 아시리아의 철수는 유다에게 기적의 승리로 기억된다.

산헤립의 프리즘을 담은 다시 말해 황제를 과찬하는 조각돌에 따르면 이야기는 다르다. 그것은 히스기야를 "새장의 새"라고 말하고 다시금 아시리아의 속국이 되며 더 많은 조공을 바치겠다는 그의 조약을 포위 공격이 끝난 방식이라고 말한다. 그것은 아시리아가 예루살렘에서 입은 인명 손실에 대해 전혀 언급하지 않는다.

우리는 상술한 두 가지 견해가 각각 정치적 의견을 반영한다고 추정한다. 하지만 히스기야의 아들이자 계승자인 므낫세의 이야기는 아시리아 측의 설명이 보다 더 정확하다는 단서를 우리에게 제공한다. 므낫세는 기원전 697년에 아버지와 함께 섭정을 했고 55년 동안 다스렸다. 그는 "주님께서 보시기에 악한 일을 하였다. 그는 이방 사람들의 역겨운 풍속을 따랐다.…그는 자기의 아들들을 불살라 바치는 일도 하였다." 그는 아세라 목상을 성전 안에 세웠다. 성경 본문은 그가 "이방 민족들보다 더 악한 일을" 하도록 백성을 인

도하였다고 말한다. 왕하21:1-6, 9

히스기야는 왜 죽기 11년 전부터 열두 살 된 아들과 권력을 공유하기 시작했을까? 히스기야의 권력을 이양 받은 아들은 왜 아버지와 지나치게 다르게 통치했을까? 우리는 그 답이 명백하다고 생각한다. 즉 아시리아가 그것을 요구했기 때문이다. 므낫세의 이름은 아시리아의 기록물을 보면 가끔씩 산헤립의 아들 에살핫돈의 속국으로 나타난다. 그가 충분히 협조하지 않았을 때 아시리아는 그를 잠시 바빌론에 유폐시켜 두었다. 대하33:10-11 약속한 모든 조공을 바치는 것은 물론이겠지만 충실한 속국이 된다는 것은 유다에 있는 아시리아 대신들을 잘 예우한다는 것, 아시리아의 신을 공경한다는 것, 그리고 제국의 부와 제국의 유다 사업망을 최대한 늘리는 방식으로 지역 생산과 국제 무역을 조직한다는 것을 의미한다. 아시리아 제국이 원한 것은 예루살렘을 파괴하는 것이 아니라 예루살렘을 부를 모으고 아시리아의 신들을 예배하는 메커니즘의 일부로 만드는 것이다. 제국은 이 두 가지 목표를 성취했다.

예언자들은 이렇게 재배치하는 것을 선두에서 반대하였다. 하지만 "예루살렘을 죄없는 사람의 피로 가득 채운" 므낫세 왕은 이를 난폭하게 억압하였다. 왕하24:4

므낫세의 아들 아몬은 단지 2년만 다스리고 신하들에 의해 살해되었다. 아몬의 아들 요시야는 여덟 살에 왕좌에 올랐고 31년 동안 다스렸다. 우리의 성경 본문은 이렇게 말한다. "이와 같이 마음을 다 기울이고 생명을 다하고 힘을 다 기울여 모세의 율법을 지키며 주님께로 돌이킨 왕은, 이전에도 없었고 그 뒤로도 다시 나타나지 않았다." 왕하23:25

성경 저자들은 왜 이렇게 요시야를 높이 평가했을까? 어린 아동으로서 그는 매우 쉽게 변할 수 있는 존재였다. 우리는 성경 저자들 일부가 요시야 왕좌 배후에 있는 권력을 생각했기 때문이라고 추정한다. 히스기야처럼 요시야는 성전을 보수하고 예루살렘 이외의 곳에서 드리는 모든 예배 장소를 파괴했다. 히스기야보다 더 심한 것은 요시야는 예배에 관련된 모든 활동을 예루살렘으로 중앙집권화했다는 것이다. 그는 "산당"을 훼손함으로써 다시는 예배에 사용될 수 없도록 했다. 그는 여타 장소에서 예배를 거행하는 제사장들을 해고하고 다수의 제사장들을 죽였다.왕하 23:5-20 그는 유월절을 재개하고 예루살렘에서 지켜지도록 요구했다.왕하23:21-23 이 모든 일은 지방 공직의 규모를 없애고 더 많은 돈을 왕궁과 성전 창고에 쏠리게 하며 예루살렘 엘리트의 권한과 부를 증대하는 데 이용되었다.

그러나 이보다 더한 것이 있다. 요시야는 성전에서 발견한 "율법책"에 대한 열정적인 반응으로 성경 저자들의 마음에 많이 들었다.왕하22:11 이 책은 일반적으로 **신명기** 판본으로 생각되었다. 요시야는 그 책을 읽고 애통해 하며 "자기 옷을 찢었다." 왕하22:11 왜냐하면 유다가 그 책의 계명을 따르지 않고 있었음이 명백했기 때문이다. 그는 예언자 훌다에게 자문을 구했는데 훌다는 유다의 날들이 헤아려졌지만 요시야의 수명이 다해도 여전히 유다는 지속될 것이라고 말해주었다. "… 너는 깊이 뉘우치고, 나 주 앞에 겸손하게 무릎을 꿇었다. 그러므로 … 내가 이 곳에 내리기로 한 모든 재앙을, 네가 죽을 때까지는 내리지 않겠다. 내가 너를 네 조상에게로 보낼 때에는, 네가 평안히 무덤에 안장되게 하겠다." 왕하22:16-20

요시야는 성전에서 유다의 모든 장로들이 모인 앞에서 "율법책"을 크게 소리 내어 읽었다. "왕은 기둥 곁에 서서, 주님을 따를 것과, 온 마음과 목숨을 다 바쳐 그의 계명과 법도와 율례를 지킬 것과, 이 책에 적힌 언약의 말씀을 지킬 것을 맹세하는 언약을, 주님 앞에서 세웠다. 온 백성도 그 언약에 동참하였다." 왕하23:3

요시야 왕은 낡은 사본을 발견함과 동시에 자신의 고문단과 함께 이스라엘의 기원에서 현재까지 이르는 단일 역사의 서사를 통해 재통일의 길을 열 수 있는 기회를 보았다. 이런 일이 일어나기 위해서 그들은 이스라엘의 이야기를 우리가 161-164쪽에서 확인한 모순 관점들을 화해시킬 수 있는 방식으로 말하는 길을 발견해야 했다.

(a) 제국을 닮는 다윗과 솔로몬의 유다 이야기 vs.
제국에서 구출하는 모세의 에브라임 이야기

(b) 다윗과 영원 언약을 맺는 야훼를 말하는 유다 이야기 vs.
시내산 백성과 영원 언약을 맺는 야훼를 말하는 에브라임 이야기

(c) 성전에 거하는 야훼를 말하는 유다 이야기 vs.
신실한 이가 예배를 드리는 장소에 거하는 야훼를 말하는 에브라임 이야기

(d) 우상 숭배로 데려가는 여로보암의 유다 이야기 vs.
압제에서 데려오는 여로보암의 에브라임 이야기

요시야의 서기관들이 이 거대한 종합을 성취한 것은 **신명기**를 확장하는 것, 솔로몬과 여로보암을 비판하기 위해 왕들의 이야기를 편집하는 것, 요시야를 새로운 여호수아로 격상하는 것, 신명기와 왕들의 이야기 간의 문학적 교량을 우리가 **여호수아기, 사사기**로 알고 있는 성경책과 사무엘서상의 첫

12개 장을 합성하여 창조하는 것에 의한 것이었다.[11] 따라서 이 일곱 권의 책 즉 신명기, 여호수아기, 사사기, 사무엘서상, 사무엘서하, 열왕기상, 열왕기하는 정합적으로 서로 일치한다.

이러한 변화들을 통해서 **출애굽기**의 모세는 **신명기**와 **여호수아기**의 책에서 위인으로 나타나고 왕을 가지는 이스라엘을 승인한 지도자로 나타난다. 모세가 이 책에서 군주제를 안전하게 승인하는 것과 더불어 사무엘이 왕을 반대하는 것도 또한 같이 포함될 수 있었다. 이스라엘의 지역 통치 전통은 사사기에서 확증되었지만 그 전통이 안전 제공에 실패한 것도 확증되었다. 유다에서 확인되는 이런 사건들은 에브라임의 것보다 더 자주 널리 퍼졌다. 그러나 양 집단은 잔존했고 따라서 유다에 합류한 북쪽 출신 난민들의 후손이 받아들일 만한 성경 본문이 창조되었다. 이 성경책들에 대해 이렇게 접근하는 것에 대해서 234쪽 12번 문항을 참조하기 바란다.

요시야 통치에서 주시할 만한 세 번째 측면은 이전의 북왕국 영토를 유다에 흡수하는 그의 시도였다. 아시리아의 힘이 쇠퇴하자 요시야는 유다의 속국 관계를 끝내고 조공을 중지했으며 북쪽을 유다 경제에 통합하기 시작했다. 이집트의 바로였던 느고 왕이 바빌로니아에 맞서는 이 비틀거리는 아시리아 제국을 돕고자 군대를 이끌고 지중해 연안으로 왔을 때 요시야는 이집트가 요구한 지역도 마찬가지로 통제에서 풀려난 땅으로 만들 수 있는 기회를 보았다. 느고가 유다에 아무런 위협도 가하지 않았지만 요시야는 북쪽 지역을 건너가는 이집트 군대의 이동을 차단하라는 군사 명령을 내렸다. 전투가 이어졌고 요시야는 죽고 말았다.

요시야가 오판한 결과로 유다는 이집트의 속국이 되었다. 느고는 요시야

---

11) Howard-Brook, Howard-Brook, *Come Out, My People: God's Call out of Empire in the Bible and Beyond*, pp. 192-197.

의 아들 한 명을 왕으로 세우고 그의 이름을 여호야김으로 바꾸었고 은과 금을 조공으로 바치게 하였다. 여호야김은 "바로의 요구를 해결하고자 세금을 부과했다." 왕하23:35

유다의 종말은 머지않아 올 것이었다. 바빌로니아에서 온 갈대아 사람들이 차기 강국으로 등장하고 있었다. 기원전 605년에 카르케미시Carchemish에서 바빌로니아 군대는 이집트를 격파한 후 지중해 동쪽의 모든 영토를 휩쓸었다. 전쟁을 피하고 예루살렘을 구하기 위해 여호야김은 느부갓네살 왕에게 충성을 맹세하고 조공을 바쳤으며 바빌로니아가 유다의 가장 유능한 젊은이들을 교육 훈련을 위해 바빌로니아 수도로 다시 데려가는 것을 허용했다. 기원전 601년 후반에 이집트에 달려드는 바빌로니아의 공세가 흔들리자 여호야김은 다시 이집트로 돌아서서 충성을 맹세했다. 기원전 598년 후반에 느부갓네살은 예루살렘을 포위했다. 이 포위 초기에 여호야김은 죽었고 아들 여호야긴이 그의 뒤를 이었다. 바빌로니아 군대는 3개월 후에 그 도성에 진입했고 교육 받고 훈련된 주민들 만 명뿐만 아니라 왕과 왕실 가족을 사로잡아 바빌론으로 데려갔다. 느부갓네살은 여호야김의 삼촌 시드기야를 왕으로 세웠다.

거의 10년이 지난 기원전 587년에 시드기야는 반기를 들었고 바빌로니아의 포위가 두 번째로 시작되었다. 그 도시는 18개월까지 견뎠으나 그 무렵부터 기아와 사람을 잡아먹는 행동이 나타났다. 성벽이 뚫리자 바빌로니아 군대가 진입하여 도시를 파괴하고 남아 있는 수많은 백성을 포로로 잡아갔다. 바빌로니아 관리가 남은 백성을 다스렸다. 제국에 홀린 그들의 탐혹을 야훼가 기적적으로 확장해 줄 것이라는 유다의 희망과 마찬가지로 왕의 시대는 끝났다.

3. 유다 왕들의 포로기 이후 역사 (역대지상, 역대지하)

에브라임의 역사와 유다의 역사는 예루살렘과 다윗 왕조의 붕괴를 보았고 재앙적 파멸을 견뎠으며 예루살렘에서 너무 멀리 있는 땅에서 있는 야훼의 현존을 경험한 저자들에 의해 어떻게 말해질 것인가? 우리는 그러한 경험을 지닌 저자들이 쓴 세 권의 성경책 즉 **창세기, 레위기, 민수기**를 이미 거쳤다. 우리는 **창세기**가 국수주의를 피하고 때로는 권력과 권위의 인습적인 규범을 전복하는 성경책이라는 것을 발견했다. **레위기**는 예배 제의, 공동체적 삶의 원칙, 급진적 경제학을 매혹적으로 혼합한 성경책이다. **민수기**는 제사장, 성결을 많이 강조하고 정의나 야훼와 이스라엘 간의 언약에 대해서는 거의 말이 없는 냉랭한 성경책이다.

역대지에서 우리는 유다, 다윗 가문, 예루살렘의 위대성을 선포하는 성경책을 다시 발견한다. 그것은 우리가 방금 마친 성경책보다 덜 솔직하고 더 강경한 입장을 취한다. 우리의 조사는 간략하게 이루어질 것이다.

(1) 역대지상

이 성경책의 21개 장의 많은 부분이 다윗 왕과 관련된 족보와 사람들을 열거한다. 저자들은 삶과 미래 세대를 과거의 엘리트와 관련시키고 그리하여 사람들이 그들의 계보와 유명한 조상을 영광스럽게 생각할 수 있게 하는 데에 관심이 있는 것 같다.

11장 초두에 다윗의 이야기가 다시 말해지고 때로는 미화된다. "다윗의 명성이 온 세상에 널리 퍼졌고, 주님께서는, 모든 나라들이 다윗을 두려워하게 하셨다." 대상14:17 야훼와 다윗과의 언약의 영원한 특성이 강조된다. "영원"이라는 말이 17장에서 8회 사용된다. 이 성경책은 다윗의 이례적인 세금 조사를 "사탄"의 탓으로 돌리고 있다. 대상21:1

가장 의미심장한 상위는 이 성경책이 다윗 생애의 마지막에 다윗에서 솔로몬으로 넘어가는 과정에 대해 말하는 방식이다. **열왕기상**에서 이 이양은 솔로몬의 어머니 밧세바와 예언자 나단이 공모하여 몸져누워 있는 다윗에게 솔로몬 왕위 계승을 승인하도록 유도했기 때문에 일어난 사건이었을 뿐이다. 다른 한편, **역대지상** 22, 28, 29장을 보면 다윗은 성전 건축에 대해 솔로몬과 상의하고 그의 통치를 정치적으로 지원하기 위해 힘을 모으고 성전을 짓기 위해 자원을 집결하며 "온 회중"이 보는 앞에서 임명을 선포한다.대상 29:1

따라서 이 성경책에서 우리는 예루살렘의 파멸과 다윗 가문의 치욕을 야훼의 세계 작동 사역에서 군주제와 그 역할에 주어진 벌로 보는 관점으로 이어지는 것이라고 이해하지 못하게 된다. 그 대신에 **이 성경책은 유다의 왕들을 더욱 더 높인다.** 이 성경책의 저자들에게 야훼의 백성을 위한 왕의 시대는 그들이 페르시아 제국의 통치를 받고 있는 순간에도 끝나지 않았던 것이다.

(2) 역대지하

이 성경책은 솔로몬 왕에 대해 세탁된 관점에서 시작한다. 그는 겸손하고, 현명하며, 부유하고, 국제적인 선린 관계를 맺고 있으며, 독실하고, 재물이 많다. 솔로몬의 독실함에 대해서는 우리가 이미 말하지 않았는가? 솔로몬은 "이스라엘의 온 회중이 보는 데서 주님의 제단 앞에" 대하6:12 서 성전 봉헌 기도를 마쳤을 때 "하늘에서 불이 내려와 번제물과 제물들을 살라 버렸다." 대하7:1 "주님의 영광이 주님의 성전에 가득 찼으므로, 제사장들도 주님의 성전으로 들어갈 수가 없었다. 이렇게 불이 내리는 것과 주님의 영광이 성전에 가득 찬 것을 보고, 이스라엘 모든 자손은 돌을 깎아 포장한 광장에 엎드려 경배하며, 주님께 감사하였다." 대하7:2-3 아하, 이 솔로몬이야말로 그 모든 것을 할 수 있었다.

그의 이방 아내들은 전혀 언급되지 않는다. 이집트 왕의 딸은 예외인데 저자들은 이 딸이 왕궁과 분리된 집을 별도로 가졌다는 것을 우리가 알기를 바랐다. 또한 그들을 위해 세워진 예배 장소도 전혀 언급되지 않는다.

일반적으로 **역대지**는 정형화된 공식에 따라 유다 왕들의 이야기를 말한다. 전쟁 승리, 경제 성공, 그리고 여타 노력의 성공은 야훼에 대한 순종 덕분이었다. 이러한 노력이 실패하면 야훼 계명의 불순종과 부적절한 예배 탓이었다.

에브라임의 왕들은 유다의 왕의 영광스러운 업적을 기술하는 것이 필요할 때를 제외하면 언급되지 않는다. 예를 들어, 유다의 두 번째 왕 아비야는 3년의 통치 기간 동안 에브라임과 여로보암 왕과 전쟁하느라고 많은 시간을 보냈다. 가장 중대한 전투에서 유다 군대는 추정하건대 에브라임 군사 500,000명을 죽였다. 대하13:17 이는 그 정확성에 대해서 거의 관심이 없는 명백하고도 엄청난 왜곡이었다.

13장: 불편한 진실을 말하기

엘리야, 엘리사, 오바댜, 아모스, 호세아, 제1이사야, 미가, 스바냐,
나훔, 하박국, 예레미야

400년 동안 왕의 권위 아래서 "이방 나라처럼" 살고 난 후 이스라엘인은 민족이자 국가였던 자신들의 민족 국가가 망하는 경험을 겪었다. 이 실패는 막대한 고통을 수반했다. 야훼의 백성은 이 땅에서 황폐한 사람들이 되었다. 이러한 현실을 인식할 때 우리는 예언자의 말씀을 숙고할 수 있는 준비를 갖추게 된다. 그들은 왕이 걸었던 비참한 길에 대해 실행 가능한 대안을 제공했는가?

월터 브루그만은 예언을 "대안적 삶의 길을 소환하는 서사"[12]라고 말한다. 그 강조는 현재에 있고 미래에 있지 않지만 그래도 그 현재는 미래에 대해 심중한 함의를 지니고 있다. 이스라엘 예언자들은 현재의 사건을 출애굽기의 렌즈로 보았고 제국 사랑 정책의 결과가 어떻게 될지를 예측했으며 때로는 성공 예감을 열렬히 원한 왕들을 경악케 했다.

이러한 방식으로 야훼를 대언하는 사람은 그 말에 의해서 막강한 영향력

---

12) 리차드 벡(Richard Beck)이 다음 웹사이트에서 인용한 문구이다. experimentaltheology.blogspot.com (검색일 2014. 11. 24).

을 주장하고 그 영향력은 대개 관습적인 권력에 의해 위협으로 지각된다. 따라서 예언자와 왕 사이의 관계는 전형적인 대립 관계이다. 물론 야훼를 대언한다고 주장하는 사람의 잠재적 위협에 관심을 가지는 이는 왕들만은 아니다. 일반적으로 사람들은 대언자가 신의 메시지를 가져오는지 또는 그런 척만 하는지를 인식할 수 있는 어떤 신뢰할 수 있는 방법을 찾는다. 애통하게도 이스라엘 역사에서 사칭하는 자를 참된 것으로부터 구별하는 신뢰할 수 있는 방법은 나타나지 않았다. 한 가지 일관된 지표는 참된 예언자의 메시지는 그 또는 그녀 자신의 위험을 만들어낸 것 같다는 점이다. 이것이 자아나 개인적 이익 때문에 야훼의 이름으로 말한 많은 예언자들 걸러내었다. 하지만 여전히 많은 불확실성이 남아 있었다.

구약 패턴은 소수의 개인들만 예언자 역할을 수행했다는 것이지만 후기 성경책 특히 **요엘서**는 많은 사람들이 예언자의 은사를 발휘할 것이라고 기대했다. 이것은 예수가 기대한 것이기도 했다. 예수는 자신을 따르는 이들에게 이들 **모두가** 헌신으로 인해 박해를 받으면 "복"이 있을 것이라고 기대해야 한다고 말했다.마5:11

히브리 세계관에서 야훼는 야훼가 삶의 환경 안에서 행한 것에 의해 인식되었다. 모든 왕은 자기 주위에 통찰력을 지닌 남자와 여자들을 거느렸고 왕은 적어도 그들 중의 한 명이 역시 야훼가 현재의 사건 어느 곳에서 행동하는지를 확인하는 예언자적 은사를 가지고 있기를 바랐다. 몇 안 되는 그러한 고문들도 역시 성경에서 예언자로 확인된다. 그러나 보다 전형적인 것은 예언적 전망이 주변에서 나오는 목소리이고 사회의 회개와 변화를 촉구하는 것이었다는 점이다.

디셉 사람 엘리야와 그 조력자이자 후계자 엘리사는 왕의 시대에 유의미한 주목을 받은 최초의 이스라엘 예언자이다. 둘 다 아마도 예언자 집단의 일원으로서 북왕국 에브라임에 살았다.왕하4:38 이들의 후계자들이 변화를 가져오기 위해 말에 의존한 것과는 대조적으로 엘리야와 엘리사는 선을 행하고 악을 파하는 초자연적 능력을 행사하는 극적 행동을 수행한 인물로 묘사된다. 그들이 때때로 보여주는 과장된 활동은 성경 본문에서 아람이라고 부르는 이웃 시리아와 활 모양의 강국 아시리아 제국과 에브라임이 빈번하게 전쟁을 벌이는 맥락에서 일어났다.

엘리야는 성경 본문에 처음으로 나타나서는 에브라임에 비 한 방울도 내리지 않을 것이고 따라서 나라가 수년 동안 기근에 빠질 것이라고 선포했다.왕상17:1 그는 아합왕으로부터 도망 중이었고 에브라임 북서쪽 방향의 시돈에 있는 가나안 과부 집에 지내게 되었다.

어느 시점에 이르러 "주님께서 엘리야에게 말씀하셨다. '가서 아합을 만나거라. 내가 땅 위에 비를 내리겠다.'"왕상18:1 그들이 만났을 때 왕은 엘리야를 두고 "이스라엘을 괴롭히는 자"라고 불렀다. 엘리야는 그 비난을 되돌려 주었다. "내가 이스라엘을 괴롭히는 것이 아니라 임금님과 … 임금님께서는 주님의 계명을 내버리고 바알을 섬기십니다."왕상18:17-18 바알은 가나안 지역의 신이었다. 엘리야는 자기 자신과 여왕의 후원을 받는 바알의 450명 예언자 간의 대결을 제안했다. 어떤 신이 제물을 태우기 위해 하늘에서 불을 보낼 것인가? 아합이 동의하자 "온 이스라엘이 갈멜산으로 모였다. 위에서 내려온 불이 엘리야의 제물 위에만 떨어졌고 바알 예언자들은 엘리야 때문에 수치를 당했고 엘리야는 그들을 죽였다.

이 이야기를 읽는 현대 독자들은 바알 예언자를 죽인 것과 엘리야가 섬긴 신에 대해 말해주는 것에 집중하는 경향이 있다. 하지만 이 이야기는 그것이 처음 말해진 배경을 고려할 때 에브라임의 적의 신을 격파함으로써 그 적이 멸망하는 것을 말한 것이었다. 야훼를 에너지가 넘치고 바알을 무기력한 것으로 묘사함으로써 그 이야기는 이스라엘을 설득하여 그들로 하여금 대단히 강력한 군사적 성공으로 아시리아 제국을 분명하게 축복한 신에게 홀려 있는 것을 포기하도록 시도한 것이다.

갈멜산 장면이 벌어진 직후에 야훼는 기근을 끝냈으며 나아가서 엘리야가 참된 신의 예언자로서 합법성을 지녔다는 것을 입증한 셈이다.

엘리야의 임무를 이와 같이 극적으로 확증한 것을 경험한 이들에게 묘하게 보이는 일은 우리가 이어서 엘리야가 목숨을 살리려고 도망치는 것을 본다는 것이다. 이번에는 엘리야의 동료 예언자들을 죽임으로써 갈멜산 사건에 분명하게 보복한 이세벨로부터의 도망이다. 엘리야는 남하하여 이웃 유다를 거쳐 남부 지역의 광야로 피신했다. 엘리야는 광야로 들어가서, "어떤 로뎀 나무 아래로 가서, 거기에 앉아서, 죽기를 간청하며 기도하였다. '주님, 이제는 더 바랄 것이 없습니다. 나의 목숨을 거두어 주십시오. 나는 내 조상보다 조금도 나을 것이 없습니다.'" 왕상19:4

죽음 대신에 야훼는 앞으로 남아 있는 엘리야의 여정 즉 엘리야가 일종의 정서적 영적 위기를 겪었던 시내의 호렙산으로 가는 여정 내내 빵을 공급했다. "너는 여기에서 무엇을 하고 있느냐?"고 야훼가 묻는 것을 그는 들었다. 엘리야는 야훼에 대한 자신의 큰 열정을 성찰하고 이스라엘 백성이 야훼와 맺은 언약을 어떻게 버렸는지를 한탄했다. "나만 홀로 남아 있는데 그들은 내 목숨마저도 없애려고 찾고 있습니다." 왕상19:10

침묵 속에서 그는 다시 그에게 묻는 야훼의 소리를 들었다. "엘리야야, 너는 여기에서 무엇을 하고 있느냐?" 왕상19:13 어째서 그는 두려움 속에서 적으로부터 도망치고 있었는가? 마침내 엘리야는 들을 준비를 갖추었다. 엘리야가 들은 것은 그 주체를 완전히 바꾸어놓았다. 야훼는 그에게 북동쪽 방향으로 수백 킬로미터 떨어진 시리아의 광야로 갈 것을 요구하고 에브라임을 통치하는 오므리 왕조를 끝장 낼 계획을 가동했다. 이 계획은 다마스쿠스에 있는 군장교를 아람의 차기 왕으로, 그리고 아합 군대의 군 장교를 에브라임의 차기 왕으로 세우고자 기름 붓는 것을 포함했다.

엘리야는 그 계획을 전혀 충분하게 시행하지 않았다. 그의 후계자 엘리사가 그것을 했다. 하지만 엘리야는 겁에서 벗어났고 한 번 더 아합왕과 대결했다. 그 일은 포도원 주인 나봇이 살해 된 후 왕이 빼앗은 포도원에서 일어났다. 엘리야는 야훼가 주신 말씀으로 그와 대결했다. "임금님께서는 목숨을 팔아 가면서까지, 주님께서 보시기에 악한 일만 하십니다. 내가 너에게 재앙을 내려 너를 쓸어버리겠다." 왕상21:20-21 아합은 머지않아 벌어진 전투에서 사망했다.

엘리사는 오므리 왕조를 끝내고 에브라임에 다른 리더십을 부여하기 위해 그의 멘토의 마지막 기획을 실행했다. 그는 처음에는 아합의 후계자를 지지했는데 그 방식은 아람 군대 이동에 대해 경고해주었고왕하6:8-12, 침공하는 군대를 쳐서 눈을 멀게 했으며왕하6:15-23, 끔찍한 아람 군대의 포위 공격으로부터 사마리아의 수도를 기적적으로 구원하는 것을 예언하는 것이었다.왕하6:24-7:20 그러나 엘리사는 또한 아람 군대의 사령관인 나아만을 치유해주었고왕하5:1-19 사로잡힌 군대를 위해 "큰 잔치"를 베풀었다.왕하6:23

하사엘의 통치 동안 아람 군대는 에브라임의 많은 영토를 점령했고 아람의 기록에 따르면 에브라임의 왕과 유다의 왕을 죽였다. 이 모든 것의 논지는 분명하다. 즉 야훼 예언자의 지시는 이스라엘에 대해 그 죄의 책임을 지도록 외국 지도자들에게 기름 붓는 것을 포함해서 모든 민족을 다스리는 야훼의 통치를 반영했다는 것이다.

(1) 오바댜서

성경에 자기 자신의 책을 등재한 가장 초기 예언자는 유다 아마도 예루살렘에 살았을 것이다. 그의 성경책은 수년 동안 유다의 속국이었던 작은 부족 국가인 에돔 민족에게 정의의 심판이 다가올 것이라는 메시지를 선포한다. 에돔 사람은 히브리 족장 야곱의 형이었던 에서의 후손이었고 유다의 남동 지역 근처에서만 살았다. 기원이 셈족이라는 것은 공통이었으나 유다가 지배하자 그 둘 사이에는 나쁜 피를 많이 흘렸다. 따라서 오바댜의 메시지는 아마 유다에서 매우 대중적이었을 것이다. 이렇게 일찌기 유다도 예언자를 가졌다는 것을 확증하는 점 이외에 그것이 성경의 일부로 소장된 이유는 분명하지 않다.

오바댜는 에돔이 예루살렘이 공격 받았을 때 도와주지 않고 또 그때 유다의 고난에 "웃은" 것을 규탄했다.옵1:12-14 우리는 문제의 그 공격이 여호람이 왕이었을 때 블레셋 사람의 것인지 아니면 아마샤가 왕이었을 때 에브라임의 것인지 확신할 수 없다. 과거 한 때 그 나라는 각각 성벽을 돌파해서 궁전을 약탈한 적이 있었다. 어쨌든 에돔은 도와주지 않은 것에 대해 고통을 받을 것이다. 오바댜는 이렇게 말했다. "…주의 날이 다가온다. 네가 한 대로 당할 것이다. 네가 준 것을 네가 도로 받을 것이다." 옵1:15

(2) 아모스서

유다 출신인 이 목자의 말은 에브라임 최강 최대의 번영 시기인 여로보암 2세의 통치 시절부터 시작한다. 에브라임은 이 시기 동안 작은 제국이었고 에브라임이 유다에게 챙겨준다고 주장한 "이익"을 대가로 유다에게 강제로 조공을 바치게 했다. 이것이 아모스가 북쪽을 자주 여행한 이유를 설명할지 모른다. 그는 북왕국에서 드리는 야훼 예배를 위한 뛰어난 장소인 베델에서 공개적으로 말했다. 그는 자신의 메시지를 유다를 포함하여 모든 주위 나라를 향한 것이라고 알려주었고 주로 에브라임 사람에게 말했다.

아모스의 에브라임 비판은 시장 윤리에 집중했다.

> 빈궁한 사람들을 짓밟고, 이 땅의 가난한 사람을 망하게 하는 자들아, 이 말을 들어라! 기껏 한다는 말이, "초하루 축제가 언제 지나서, 우리가 곡식을 팔 수 있을까? 안식일이 언제 지나서, 우리가 밀을 낼 수 있을까? 되는 줄이고, 추는 늘이면서, 가짜 저울로 속이자. 헐값에 가난한 사람들을 사고 신 한 켤레 값으로 빈궁한 사람들을 사자. 찌꺼기 밀까지도 팔아먹자" 하는구나. 암8:4-6; 2:6-7, 5:11-12 참조

똑같이 열정적으로 행해진 것은 아모스가 경제적으로 부정의하다는 것을 알면서도 아무것도 하지 않고 **이익을 누린** 사람들에게 가한 비판이었다.

> … 너희 바산의 암소들아, 이 말을 들어라. 가난한 사람들을 억압하고, 빈궁한 사람들을 짓밟는 자들아, 저희 남편들에게 "마실 술을 가져오라"고 조르는 자들아 암4:1

> 너희는 망한다! 상아 침상에 누우며 안락의자에서 기지개 켜며 양 떼에서 골라잡은 어린 양 요리를 먹고, 우리에서 송아지를 골라 잡아먹는 자들, 거문고 소리에 맞추어서 헛된 노래를 흥얼대며, 다윗이나 된 것처럼 악기들을 만들어 내는 자들, 대접으로 포도주를 퍼마시며, 가장 좋은 향유를 몸에 바르면서도 요셉의 집이 망하는 것은 걱정도 하지 않는 자들, 암6:4-6

아모스는 또한 겉치레에 불과한 종교적 경건으로 자신의 특권을 은폐하는 자들을 겨냥했다. "너희는 베델로 몰려가서 죄를 지어라. 아침마다 희생 제물을 바치고, 사흘마다 십일조를 바쳐 보아라. 또 누룩 넣은 빵을 감사 제물로 불살라 바치고, 큰소리로 알리면서 자원예물을 드려 보아라. 이스라엘 자손아, 바로 이런 것들이 너희가 좋아하는 것이 아니냐?" 암4:4-5 그는 야훼의 반감을 천둥소리처럼 외쳤다. "나는, 너희가 벌이는 절기 행사들이 싫다. 역겹다. 너희가 성회로 모여도 도무지 기쁘지 않다. … 시끄러운 너의 노랫소리를 나의 앞에서 집어치워라! 너의 거문고 소리도 나는 듣지 않겠다. 너희는, 다만 공의가 물처럼 흐르게 하고, 정의가 마르지 않는 강처럼 흐르게 하여라." 암5:21-24

아모스서는 번영을 공유하는 미래 시간의 비전과 함께 끝난다. "그들이 허물어진 성읍들을 다시 세워, 포도원을 가꾸어서 그들이 짠 포도주를 마시며, 과수원을 만들어서 그들이 가꾼 과일을 먹을 것이다." 암9:14 그러나 이 일은 "길갈"에서 사울 왕과 함께 시작하여 "베델"에서 여로보암 왕과 함께 계속된 길을 걸음으로써 암5:5 실현되지 않을 것이다. 그 대신에 아모스는 이렇게 말했다. 공유된 번영의 새로운 날은 "무너진 다윗의 초막"을 일으키는 것을 포함하고 "그 터진 울타리를 고치면서 그 허물어진 것들을 일으켜 세워서, 그 집을 옛날과 같이 다시 지어 놓을 것이다." 암9:11

초막은 관목과 나무의 가느다란 가지를 함께 엮음으로써 만들어진 조잡한 일시적 거주지였다. 그것은 광야를 여행하는 동안 다 자란 포도밭을 지키거나 양떼를 보살피거나 잠시 쉬기 위해 멈출 때 만들어졌다. 그 각각은 초막절의 일부로서 자기 몫을 감당하고 사람들은 단순하고 취약한 이러한 삶의 경험을 재연했다. 명백한 것은 조잡한 초막의 상징주의는 왕조의 왕에 대한 이스라엘의 강조, 사치스러운 궁전, 상비군과 종신 측근을 의문시했다는 점이다. 따라서 "다윗의 초막"을 수리하는 것은 다윗이 지배와 통제의 제국적 꿈을 추구하기 시작하기 전의 리더십 정신을 회복하는 것을 시사했다. 우리는 아모스가 공동체로부터 나타나고 은사의 영에 의해 살아나는 유기적 종류의 리더십을 상상했다는 것을 감지한다.

(3) 호세아서

이 예언자는 30년의 세월을 북왕국에서 살았는데 이 시기에 그는 아시리아 군대가 여러 번 침공하는 것을 겪었다. 그의 성경책은 아마도 마지막 두 번의 침공 사이에 써졌을 것이다. 그는 기원전 722년에 있었던 최종 붕괴 전에 자신이 쓴 글을 지니고서 유다로 피함으로써 유배를 면했을지도 모른다. 그의 성경책은 에브라임 출신의 저자에 의해서 그 곳에서 작성된 두 책 중의 하나이다. 다른 하나는 **출애굽기**이다.

제국의 위협은 그 책에 현저하다. "적군이 독수리처럼 나 주의 집을 덮칠 것이다." 호8:1 호세아는 아시리아의 위협을 시내산 언약의 렌즈 다시 말해서 **출애굽기**에 기술된 의무와 책임의 결말이 개방적인 거래를 통해 바라보았다. 그 백성은 이 언약에 대한 "진실도 없고 사랑도 없다" 호4:1는 것을 입증했다. 그리고 아시리아의 위협은 그 결과였다. 호8:1

야훼와의 언약에 대한 백성의 신실하지 않음을 예증하기 위해 호세아는 자기 자신과, 여러 남자들하고 잠자리를 같이한 고멜 사이에 있었던 파행적인 결혼 이야기를 사용했다. 호세아는 고멜의 반복적인 배반에 대해서 격한 감정으로 썼다. 그녀가 멈추지 않는다면 "그가 처음 태어나던 날과 같이, 내가 그를 발가벗겨서 내버릴 것이다. 그리하여 내가 그를 사막처럼 메마르게 하고, 메마른 땅처럼 갈라지게 하여, 마침내 목이 타서 죽게 하겠다." 호2:3 호세아가 고멜의 혼음을 야훼에 대한 에브라임의 신실하지 않음을 유비하는 것으로 사용한 것은 적절하고 작위적이 아닌 반면 그가 야훼를 아내에 대한 남편의 폭력과 연결하는 것은 바로 그런 행동을 인가하고 그 본문에 여성 혐오적인 메시지를 부여하기 위해 사용되었다.

고멜은 결혼해서 세 명의 아이를 낳았고 그 중 최소한 한 명은 정부의 아이이다. 호세아는 맏이의 이름을 왕의 불운한 궁전이 위치한 사마리아의 북쪽 장소를 본 따서 이스르엘이라고 지었다. 호세아는 야훼는 "이스르엘 평원에서 이스라엘의 활을 꺾겠다"호1:5고 말했다. 그는 둘째 아이의 이름을 로루하마라고 지었고 이 이름은 "내가 다시는 이스라엘 족속을 불쌍히 여기지도 않고 용서하지도 않겠다"는 뜻이다.호1:6 그는 셋째 아이의 이름을 로암미라고 지었다. "너희가 나의 백성이 아니며 나도 너희의 하나님이 아니기 때문이다."호1:8 "그가 낳은 자식들도, 내가 불쌍히 여기지 않겠다. 그들도 음행하는 자식들이기 때문이다. … 그는 자랑하기를 '나는 나의 정부들을 따라가겠다. 그들이 나에게 먹을 것과 마실 것을 대고, 내가 입을 털옷과 모시옷과, 내가 쓸 기름과 내가 마실 술을 댄다' 하는구나."호2:4-5

4-13장에서 호세아는 비유로부터 그가 속한 사회의 신실하지 않음으로 옮겨갔다. 그는 에브라임을 특징짓기 위해서 "음란의 영"이라는 자구를 두 번호4:12, 5:4 사용했고 에스겔서를 제외하면 어떤 성경책보다도 더 많이 "창녀"라는 용어를 반복적으로 사용했다. 호세아는 구체적으로 무엇을 염두에 두었는가?

경제적 착취와 부정의에 집중한 아모스와는 대조적으로, 호세아는 백성이 야훼를 이해하는 것이 부족하다는 것에 집중했다. "이 땅에는 … 하나님을 아는 지식도 없다"호4:1라고 그는 썼다. "내 백성이 나를 알지 못하여 망한다."호4:6 "에브라임은 어리석고 줏대 없는 비둘기다." 호7:11 이 무지는 특히 이방 신의 예배에서 스스로 현시되었다. "나무에게 묻고, 그 요술 막대기가 그들을 가르친다." 호4:12 "에브라임은 우상들과 한 패가 되었다." 호4:17 백성은 야훼를 예배하지 않은 것이 아니었다. 그들의 **오류는 야훼 예배를 이방 신의 예배와 결합했다는 것**이다.

그러나 "음란의 영"은 또한 다신론을 넘어서는 어떤 것을 시사한다. 실로 우리가 호세아서를 읽을 때 우리는 그것이 탐욕, 그리고 부와 국제적 위신에 대한 욕망과 많은 관계가 있었다는 것을 감지한다. "에브라임이 도움을 구하러 허무한 것을 뒤쫓아갔으니, 에브라임이 심판을 받아, 억압을 당하고 짓밟혔다." 호5:11 부와 힘에 대한 욕망 때문에 에브라임은 이방 민족과 그들의 길을 수락하는 것을 **추구하도록** 재촉했다. "에브라임은 이집트를 보고 도와 달라고 호소하더니, 어느새 앗시리아에게 달려간다." 호7:11 "외로이 떠돌아다니는 들나귀처럼, 앗시리아로 올라가서 도와 달라고 빌었다. 에브라임은 연인들에게 제 몸을 팔았다." 호8:9 "에브라임은 앗시리아와 동맹을 맺고 이집트에는 기름을 조공으로 바친다." 호12:1 "아, 내가 정말 부자가 되었구나. 이제는 한 밑천 톡톡히 잡았다. 모두 내가 피땀을 흘려서 모은 재산이니, 누가 나더러 부정으로 재산을 모았다고 말하겠는가?" 호12:8

이렇게 이방 숭배자를 추구하도록 한 것은 호세아가 더욱 더 성적인 이미지와 더불어 맹렬하게 고발한 "음란의 영"이었다. "이스라엘이 세계 열방 사이에서 몸을 팔아서 도움을 구하였지만, 이제 내가 이스라엘을 한 곳에 모아서 심판하겠다. 이스라엘이 **외국 왕들과 통치자들의 억압에 짓눌려서 야윌 것이다.**" 호8:10, 강조는 첨가

신실함으로 돌아가는 것은 어떤 모습일 것인가? 사람들 앞에서 드러내는 경건은 아니다. "내가 바라는 것은 변함없는 사랑이지, 제사가 아니다. 불살라 바치는 제사보다는 너희가 나 하나님을 알기를 더 바란다." 호6:6 더 좋은 왕도 아니다. 호세아는 다른 나라와 같아지려는 이스라엘의 요구가 사울을

초대 왕으로 기름 부어 출범한 장소를 신랄하게 언급함으로써 그 개념을 발라내었다.호9:15 강한 국가를 닮는 것도 아니다. "앗시리아에게 우리를 살려 달라고 호소하지 않겠습니다. 군마를 의지하지도 않겠습니다." 호14:3

그렇다면 무엇이란 말인가? "너희는 하나님께로 돌아오너라. 사랑과 정의를 지키며, 너희 하나님에게만 희망을 두고 살아라." 호12:6 이것은 과연 무엇을 의미할 수 있을까? 호세아는 아모스가 제공한 것과 매우 유사한 답을 알려주었다. "나는, 너희가 이집트 땅에 살 때로부터 너희의 주 하나님이다. 내가 광야에서 너희를 찾아갔을 때에 너희가 장막에서 살았던 것처럼, 나는, 너희가 다시 장막에서 살게 하겠다." 호12:9 더 많은 장막, 더 적은 궁전. 이것은 **출애굽기**의 비전이다.

호세아는 중요한 인물이었다. 어떤 다른 저자보다도 앞서 그는 우리가 **출애굽기**에서 처음으로 읽었던 시내산 언약을 강조했고 야훼 예배와 바알 예배의 결합을 규탄했으며 군주제를 잘못된 전환이라고 지목했고 국제 무역을 위험한 것으로 알아보게 했다. 나중에 **이사야서, 예레미야서, 창세기, 로마서, 베드로전서**에서 인용된 말씀과 함께 호세아는 부가 아니라 소속감 때문에 많은 사람에게 매력적인 공동체를 비전화했다. "이스라엘 자손의 수가 바닷가의 모래처럼 많아져서, 얼마나 되는지, 아무도 되어 보거나 세어 볼 수 없을 때가 올 것이다. 그 때가 되면, 사람들이 너희를 '로암미'라고 부른 땅에서, '살아 계신 하나님의 자녀'라고 부를 것이다." 호1:9-10

에브라임은 민족 국가로서 사망했지만 호세아는 그 괴로운 시간이 "희망의 문" 호2:15이 될 것이라고 확신했다. 야훼의 다정한 사랑은 남아 있을 것이고 야훼의 언약은 지속할 것이다.

그 날에 너는 나를 '나의 남편'이라고 부르고, 다시는 '나의 주인'이라고 부르지 않을 것이다. … 그 날에는 내가 이스라엘 백성을 생각하고, 들짐승과 공중의 새와 땅의 벌레와 언약을 맺고, 활과 칼을 꺾어버리며 땅에서 전쟁을 없애어, 이스라엘 백성이 마음 놓고 살 수 있게 하겠다. 그 때에 내가 너를 영원히 아내로 맞아들이고, 너에게 정의와 공평으로 대하고, 너에게 변함없는 사랑과 긍휼을 보여 주고, 너를 아내로 삼겠다. 내가 너에게 성실한 마음으로 너와 결혼하겠다. 그러면 너는 나 주를 바로 알 것이다.호2:16-20

(4) 제1이사야서 1-39장

호세아와 같이 글을 쓰는 예언자인 이사야는 예루살렘에서 살았고 50년의 세월 동안 네 명의 왕을 위한 고문으로 섬겼다. 그는 유다 왕족의 일원이었던 것으로 믿어진다. 그의 글은 **이사야서**의 첫째 부분 1-39장에서 발견된다.

그는 엄청난 격동의 해를 수년 간 살았다. 에브라임과 아람은 이사야가 아하스 왕에게 조언할 즈음 유다를 침공해 격파했다. 아람은 많은 포로들을 사로잡아 다마스쿠스로 데려 갔다.대하28:5 유다는 두려움에 떨며 아시리아 제국으로부터 보호를 찾는 쪽으로 내몰렸다. 아시리아 제국은 그 후에 에브라임과 아람에 대해 분노를 표시했다. 이어지는 10년 동안의 전쟁에서 많은 에브라임 사람들은 피난민으로서 유다로 도피했다. 아하스의 아들 히스기야는 아시리아에 예속된 유다의 속국 상태를 끝내려고 노력했으나 아시리아의 보복을 격발시켰을 뿐이고 그 결과는 예루살렘 바깥에 있는 유다 성읍들의 파괴였고 그 전후의 어느 때보다 더 많은 히브리 사람들의 유배였다. 우리는 이사야서 맨 처음 9절까지 이 사건들과 연관된 이사야의 슬픔을 읽는다.

이사야는 에브라임과 아람에 의해 초래된 위기는 10년 안에 사라질 것이라고 예언함으로써 아하스를 설득해서 아시리아의 속국이 되고 아시리아로부터 보호를 구하는 것을 단념시키려고 노력했지만 성공하지 못했다. "처녀가 잉태하여 아들을 낳을 것이며 … 그 아이가 잘못된 것을 거절하고 옳은 것을 선택할 나이가 될 때에" 사7:14-15 유다를 위협하는 그 두 나라는 스스로 황폐해질 것이다. 40년 후에 히스기야가 유다를 아시리아의 예속과 예루살렘을 포위한 아시리아 군대로부터 해방하려고 노력할 때 이사야는 히스기야를 설득해서 그 도시를 넘겨주지 않도록 함으로써 더 많은 성공을 거두었다.왕하19:20-34

때때로 이사야는 예전의 예언자 같은 소리를 들려주었다. 예를 들면 그는 유다의 고민을 해결하는 방법으로 드리는 "많은 기도"를 폄하했고 그 대신에 윤리적 변혁을 지목했다. "너희는 씻어라. 스스로 정결하게 하여라. 내가 보는 앞에서 너희의 악한 행실을 버려라. 악한 일을 그치고, 옳은 일 하는 것을 배워라. 정의를 찾아라. 억압받는 사람을 도와주라. 고아의 송사를 변호하여 주고 과부의 송사를 변론하여 주라." 사1:15-17 아모스처럼 그는 경제적 힘을 사용해서 가난한 사람을 이용하는 자들사3:14-15과 이로부터 냉정하게 이익을 얻는 자들사5:8-12을 규탄했다. 호세아처럼 그는 청중에게 "주님을 기다리겠다. … 주님을 의지하겠다" 사8:17는 촉구로 다그쳤다. 또한 호세아처럼 그가 이해하는 야훼의 목적은 다른 나라와 백성에게도 미쳤다. "만군의 주님께서 이 세상 모든 민족을 여기 시온 산으로 부르셔서, … 기름진 것들과 오래된 포도주, 제일 좋은 살코기와 잘 익은 포도주로 잔치를 베푸실 것이다. 또 주님께서 이 산에서 모든 백성이 걸친 수의를 찢어서 벗기시고, … 주님께서 죽음을 영원히 멸하신다." 사25:6-8

그는 비뚤어진 윤리학을 고전적으로 규정하는 것이 되어버린 유명한 정의를 분명하게 표현했다. "악한 것을 선하다고 하고 선한 것을 악하다고 하는 자들, 어둠을 빛이라고 하고 빛을 어둠이라고 하며, 쓴 것을 달다고 하고 단 것을 쓰다고 하는 자들에게, 재앙이 닥친다!" 사5:20

　　이사야는 전임자들 이상으로 미래를 보았다. 그는 예루살렘이 비천하게 될 것이며 왕족은 바빌론 포로로 잡혀간다고 예언했다.사1:21-31 그는 아주 많은 본문에서 유다를 통치하고 백성을 야훼에 대한 순종으로 이끌어가기 위해 "이새의 줄기에서 한 싹이 나는" "그 날"을 내다보았다.사11:1 그 날에 이 "이새의 뿌리는 만민의 깃발로 세워질 것이며 민족들이 그를 찾아 모여들 것이다." 사11:10 그 날은 "그의 왕권은 점점 더 커지고 나라의 평화도 끝없이 이어질" 때가 될 것이다." 사9:7 이사야에게 야훼는 예루살렘에, "시온산에" 사8:18 계셨다. 그 날에 예루살렘은 오실 왕의 정의로 "구속함"을 받을 것이다.사1:27 "달은 볼 낯이 없어 하고, 해는 부끄러워할 것이다. 주님께서 시온산에 앉으셔서 예루살렘을 다스릴 것이다." 사24:23

　　이사야서의 본문은 "그 날"에 도래할 평화와 정의의 강렬한 이미지로 가장 잘 알려져 있다. 크리스마스 때마다 그리스도인들은 마음을 뒤흔드는 본문 2:2-4, 9:1-7, 11:1-9를 읽는다. 유대인들도 역시 그 본문을 이와 비슷한 본문 즉 유배된 포로의 귀환(11:11-12), 유다와 에브라임의 통일 회복(11:13), 고통의 종료(25:7-8), 전 세계가 공유하는 야훼의 축복(27:6), 야훼와의 신실한 애정 관계(30:19-26)를 함께 읽는다. 아름다운 산문과 시를 통해 이사야서는 "가난한 사람들을 공의로 재판하고 세상에서 억눌린 사람들을 바르게 논죄"하는 왕의 메시아적 비전을 그려낸다. 이것은 폭력 없는 왕이고 그분의 강력은 "그가 하는 말이 몽둥이가 되는" 것사11:4, 그가 하는 말의 권능에 있다.

　　그러나 이사야의 비전은 우리를 아모스의 "다윗의 초막"으로도, 호세아의 광야 장막으로도 데려가지 않는다. 그의 비전의 모든 범위를 고려할 때

이사야는 세상을 향한 야훼의 의도인즉 의로운 왕이 지도하는 민족 국가에 헌신하는 것으로 남았다. 우리는 이것을 오실 왕에 관한 그의 성경 본문 사 9:1-7, 32:1-8과 제국 나라를 참조점로 사용하는 그의 놀라운 언급에서 본다. "그 날이 오면, 이스라엘과 이집트와 앗시리아, 이 세 나라가 이 세상 모든 나라에 복을 주게 될 것이다. 만군의 주님께서 이 세 나라에 복을 주며 이르시기를 '나의 백성 이집트야, 나의 손으로 지은 앗시리아야, 나의 소유 이스라엘아, 복을 받아라' 하실 것이다." 사19:19-25

마지막까지 이사야는 바른 왕과 함께 **야훼는 유다 국가를 이집트와 아시리아처럼 위대하게 만들 것**이라는 확신을 간직했다. 예루살렘에 살고 그 엘리트층의 일원이었으며 또한 그 왕들의 고문으로서 문화를 변용하는 일에 충실하게 이것은 이사야가 자신의 삶을 쏟은 다윗-솔로몬의 세계관이었다.

(5) 미가서

이사야와 동시대인인 이 사람은 유다의 남서쪽 구석의 작은 마을에서 말했다. **미가의 책은 예루살렘의 엘리트 환경 밖에서 유다에게 말하는 남쪽 예언자에 의한 유일한 성경책이다.** 그는 오실 메시아의 희망을 처음으로 분명하게 표현했는지는 명확하지 않다. 이사야는 자주 그렇다고 여겨졌다. 그러나 미가도 역시 "그 날"이 다가오고 있는 것을 보았다. "너 베들레헴 에브라다야, … 이스라엘을 다스릴 자가 네게서 내게로 나올 것이다. … 그리고 그는 그들에게 '평화'를 가져다 줄 것이다." 미5:2-5

이사야서의 2장에 사용된 언어로 미가는 정복과 무력에 의해서가 아니라 매력의 힘으로 모든 민족에 미치는 야훼의 축복을 기술했다. "그 날이 오면, 주님의 성전이 서 있는 주님의 산이 산들 가운데서 가장 높이 솟아서, 우뚝 설 것이다. … 민족마다 오면서 이르기를 '자, 가자. 우리 모두 주님의 산으로 올라가자. … 주님께서 우리에게 주님의 길을 가르치실 것이니, 주님께서 가르치시는 길을 따르자' 할 것이다." 미4:1-2

그럼에도 불구하고 미가는 이사야와 아주 달랐다. 그는 시골 사람이었고 왕가에 잘 알려져 있지 않았고 연결되어 있지 않았다. 그는 도시 중심의 권력에 매우 비판적이었다. "야곱의 죄가 무엇이냐? 사마리아가 아니더냐? 유다의 산당이 무엇이냐? 예루살렘이 아니더냐?" 미1:5

아시리아의 유다 침공에 대한 그의 견해는 세 번째의 뚜렷한 차이점이었다. 이사야는 히스기야 왕과 함께하는 사람으로서 예루살렘의 성벽 안에서 적국의 포위 공격의 기적 같은 포기를 통해 그 침공을 경험했다. 미가는 시골에서 그 침공을 경험했다. 아시리아 군대가 46개의 성읍을 파괴한 일, 수많은 사람을 죽인 일, 시골 인구가 높은 비율을 차지하는 200,000명을 노예로 삼아 추방한 일은 시골에서 일어났다. 멀리 떨어진 곳에서 그는 예루살렘이 멀쩡하게 살아남은 것을 보았고 제국의 속국이 된 왕을 위시해 아시리아 군과 신을 위해서뿐만 아니라 왕가와 궁정의 호화로운 생활양식을 지원하고자 시골 사람들로부터 세금을 거두는 것을 보았다.

미가는 성읍이 파괴되고 사는 사람이 거의 없어 땅이 텅 빈 것을 슬퍼했기 때문에 일찍이 자신의 입장을 성경 본문에서 드러내었다. 미1:8-16 그는 아시리아의 재앙에 대해 예루살렘과 그 통치자들과 예언자들을 탓했다. 예루살렘에는 "틀리는 저울과 추로" "속여서 모은 보물"이 있고 "도성에 사는 부자들은 폭력배들이다. 백성들은 거짓말쟁이들이다. 그들의 혀는 속이는 말만 한다." 미6:10-12 그 도성은 "오므리의 율례를 따르고" 지금은 파괴되고 없는 에브라임의 변절자 왕들과 "아합 집의 모든 행위를 본받는다." 미6:16

유다의 통치자들은 "선한 것을 미워하고 악한 것을 사랑한다." 미3:1-2 우리는 미가가 히스기야와 이사야를 그의 기소 대상에 포함한 것을 감지한다.

예언자라는 자들이 나의 백성을 속이고 있다. 입에 먹을 것을 물려주면 평화를 외치고, 먹을 것을 주지 아니하면 전쟁이 다가온다고 협박한다. … 이스라엘 집의 지도자들아, 곧 정의를 미워하고, 올바른 것을 모두 그릇되게 하는 자들아, 나의 말을 들어라. 너희는 백성을 죽이고서, 그 위에 시온을 세우고, 죄악으로 터를 닦고서, 그 위에 예루살렘을 세웠다. 이 도성의 지도자들은 뇌물을 받고서야 다스리며, 제사장들은 삯을 받고서야 율법을 가르치며, 예언자들은 돈을 받고서야 계시를 밝힌다. 그러면서도, 이런 자들은 하나같이 주님께서 자기들과 함께 계신다고 큰소리를 친다. "주님께서 우리와 함께 계시니, 우리에게 재앙이 닥치지 않는다"고 말한다." 미3:5-11

아시리아의 포위 공격에서 살아남았다는 예루살렘의 생존 경험이 모든 이의 기억에 아직 생생한데도 미가는 이사야의 예언을 훨씬 넘어간 경악스러운 예언을 했다. "시온이 밭 갈듯 뒤엎어질 것이며, 예루살렘이 폐허더미가 되고, 성전이 서 있는 이 산은 수풀만이 무성한 언덕이 되고 말 것이다." 미3:12

미가는 그 백성들에게 무엇을 하라고 요구했는가? 개괄적으로 말해서 단지 이것뿐이다. 즉 "너 사람아, 무엇이 착한 일인지를 주님께서 이미 말씀하셨다. 주님께서 너에게 요구하시는 것이 무엇인지도 이미 말씀하셨다. 오로지 공의를 실천하며 인자를 사랑하며 겸손히 네 하나님과 함께 행하는 것이 아니냐!" 미6:8 그들은 어떻게 스스로를 준비해야 하는가? 미가는 미래의 지도자에 대해 "그의 기원은 아득한 옛날 태초에까지 거슬러 올라가고 그가 주님께서 주신 능력을 가지고 서서 그의 떼를 먹일 것이라"고 말했다. 미5:2-5 이것은 뿌리를 지닌 유기적 리더십의 스타일을 시사하거니와 이는 왕의 시대 이전으로부터 야훼가 시내산에서 백성들과 언약하고 "모세, 아론, 그리

고 미리암"에 의한 리더십을 제공한 때로 돌아간다.미6:4

이사야와 달리 미가는 결코 다윗이나 그 왕가를 언급하지 않았다. 그는 그런 종류의 하향식 리더십을 믿지 않았다. 그렇다면 누군가가 공격했을 때 누가 그들을 보호할 것인가? 미가는 대답했다. "앗시리아 사람이 우리 땅을 침략하여, 우리의 방어망을 뚫고 들어올 때에, 우리는 일곱 목자, 여덟 장군들을 보내서, 침략자들과 싸우게 할 것이다. … 그가 우리를 앗시리아 군대의 손에서 구원하여 낼 것이다."미5:5-6

민족들의 순례에 대한 그의 기술은 이사야의 글에서도 나타나는 구절인데 야훼가 계시는 예루살렘 성전의 중심성을 보유하고 있다. "율법이 시온에서 나오며, 주님의 말씀이 예루살렘에서 나온다."미4:2 이는 일반적으로 예루살렘과 성전을 매우 부정적으로 말하는 성경 본문에서 볼 때 놀라운 일이다.

하지만 미가는 여기에다 도래할 그 날의 이미지를 주의 깊게 추가하여 **이사야서의 본문과 구별시켰다**. 미가는 "칼을 쳐서 보습을 만들고 창을 쳐서 낫을 만들" 민족들과 열강을 언급한 후에 "**사람마다** 자기 포도나무와 무화과나무 아래 앉아서, 평화롭게 살 것이다. 사람마다 아무런 위협을 받지 않으면서 살 것이다."미4:4, 강조는 첨가 이것은 시골 마을의 평등주의와 탈중앙적 권력에 의해 특징지어지는 정치 공동체의 이미지이다. 이것은 성전을 예루살렘에 가지고 있을지 모르지만 왕은 가지고 있지 않다.

자신의 포도나무와 무화과나무 아래 평화롭게 앉아 있는 이미지는 아시리아의 랍사게가 히스기야에게 예루살렘을 아시리아 군에게 넘겨줄 것을 요구했을 때 사용한 것으로 보고된 바 있다.왕하18:31 서로 다른 두 사람이 동일한 이미지를 사용한 것은 놀라운 일이다. 이런 일은 이스라엘 백성을 보호하는 자로서 다윗 왕가를 받아들이지 못하는 미가를 불신해서 편집자가 한 일이었을까? 확실히 이것은 지나친 추측일 것이다.

그러나 아시리아 침공 이야기를 어떻게 말해야 하고 그들의 정치 공동체의 미래 형태가 무엇이어야 하는지에 대해서 유다 내에서 극심한 불일치가 있다고 추론하는 것은 결코 추측이 아니다. 미가가 서 있는 자리에서 보면 아시리아에 의한 위기는 야훼의 구원에서 끝난 것이 아니라 **야훼의 심판에서 끝났다.** 따라서 그는 이스라엘이 다른 나라의 정치 모델을 따르는 것을 멈추기를 원했다. 즉 스스로를 조직하고 지배하는 이스라엘의 방식은 이스라엘의 신처럼 뚜렷한 차이가 있어야만 한다.

(6) 스바냐서

60년 후 므낫세 왕의 오랜 통치가 끝나고 어린 왕 요시야가 통치 초기에 아시리아 제국을 받아들인 때에 이 예언자는 예루살렘에서 유다 백성에게 글을 썼다. 왕의 사촌이자 예루살렘 엘리트의 일원으로서 스바냐는 아시리아 제국과의 "화평"을 이루고자 유다가 므낫세 시절에 행한 종류의 타협을 아주 가까이서 보았다.

스바냐는 야훼의 메시지를 분명하게 표현했다. "주님께서 심판하시는 날이 다가왔다." 습1:7 "주님께서 심판하실 그 무서운 날이 다가온다. 득달같이 다가온다. 들어라! 주님의 날에 부르짖는 저 비탄의 소리. … 그 날은 주님께서 분노하시는 날이다. 환난과 고통을 겪는 날, 무너지고 부서지는 날이다." 습1:14-15 그는 이방 신의 예배를 자신의 특별한 관심사로 확인했다. "내가 이 곳에 남아 있는 바알 신상을 없애고, 이방 제사장을 부르는 그마림이란 이름도 뿌리 뽑겠다. 지붕에서 하늘의 뭇 별을 섬기는 자들, 주에게 맹세하고 주를 섬기면서도 **밀곰을 두고 맹세하는** 자들을 내가 없애 버리겠다." 습1:4-5, 강조는 첨가 그러나 스바냐는 역시 희망을 주는 말도 했다.

> 나를 기다려라. 나 주의 말이다. 내가 증인으로 나설 날까지 기다려
> 라.… 온 땅이 내 질투의 불에 타 없어질 것이다. 그 때에는 내가 뭇 백성
> 의 입술을 깨끗하게 할 것이다. … 그 때에 내가 거만 떨며 자랑을 일삼
> 던 자를 이 도성에서 없애 버리겠다. 네가 다시는 나의 거룩한 산에서
> 거만 떨지 않을 것이다. 그러나 내가 이 도성 안에 주의 이름을 의지하
> 는 온순하고 겸손한 사람들을 남길 것이다. 이스라엘에 살아남은 자는
> 나쁜 일을 하지 않고, 거짓말도 하지 않을 것이다. 습3:8-13

스바냐는 온 땅이 파괴될 것이라는 뜻으로 말한 것이 아니라 그것은 야훼
의 불타는 질투에 의해서 **변혁되고 정화될** 것이라는 것을 뜻했다. 그 때에
는 "흩어 보낸 사람들" 습3:10이 돌아올 것이다. 그 때에는 "너는 부끄러워하
지 않아도 될 것이다." 습3:11 그 때에는 "아무도 그들을 위협하지 못할 것이
다." 습3:13

젊은 요시야의 31년 동안의 통치에서 첫 십년간은 예루살렘의 엘리트 계
층이 다스렸고 요시야는 허수아비에 불과했다. 아마도 이것이 스바냐가 왕
주위의 사람들 즉 대신, 재판관, 예언자, 제사장들의 부패에 집중한 이유일
것이다. 습3:3-4 그럼에도 불구하고 야훼의 미래 날에 대한 그의 비전에서 스
바냐는 다윗 가문을 보지 않았다. 그 대신에 그는 야훼가 "이스라엘의 왕" 습
3:15이 될 것이라고 말했다. 이 점에서 스바냐의 비전은 이사야의 것보다 미
가의 것에 더욱 가까웠다.

스바냐의 우상 숭배 규탄을 **단지 종교적 메시지로 지각하는 일은 손쉬운
일이다. 다시 말해서 한분이신 하나님 이외의 신들을 예배함으로써 백성들

은 엉망이 되었다는 것이다. 그러나 적절한 맥락을 부여하면 스바냐의 메시지는 정치적 현실에 대하여 분명한 말을 하는 것이다. 즉 제국의 승인을 얻는 것은 제국의 신들의 수용을 요구한다. 제국은 우리가 야훼를 예배하는 것을 허용하지만 **역시** 그것은 야훼의 요구와는 정반대되는 것을 요구하는 신들에게 무릎을 꿇는 것을 우격다짐할 것이다. 이러한 방식으로 **스바냐서는** 우리에게 **호세아서를** 생각나게 한다. 그 각각은 다수의 신들을 예배함으로써 제국에 동화되는 것을 고발했다.

(7) 나훔서

이 성경책을 읽기 전에 아시리아 제국이 에브라임과 유다에 끼친 엄청난 해악을 상기하는 것이 중요하다. 그것은 국가로서의 에브라임 존재를 끝냈고 그 인구 일부를 유배했다. 20년 후에 그것은 유다의 중간 규모 도시들을 파괴했고 예루살렘 밖에서 살았던 많은 인구를 유배했다. 나훔은 이러한 사건들을 상기했다. "기병대가 습격하여 온다. 칼에 불이 난다. 창은 번개처럼 번쩍인다. 떼죽음, 높게 쌓인 시체 더미, 셀 수도 없는 시체. 사람이 시체 더미에 걸려서 넘어진다." 나3:3

나훔은 누구였던가? 우리는 그가 북왕국에 살았던 사람의 후손이었다고 합리적으로 추정할 수 있다. 그는 비통하고 원통한 죽음과 유배의 이야기를 들었던 사람이 지닌 격한 감정으로 말했다. 그리고 그는 "바산과 갈멜" 즉 에브라임의 북쪽 지역을 언급했다.

바빌론의 무력은 아시리아의 수도 니느웨를 기원전 612년에 파괴했다. 이집트의 도움으로 아시리아는 다른 수년을 버텼지만 그 여명은 한정되었다. 나훔은 니느웨의 파멸을 크게 기뻐했고 그 놀라운 패배를 야훼의 덕분으로 돌렸다. 따라서 이 책은 **한때 난공불락이라고 생각된 제국의 파멸을 가져**

온 바로 이 신의 본성에 대한 성찰을 지체 없이 제기한다.

나훔은 자신의 이해를 이렇게 분명히 표현했다. "주님은 좀처럼 노하지 않으시고 권능도 한없이 많으시지만, 주님은 절대로, 죄를 벌하지 않은 채 내버려 두지는 않으신다." 나1:3 또한 이렇게 표현했다. "내가 너를 치겠다. 나만군의 주의 말이다. 네 병거를 불살라서 연기와 함께 사라지게 하겠다. 너의 새끼 사자들은 칼을 맞고 죽을 것이다. 이 세상에 네 먹이를 남겨 놓지 않겠다. 네가 보낸 전령의 전갈이 다시는 들리지 않을 것이다." 나2:13 나훔에 의해 묘사된 바와 같이 **야훼는 거리를 두는 초연한 존재가 아니라 참여적인 동지**이려니와 제국의 폭력, 기만, 억압을 끝내는 일에 헌신하는 동지이다. "피의 도성! 거짓말과 강포가 가득하며 노략질을 그치지 않는 도성! … **내가 너를 치겠다.**" 나3:1, 5 강조는 첨가

나훔이 드러내어 강조한 것은 폭력만이 아니다. 그는 또한 아시리아 제국의 삶의 방식의 다른 측면을 지목했다. 따라서 그는 "뭇 음행" 나3:4과 "하늘의 별보다 더 많은 상인들"과 "메뚜기 떼처럼 많은 관리들" 나3:16-17을 고발했다. 니느웨의 파멸은 좋은 소식이었다고 나훔은 주장했다. "유다야, 네 절기를 지키고, 네 서원을 갚아라. 악한 자들이 완전히 사라졌으니, 다시는 너를 치러 오지 못한다." 나1:15

야훼의 자비로움은 어떤가? 이에 대해서 언급되지 않는다. 나훔이 아시리아인들을 아우르는 야훼의 자비를 이해했는지에 대해서 우리는 말할 수 없다. 어쨌든 자비의 때는 지나갔다. 아시리아가 택한 길은 자신이 도달한 비통한 종말로 끝을 맺었다.

(8) 하박국서

기원전 609년에 이집트 군대의 손에 의해 에너지 넘치는 요시야 왕이 때

에 맞지 않게 죽자 유다는 이집트와 바빌론 즉 갈대아 사람들 간의 제국 투쟁의 볼모가 되었다. 수십 년간 낙담한 세월을 보내는 동안 유다는 이집트의 속국이 되고 그 다음 바빌론의 속국이 되었다가 다시 이집트의 속국이 되고 다시 바빌론의 속국이 되었다. 하박국은 이 기간 초기에 아마도 기원전 605년에 예루살렘에서 글을 썼을 것이다.

하박국의 책은 이전 예언자들보다 덜 격정적이고 더 철학적이다. 마치 그는 이 모든 것이 어디로 향하는지를 아는 것 같다. "이제 내가 바빌로니아 사람을 일으키겠다. 그들은 사납고 성급한 민족이어서, 천하를 주름 잡고 돌아다니며, 남들이 사는 곳을 제 것처럼 차지할 것이다." 합1:6 최종적으로 그들이 유다를 다스릴 것이다.

하박국은 야훼에게 제기된 어려운 문제들로 자신의 본문을 구조화했다. "살려 달라고 부르짖어도 듣지 않으시고, '폭력이다!' 하고 외쳐도 구해 주지 않으시니, 주님, 언제까지 그러실 겁니까?" 합1:2 뒤에 가서 하박국은 묻는다. "주님께서는 어찌하여 배신자들을 보고만 계십니까? 악한 민족이 착한 백성을 삼키어도, 조용히만 계십니까?" 합1:13 그는 제국 정부의 환관으로 삼기 위해 바빌론으로 잡아간 젊은 사람들을 언급하는 있을 법한 이야기에서 유비를 사용하여 유다의 역경을 기술했다. "주님께서 백성들을 바다의 고기처럼 만드시고 … 악한 대적이 낚시로 백성을 모두 낚아 올리며, 그물로 백성을 사로잡아 올리며, 쟁이로 끌어 모으고는, 좋아서 날뜁니다. … 그가 그물을 떨고 나서, 곧 이어 무자비하게 뭇 백성을 죽이는데, 그가 이렇게 해도 되는 것입니까?" 합1:14-17

야훼는 응답하여 말한다. "너희는 민족들을 눈여겨 보아라. 놀라고 질겁할 일이 벌어질 것이다. 너희가 살아 있는 동안에, 내가 그 일을 벌이겠다. 너희가 듣고도, 도저히 믿지 못할 일을 벌이겠다." 합1:5 이 성경책은 2장에서 야훼로부터 오는 더 많은 것을 제시한다. "이 묵시는, 정한 때가 되어야 이루어진다. … 반드시 오고야 만다. 늦어지지 않을 것이다. 마음이 한껏 부푼 교만한 자를 보아라. 그는 정직하지 못하다. 그러나 의인은 믿음으로 산다." 합 2:3-5 이 마지막 문장은 신약 저자들이 총애하는 구절이 되었다.

정직하지 못한 영을 가진 이 "교만한" 자들은 누구였는가? 하박국은 먼저 손가락으로 예루살렘 엘리트를 가리키면서 고발했다. "남의 것을 긁어 모아 네 것을 삼은 자야, 너는 망한다! … 빼앗은 것으로 부자가 된 자야, 네가 언제까지 그럴 것이냐?" 그러나 이어서 그는 또한 이집트와 바빌론을 가리켰다. "네가 수많은 민족을 털었다." 합2:6-8 그는 그 동일한 지배의 영을 모든 것에 활력을 불어넣는 것으로 본 것 같다. "주의 오른손에 들린 심판의 잔이 네게 이를 것이다. 더러운 욕이 네 영광을 가릴 것이다." 합2:16 이러한 결과는 확실한 것이었다. 왜냐하면 하박국은 "바다에 물이 가득하듯이, 주의 영광을 아는 지식이 땅 위에 가득할 것이다" 합2:14하고 말했기 때문이다.

이 성경책은 야훼가 민족들 사이에 약속한 그 놀라운 "일"에 관한 자세한 내용을 바라는 소망을 우리에게 남겨준다.

> 그 소리를 듣고 나의 창자가 뒤틀린다. 그 소리에 나의 입술이 떨린다. 나의 뼈가 속에서부터 썩어 들어간다. 나의 다리가 후들거린다. 그러나 나는, 우리를 침략한 백성이 재난당할 날을 참고 기다리겠다. 무화과나무에 과일이 없고 포도나무에 열매가 없을지라도, 올리브 나무에서 딸 것이 없고 밭에서 거두어들일 것이 없을지라도, 우리에 양이 없고 외양간에 소가 없을지라도, 나는 주님 안에서 즐거워하련다. 나를 구원하신 하나님 안에서 기뻐하련다. 합3:16-18

(9) 예레미야서

많은 사람들에 의해 가장 위대한 예언자라고 간주된 예레미야는 예루살렘이 멸망되기 이전의 이스라엘 예언자 명단에서 마지막 자리를 채운다.

기원전 650년경에 제사장의 아들로 태어난 예레미야는 아직 20대 초반이었지만 "뭇 민족에게 보낼 예언자"로 세우는 하나님의 부르심을 들었다.렘1:5-6 야훼는 그 앞에 거대한 과제를 내놓는다. "보아라. 오늘 내가 뭇 민족과 나라들 위에 너를 세우고, 네가 그것들을 뽑으며 허물며, 멸망시키며, 파괴하며, 세우며, 심게 하였다." 렘1:10 야훼는 예레미야가 다음과 같이 기대해야 한다고 했다. "내가 오늘 너를, 쇠기둥과 놋성벽으로 만들어서, … 유다의 왕들과 관리들에게 맞서고, 제사장들에게 맞서고, 이 땅의 백성에게 맞서게 하겠다. 그들이 너에게 맞서서 덤벼들겠지만, 너를 이기지는 못할 것이다. 내가 너를 보호하려고 너와 함께 있기 때문이다." 렘1:18-19

예레미야는 예루살렘 근교의 아나돗 마을에 살고 있었을 때 요시야 왕 13년 즉 기원전 626년에 야훼의 부르심을 들었다. 그의 소명 초기에 예레미야는 "율법책의 발견" 왕하22:3-12에 따른 종교개혁을 시행하는 것을 도왔다. 그는 유다의 북쪽으로 가서 에브라임의 과거 땅을 여행하면서 회개를 촉구하고 백성들에게 예루살렘의 종교 절기 축제에 참여할 것을 독려했다.렘3:11-14 그는 동일한 메시지를 예루살렘과 유다의 여러 성읍에 전했다.렘11:1-8 그는 "율법책"을 이용해서 역사, 전설, 전통, 예언과 이데올로기의 요소들을 결합하는 일곱 권의 성경책으로 만들어진 확장 서사를 구성하는 일에 적극적이었다.

기원전 609년 요시야 왕이 죽은 무렵에 예레미야는 예루살렘으로 옮겨가 거기서 공적 인사가 되었다. 그는 요시야를 애도하는 공적 행사에 참여했다.대하35:25 그는 새로운 왕 여호야김의 왕궁에 가서 그에게 "정의를 실천하라"고 촉구했다. 그는 왕이 "이 명령을 철저히 실천하면" 다윗 가문의 왕들이 이 왕궁을 계속 점유할 것이라고 말했다.렘22:1-5

그러나 그는 곧바로 공개적인 반체제 목소리를 내기 시작했다. 새로운 왕이 이집트의 속국이 되기로 한 결정을 비판했다.렘2:18, 36 그리고 성전의 뜰에 서서 무리들에게 이렇게 말했다. "너희가, 내가 너희에게 준 법에 따라서 순종하여 살지 않으면, 내가 거듭하여 보내고 너희에게 서둘러서 보낸 내 종 예언자들의 말을 너희가 듣지 않으면, 내가 이 성전을 실로처럼 만들어 버리고, 이 도성을 세상 만민의 저줏거리가 되게 하겠다." 렘26:1-6 성전 제사장과 예언자들은 즉각 그의 사형을 요구했다. 왜냐하면, 예레미야는 "이 도성이 멸망한다고 예언을 하였" 기 때문이다.렘26:11 그는 장로들에 의해 구출되었다. 이때 장로들은, 예레미야와 비슷한 예언을 했지만 그런 미가를 죽이지 않았던 사례를 상기시켰다.

예레미야가 요시야의 종교개혁에 참여했다는 사실에 비추어 볼 때 우리는 그가 유다의 미래에 대해 어떤 적극적 소리를 낼 것이라고 기대한다. 과연 예레미야는 여호야김의 통치 초기에 유다 운명의 변화를 희망한 것처럼 보인다. 이 시기의 성경 본문은 조건부로 말한다. "너희가 이제 나의 말에 잘 순종해서 …." 렘17:24 "너희는 어서 돌이키고 너희의 행동과 행실을 고치라." 렘18:11 예레미야는 자신의 유명한 성전설교를 준비했을 때 야훼가 백성들이 "그 말을 듣고서 각자 자신의 악한 길에서 돌아설 수도" 있다면 "그들에게 내리기로 작정한 재앙을 거둘 것이다" 고 하는 것을 이해했다.렘26:3

그 발언 내용은 **예레미야서** 7장에 기록되어 있다. 그것은 100년 전 히스기야 치하에서 예루살렘이 기적적으로 피했던 일에서 느낀 허위 안보 의식에 도전하는것이었다. 그들은 이 피함이 야훼가 예루살렘 성전에 계셨다는 데 기인한 것으로 돌렸다.

"이것이 주님의 성전이다, 주님의 성전이다, 주님의 성전이다" 하고 속이는 말을, 너희는 의지하지 말아라. 너희가, 모든 생활과 행실을 참으로 바르게 고치고, 참으로 이웃끼리 서로 정직하게 살면서, 나그네와 고아와 과부를 억압하지 않고, 이곳에서 죄 없는 사람을 살해하지 않고, 다른 신들을 섬겨 스스로 재앙을 불러들이지 않으면, **그때는** 내가 너희 조상에게 영원무궁 하도록 준 이 땅, 바로 이곳에서 너희가 머물러 살도록 하겠다." 렘7:4-7

그들이 자신의 길을 고치지 못한다면 예레미야는 말하기를, "내 이름으로 불리며 너희가 의지하는 이 성전"은 황폐해질 것이다. 그리고 "내가 너희의 모든 친척 곧 에브라임 자손 모두를 내 앞에서 쫓아 버렸던 것과 똑같이, 너희도 내 앞에서 멀리 쫓아 버리겠다." 렘7:14-15

그러나 뒤에 가서 예레미야의 메시지는 이전보다 덜 개방적인 결말을 담은 어투로 말했다. 19장은 우리에게 야훼가 예레미야에게 도벳에 가라고 말했다고 알려준다. 예루살렘 가까이 있는 그곳은 아이를 제물로 가나안 신 특히 몰렉에게 오랫동안 바친 장소이다. 예레미야는 그 주위에 사람들이 모여 있는 거기서 유다 백성은 "이 곳을 죄 없는 사람들의 피로 가득 채워 놓았고 그리고 그들은 제 자식들을 바알에게 번제물로 불살라 바치려고, 바알의 산당들을 세웠다"고 말했다. 렘19:4-5 이렇게 하고 나서 그는 토기 항아리를 깨뜨리고 말했다. "주가 말한다. 토기 그릇은 한번 깨지면 다시 원상태로 쓸 수 없다. 나도 이 백성과 이 도성을 토기 그릇처럼 깨뜨려 버리겠다." 렘19:11

예루살렘의 제사장들은 예레미야를 싫어했다. 부분적인 이유는 그가 제사의 가치를 경시했기 때문이다. 렘7:22-23 그리고 예레미야가 성전의 뜰에 서서 토기 항아리 설교를 반복했을 때 최고 제사장 대행은 그를 때리고 차꼬를 채워 가두었다. 다음 날 예레미야는 명백하게 말했다.

> 주님께서 나에게 이렇게 말씀하셨소. … 내가 유다 백성을 모두 바빌로
> 니아 왕의 손에 넘겨주면, 그 왕은 백성을 더러는 바빌로니아로 사로잡
> 아가고, 더러는 칼로 죽일 것이다. 또 내가 이 도성의 모든 재물과 그 모
> 든 재산과 그 모든 귀중품과 유다 왕들의 모든 보물을 원수의 손에 넘겨
> 주어서, 그들이 모두 약탈하고 탈취하여, 바빌로니아로 가져가게 하겠
> 다. 렘20:4-5

성전 경비에 의해 풀려났지만 예레미야는 성전 경내에 들어가는 것이 금
지되었다. 렘36:5 그래서 예레미야는 여호야김 왕 4년에 자신의 메시지를 백
성에게 전할 다른 방법을 찾아냈다. 그의 서기관 바룩이 연설 두루마리를 준
비하고 많은 사람이 있는 날에 성전 뜰에서 봉독하는 것이었다. 렘36:7 여기에
는 **예레미야서** 첫 12개장이 아마도 포함되었을 것이다. 바룩이 왕의 대신들
을 위해 사적으로 낭독하는 것뿐만 아니라 공개적으로 낭독하는 것까지 끝
낸 후에 그 두루마리는 여호야김에게 낭독되었다. 하지만 여호야김은 즉각
두루마리를 잘라서 불에 태웠다. 렘36:23

바빌로니아의 군대가 카르케미시에서 이집트 군대를 격파한 것은 대략
이와 동일한 시기인 기원전 605년이었다. 이로 말미암아 여호야김은 바빌로
니아의 속국이 되었다. 이 일은 조공을 바치고 많은 왕족과 다니엘과 그의 세
친구를 포함한 귀족을 바빌로니아의 느부갓네살 정부에 봉사하기 위해 보내
는 것을 수반했다.

이러한 사건들과 함께 예레미야는 주사위는 던져졌다고 믿었다. 유다 백
성은 바빌로니아인의 손에 넘겨진 심판을 피할 수 없을 것이다. **야훼는 바빌**

로니아가 승리하기를 원했다. "내가 직접 너희를 공격하겠다. 내가 팔을 들고, 나의 손과 강한 팔로 너희를 치고," 렘21:5 여호야김이 두루마리를 불에 태운 후 예레미야는 바빌로니아의 유다 멸망은 "틀림없이" 온다고 말했다.렘36:29 25장에서 그는 이 확신을 상세히 기술했다. 그는 유다 백성에 대한 자신의 진정성과 사랑을 증거로 삼아 그들에게 항복할 것을 촉구했다. 저항은 자살 행위가 될 것이었다.

이 문제는 여호야김의 후반 수년 동안 내내 논란거리였다. 왕이 동맹국을 이집트에서 바빌로니아로 그리고 다시 이집트로 갈아탔기 때문이고 바빌로니아가 기원전 597년에 예루살렘을 포위 공격한 후로는 더욱 더 그랬기 때문이다. 그 도시는 3개월 후 함락되었다. 정복자들은 여호야긴으로 알려져 있는 새로운 왕 여고냐를 유다 엘리트 10,000명과 함께 에스겔을 포함해서 포로로 잡아서 바빌로니아로 끌고 갔다.

그러나 예루살렘은 멸망하지 않았다. 바빌로니아는 다윗 가문의 일원인 시드기야를 왕으로 취임시켰다. 성전은 여전히 야훼가 계신 곳으로 자랑스럽게 존재했다. 그래서 시드기야의 예언자들은 전열을 가다듬어 그에게 당신이 바빌로니아에 맞서기만 한다면 야훼는 아직 유다를 바빌로니아의 장악으로부터 구원할 것이라고 장담했다. 예언자 하나냐는 1만년의 유수는 단기간 즉 단지 2년에 지나지 않을 것이라고 말했다.렘28:11 이러한 환경 아래에서라면 예레미야의 항복하라는 충고는 반역이었다.

그렇지만 예레미야는 놀라운 담대함과 에너지를 가지고 지속했다. 가까운 소국 에돔, 모압, 암몬, 두로, 시돈의 외교 사절단이 시드기야와 협의하기 위해 예루살렘에 왔을 때 예레미야는 멍에를 밧줄로 몸에 착용하고 이로써 그들에게 바빌로니아의 멍에에 항복할 것을 촉구하여 그들의 주의를 끌었다.렘27:3 그는 바빌론에 유배된 사람들에게 편지를 썼고 그곳에서 장기간 정착해 살 것을 촉구했다.

> 너희는 그 곳에 집을 짓고 정착하여라. 과수원도 만들고 그 열매도 따 먹어라. 너희는 장가를 들어서 아들딸을 낳고, 너희 아들들도 장가를 보내고 너희 딸들도 시집을 보내어, 그들도 아들딸을 낳도록 하여라. 너희가 그 곳에서 번성하여, 줄어들지 않게 하여라. 또 너희는, 내가 사로잡혀가게 한 그 성읍의 평안을 누리도록 노력하고, 그 성읍이 번영하도록 나 주에게 기도하여라. 그 성읍이 평안해야, 너희도 평안할 것이기 때문이다. 렘29:5-7

그는 시드기야 왕을 비밀리에 두 번 만나서 그에게 야훼는 "이 분노, 이 노여움, 이 울화를 참을 수가 없어서, 내가 팔을 들고, 나의 손과 강한 팔로 너희를 치"겠다고 말해주었다. 렘21:5 그리고 그는 그에게 항복해서 자신과 가족의 목숨을 구하라고 촉구했다. 렘37:17-20, 38:14-28 그는 평화를 약속한 대적 예언자들과 논쟁을 벌였다. 렘28:1-17 처음부터 끝까지 그는 백성에게 공개적으로 말하는 일을 계속했다.

많은 대신들은 예레미야를 죽였으면 싶었다. 마지못해 시드기야는 그를 감옥에 가두었다. 렘37:18 나중에 왕의 대신들은 예레미야를 진흙 웅덩이에 던져 넣어서 죽게 내버려두었다. 렘38:6 에티오피아 사람으로 왕의 관리로 있는 에벳멜렉이라고 하는 환관이 예레미야의 목숨을 구했고 그를 왕궁 근위대의 뜰 안에서 보호를 받으며 지내게 했다. 렘38:7-13

시드기야는 예레미야의 메시지에 마음이 끌렸지만 자신의 고문들에게 저항할 힘이 없었다. 그래서 시드기야는 이집트와 동맹하는 것으로 갈아탔다. 느부갓네살은 기원전 589년에 시작한 바 예루살렘을 침공하고 포위하는 것으로 대응했다. 그 도시는 그 공격에 18개월 동안 버텼다. 경내에 있는 사람들은 끔찍한 고통을 겪었다.애4:4-10 한때 이집트 군대가 가까이 와서 바빌로니아 군대는 수개월 동안 철수한 적이 있었다. 기원전 587년 초반에 바빌로니아 군대는 그 도시의 성벽을 부수었다. 정복자들은 시드기야의 아들을 면전에서 죽였고 왕의 눈을 파냈다. 예레미야와 예루살렘 포위 공격에 살아남은 생존자들은 바빌로니아에 포로로 끌려갔다. 그 수는 분명하지 않지만 11년 전에 포로로 유배된 10,000명보다 적었다.

6개월 후 느부갓네살은 그 도시의 모든 성벽을 부수기 위해 다른 군사 부대를 파병했고 성전과 왕궁을 파괴했으며 집들을 불태웠다. 예루살렘이 사람이 살 곳이 못된 사이에 유다의 다른 곳은 그렇게 심각한 영향은 받지 않았다. 예레미야는 잠시 포로로 수감되었으나 곧 이어서 느부갓네살의 명령으로 풀려났다. 그는 음식이 허용되었고 포로들과 함께 갈 것인지 아니면 뒤떨어져 남아 있을 것인지 하는 선택권이 주어졌다. 그는 머물기로 하고 유다 사람 그달리야를 찾아가 그와 함께 살기로 했다.렘4:1-6

아마도 유다 인구 4분의 3은 유다 마을이나 이웃 지대에 남았을 것이다. 느부갓네살은 그달리야를 그 지역 바빌론 통치 대리인으로 임명했다. 그달리야는 미스바를 통치 본부로 확립했다. 살아남은 유다 전사들은 그달리야를 만나러 왔고 그는 아마도 예레미야의 충고로 그들에게 일어난 일과 화해하도록 격려했을 것이다.

여러분은 바빌로니아 사람 섬기는 것을 두려워하지 마시오. 여러분은 이 땅에 살면서 바빌로니아 왕을 섬기시오. 그러면 모든 일이 다 잘될 것이오. 나는 미스바에 머물면서 우리를 찾아오는 바빌로니아 사람 앞에서 여러분의 대표자로 나서겠소. 그러니 여러분은 어느 성읍이든지 차지하고 거기에서 포도주와 여름 과일과 기름을 모아, 여러분의 그릇에 저장하면서 살도록 하시오. 렘40:9-10

이웃 나라로 도피한 다른 유다 사람들도 역시 돌아왔고 수확물을 풍성하게 거두기 시작했다.

그러나 곧바로 왕족의 한 사람이 그달리야를 살해했고 예레미야를 포함해 그의 보좌관과 고문들을 포로로 삼았다. 격한 폭력이 있고 난 후 요하난이 이끄는 다른 군 조직이 그 포로 집단을 풀어주었고 이들 모두는 이집트로 도망쳤다. 이들은 베들레헴에서 쉬다가 예레미야에게 조언을 구했는데 그는 그들에게 유다에 머물라고 말했다. "바빌로니아 왕을 두려워하지 말아라. 내가 너희와 함께 있으면서 너희를 구원하여 주고, 그의 손에서 너희를 건져내려고 하니, 너희는 그를 두려워하지 말아라. 나 주의 말이다. … 너희가 이집트로 들어가려고 하고, 그 곳에서 살려고 내려가면, 너희가 두려워하는 전쟁이 거기 이집트 땅으로 너희를 쫓아갈 것이다." 렘 42:11-16 그러나 요하난과 그 동조자들은 예레미야를 믿지 않았고 예레미야와 함께 이집트로 들어갔다.

이집트에서 예레미야는 그곳에 정주하는 것에 반대하는 일을 지속했다.

나 만군의 주, 이스라엘의 하나님이 말한다. "내가 너희에게 재앙을 내리기로 작정하였다. 내가 유다 백성을 모두 멸종시키겠다. 유다에서 살아남은 사람 가운데서, 이집트 땅에 가서 머물기로 작정한 자들을 내가 없애 버리겠다. 그들은 모두 이집트 땅에서 멸망할 것이다. 전쟁과 기근으로 망할 것이다. 가장 낮은 사람부터 가장 높은 사람에 이르기까지, 모두 죽을 것이다. 그들은 전쟁과 기근으로 죽을 것이다." 렘44:11-12

전설이 우리에게 말하는 것은 예레미야는 이집트에서 죽었다는 것이다. 이집트에 사는 유다 사람들에 대한 그의 예언이 실현되었는지는 의문스럽다. 300년 후 즉 기원전 3세기에 대규모의 유대인 공동체가 알렉산드리아 도시에서 번영했다.

예레미야서는 40년 이상을 망라하는 긴 본문으로서 연대기적으로 제시되지 않았다. 사람들은 그 시간표와 예레미야의 진화하는 비전을 종합해야 한다. 철저하게 그것은 이스라엘 백성은 길을 잃었다는 저자의 확신을 나타낸다. "여름철이 다 지났는데도, 곡식을 거둘 때가 지났는데도, 우리는 아직 구출되지 못하였습니다" 하고 예레미야는 말했다. "나의 백성, 나의 딸이, 채찍을 맞아 상하였기 때문에, 내 마음도 상처를 입는구나. 슬픔과 공포가 나를 사로잡는구나." 렘8:20-21

현존 상태가 유지되는 한 예레미야는 미래가 암울할 수밖에 없다고 느꼈다. 자신들은 예외적이라는 것에 연관된 사람들의 환상과 야훼의 보호는 그들 세계관의 일부가 되었다. 이를 피해갈 수 있었던 사람은 거의 없다. 이러한 분석은 예레미야의 진실 말하기에 관한 논평에 함의되어 있다.

> 예언자와 제사장까지도 모두 한결같이 백성을 속였다. 백성이 상처를 입어 앓고 있을 때에, "괜찮다! 괜찮다!" 하고 말하지만, 괜찮기는 어디가 괜찮으냐? … 그들은 부끄러워하지도 않았고, 얼굴을 붉히지도 않았다. 렘6:13-15

> 그들은 진실한 말을 하지 않았다. '내가 이런 일을 하다니!' 하고 자책은 하면서도 자신의 악행을 뉘우치는 사람은 하나도 없었다. 렘8:6

누구나 이렇게 자기 이웃을 속이며, 서로 진실을 말하지 않고 있다. 그**들의 혀는 거짓말을 하는 데 길들여져 있다.** 죄 짓는 일을 그치려 하지 않는다. 기만 가운데 살기 때문에, 아무도 나를 알려고 하지를 않는다. 렘9:5-6, 강조는 첨가

표범이 자기의 반점들을 바꿀 수 없는 것과 마찬가지로 사람들은 거짓말을 간파할 수 없다. 렘13:23, 25

예레미야에게 있어서 **심판이 없다면 희망도 없었다.** 그러나 그는 패배와 유배 뒤에 오는 선한 것에 대해서 극히 낙관적이었다. 그는 이스라엘 백성이 제국의 통제 아래 이방 땅에서 살고 있어도 야훼에 순종하는 정치 공동체로서 번성할 수 있다고 믿었던 최초의 예언자였다. 이것은 정말 놀라운 것이었다. 이전에는 아무도 사람들이 이방 신들이 가득 찬 장소에서 의로운 삶을 실천할 수 있다고 주장하지 않았다.

예레미야가 제국의 통제력 아래 살기를 두려워하지 않은 것은 분명하다. 그렇다면 그는 제국을 좋은 것이라고 여겼을까? 우리는 50-51장에서 바빌로니아에 반대하는 그의 신탁을 읽을 때 그가 그렇게 여기지 않았다고 결론해야 한다. 그리고 이집트에서 정주하기로 한 어떤 사람의 결정을 힘차게 고발한 것은 이러한 결론을 강화할 수밖에 없다. 그러나 그는 또한 자신이 오고 있다고 본 참신한 출발, 다시 말해 체험된 경험에 의해 환상이 제거되고 역사를 허구로 만들며 힘을 받는 새로운 시작을 환영했다.

나 주의 말이다. 그 날이 지금 오고 있다. 그 때에는 사람들이 더 이상 "이스라엘 백성을 이집트 땅에서 이끌어 내신 주"의 살아계심을 두고 맹세하지 않고, "이스라엘 백성이 쫓겨가서 살던 북녘 땅과 그 밖의 모

든 나라에서 그들을 이끌어 내신 주"의 살아계심을 두고 맹세할 것이다. 나는 그들의 조상에게 주었던 고향 땅에 그들을 다시 데려다 놓을 것이다. 렘16:14-15

예레미야는 야훼가 유배된 민족을 유다로 다시 데려올 것이라는 자신의 기대를 반복적으로 언급했다. 렘16:14-15, 23:3, 29:10-14, 30:1-3, 31:7-14, 32:36-44 그러는 동안 그가 두려워하지 않았던 사실은 그들은 성전과 다윗 가문 출신의 지도자가 없다면 길을 잃을 것이라는 것이었다. 아마도 그가 보기에 그것은 사람의 마음에 써진 야훼의 "새로운 언약"이 바로 가까이에 있었기 때문이었다. "그 때에는 이웃이나 동포끼리 서로 '너는 주님을 알아라' 하지 않을 것이니, 이것은 작은 사람으로부터 큰 사람에 이르기까지, 그들이 모두 나를 알 것이기 때문이다." 렘31:34

그의 행동주의의 날카로운 어조에도 불구하고 예레미야는 예루살렘, 성전, 다윗 가문에 반대하지 않았다. 그는 야훼가 "다윗에게서 의로운 가지가 하나 돋아나게" 하고 그가 "왕이 되어 통치"할 날을 고대했다. 렘23:5 하지만 그는 그것들을 본질적인 것이 아닌 주변적인 중요성을 가지는 것으로 간주했다. **야훼의 윤리적 계명에 대한 신실한 순종은 그것들이 없어도 지속될 수 있다. 패배와 유배는 비본질적인 것을 벗길 것이다. 남은 것이 꽃을 피우고 번영할 것이다.**

성찰과 토론 3

10. 신화, 전설 그리고 "역사"는 그 역사적 정확성의 결핍에도 불구하고 강력하다. 이스라엘 사람들은 **여호수아서**와 **사사기**에 있는 이야기들로부터 스스로에 대해 무엇을 배웠는지를 숙고해보자. 사람들이 이러한 성경책들로부터 얻은 자기상은 권력과 통제의 중앙집중화를 원했던 예루살렘 엘리트의 목적에 어떻게 기여했는가?

11. 기원전 10세기에 이스라엘 사람들 사이에 등장한 문자 언어의 출현은 마술적인 것으로 보였음에 틀림없다. 그것을 완전히 익힌 사람들은 그 위업 자체나 사람들이 서로 말한 이야기들을 그들의 성경 본문이 형태화하는 방식이나를 막론하고 다 같이 다른 사람들을 지배하는 권력을 얻었다. 오늘날 비디오가 이와 유사한 역할을 수행한다. 제국의 서기관들에 의해 작성된 이야기들은 우리에게 어떤 영향을 끼치는가? 우리의 세계관에는?

12. 이 책을 쓴 저자들은 **창세기** 12장에 있는 성경 자료들을 비록 솔로몬의 이야기라고 할지라도 때로는 정치적 목적을 품고서 구두 전승에서 획득하여 그리하여 새로운 자료와 함께 상상적으로 개작하여 문서화한 사실과 전설을 반영하는 것으로 간주한다. 이 견해에 대한 당신의 반응은 무엇인가? 당신은 이 견해가 성경에 대해 무례하게 구는 것이라고 생각하는가? 우리는 근대의 문서 일부가 비록 역사적으로 정확하지 않을지라도 "진실한" 또는 "영감된" 것이라고 여긴다는 것을 숙고해보자. 또한 오류와 실패에 대해 공감하는 설명은 성공과 승리의 설명보

다 삶에 대해 더 많은 것을 가르칠 수 있다는 것을 숙고해보자.

13. 왕의 이야기들은 신체적 안전, 경제적 번영, 그리고 정의에 대한 요구로 둘러싸인 지배 관리의 복잡성을 반영한다. 이 이야기들을 읽는 한 가지 방법은 그것을 제대로 이해한 왕들을 찾아내고 이들이 어떻게 그것을 행동으로 옮겼는지를 배우는 것이다. 다른 방법은 온갖 노력을 희망 없는 것으로 여기는 것이다. 왜냐하면 그것은 결함을 지닌 운영 체제 즉 중앙집중화된 권력, 지배, 그리고 폭력 위에 세워진 체제를 사용했기 때문이다. 당신의 견해는 어느 것인가? 그것은 당신이 현재 가지고 있는 정치적 시각에 어떤 영향을 미치는가?

14. 당신은 어떤 예언자에게 가장 많이 끌리는가? 그 이유는 무엇인가? 당신은 예언자들의 메시지에서 어떤 정치적 대안 예컨대 사회 운영 체제가 구체화되는 것을 보는가? 그것을 기술해보자.

15. 유다에 널리 퍼져 있는 지배적인 세계관, 예외주의, 운영 방식이 완전히 붕괴될 때까지 아무런 희망도 없었다는 예레미야의 견해를 숙고해보자. 우리 시대에 심판과 희망의 관계는 무엇인가?

14장: 바빌론에서 야훼를 발견하기

에스겔서, 다니엘서1-6장, 제2이사야서, 에스더기

우리는 한 바퀴를 돌아서 9장 첫머리에서 제기된 질문으로 다시 돌아왔다. 즉 이스라엘 백성은 이방 땅에서 야훼의 노래를 부를 수 있는가? 혹은 그들은 바빌로니아 제국의 통치를 받은 많은 무리들에게 동화되어 민족으로서 사라지게 될 것인가? 그리고 그들은 야훼의 노래를 계속 부를 수 있다면 그들의 정치 공동체 비전은 왕도 없고 성전도 없고 국가 영토도 없는 곳에서 어떻게 진화할 수 있는가?

우리는 앞서 바빌론에서 써진 세 성경책 즉 창세기, 레위기, 민수기를 살펴봄으로써 그들의 구별된 공동체는 살아남았을 뿐만 아니라 창조적이고 전복적인 방식으로 스스로를 표현했다는 점을 알았다. 이제 우리는 이와 같이 놀라운 사건의 전환을 설명하는 데 도움을 주는 네 권의 다른 성경책을 살펴보고자 한다.

25세의 에스겔은 기원전 597년에 포로로서 예루살렘을 떠났다. 그는 훈련 받고 있는 제사장이었고 알레포를 거쳐 북쪽으로 가서 유프라테스강을 따라 새로운 고향이 있는 남동쪽으로 행진하는 무리들 즉 교육을 받고 기술을 지닌 10,000명의 유다 사람들 가운데 한 사람이었다. 포로 집단에는 유다의 어린 왕 여호야긴도 포함되었다. 에스겔은 바빌론에 도착하여 5년쯤 되어 예언자로 말하기 시작했고 죽을 때까지 그 일을 계속했다. 그는 자신의 이름이 들어있는 성경책의 저자였다.

다니엘서의 첫 6개 장은 이스라엘 젊은이들이 기원전 605년 예루살렘을 떠나 539년 페르시아 지배 시기에 이르는 70년 동안 제국의 왕궁에서 일한 이야기를 말한다. 그것은 서술된 사건들보다 350-400년 뒤에 묵시록적 양식으로 써졌는데 역사, 전설, 그리고 예언의 요소들을 포함한다.

제2이사야서의 16개 장 40-55장도 저자는 성명불상이지만 역시 바빌론에서 써진 것이다. 그 시가의 예외적 특질을 넘어서 우리는 그 저자에 대해서 실질적으로 아무것도 모른다. 그/그녀는 가나안으로의 귀환 가능성이 존재한 아마도 기원전 535년 경에 썼을 것이다.

에스더기의 이야기는 아하수에로로 알려져 있는 크세르크세스 왕의 통치 기간인 기원전 485-464년이 그 배경이다. 이 성경책의 신학은 미심쩍다. 그 책은 결코 야훼를 언급하지 않는다. 그리고 그 역사적 정확성은 의심스럽다. 아마 허구일지라도 그것은 종종 무시된 사실을 반영한다. 즉 페르시아의 고레스 왕이 기원전 538년에 유대인들에게 가나안으로 귀환할 수 있는 선택권을 부여하라는 칙령을 선포한 후에 대다수의 유대인들은 귀환하지 않았다는 사실 말이다. 유배된 이스라엘 사람은 페르시아에서 유대인으로 알려지게 되었다. 바빌론과 페르시아에서 그들의 공동체는 문화적으로 그리고 경제적으로 번성했고 그들의 종교적 실천은 성전과 제사장의 부재에도 랍비의 지도를 받는 회당을 생각해내는 적응력을 보여주었다. 바빌론의 유대 공동체는 유배 후 적어도 1,000년 동안 랍비의 가르침의 중심이 되었다. 바빌론과 페르시아에 거주한 사람들은 스스로를 유배된 포로들이 아니라 유대인 디아스포라의 일부로 생각했다.

이상의 성경책들은 유대인의 야훼 이해의 극적 변화를 반영한다. 추가적 논의를 위해서 308쪽 16번 문항을 참조하라.

(1) 에스겔서

야훼의 예언자로서 에스겔은 그의 백성의 트라우마를 치유하는 데 집중한다. 그는 트라우마의 피해자들은 필경 자기를 비롯해서 같이 유배된 자들뿐만 아니라 예루살렘 포위 공격에 생존한 모든 이들을 포함할 것이라고 확신했다. 그는 그 두 집단 모두를 생각했다.

그는 먼저 제사가 여전히 예루살렘 성전에서 매일 드려진 시기에 공개적으로 말했다. 야훼는 거기에 거했고 사람들은 유배된 이들이 바빌론에 살고 있었던 새로운 신을 발견할 필요가 있었다고 추측했다. 에스겔은 이러한 신앙의 위기에 그발 강가에서 본 환상을 통해서 말했다. 즉 북쪽 하늘에서 바퀴 안에 바퀴가 들어 있고 바퀴 사이에 두 천사를 품고서 오고 있는 대전차, 활활 타는 숯불이나 횃불, 수정과 같은 빛을 내는 창공 모양의 덮개, "전능하신 분의 천둥소리" 겔1:24 그리고 야훼의 "영광이 나타난 것과 같은 모양" 겔1:28 등의 환상을 통해서 말했다.

나중에 에스겔은 예루살렘 성전을 떠나는 야훼의 현존에 대해 매우 유사한 환상을 가졌다. 그리고 여전히 그 이후에 그는 예루살렘에 다시 돌아와서 새로운 성전에 들어가는 야훼의 현존에 대해 세 번째 환상을 가졌다. 겔43:1-3 제약이 극히 많이 따르고 애니메이션이 하나도 없던 출판 시대에 이러한 환상들은 이스라엘 사람들이 다른 신을 구할 필요가 없었다는 것을 효과적으로 전해주었다. 야훼는 한 시간에 한 장소 이상에 존재할 수 있었고 그들과 함께 바빌론에 갈 때 동행했다. 그리고 야훼가 강력한 바빌론 위에 있는 하늘을 다스렸다면 그때는 야훼는 이 세상 만물의 왕이었다.

에스겔은 예레미야가 멍에를 자신의 목에 걸고 선봉에 나서 메시지를 집행한 방법으로 트라우마를 치유하려고 했다. 즉 에스겔은 매우 비인습적 방식으로 공개적인 장소에서 행동했고 이렇게 해서 자신의 청중들 내면에 정서적 카타르시스와 반성과 갱신을 끌어냈다.

고독과 침묵의 시간이 흐른 후겔3:24-26 야훼는 에스겔에게 예루살렘을 그리고 포위망을 치고 그 성벽을 공격하는 사다리를 세우는 작은 그림을 그리라고 지시했다.겔4:1-4 거기서 즉 그 작품 옆에서 에스겔은 왼쪽으로 누웠고 이를 390일간 집행했고 매일 일정 시간 동안 돌려 눕지 않았다. 그의 식사는 조악했고 빈약했다. 밀, 보리, 콩, 조, 귀리를 섞어 처음에는 인분으로 나중에는 쇠똥으로 불을 피워 구운 빵을 먹었다. 에스겔은 물도 한정해서 섭취했다. 그 기간을 채운 후 그는 오른쪽으로 누워 이를 40일간 집행했고 매일 일정 시간을 돌려 눕지 않았다.겔4:9-14

다음으로 에스겔은 머리털과 수염을 깎았고 머리를 삭발하였으며 이와 함께 그의 남성적 모습은 제거되었다. 깎은 머리털의 3분의 1을 그는 성읍 안으로 가져가서 불로 태웠다. 또 3분의 1은 칼로 잘라서 무수히 자잘하게 만들었다. 또 3분의 1은 바람에 날려 흩어지게 했다. 야훼의 명을 따름으로써 에스겔은 유다가 어떻게 되었는지를 보여주는 기호가 되었다. "네가 수치와 조롱을 당하고, 네가 받은 심판은 그들에게 두려움과 경고가 될 것이다." 겔5:15

나중에 에스겔은 "포로로 끌려가는 사람의 짐" 겔12:3을 준비했고 자신의 집 밖에 두었다. 그는 사람들이 밖으로 나가 돌아다니는 저녁때에 가까운 성벽에 구멍을 뚫었고 그 짐을 구멍을 통해 내다 놓았다. 이어서 어둠이 깃들자 그는 짐을 어깨에 메고 밤길을 비틀거렸으며 얼굴은 수치로 덮혔다.겔12:1-16

나중에 에스겔의 아내가 죽었다. 이튿날에도 그는 평소처럼 옷을 입고 먹고는 자신의 행동을 시작했다. 사람들은 왜 그가 그렇게 행동하는지를 물었다. 에스겔은 예루살렘의 성전은 "더럽혀진" 것이 될 것이고 그 아들과 딸은 칼에 죽게 될 것이라고 설명했다. "너희는 에스겔이 한 것과 똑같이 하게 될 것이다. 너희는… 탄식하지도 못하고 울지도 못할 것이다. 오히려 너희는 너희 자신의 죄로 망하는 줄 알고 서로 마주 보며 탄식할 것이다." 겔24:23

이와 같이 집행된 메시지가 어떻게 트라우마를 가진 유배된 포로들에게 치유를 가져왔는가? 에스겔의 바로 그러한 현존이 그 예언적 형태를 통해 베푸는 야훼의 은혜의 표시였고 백성에게 야훼는 바빌론에서 그들과 함께 있다는 것을 보장했다. 야훼의 말을 인용하면, "그 자손에게, 내가 너를 보낸다. 너는 그들에게 '주 하나님께서 이와 같이 말씀하신다' 하고 말하여라. … 듣든지 말든지, **자기들 가운데 예언자가 있다는 것만은 알게 될 것이다.**" 겔2:4-5, 강조는 첨가 이것은 에스겔의 메시지가 잘 수용되었다는 것을 의미하는 것이 아니다. 사실상 성경 본문은 야훼는 에스겔에게 "이스라엘 족속은 너의 말을 들으려고 하지 않을 것이다" 겔3:7하는 경고를 보냈다고 말한다. 그렇지만 야훼는 에스겔에게 괴이한 모습 다시 말해서 파수꾼으로 남아 있으라고 말했다. 이는 백성에게 그가 본 것으로 경고해 주고 그들에게 "생명이 구원 받도록" 겔3:18하는 기회를 부여하는 것이다. 그는 야훼가 그들의 신으로 남아 있다는 "이스라엘 백성에게 주는 징조" 겔12:6였다.

그의 공개적인 전시 행동은 백성에게 그들이 경험하고 예루살렘에서 여전히 재차 일어난 추함과 야만성을 말하고 마주치게 하는 것을 도와주었다. 이로 말미암아 그들은 예루살렘은 살아남아서, 비통한 느낌은 필연적으로 따르겠지만, 계속 이어질 것이라는 거짓된 희망을 놓아줄 수 있었다. 에스겔에게 똥으로 불을 피워 빵을 굽는 행동, 제사장으로서 더 이상 섬길 수 없게 만드는 부적절한 깎는 행동, 이러한 행동들은 사실상 자신의 제사장 맹세를 포기하는 것이었고 결정적으로 움직일 시간이 왔다는 것을 다른 사람에게 보여주는 징조였다. 게다가 그의 이상한 행동은 현지의 유배된 포로들을 곧 귀환할 두 번째 포로 집단과 정서적으로 연결되게 해 주었고 따라서 이 두 집단의 어려울 듯한 재통합을 수월하게 해주었다.

에스겔은 또한 설교도 했다. 그는 "세월이 이만큼 흐르는 동안 환상으로 본 것치고 그대로 이루어진 것이 있더냐" 겔12:22라는 흔한 말속에 나타난 태만하고 초 치는 냉소주의를 신뢰하지 않았다. 그 대신에 에스겔은 "환상으로 본 것이 이루어질 그 날이 가까이 왔다" 겔12:23고 주장했다. 바꾸어 말하면 **살아날 수 있는 그 위대한 때**가 왔다.

우리가 이 성경책을 읽을 때 에스겔은 유다의 엘리트 즉 예루살렘에서 권력을 행사한 자들에게 말하고 있었다는 것을 기억하는 것이 중요하다. 생생한 관능적인 창녀 이미지를 사용함으로써 그는 이 청중들에게 예루살렘의 죄를 받아들이도록 도와주었다. 이 죄는 에스겔서 16장에 기술된 바와 같이 음탕한 이웃들 즉 이집트인, 블레셋인, 아시리아인, 갈대아 바빌론인과 음행을 한 것이었다. 에스겔의 의미는 정치적이고 경제적인 것이었다. 예루살렘 도시 엘리트들의 활력에 찬 정신은 이웃 강대국들의 주목을 끌었고 이들 강대국의 재능과 음탕한 주목을 얻었으며 이들의 강력한 추진력을 흡수했고 유다가 제공해야 했던 것을 대가로 이들의 귀중품을 얻었다. 23장에서 에스겔은 이러한 성적 비유를 길이가 한 개 장을 차지하는 두 자매 오홀라와 오홀리바의 이야기로 전개했다. 제국에 대한 이들 자매의 흠모는 이집트에서 시작되었고 이들로 하여금 아시리아인과 갈대아인과 관계하는 데까지 이르게 했다.

에스겔은 모든 거래를 비난한 것은 아니었지만 정확히 부와 권력에 대한 엘리트의 탐혹은 비난했다. 그 탐혹은 부와 권력의 가치를 왜곡하고 유다의 보통 사람과 야훼의 영감을 받은 삶의 방식을 경시했다. "너는 음욕이 차지 않아서, 앗시리아 남자들과 음행을 하였다." 겔16:28 "너는 다른 여자들과는 정반대로 음행을 하였다. 정부들이 너를 따라다니는 것도 아니고, 네가 몸값을 받는 것도 아니고, 오히려 네가 몸값을 주어 가면서 음행을 하니, 너는 다른 여자들과는 정반대다." 겔16:34 에스겔의 논지는 제국의 권력과 부를 추구할 때 예루살렘의 엘리트들은 마음이 의지할 바를 잃었다는 것이다. 그들은 성에 중독된 자처럼 "마음이 약한" 겔16:30 자였다.

성적 이미지의 경제적 의미는 에스겔이 예루살렘을 그 "자매들"인 사마리아 즉 에브라임의 파괴된 수도, 그리고 소돔 즉 롯이 살았던 파괴된 도시와 비교할 때 재강화된다. 소돔의 죄는 이러하다. "소돔과 그의 딸들은 교만하였다. 또 양식이 많아서 배부르고 한가하여 평안하게 살면서도, 가난하고 못 사는 사람들의 손을 붙잡아 주지 않았다." 겔16:49 에스겔은 예루살렘의 죄는 이보다 더 나빴는데 소돔이 의롭게 보일 정도로 더 나빴다고 말했다.

그러나 이 세 도시는 모두 회복될 것이다. 야훼가 그 일을 할 것이다.겔 16:53-55 그리고 성경 본문은 야훼의 말을 인용한다. "나는 네 젊은 시절에 내가 너와 맺은 언약을 기억해서, 너와 영원한 언약을 세우겠다. … 너는, 내가 주인 줄 알 것이다. 내가 이렇게 하는 까닭은, 네가 저지른 모든 악한 일을 용서받은 다음에, 네가 지난 일들을 기억하고, 놀라고, 그리고 부끄러워서 다시는 입도 열지 못하게 하려는 데 있는 것이다." 겔16:60-63

에스겔이 결과와 신의 처벌에 대해 설교하는 것은 자기 백성의 영적 필요에 대해 그가 가진 관심을 보여주는 것이다. 유배된 자들은 자신들이 공통적으로 가진 정신 상태를 반성할 때 종종 "아버지가 신 포도를 먹으면, 아들의 이가 시다"고 말했다.겔18:2 에스겔은 야훼가 그 속담이 끝나기를 바랐다고 말했다. "모든 영혼은 나의 것이다. 아버지의 영혼이나 아들의 영혼이 똑같이 나의 것이니, 범죄하는 그 영혼이 죽을 것이다." 젤18:4 "나 주 하나님의 말이다. 내가 내 삶을 두고 맹세한다. 나는, 악인이 죽는 것을 기뻐하지 않고, 오히려 악인이 그의 길에서 돌이켜 떠나 사는 것을 기뻐한다. 너희는 돌이켜라. 너희는 그 악한 길에서 돌이켜 떠나거라. 이스라엘 족속아, 너희는 왜 죽으려고 하느냐?" 젤33:11 따라서 에스겔은 백성들이 예루살렘의 죄를 반성할 때 그들 가운데 자연적으로 심겨져 있는 암울한 숙명주의에 대항했다.

예레미야처럼 에스겔은 유배를 신선한 출발이자 두 번째 기회라고 보았다.

> 내가 나의 삶을 두고 맹세한다. 나 주 하나님의 말이다. 내가 반드시 능한 손과 편 팔로 분노를 쏟아, 너희를 다스리겠다. 내가 … 너희를 여러 나라에서 데리고 나오며, 너희가 흩어져 살고 있는 여러 나라에서 너희를 모아 오겠고, 내가 너희를 인도하여 민족의 광야로 데리고 나가서, 거기에서 너희와 대면하여 너희를 심판하겠다. 젤20:33-35

그리고 예레미야처럼 에스겔은 야훼의 신실한 돌봄이 가나안 땅으로 복귀하는 결과를 가져올 것이라고 생각했다. 그러면 "내가 이렇게 너희를 이스라엘 땅으로, 곧 내가 너희 조상에게 주겠다고 손을 들어 맹세한 땅으로 데리고 들어가면, 그 때에야 비로소 너희는, 내가 주인 줄 알게 될 것이다." 젤20:42 그 "때에 그들이 자기들의 땅, 곧 내가 내 종 야곱에게 준 땅에서 살게 될 것이다." 젤28:25-26

가장 고상한 성경 구절들 가운데 하나는 야훼를 목자로 기술하는 구절이다.

내가 … 흩어진 그 모든 곳에서, 내 양 떼를 구하여 내겠다. 내가 여러 민족 속에서 내 양 떼를 데리고 나오고, 그 여러 나라에서 그들을 모아다가, 그들의 땅으로 데리고 들어가서, … 헤매는 것은 찾아오고, 길 잃은 것은 도로 데려오며, 다리가 부러지고 상한 것은 싸매어 주며, 약한 것은 튼튼하게 만들겠다. 그러나 살진 것들과 힘센 것들은, 내가 멸하겠다. 내가 이렇게 그것들을 공평하게 먹이겠다. … 내가 그들과 평화의 언약을 세울 것이다." 겔34:11-16, 25

에스겔은 다윗 가문을 이러한 미래에서 주도적인 역할을 할 것이라고 기대했다. "내가 그들 위에 목자를 세워 그들을 먹이도록 하겠다. 그 목자는 내 종 다윗이다. … 내 종 다윗은 그들의 왕이 될 것이다." 겔34:23-24 그는 이 미래를 가나안에서 전개될 것이라고 기대했다. 그는 어느 시점에 이르러 야훼가 그 땅에 대해 하는 말을 이렇게 보고한다. "내가 너희의 편을 들겠다. 내가 너희에게로 얼굴을 돌리면, 사람들이 너희 산악지대를 갈아서 씨를 뿌릴 것이다. 그리고 내가 너희 이스라엘 족속의 인구가 늘게 하여, 성읍들에 사람이 다시 살고, 폐허를 다시 건설할 것이다. 내가 너희 산들 위에 사람과 짐승을 많게 할 것이다." 겔36:9-11 다시 살아나는 마른 뼈와 다시 연결된 두 막대기의 비유에서 에스겔은 에브라임과 유다가 다윗 같은 왕 아래 한 민족으로 재통합될 것이라는 기대를 들려주었다. 겔37:1-28

회복한 이스라엘은 새로운 특징을 지닌 성전 즉 궁정에서 분리된 채 왕실의 간섭과 조작과 통제로부터 자유로운 새로운 성전을 포함할 것이라고 에스겔은 말했다. 이러한 성전에 대한 에스겔의 기술은 40장에서 시작해서 나머지 모든 분량을 거의 다 채운다. 야훼를 인용하면서 그 성경 본문은 우리에게 그 성전은 "내가 발을 딛는 곳, 내가 여기 이스라엘 자손과 더불어 영원히 살 곳이다"라고 말한다.겔43:7-9 이러한 성전으로부터 생명의 강, 땅의 풍성함의 원천이 흘러나온다.겔47:1-12 회복한 예루살렘은 책의 맨 마지막에 언급되었는데 에스겔에게 그것은 후차적으로 하는 생각에 불과했다.겔48:15-35

이러한 놀라운 것들은 백성이 "내가 주인 줄 알"겔37:13도록 하는 역할을 해 줄 것이다. 이 구절은 에스겔이 자주 사용한 문구이고 주변 민족에 대한 공적 증언에 대한 그의 깊은 관심을 보여주는 것이다.

> 내가 이렇게 하는 것은 너희 때문이 아니라는 것을 너희가 알아야 한다.
> 나 주 하나님의 말이다. 이스라엘 족속아, 너희의 행실을 부끄러워하
> 고, 수치스러운 줄 알아라! … 그 때에야 비로소 너희의 사면에 남아 있
> 는 여러 나라들이, 바로 나 주가 무너진 것을 다시 세우며, 황폐한 땅에
> 다시 나무를 심는 줄을 깨달아 알 것이다. 나 주가 말하였으니, 내가 이
> 룰 것이다!겔36:32-36

요약하면 에스겔의 강력은 그의 백성의 치유를 위한, 현재에 대한 그의 환상이었다. 미래에 대한 그의 환상은 과거를 새롭게 증보한 버전에 제한되었다. 우리가 아는 바와 같이 디아스포라의 대다수는 결코 가나안으로 귀환하지 않았다. 에브라임과 유다는 결코 합치지 않았다. 다윗의 후손은 결코 다시 이스라엘의 왕좌를 차지하지 않았다. 에스겔은 상처 받은 유배자들에게 치유와 갱신을 가져다주었다. 그러나 우리는 다윗 같은 왕이나 이스라엘 통제 지형도가 없는 시대에 야훼에 충실한 정치 공동체의 비전을 위해서 다른 사람들을 주시할 필요가 있다.

(2) 다니엘서 1-6장

이 성경책의 첫 6개 장은 바빌론 정부에서 왕의 시종으로 봉사한 네 명의 젊은이들에 관한 이야기를 모았다. 고유한 제국은 제국 영역의 믿을 수 없는 다양성을 다루는 전문 역량을 갖추어야 하고 따라서 해석하고 번역하고 주최하고 접대하고 자문하는 전문 기술 인력을 필요로 한다. 유다가 기원전 605년에 바빌론의 속국이 되었을 때 여호야김 왕은 젊은 인재를 징집하여 바빌론으로 데려갔고 유다의 할당량을 채웠다. 우리는 징집된 인재들이 그들의 공동체와 떨어지게 되고 제국의 외과의에 의해 환관이 된 것사39:7에 행복하지 않았을 것이라고 상상할 수 있다. 하지만 그들은 통상적인 노예나 수인은 아니었다. 수술을 제외한다면 그것은 워싱턴 디씨의 미국 의회에서 취업하는 것과 그렇게 다르지 않았다.

이러한 배경은 정치 공동체의 대안적 비전의 육성을 힘들게 했다. 그러한 이스라엘 사람들은 제국의 권력 행사에 참여했을 뿐만 아니라 야훼에 대적하는 신, 이미지, 그리고 실천에 의해 지배된 환경에서 살았다. 야훼를 경외하는 독실한 이스라엘 사람의 관점에서 바빌론의 왕궁은 암울하고 버림받은 장소였다.

최초의 이야기는 젊은이들의 교육 훈련에 대해 알려준다. 다니엘은 바빌론의 신에 대한 복종 관계를 암시한 벨드사살이라고 하는 이름으로 개명된다. 다니엘은 자신과 자신의 동료 친구가 왕의 음식 대신에 채식을 할 수 있도록 해 달라고 간청했다. "환관장"이 규정에서 벗어나는 그러한 일탈에 대해 의심을 표출하자 다니엘은 열흘 동안만 시험해 달라고 제안했다. 환관장은 이에 동의했고 열흘이 끝날 때 다니엘과 그 친구들은 나머지 모든 젊은이들보다 "더 좋고 건강하여 보였다."단1:15 이 새롭게 뽑힌 전체 연수 동기들은 왕을 알현하게 되었는데 그 때 왕은 그 중에서 이 이스라엘 젊은이들에게 가장 깊은 인상을 받았고 그래서 그들을 자신의 왕궁에 배속시켰다. 다니엘은 기원전 538년까지 거기서 머물렀고 그 때가 다니엘이 75세쯤이었을 것이다.단1:21

음식 시험이 끝나고 막 1년이 되었을 때 다니엘은 느부갓네살 왕의 꿈을 해석하도록 요청되었다. 그 꿈은 거대한 신상에 관한 것인데 머리는 순금이고 가슴과 팔은 은이고 배와 넓적다리는 놋쇠이고 다리는 쇠이고 발은 "일부는 쇠이고 일부는 진흙"이었다. 그 꿈에서 "아무도 돌을 떠내지 않았는데, 돌 하나가 난데없이 날아들어 와서, 쇠와 진흙으로 된 그 신상의 발을 쳐서 부서뜨렸습니다. 그 때에 쇠와 진흙과 놋쇠와 은과 금이 … 여름 타작 마당의 겨와 같이 바람에 날려 가서 흔적도 찾아볼 수 없게 되었습니다."단2:33-35 왕의 고문들은 이것을 설명할 수 없었다.

다니엘과 그의 이스라엘 동료들은 "하늘의 하나님이 긍휼을 베풀어" 주시기를 기도했다.단2:18 그리고 야훼는 다니엘에게 그 꿈의 의미를 밝혀주었다. 네 개의 금속은 네 개의 이어지는 왕국을 대표했다. 첫째는 바빌론이고 나머지는 계속 도래할 왕국이다. 성경 본문은 우리에게 느부갓네살은 이러한 해몽을 듣고 다니엘 앞에 부복해서 예배를 올리게 되었다고 말한다. 또한 왕은 야훼를 "모든 신 가운데서 으뜸가는 신이시요 모든 왕 가운데서 으뜸가는 군주이시다"고 수긍했다. 그리고 그는 다니엘의 지위를 높이고 그를 바빌론 지역의 통치자로 삼았다.단2:46-49

다니엘의 해석에서 가장 주목할 만한 것은 네 번째 왕국을 부수어버린 돌이다. 성경 본문은 우리에게 그것은 영원한 왕국이라고 말한다. "이 왕들의 시대에, 하늘의 하나님이 한 나라를 세우실 터인데, 그 나라는 영원히 망하지 않을 것이며, 다른 백성에게 넘어가지 않을 것입니다. 그 나라가 도리어 다른 모든 나라를 쳐서 멸망시키고, 영원히 설 것입니다."단2:44 분명히 먼 지평에 있는 이러한 정치적 힘은 민족 국가와는 다른 어떤 것일 것이다. 그것은 인간 노력에 의해 모아지는 것은 아니지만 모든 제국을 없앨 만큼 충분히 강력한 것이고 어느 특정인에 의해 소유되거나 점유되는 것은 아니지만 세세대대로 지속할 만큼 충분히 회복 탄성이 있는 것이다.

두 번째 꿈 이야기가 4장에 이어진다. 그 꿈은 느부갓네살의 목소리로 말해진다. 그는 강한 나무가 베어지고 그 나무의 그루터기와 뿌리만 땅에 남겨 두는 꿈을 꾸었다. 그리고 그는 하늘로부터 들리는 소리를 들었다. 그를 "하늘의 이슬에 젖게 하고, 땅의 풀 가운데서 들짐승과 함께 어울리게 하여라." 단4:15

다니엘은 다시 한 번 해석을 제시했다. 느부갓네살은 인간 사회에서 쫓겨나서 "… 임금님은 비로소, 가장 높으신 분이 인간의 나라를 다스리신다는 것과, 누구든지 그의 뜻에 맞는 사람에게 나라를 주신다는 것을 깨달으실 것입니다. … 하나님이 세상을 다스리신다는 것을 임금님이 깨달으신 다음에야, 임금님의 나라가 굳게 선다는 뜻입니다." 단4:25-26 그리하여 느부갓네살은 분명히 정신병이라는 것에 의해 수치를 당했다. 그의 "머리카락은 독수리의 깃털처럼 자랐으며, 손톱은 새의 발톱같이 자랐다." 단4:33 7년이 지나간 뒤에 그는 회복했다. 그의 이성은 돌아왔고 그는 "하늘의 왕을 찬양하고 높이며, 그분에게 영광을 돌리는 바이다. 과연 그가 하시는 일은 모두 참되며, 그의 모든 길은 공의로우니, 그는 교만한 이를 낮추신다." 단4:37

심지어 성경 본문은 다니엘이 고레스 통치 하의 페르시아 정복 군대가 바빌론 도시에 들어온 그 날 밤에 어떤 역할을 수행하도록 한다. 유명한 연회 장면이 초저녁에 있었는데 벨사살 왕은 어떤 손이 나타나 벽 위에 "메네 메네 데겔 바르신"이라고 적는 것을 보았다. 그리고 다니엘에게 그 의미를 말해보라고 요구했다. 다니엘은 설명했다. "하나님이 이미 임금님의 나라의 시대를 계산하셔서, 그것이 끝나게 하셨다는 것이고, 임금님이 저울에 달리셨는데, 무게가 부족함이 드러났다는 것이고, 임금님의 왕국이 둘로 나뉘어서 메대와 페르시아 사람에게 넘어갔다는 뜻입니다." 단5:26-28

유배자들의 구두 전승의 일부로서 이 이야기들은 사기와 자신감을 형성하는 데 이바지했다. 목동 요셉이 이집트의 총리가 되는 능력을 발휘한 것처럼 다니엘과 그의 친구들은 제국의 한 복판에서 엘리트와 경쟁을 벌일 수 있었다.

보다 더 중요한 점은 이 이야기들이 제국 황제의 방에서 일어나는 활동을 와해할 수 있는 야훼의 권능을 확정했다는 것이다. 바빌론은 그리스에서 인도 중부에 이르는 모든 것 즉 그 당시 역사상 어떤 제국보다도 더 많은 땅을 통제했다. 사람들은 이 위업이 바빌론의 신들이 가진 권능, 바빌론 통치자들이 신의 목적과 함께하는 조화를 나타냈다고 가정했다. 하지만 우리는 여기서 다른 신의 이야기 즉 그 모든 것을 와해하고 유대인 측근을 전령과 대행자로 사용하는 야훼의 이야기들을 가진다. 그렇다면 확실히 야훼는 바빌론 사회일지언정 다른 곳에서도 역시 능동적으로 임재했다.

마지막 두 이야기는 다니엘과 그의 친구들이 결연히 저항했던 충성스러운 제의 절차를 기술한다. 이 이야기들은 듣는 사람에게 제국은 압도적인 권능을 지녔지만 그렇다고 그것이 최종적인 말을 해주는 것은 아니라는 점을 되짚어준다. 따라서 음모나 폭력으로가 아니라 야훼에 대한 신실한 충성과 열린 증언으로 저항하는 것은 타당했다.

충성 보관소의 첫 번째 것은 왕이 세운 금 신상에 예배 시 절하는 것을 거부한 하나냐, 미사엘, 아사랴의 이야기이다. 이것을 왕이 알게 되었을 때 그는 그들을 불타는 화덕 속에 던져버렸다. 이 화덕은 굉장히 뜨거워서 그 경비 군인들도 죽였다. 하지만 그 젊은 이스라엘 사람들은 아무런 해도 입지 않았

고 결과적으로 왕은 야훼를 모독하지 말라는 금령을 내리게 되었다.단3:29

기원전 539년에 페르시아가 바빌론을 정복한 후 다니엘은 비슷한 처지에 있었다. 왕이라고 기술하지만 아마도 지방 총독이었을 새로운 지도자 메대 사람 다리우스는 30일 동안 모든 사람은 그에게만 기도해야 한다는 명령을 공표했다. 성경 본문은 이 명령을 예루살렘을 향한 열린 창문 앞에서 무릎을 꿇고 하루에 세 번 기도한 다니엘을 잡기 위해 특별히 계획된 함정이라고 말한다.

다니엘은 평소처럼 기도를 진행했고 그 명령을 위반한 셈이었다. 그를 반대하는 새 정부의 대적자들은 즉각 다리우스에게 다니엘이 그 명령을 무시했다고 말했고 다리우스는 그를 사자굴에 던짐으로써 처벌하지 않을 수 없었다. 그러나 다시 한 번 성경 본문은 우리에게 야훼는 다니엘을 구출하기 위해 행동했다고 말한다. 다리우스는 두 번째 명령으로 응답했다. "나의 통치를 받는 모든 백성은 반드시 다니엘이 섬기는 하나님을 공경하고, 두려워하여야 한다." 단6:26

왕궁 무대의 외국적인 맥락 때문에 이 이야기들은 유배자의 정치 공동체의 형성에 거의 아무런 지침도 제공하지 않았다. 실로 이 성경 본문은 다니엘과 그의 세 동료가 유대인 공동체에서 중요한 사람이었다는 것을 시사하지도 않는다. 그들은 환관이었고 협력자였으며 이 때문에 그들의 신뢰성은 축소되었다.

그러나 이 이야기들이 야훼의 활동을 기술하는 방식과 이 이야기들이 기도, 식사 그리고 충성에 관련된 유대인의 실천을 지키는 확고부동한 준행을 기술하는 방식은 성경 본문을 처음 듣는 이에게 계속적으로 야훼를 그들의 신으로 신뢰하고 제국이 충성을 요구할 때 "아니"라고 말하는 위험을 감수하도록 용기를 주었다. 비록 그들은 책임을 지는 자도 아니었고 군대를 하나도 가지고 있지 않았어도 그들의 행동은 여전히 중요했고 여전히 제국에 영향을 미쳤으며 여전히 야훼의 권능을 증언했다.

(3) 제2이사야서 40-55장

이사야서의 40-55장은 바빌론의 보다 광범한 유대 공동체의 새로운 현실에 대해 말한다. 고레스 왕이 유대인에게 예루살렘 성전의 재건 목적으로 가나안으로 귀환하라는 유명한 승인을 한 후에 써진 이 장들의 메시지는 유다 멸망의 재앙과 바빌론 유배의 상처와 가나안 귀환의 놀라운 전망을 통합한다. 이것은 성경의 가장 아름다운 서정적 본문들에 속한다.

저자는 안심 시켜 주는 말로 시작한다. "너희는 위로하여라! 나의 백성을 위로하여라! 너희의 하나님께서 말씀하신다. 그들에게 일러주어라. 이제 복역 기간이 끝나고, 죄에 대한 형벌도 다 받았다고 외쳐라." 사40:1-2 민족들과 같아지려는 시도의 수치스러운 결과는 이제 끝났다.

이어서 저자는 약속의 땅으로 가는 여정을 광야에서 출범하는 새로운 시작, 신선한 출발을 예기했다. 그녀는 서쪽에 있는 가나안으로 가는 여행을 상상했다. ""광야에 주님께서 오실 길을 닦아라. 사막에 우리의 하나님께서 오실 큰길을 곧게 내어라. 모든 계곡은 메우고, 산과 언덕은 깎아 내리고, 거친 길은 평탄하게 하고, 험한 곳은 평지로 만들어라. 주님의 영광이 나타날 것이다." 사40:3-4

그 뒤에 나오는 성경 본문은 환희와 진심어린 찬양으로 옮겨간다. 저자가 동원할 수 있는 연속적인 수사학적 의문들과 모든 시적 웅변을 통해 우리는 야훼의 창조적 권능, 포괄적인 돌봄, 지속적인 자비, 그리고 원대한 정의를 해독한다. 사40:12-31 나중에 야훼의 독보적인 성품이 확실하게 확증된다. "나는 시작이요, 마감이다. 나 밖에 다른 신이 없다." 사44:6 "내 손으로 땅의

기초를 놓았고, 내 오른손으로 하늘을 폈다." 사48:13

　그 과정에서 우리가 보는 것은 이렇다. 미래의 비전이 있고 이스라엘 사람들이 이전에 시도한 모든 것이 이번에는 달라지게 될 것을 기술한다. 성경 본문은 야훼의 말을 인용한다.

> 나의 종을 보아라. 그는 내가 붙들어 주는 사람이다. 내가 택한 사람, 내가 마음으로 기뻐하는 사람이다. 내가 그에게 나의 영을 주었으니, 그가 뭇 민족에게 **공의**를 베풀 것이다. 그는 소리 치거나 목소리를 높이지 않으며, 거리에서는 그 소리가 들리지 않게 할 것이다. 그는 상한 갈대를 꺾지 않으며, 꺼져가는 등불을 끄지 않으며, 진리로 **공의**를 베풀 것이다. 그는 쇠하지 않으며, 낙담하지 않으며, 끝내 세상에 **공의**를 세울…것이다. 사42:1-4, 강조는 첨가

> 나 주가 의를 이루려고 너를 불렀다. 내가 너의 손을 붙들어 주고, 너를 지켜 주어서, 너를 백성의 언약과 이방의 빛이 되게 할 것이니, 네가 눈먼 사람의 눈을 뜨게 하고, 감옥에 갇힌 사람을 이끌어 내고, 어두운 영창에 갇힌 이를 풀어 줄 것이다. … 전에 예고한 일들이 다 이루어졌다. 이제 내가 새로 일어날 일들을 예고한다. 그 일들이 일어나기 전에, 내가 너희에게 일러준다. 사42:6-9

　이 본문과 함께 우리는 **제2이사야서**에 기쁨과 기대가 넘쳐나는 이유를 이해하기 시작한다. 유다의 역경, 예루살렘의 파멸, 바빌론 유배는 야훼에 대한 새로운 이해와 새로운 목적 즉 정의와 함께하는 공동체를 낳았다. 우리는 그것을 야훼의 말에서 다시 듣는다. "나의 백성아, 나에게 귀를 기울여라.

나의 백성아, 내 말을 귀담아 들어라. 법은 나로부터 비롯될 것이며, 나의 의는 만백성의 빛이 될 것이다. 나의 의가 빠르게 다가오고 있고, 나의 구원이 이미 나타났으니, 내가 능력으로 뭇 백성을 재판하겠다. 섬들이 나를 우러러 바라보며, 나의 능력을 의지할 것이다." 사51:4-5, 강조는 첨가

이스라엘의 증언은 농기구처럼 강력하고 유용할 것이다. "내가 너를 날이 날카로운 새 타작기로 만들 터이니, 네가 산을 쳐서 부스러기를 만들 것이며 언덕을 겨로 만들 것이다." 사41:15 "그[나의 종]는 상한 갈대를 꺾지 않으며, 꺼져 가는 등불을 끄지 않으며." 사42:3

실로 제2이사야서의 비전에서 보면 바빌론과 마주한 이래 유대인들이 겪은 고통은 **야훼의 정의에 대한 이스라엘의 증언의 통합적 일부였을 것이다.** 이 요점을 지목하기 위해 성경 본문은 우리에게 그가 견뎌낸 역경과 체험한 처참함으로 상처 입고 망가진 사람의 이미지를 제공한다. 그러나 그의 고뇌는 역설적이게도 구원과 희망의 출입구가 된다. 처음에는 그 자신을 위한 것이고 다음은 그 사람의 이미지에 의해 고통을 통해 구원과 희망을 발견하는 아이러니를 포용하는 사람들을 위한 것이다. 따라서 우리는 예수의 죽음을 이해하려고 애쓰느라고 제 정신이 아닌 제자들에게 향후 수세기에 걸쳐 너무나 중요한 본문이었던 이 본문이 어떻게 제국의 손에 당한 유다의 역경을 이해하기 위해 최초로 써진 것인지를 이해하게 된다.

그의 얼굴이 남들보다 더 안 되어 보였고, 그 모습이 다른 사람들보다 더욱 상해서, 그[나의 종]를 보는 사람마다 모두 놀랐다. … 그는 사람들에게 멸시를 받고, 버림을 받고, 고통을 많이 겪었다. 그는 언제나 병을 앓고 있었다. 사람들이 그에게서 얼굴을 돌렸고, 그가 멸시를 받았다. … 그는 굴욕을 당하고 고문을 당하였다. … 그가 체포되어 유죄판결을

받았지만 …그가 사람 사는 땅에서 격리된 것이다. … 주님께서 세우신 뜻을 그[나의 종]가 이루어 드릴 것이다. … 나의 의로운 종이 많은 사람을 의롭게 할 것이다. 그는 다른 사람들이 받아야 할 형벌을 자기가 짊어질 것이다. 그러므로 나는 그[나의 종]가 존귀한 자들과 함께 자기 몫을 차지하게 하겠다. 사52:14-53:12

바로 여기에 야훼에 헌신하는 정치 공동체의 비전, 야훼의 성품을 반영하는 공동체의 비전이 있다. "주님께서 말씀하신다. 너희는 나의 증인이며, 내가 택한 나의 종이다." 사43:10 그것은 다윗과 솔로몬의 비전이 아니다. 그것은 이집트와 아시리아만큼 위대하게 되는 비전이 아니다. 그 대신에 이스라엘은 이 본문에 의해 정의를 행하라고 호명되었고 이는 이스라엘의 엘리트 요원들, 예루살렘 시민들을 위한 것이 아니라 민족들 가운데서 하라는 것이고 특히 흑암의 민족들과 어둠에 갇힌 민족들 안에 있는 사람들을 위한 것이다. "땅 끝까지 나의 구원이 미치게 하려고, 내가 너를 '뭇 민족의 빛' 으로 삼았다." 사49:6

이것은 이스라엘의 새로운 사명, 새로운 소명이다. 이것은 **신명기**에서 **예레미야서**에 이르는 글들 속에 작은 편린들로만 나타날 뿐이다. 이들 저자들과 편집자들은 왕과 궁정, 성전과 성직자, 영토와 경계선, 땅의 배타적 소유 책임, 적대자의 제거와 권력의 점유에 정신이 팔려 있었기 때문이다. "너희는 지나간 일을 기억하려고 하지 말며, 옛일을 생각하지 말아라. 내가 이제 새 일을 하려고 한다. 이 일이 이미 드러나고 있는데, 너희가 그것을 알지 못하겠느냐?" 사43:18-19

우리는 이 비전이 마치 다만 사람들에게 더 낫게 행동하라고 요구한 것처럼 도덕주의에 국한된 것으로 상상해서는 안 된다. **정의**는 야훼가 목하 제국의 지배를 받는 지상에 의도하는 것이다. "나의 뜻이 반드시 성취될 것이며, 내가 하고자 하는 것은 내가 반드시 이룬다. … 내가 말하였으니, 내가 그것을 곧 이루겠으며, 내가 계획하였으니, 내가 곧 그것을 성취하겠다." 사46:10-11

하지만 이스라엘의 새로운 길은 걷기가 어려웠을 것이다. 그것은 헌신을 필요로 했다. 정의는 논쟁에 부딪쳤을 것이다. 적들은 많았을 것이고 야훼의 종들은 지쳐갔을 것이다. 우리의 성경 본문은 타격, 조롱, 그리고 모욕을 예상하고 독자들에게 그 길이 앞으로 어떻게 될지를 이해하는 것이 어렵다는 것을 상기시켜준다. 사50:10 그러나 "주 하나님께서 나를 도우시니, 그들이 나를 모욕하여도 마음 상하지 않았고, 오히려 내가 각오하고 모든 어려움을 견디어 냈다. 내가 부끄러움을 당하지 않겠다는 것을 내가 아는 까닭은, 나를 의롭다 하신 분이 가까이에 계시기 때문이다." 사50:7 그리고 "주 하나님께서 나를 학자처럼 말할 수 있게 하셔서, 지친 사람을 말로 격려할 수 있게 하신다. 아침마다 나를 깨우쳐 주신다. 내 귀를 깨우치시어 학자처럼 알아듣게 하신다." 사50:4

그래서 저자는 바빌론의 유대인에게 고레스 왕의 칙령을 이용하라고 촉구했다. "너희는 바빌론에서 나오너라. 바빌로니아 사람들에게서 도망하여라. 그리고 주님께서 '그의 종 야곱을 속량하셨다' 하고, 즐겁게 소리를 높여서 알려라. 이 소식이 땅 끝까지 미치도록 들려주어라." 사48:20 "포로된 딸 시온아, 너의 목에서 사슬을 풀어 내어라. … 너의 하나님께서 통치하신다." 사52:2-7 페르시아, 바빌론, 아시리아, 또는 이집트 제국이 아니다. 이 대담한 주장을 받아들이기 주저하는 사람들이 있었고 그러한 많은 사람들이 있었지만 그들에게 이 성경책은 부드럽고 다정한 말로 끝을 맺는다.

너희 모든 목마른 사람들아, 어서 물로 나오너라. 돈이 없는 사람도 오너라. 너희는 와서 사서 먹되, 돈도 내지 말고 값도 지불하지 말고 포도주와 젖을 사거라. 어찌하여 너희는 양식을 얻지도 못하면서 돈을 지불하며, 배부르게 하여 주지도 못하는데, 그것 때문에 수고하느냐? 들어라, 내가 하는 말을 들어라. 그리하면 너희가 좋은 것을 먹으며, 기름진 것으로 너희 마음이 즐거울 것이다. 사55:1-2

비와 눈이 하늘에서 내려서, 땅을 적셔서 싹이 돋아 열매를 맺게 하고, 씨뿌리는 사람에게 씨앗을 주고, 사람에게 먹거리를 주고 나서야, 그 근원으로 돌아가는 것처럼, 나의 입에서 나가는 말도, 내가 뜻하는 바를 이루고 나서야, 내가 하라고 보낸 일을 성취하고 나서야, 나에게로 돌아올 것이다. 참으로 너희는 기뻐하면서 바빌론을 떠날 것이며, 평안히 인도받아 나아올 것이다. … 이것은 영원토록 남아 있어서 증언할 것이다. 사55:10-13

(4) 에스더기

마지막으로 우리는 제2이사야서의 초대를 거절하고 그 대신에 더 먼 동쪽의 페르시아로 이주한 한 가족의 역사에 기초한 중편 소설에 이르렀다. 그 배경은 페르시아 제국의 네 주요 도시 중의 하나인 수사Susa와 크세르크세스 왕의 궁정이다. 성경 본문은 아하수에로 왕의 궁정이라고 말한다. 수사는 현대 이란 도시 슈쉬Shush에 가까이 있었고 이라크와의 경계선에서 동쪽으로 약간 떨어진 거리에 있었다.

우리는 제2이사야서와 이 성경책이 집중하는 "정의"를 뒤이어서 곧바로 에스더기의 성경 본문으로 돌아가는 것은 적절하다. 왜냐하면 에스더기는 정의라는 말이 사용되는 많은 방식과 "법"과의 복잡한 관계를 상기시켜주기 때문이다.

　이 성경책은 왕후 와스디에 의해 무시된 왕에서 시작하는데 그 시작은 익살스럽다. 왕의 고문단은 왕후의 독립성이 여성 해방 운동을 개시되게 할까 봐 두려워한다. 그래서 고문단은 왕을 설득하여 칙령을 공표하도록 하고 "인도에서 에피오피아에 이르기까지" 더1:1 제국 전역에 보내어서 "남편이 자기 집을 주관하여야 한다고 선포하였다." 더1:22 이 이야기에서 이것이 최초의 법 즉 제1의 법이다.

　다음으로 우리는 "몸매도 아름답고 얼굴도 예쁜" 더2:7 하닷사를 만난다. 하닷사는 모르드개의 질녀이고 예루살렘 엘리트 중의 한 명인 어떤 사람의 증손녀이다. 에스더는 유대인이었고 디아스포라 5대손이었다. 그녀는 "왕궁으로 들어가" 더2:8 치장을 하고 보살핌을 받았으며 따라서 왕의 후궁이 되었다. 마침내 에스더는 왕 앞에 나아오게 되었다. "왕은 에스더를 다른 궁녀들보다도 더 사랑하였다." 드디어 왕은 에스더를 새로운 왕후로 삼았다.더2:17 이와 같이 하닷사는 황제의 인정을 얻음으로써 에스더 말하자면 페르시아의 왕후가 되었다. 이 모든 과정 내내 그녀는 결코 자신의 유산을 밝히지 않았고 자신에게 필수적으로 요구되는 역할을 다해서 왕을 기쁘게 했다.

　그러는 사이에 에스더의 사촌인 모르드개는 왕의 신하 중의 한 명으로 어떤 공식 직함을 가지고 일하고 있었는데더3:2 왕을 죽이려는 역모를 알아내어 신속하게 질녀에게 말해주었고 질녀는 다시 이를 왕에게 알려주었다.

　그렇지만 모르드개는 모든 신하들이 하만에게 "무릎을 꿇고" "절을 하라"는 왕의 명령을 무시함으로써 왕의 최고 대신인 하만을 분개하게 만들었다.더3:2-5 이러한 기대는 제2의 법인데, 이를 위반하자 하만은 자신이 숙고해서 괄목할 만하다고 생각한 복수를 하고 싶어 했다. 그래서 하만은 제국의 모든 유대인들을 죽이기로 결심했다. 그는 "어떤 백성이 ⋯ 임금님의 법도 지키지 않습니다" 에3:8 라고 하는 약간 모호한 혐의로 인종 학살을 계획하는 것에 왕의 협조를 확보했다. 그렇게 해서 크세르크세스는 "열두째 달인 아달월 십삼일 하루 동안에, 유다 사람들을 남녀노소 할 것 없이 모두 죽이고 도륙하고 진멸하고, 그들의 재산을 **빼앗으라**"는 칙령을 공표했다. 에3:13 이것이 제3의 법이다.

모르드개는 질녀의 도움을 구했다. "왕후께서는 궁궐에 계시다고 하여, 모든 유다 사람이 겪는 재난을 피할 수 있다고 생각하십니까? 이런 때에 왕후께서 입을 다물고 계시면, ⋯ 왕후와 왕후의 집안은 멸망할 것입니다. 왕후께서 이처럼 왕후의 자리에 오르신 것이 바로 이런 일 때문인지를 누가 압니까?" 에4:13-14 에스더의 최초 반응은 두려움이었다. 부름을 받지 않았는데도 왕에게 나아가는 것은 법을 거역하는 것이었기 때문이다. 죽음은 이러한 엄격한 규약을 어기는 것에 대한 처벌이었다. 이것이 제4의 법이다.

그러나 수사의 유대인들은 그녀를 대신해서 금식하고 기도했다. 에4:16 에스더는 왕에게 나아가는 용기를 얻었다. 왕은 그녀를 받아들였고 그녀가 무엇을 바라는지를 알고 싶었다. 에스더는 왕과 최고 대신 하만을 연회에 초대했다. 연회에서 모든 일이 잘 되어 갔고 왕은 다시 물었다. "당신의 간청이 무엇이오?" 에5:6 에스더는 다른 말을 하면서 왕과 최고 대신 하만을 한 번 더 연회에 초대하여 그 연회에서 자신의 소청을 밝히겠다고 말했다. 에5:8

두 번째 연회가 열리는 날에 하만은 모르드개를 교수형에 처하는 계획을 세웠다. 그러나 먼저 그는 왕의 동의를 구할 준비를 하였다. 그러는 사이에 왕은 밤에 잠이 오지 않아 왕을 죽이려는 계획을 밝혀준 모르드개를 결코 예우하지 않았다는 것을 상기했다. 아침에 왕은 하만에게 제국의 영예를 모르드개에게 수여할 것을 명했고 따라서 복수를 벌이려고 하는 일정은 좌절되었다.

이렇게 해서 우리는 두 번째 연회의 절정에 도달한다. 여기서 에스더 왕후는 자신의 민족적 유산, 자신의 민족을 멸절하려고 위협하는 법, 그리고 이 모든 일을 지휘한 하만의 역할을 밝혔다.더7:3-6 왕은 즉각 하만을 모르드개를 위해 준비한 교수대에 목을 매달아라라고 명령했고 모르드개를 최고 대신으로 임명했다.

그러나 에스더는 계속해서 초대를 더 받지 않았는데도 왕에게 나아갔다. "하만이, 임금님의 나라 여러 지방에 사는 유다 사람을 다 없애려고, 흉계를 꾸며 쓴 여러 문서[이전 법]가 무효가 되도록 조서를 내려 주십시오." 더8:5 이전 법은 취소될 수 없었지만더8:8 왕은 칙령을 하나 더 만들어 공표하는 것에 동의했다. 모르드개의 명에 따라 왕의 서기관들은 칙령을 작성했는데 이것이 제5의 법이다. 그것은 열두째 달 십삼일에 제국 전역에서 "각 성에 사는 유다 사람들이 함께 모여서 목숨을 지킬 수 있도록 한 것이다. 어느 성읍에서든지, 다른 민족들이 유다 사람들을 **공격하면**, 거기에 맞서서, 공격하여 오는 자들뿐만 아니라, 그들의 자식과 아내까지도 모두 죽이고 도륙하고 진멸하고, 재산까지 **빼앗을** 수 있게 한 것이었다." 더8:11, 강조는 첨가 그것은 백지 수표였고 위협이라고 간주된 사람을 향한 선제 공격 승인이었다. 제한 없는 오만한 어조 속에서 그것은 911사건 발생 3일후에 미국 의회에서 통과된 군사력 사용 승인법을 연상시킨다.

"유다 사람들은 그들의 원수를 다 칼로 쳐 죽여 없앴으며, 자기들을 미워하는 자들에게, 하고 싶은 대로 다 하였다." 더9:5 성경 본문은 우리에게 유대인들은 수사와 그 도성에서 800명을 죽였고 왕이 다스리는 나머지 지방에서 "원수들을 75,000명" 을 죽였다고 말한다.더9:16 그리고 나서 모르드개는 전국의 모든 유대인에게 명을 보냈다. 이것이 제6의 법이다. 즉 "아달월 십사

일과 십오일을 명절로 지키도록 지시하였다. 그 날에 … 잔치를 벌이면서 기뻐하는 명절로 … 지키도록 지시하였다." 더9:21-22 에스더 왕후는 그 뒤에 자신의 편지와 함께 모르드개의 명을 확정하였다. 오늘날 이것은 부림절로 알려져 있다. 이것은 제국과의 협력이 어떻게 그 제국의 폭력 독점권을 악용할 수 있는, 그리고 그 때문에 작은 권력을 특권적 지위로 바꾸어놓을 수 있는 매우 유용한 방법일 수 있는지를 기리는 하나의 유혹으로 존속한다.

6개의 법은 이렇다. 변변찮은 농담 같은 법, 무시된 법, 유대인의 진멸을 약속하는 법, 위반된 법, 선제적인 폭력을 합법화하는 법, 그리고 오늘날에도 아동의 유익을 위해 지켜지지만 다채로운 축제처럼 된 법이 그것이다. 이러한 모든 법에서 정의는 어디에 있는가? 사람들이 정의에 헌신하는 정치 공동체를 형성하라는 야훼의 부름에 대답을 하는 곳이 페르시아에서든, 가나안에서든, 어디서든지 간에 그 문제는 대답을 구하고 있다.

15장: 제국과 협력하기

에스라기, 학개서, 스가랴서 1-8장, 느헤미야기, 말라기서

기원전 538년에 고레스는 유대인에게 알려진 바대로 성전을 재건하기 위해 가나안 귀환을 승인하는 칙령을 공표했다. 우리가 곧 읽으려는 성경책들은 90년 남짓한 기간에 걸쳐 귀환한 네 개의 다른 집단을 시사한다. 첫째 집단은 세스바살의 리더십 하에 있는 소집단으로 아마도 칙령 선포 1년 이내에 귀환했을 것이다. 둘째 집단은 가장 큰 집단으로 그 수가 42,360명이고 첫째 집단의 보고를 받은 후에 아마도 기원전 533년경에 스룹바벨과 예수아의 리더십 하에 뒤이어 갔을 것이다. 훨씬 후인 기원전 458년에 에스라는 셋째 집단을 이끌었고 그 수는 5,000명 정도였다. 넷째 집단은 첫째 집단과 마찬가지로 소집단이었다. 이 집단을 느헤미야는 기원전 445년에 가나안으로 이끌고 갔다. 귀환자를 모두 합치면 그 수는 50,000명 정도였다.

각각의 그룹이 거친 경로는 아마도 하란을 향해 유프라테스강을 따라 북쪽으로 이동하고 그 다음에 고대 도시 알레포를 향해 서쪽으로 이동하며 다시 서남쪽의 레바논을 경유하여 바다 부근 평지로 가서 마침내 남행하여 페르시아인들이 가나안의 중앙 지역이라고 불렀던 예후드로 가는 것이었다. 물론 이것은 창세기가 우리에게 말하는 대로 아브람과 사래가 수세기 전에

야훼의 부름을 받고 조상 전래의 집을 떠날 때 밟았던 경로와 동일한 것이다. 이 경로는 출애굽기가 우리에게 말하는 대로 이스라엘 민족이 오랜 세월 이전에 제국적인 이집트를 떠난 후 거친 길과 다름없는 광야의 길을 포함했다.

그러나 창세기는 첫 두 집단이 귀환했을 때 아직 써지지 않았고 출애굽기를 **여호수아기**의 편성과 **신명기**의 확장을 통해서 받아들인다면 그것은 상대적으로 백년 미만을 앞서는 최근의 일이었다. 우리에게는 너무나도 명백한 이 병행 사실들이 그들에게는 명백하지 않았을 것이다.

그럼에도 불구하고 우리 현대 독자들은 아마도 지도자인 페르시아 황제가 어떻게 긍정적으로 바로에 비유되는 것으로 간주될 수 있는지, 또는 광야 여정 말하자면 하나는 바빌론으로부터의 여정 다른 하나는 이집트로부터의 여정이 어떻게 달리 취급될 수 있는지에 유의해야 할 것이다. 바빌론으로부터 돌아온 가장 큰 규모 집단의 귀환 여정에 대해서는 실로 말 한 마디의 언급도 없다. 분명히 그 여정에서 주목할 만한 것은 아무것도 일어나지 않았다.

귀환한 이들은 바빌론에 정복된 후에 떠나지 않고 잔류한 200,000명으로 추산된 유다 사람들의 후손들에 합류했다. 떠난 적이 없었던 사람들의 경험은 희년제의 요소를 포함했다. 다시 말해 남아서 머물렀던 사람들은 예루살렘의 엘리트가 사라지자 조상의 땅을 되찾았다. 아시리아인이 다른 장소에서 데려와 이주시킨 사람들의 후손들과 고대 가나안 사람들의 후손들이 그랬듯이 에브라임의 구성원이면서 아시리아인의 추방을 면했던 이스라엘 후손들도 역시 가나안이라는 역사적 땅에 거주했다. 고고학자들은 이 지역 전체의 인구수는 이 시대에 백만 명을 결코 넘지 않았다고 제안한다.

이 사람들은 모두 한 가지 공통점을 가지고 있었다. 즉 페르시아 제국과 그 제국이 임명한 총독이 그들을 다스리고 그들의 자유의 한도를 규정했다는 점이다. 귀환한 이들은 이 지역 전체 인구의 5-10퍼센트를 이루었다. 예루살렘의 인구는 적었다. 예루살렘의 보호벽이 느헤미야의 시대에 재건된 후에도 그 인구는 아마도 1000-2000명에 불과했을 것이다.

이 장은 재정착 노력의 첫 120년간에 있었던 예후드 생활에 관련되는 다섯 권의 성경책을 조사한다. 두 권의 예언서 **학개서와 스가랴서**는 기원전 520년경에 제일 먼저 써졌다. 거의 백년 후에 보다 광범한 역사서인 **에스라기와 느헤미야기**가 편찬되었고 예언서 **말라기**가 써졌다.

우리는 **에스라기**에서 출발한다. **에스라기**는 고레스가 칙령을 공포한 후 80년간의 사건들을 이야기한다. 저자 에스라는 제사장이고 서기관이었다. 그는 때때로 유대교의 아버지라고 말해진다. 그의 이름이 들어가는 성경책을 별도로 쳐도 그는 **역대지**를 쓴 것으로 그리고 **레위기**에 유의미한 기여를 한 것으로 인정받는다.

에스라의 연대기는 곧바로 우리를 **학개서와 스가랴서**로 데려간다. 그 후에 우리는 **느헤미야기**로 갈 것인데 그렇게 하기 전에 마무리하는 일이 필요해서 **에스라기**로 되돌아올 것이다. **느헤미야기**는 원래 **에스라기**의 일부였고 내용과 목적에서 중복이 있다. **느헤미야기**는 그 일부가 느헤미야에 의해 1인칭으로 써졌고 **에스라기**처럼 결코 야훼를 인용하지 않는다. 느헤미야는 제국의 유대인 관리였다. 따라서 그의 정체성은 우리에게 요셉과 다니엘을 떠오르게 한다. 하지만 이 이야기는 다르다. 왜냐하면 그것은 궁정에서 산 자신의 삶이 아니라 유대인 공동체와의 상호작용에 집중하기 때문이다.

학개는 성전 재건축이 잠시 중단된 기간인 15년이 지난 후에 예루살렘에서 말한 원로 예언자였다. 그의 말은 말하자마자 거의 바로 기록된 것 같다. 스가랴는 젊은 예언자였고 같은 시간과 장소에서 말한 제사장이었다. 그는 기원전 520년경에 그들에게 말한 직후에 자신의 말 즉 **스가랴서**의 첫 8개 장을 바로 기록한 것 같다. 말라기는 예루살렘에 사람이 다시 거주하고 에스라와 느헤미야의 정책들이 확립된 후인 기원전 430년경에 썼다고 생각된다.

요약하면, 이 성경책들은 유대인 귀환자들이 어떻게 다시 한 번 가나안에서 정치 공동체로서 기능할 수 있었는지를 기술한다. 그러나 **왕이 지리적 경계선을 통제하는 민족 국가로서는 아니었다.** 종교적 실천이 요구되었고 이 종교적 실천이 통합의 요소가 되었으며 야훼에 신실하게 충성하는 것에 집중한 구별된 문화를 형성하는 것을 가능하게 했다. 이 새로운 접근의 중요한 특징은 페르시아 제국과의 긴밀한 협력을 포함했다는 것, 제사장의 역할을 확장했다는 것, 그리고 그들에게 성전을 넘어 보다 넓은 공동체 생활을 형성하기 위해 새로운 권위를 부여했다는 것이다. 따라서 제국이 허락한 협소한 영역 내에서 그 사회는 이 성경책들이 묘사하는 대로라면 강력한 신정 통치의 요소를 가진 셈이다. 독자들은 이러한 접근의 결과를 평가할 수 있도록 권장되는 바이다. 308쪽 17번 문항을 보라.

(1) 에스라기

이 성경책은 독자들에게 야훼가 유배된 포로들을 예루살렘으로 다시 데려오고 "안전하게 살게 하겠다" 렘32:37고 하는 예레미야의 예언을 기억나게 한다. 놀랍게도 그것은 이어서 페르시아 황제 고레스를 **야훼의 대변인**으로 인용한다. "하늘의 주 하나님이 나[고레스]에게 … 유다에 있는 예루살렘에 그의 성전을 지으라고 명하셨다." 라1:2 고레스는 "이 나라 사람 가운데 하나님을 섬기는 모든 사람"에게 참여하라고 초대했다. 이것은 성경의 세계관과 결별하는 주요한 출발점이다. 즉 이방 황제가 야훼의 뜻을 대언하고 행한다는 것이다. 우리는 인용된 칙령을 고레스를 위해 그의 유대인 서기관에 의해 쓰진 문서라고 다시 말해서 매우 긴밀한 업무 관계가 구축된 증거라고 가정할 수 있다.

바빌론의 유대 공동체는 신속하게 "은그릇과 금과 세간과 가축과 여러 가지 진귀한 보물"을 모아서 그 노력을 지원했다. 고레스도 오천사백 개의 금은그릇을 자금으로 제공했다. 세스바살은 유배된 왕 여호야긴의 아들인데대하3:18 이 보물의 수탁자로 위임받았다.라1:5-11 그는 최초의 귀환자 집단을 이끌었고 또한 분명히 예후드의 총독으로 복무했다. 따라서 그는 제국의 권위를 이행하는 자였다.라5:14

세스바살의 조카대상3:19 스룹바벨은 "고향 땅인 예루살렘과 유다로"라2:2 돌아온 둘째 집단을 이끌었다. 성경 본문은 귀환한 많은 가족의 이름을 밝힌다. 솔로몬의 후손들은 각별하게 언급된다.라2:55-58 사람들은 귀환 여정 때 자신의 귀한 보물을 가지고 왔다. 어느 시점부터 페르시아 황제도 스룹바벨에게 총독의 직위를 승인했다.학1:14

파괴된 도시에 도착한 후 귀환한 이들은 "저마다 힘 자라는 대로"라2:68-69 성전 재건을 위해 자원 예물을 바쳤다. 세스바살과 그 일행은 기이하게도 그 설명에서 빠져 있다. 그들은 도착하여 성전의 기초를 놓는 일을 했다고 나중에 성경 본문이 확증한다고 할지라도라5:16 그들이 운반했던 금과 은은 결코 언급되지 않는다. 그것은 도난당했을까 또는 유용되었을까?

사람들이 저마다 마을에 자리를 잡은 후 예수아와 그의 동료 제사장들은 "모세의 율법에 규정된 대로 번제를 드릴 수 있도록 이스라엘의 하나님의" 적절한 제단을 세우고자 그들을 다시 예루살렘으로 불렀다. 때가 되면 그들은 초막절을 축하하고 규정된 모든 제사를 아침과 저녁 그리고 "초하루에" 지켰다.라3:1-5 이러한 요구들 일부는 신명기의 본문에 나타나지 않는다. 따라서 우리는 그들이 새로이 쓴 민수기 성경 본문을 접했다고 가정할 수 있다.

다음으로 그들은 성전의 기초를 놓기 시작했다. 이것은 백향목을 두로에서 주문하고 나무와 바닷길 운송 비용으로서 기름을 보내는 것을 포함했다.라3:7 일꾼들은 고레스의 시방서에 따라 성전의 기초를 놓았다. 그 너비는 27미터였다.라6:3 "온 백성"이 성전 건축 이듬해에 제사장이 주관하는 축하 행사에 참석하여 성전의 기초가 놓인 자리에 섰다. 그러나 나이 든 많은 사람들은 분명히 크게 통곡했다. 왜냐하면 그 구조가 차지하는 공간이 이전에 서 있었던 것과 비교할 때 별로 크지 않았기 때문이었다.라3:8-13

이어서 위기의 국면에 이르는 사건들이 발생했다. 이스라엘 배경을 가지고서 이 지역에서 평생을 보낸 사람들이 성전을 짓는 일에 봉사하겠다고 제안한 것이다. 그들은 "앗시리아 왕 에살핫돈이 우리를 여기로 데려왔을 때부터 이제까지, 우리도 당신들과 마찬가지로 당신들의 하나님을 섬기며, 줄곧 제사를 드려 왔으니, 우리도 당신들과 함께 성전을 짓도록 하여 주시오"라고 말했다.라4:1-2 스룹바벨과 예수아는 거절했다. "당신들과는 관계가 없는 일이오. 주 우리의 하나님께 성전을 지어 드리는 것은, 우리가 할 일이오. **페르시아 왕 고레스가 우리에게 명령한 대로**, 주 이스라엘의 하나님의 성전을 짓는 것은, 오로지 우리가 할 일이오."라4:3, 강조는 첨가 성경 본문은 도움을 제안한 사람들을 귀환자의 "대적"이라고 특징짓는다. 이는 두 집단 사이에 모종의 적대 의식이 존재했다는 것을 귀띔해 주는 것이다. 그러나 이 본문에서 가장 놀라운 것은 그것이 이 중대한 결정의 권위로 인증하는 것이 야훼가 아니라 오직 황제 고레스라는 점이다. 이것은 제국의 권위가 제일이지 야훼의 권위는 아니라는 것을 말한다.

이 배제된 동족 사람들은 위협도 가하고 페르시아 관리에게 뇌물도 바치고 통치하는 페르시아 왕에게 편지도 쓰고 하면서 모든 성전 건축을 아마 25년 동안 멈추게 했다. 이 지연 기간은 고레스 통치의 마지막 몇 년간과 존경을 덜 받은 그의 계승자들의 불안정한 몇 년간에 일어났을 개연성이 아주 높다. 고레스는 기원전 530년에 죽었다. **에스라기 4장 7-23절**의 설명이 그 일의 일부인지 또는 성벽이 세워지고 훨씬 지난 뒤에 일어난 일인지는 논란의 대상이 되고 있다. 전자의 경우라면 "아닥사스다"는 단지 3개월만 왕으로 있었던 가우마타Gaumata가 된다. 그러나 이러한 뒤얽힌 문제에 대한 답 때문에 이 이야기의 궤도에 중요한 변화가 생기는 것은 아니다.

기원전 522-520년에 페르시아의 통제 하에 있던 많은 피정복민들은 반란을 일으켰다. 부분적으로 이 일은 고레스 왕조가 끝나고 나면 누가 다스릴 것인지에 관한 불확실성 때문이었다. 다리우스는 뛰어난 페르시아 군사 지도자로서 기원전 522년 후반에 권력을 장악했고 군부의 지원과 함께 봉기들을 진압했다. 그는 점차 새로운 황제로서 통제를 확립해 갔다.

(2) 학개서

다리우스 황제 이년 째 기원전 520년에 제국의 전국적인 소요가 성전 건축의 답보 상태를 타개할 수 있는 기회를 만들어냈다. 이 시기는 예언자 학개가 예루살렘에 나서서 말하기 시작한 때였다.학1:1 우리는 즉각 목소리에 변화가 있음을 주목하게 된다. "주님께서 이렇게 말씀하신다. 이 백성이 말하기를… '주님의 성전을 지을 때가 되지 않았다'고 한다. 성전이 이렇게 무너져 있는데, 지금이 너희만 잘 꾸민 집에 살고 있을 때란 말이냐?"학1:2-4 다음으로 학개는 가나안 생활의 일반적 여건에 주의를 환기시킨다. "너희는 살아온 지난날을 곰곰이 돌이켜 보아라. 너희는 씨앗을 많이 뿌려도 얼마 거두지 못했으며, 먹어도 배부르지 못하며, 마셔도 만족하지 못하며, 입어도 따뜻하지 못하며, 품꾼이 품삯을 받아도, 구멍 난 주머니에 돈을 넣음이 되었다."학1:5-6

백성들은 가나안 생활이 매우 힘들었다고 생각했는데 학개는 그것이 "나의 집은 이렇게 무너져 있는데, 너희는 저마다 제집 일에만 바쁘기 때문이다"고 말했다.학1:9 그래서 학개는 백성들에게 성전 일을 하러 가라고 말했다. "스룹바벨과 … 남아 있는 모든 백성이, 주 그들의 하나님이 하신 말씀과, 주 하나님이 보내신 학개 예언자가 한 말을 따랐다." 학1:12

성전 재건 활동이 새로이 시작되었어도 그 합법성은 많이 의심스러웠기 때문에 삼 개월 동안 학개는 건축 현장에서 계속 말하면서 성전 짓는 사람을 격려했다. "너희 남은 사람들 가운데, 그 옛날 찬란하던 그 성전을 본 사람이 있느냐? 이제 이 성전이 너희에게 어떻게 보이느냐? 이것이, 너희 눈에는 하찮게 보일 것이다. 그러나 스룹바벨아, 이제 힘을 내어라. 나 주의 말이다. … 나의 영이 너희 가운데 머물러 있으니, 너희는 두려워하지 말아라. … 내가 이 성전을 보물로 가득 채우겠다." 학2:3-7 "곳간에 씨앗이 아직도 남아 있느냐? 이제까지는, 포도나무나 무화과나무나 석류나무나 올리브 나무에 열매가 맺지 않았으나, 오늘부터는, 내가 너희에게 복을 내리겠다." 학2:19 "내가 너를 뽑아 세웠다. 나 주의 말이다." 학2:23

(3) 스가랴서 1-8장

학개의 공식 참여 활동의 짧은 시간이 끝나갈 무렵에 스가랴는 지휘봉을 들어서 이년 동안 지휘를 맡았다. 그는 여덟 가지의 환상을 기술했다. 일부는 모호하지만 모든 환상은 성전 재건 현장에서 일하는 사람에게 용기를 주는 것들이었다. 두 개의 가장 분명한 환상 즉 네 번째와 다섯 번째는 **에스라기**에서 예수아로 부른 대제사장 여호수아와 성전 건축 프로젝트 행정관 스룹바벨의 리더십을 확언했다. 스가랴는 야훼가 여호수아의 죄를 없애고 "예식에 입는 옷"을 입혀주었다. 게다가 야훼는 여호수아와 그의 제사장 동료들에게 "내가 여호수아 앞에 돌 한 개를 놓는다. 그것은 일곱 눈을 가진 돌이다. 나는 그 돌에 내가 이 땅의 죄를 하루 만에 없애겠다는 글을 새긴다." 슥3:4-9

고 약속했다. 명백히 백성들은 이러한 지식에 접한 사람들을 따라야 했다. 스가랴는 여덟 가지의 환상을 기술하고 난 뒤 다시 한 번 여호수아에 대해서 말했는데 그는 여호수아의 머리에 금과 은의 왕관이 씌워져야 한다고 말했다. "그가 주의 성전을 지을 것이며, 위엄을 갖추고, 왕좌에 앉아서 다스릴 것이다." 슥6:9-13 이것은 중요한 구절이다. 이것이 가리키는 것은 스가랴는 이스라엘의 삶에서 고위 제사장이 정치적으로 강력한 역할 즉 여러 가지 점에서 왕의 역할과 비슷한 역할을 수행하기를 기대했다는 점이다.

프로젝트 행정관 스룹바벨은 어떠한가? 그는 대단히 귀중한 존재였고 스가랴는 그가 "힘으로도 되지 않고 권력으로도 되지 않으며 오직 나의 영으로만" 살아온 "순금으로 만든 등잔대" 였다고 말했다. 슥4:2-6 바꾸어 말하면 그는 자신의 권위가 자신의 배역로부터가 아니라 스스로 어떻게 행동했는지로부터 온 사람이었다. 스룹바벨의 손이 "이 성전의 기초를 놓았으니 그가 이 일을 마칠 것이다." 슥4:9

첫 번째 환상은 성전이 완성되지 않았을지라도 야훼가 예루살렘에 복귀한 것과 "내 성읍마다 좋은 것들로 다시 풍성하게 될 것이다" 슥1:17고 야훼가 약속한 것을 말했다. 두 번째 환상은 "유다 땅" 슥1:21 을 보호하는 것을 말했다. 세 번째 환상은 예루살렘 도성이 어떻게 다시 한 번 사람으로 가득 차게 될 것인지를 말했다. 슥2:4 여섯 번째 환상은 "온 땅" 이 도둑과 거짓을 금지하는 법치 아래에 있을 것을 기술했다. 슥5:1-4 일곱 번째 환상은 이 땅에서 악의 현존을 제거해 줄 천사 같은 여인들을 말했다. 슥5:5:11 여덟 번째 환상은 온 세상을 다스리는 야훼의 주권을 말했다. 슥6:1-8

스가랴는 그의 공적 역할이 끝날 무렵에 베델에서 온 파견단이 물은 질문에 응답했다. 기원전 586년 다섯째 달에 성전 파괴를 기억하기 위해 "우리가 지난 여러 해 동안에 해 온 그대로, 다섯째 달에 애곡하면서 금식해야 합니까?" 슥7:3 스가랴는 아니라고 말했다. 그러한 시절은 끝났다. 금식과 탄식은 어쨌든 대체로 자기중심적이었다. 그 대신에 "너희는 공정한 재판을 하여라. 서로 관용과 자비를 베풀어라. 과부와 고아와 나그네와 가난한 사람을 억누르지 말고, 동족끼리 해칠 생각을 하지 말아라." 슥7:1-10

백성들이 이 메시지에 저항했을지라도 스가랴는 야훼는 단호하다고 주장했다. "그 날이 오면, 살아남은 백성이 이 일을 보고 놀랄 것이다. 그러나 그것이 나에게야 놀라운 일이겠느냐? 나 만군의 주가 말한다." 슥8:6-7 따라서 야훼는 말한다. "내가 내 백성을 구원하여 내겠다." 슥8:6-7, 강조는 첨가 그리고 다시 한 번 "주가 말한다. 이제는, 내가 다시 예루살렘과 유다 백성에게 복을 내려 주기로 작정하였으니, 너희는 두려워하지 말아라." 슥8:14-15 따라서 그는 백성들에게 "서로 진실을 말하여라. 너희의 성문 법정에서는 참되고 공의롭게 재판하여, 평화를 이루어라" 하고 용기를 북돋웠다. 슥8:16 그리고 경축하라. 너희의 절기를 "기쁘고 즐겁고 유쾌한 절기"가 되도록 하라. 슥8:19

마지막으로 스가랴는 미래를 다음과 같이 기술했다.

이제 곧 세상 여러 나라에서 수많은 민족들과 주민들이 몰려올 것이다. 한 성읍의 주민이 다른 성읍의 주민에게 가서 "어서 가서 만군의 주님께 기도하고, 주님의 은혜를 구하자" 하면, … 수많은 민족과 강대국이, 나 만군의 주에게 기도하여 주의 은혜를 구하려고, 예루살렘으로 올 것이다. … 그 때가 되면, 말이 다른 이방 사람 열 명이 유다 사람 하나의 옷자락을 붙잡고 "우리가 너와 함께 가겠다. 하나님이 너희와 함께 계신다는 말을 들었다" 라고 말할 것이다. 슥8:20-23

(4) 에스라기

우리는 에스라기로 되돌아가서 그 성경책의 5장에 나오는 서사를 다시 시작한다. 성전 현장에서 건축 활동을 새로이 착수하자 페르시아가 임명한 지방 총독이 위법을 조사하기 위해 예루살렘에 왔다. 그리고 그는 새로운 왕 다리우스에게 자신이 조사한 결과 보고서를 보냈다. 그의 보고서는 스룹바벨과 예수아의 건축 활동에 대한 변론을 포함해서 다리우스 왕이 고레스의 칙령을 발견하기 위해 왕실 문서 창고를 살펴볼 것을 명령하기를 바라는 요구를 광범하게 인용했다. 라5:7-17

다리우스의 대신은 고레스의 칙령이 페르시아 제국의 다른 수도 가운데 하나인 엑바타나Ecbatana의 서고에 있는 것을 발견했다. 그래서 다리우스는 총독에게 그 일을 계속하도록 하라고 명령하는 칙령을 직접 공표했다. 게다가 그는 총독에게 건축 비용을 총독이 그 지방 사람에게서 거둔 "국고에서 어김없이" 대주라라고 명령했다. 라6:7-8 그는 재건축을 방해하는 누구라도 처벌하는 것을 승인했다. 라6:11-12 따라서 성전 건축은 다시 한 번 페르시아 제국의 프로젝트가 되었다.

기원전 515년쯤에 일하는 사람들은 성전 건축을 끝냈다. 제사장과 레위 사람들의 주도로 백성들은 "기뻐하면서 하나님의 성전 봉헌식을 올렸다." 한 달 후에 귀환자들은 유월절을 지켰다. "그 땅에 살던 이방 사람들에게서 부정을 탔다가 그 부정을 떨어버리고, 주 이스라엘의 하나님을 찾아온 이들도" 그들과 함께 했다. 이들 귀환자들은 이레 동안 무교절을 즐겁게 지켰다. "그들은 주님께서 … 호의를 베풀도록 하셨으므로, 하나님의 성전을 다시 지을 수 있었으므로, 한없이 기뻤다." 라6:16-22

7장에서 배경은 다시 바빌론으로 돌아간다. 그러나 이는 67년이 지난 뒤 기원전 458년이다. 처음으로 우리는 "주님의 계명과 율례를 많이 배운" 서기관 에스라를 만난다. 이 에스라는 아닥사스다 왕으로부터 자신의 전문 인력들을 가나안의 유대 백성들에게 데려가도록 승인 받은 사람이다. 왕의 칙령 조서는 주목할 만한 문서이지만 믿기 힘든 문서이기도 했다. 그 문서는 이렇게 말했다. 에스라는 하나님의 율법에 따라서 예후드와 예루살렘이 어떠한지를 살펴보기 위해 "나와 나의 일곱 보좌관이 보내는" 사람이다. 그 문서는 "나와 나의 보좌관들이 예루살렘에 계시는 이스라엘의 하나님께 기쁜 마음으로 드리는 은과 금"을 언급했고 에스라에게 이러한 자원들을 유다 사람들이 가장 좋다고 생각하는 일에 쓰도록 승인해주었다. "… 그대가 섬기는 하나님의 성전에서 써야 할 것이 더 있으면, 국고에서 공급받도록 하여라." 라7:14-20

계속되는 명령은 예후드에 있는 페르시아 행정관더러 에스라에게 충분히 협력하라는 것을 지시하는 것이었고 에스라가 확인한 추가 비용 예산을 승인해 주는 것이었다. 이는 모든 제사장, 레위 사람, 성전에서 노래하는 사람, 그리고 성전 문지기와 성전 막일꾼에게 제국의 세금을 면제해 주는 것이었다. 라7:21-24

더 나아가서 그것은 에스라에게 예후드에서 모세의 율법을 적용하기 위해 치안 판사와 재판관을 임명하는 권한을 주었다. "하나님의 율법과 왕의 명령대로 따르지 아니하는 자는, 반드시 죽이거나 귀양을 보내거나 재산을 빼앗거나 옥에 가두거나 하여, 엄하게 다스려라." 라7:25-26 따라서 에스라는 황제의 행정 권한과 거의 일천 달란트에 가까운 은과 백 달란트를 넘는 금을 가지고 예루살렘에 도착했다. 라9:26-27

에스라의 최초 행정 집행은 가나안 사람을 향해 시행된 인종 청소와 같은 **여호수아기**의 성경 이야기를 떠올리게 했다. 이 이야기는 어떤 형태로 에스라의 명령에서 실시간으로 벌어졌고 귀환자의 새로운 공동체의 일부가 되기를 원한 **이스라엘 사람**을 향해 실행되었다. "이스라엘 백성은, 제사장이나 레위 사람들마저도, 이방 백성과 관계를 끊지 않고, … 이방 사람의 딸을 아내로 또는 며느리로 맞아들였으므로, 주변의 여러 족속의 피가 거룩한 핏줄에 섞여 갑니다." 라9:1-2

거룩한 핏줄을 오염시킨 이 아내들은 누구였는가? 유배된 유대인이 맨 처음 귀환한 지 75년의 세월이 지났다면 수많은 결합이 진행되었을 것이다. 일부는 에브라임 가족 출신 부모의 딸이었을 것이고 또 다른 일부는 가나안 출신 부모의 딸이었을 것이다. 이와 다른 일부는 잃은 땅을 돌려받기 위한 계획의 일부로 유대인 귀환자와 결혼한 페르시아인 부모의 딸이었을 것이다. 이와 또 다른 일부는 부모가 둘 다 유배되지 않았던 유다 사람이었을 것이다. 성전 파괴 후에 이러한 가족들은 의례가 요구하는 순결성을 유지하지 못했다. 에스라는 분명히 이러한 모든 범주의 여인들과 연관되어 있는 결혼에 끔찍한 충격을 받았다. 예후드는 "… 이방 백성이 살면서 더럽힌 땅이라고 말씀하셨습니다. 거기에서 사는 자들이 역겨운 일을 하여서, 땅의 구석구석까지 더러워지지 않은 곳이 없다고 하셨습니다." 라9:11

에스라는 성전 앞에서 공개적으로 "엎드려 울면서" 자신의 번민을 표시하였다. 라10:1 백성들은 주사위가 던져졌다는 것을 알았다. 에스라의 분노속에 야훼의 법과 페르시아의 법이 그들을 향해 사열된 상태였다. 그래서 "지도급 제사장들과 레위 사람들과 온 이스라엘 사람"은 "말한 대로 하겠다"고 맹세하였다. 라10:5 에스라는 모든 백성에게 예루살렘으로 모이라는 명을 내렸고 나타나지 않으면 재산을 몰수하고 성전 예배를 금지한다고 겁박했다. "온 백성"이 나타나 비가 쏟아지는데도 에스라가 그들의 삶을 재정비해주기를 기다리면서 성전 앞뜰에 모여 앉아 "떨고 있었다." 그는 자백을 요구했고 백성들은 순응했다. 그는 "이 땅에 있는 이방 백성과 관계를 끊고,

여러분이 데리고 사는 이방인 아내들과도 인연을 끊어야 합니다" 하고 요구했다. 이것은 더욱 더 복잡한 문제인 것처럼 보였다. 백성들은 폭우를 피할 곳을 찾고자 성전에서 놓아줄 것을 청했다. 그들은 마을의 원로들과 재판장들을 이 문제를 해결하는 우리의 대표자로 세우도록 하자고 말했다.라10:8-15

결국 "이방 여자" 라10:14와 결혼한 모든 남자들은 그 수가 약110명라10:20-43인데 그들은 모두 "자식과 함께" 라10:44 "… 아내를 내보내겠다고 서약했다." 라10:19 스가랴의 제사장이 이끈 정치 공동체의 비전은 정말 실현되어야 했지만 그러나 그것은 많은 백성들을 반갑게 맞아들인 공동체는 아니었다. "거룩한 핏줄"의 순결성은 윤리적 삶이 아니라 리트머스 시험으로 남았다. 그리고 이것이 인종적 시험이 아니라 종교적 시험으로 해석될 수 있는 한 그 실제적 효과는 유대인의 신앙을 유대인의 민족성을 매우 편협하게 정의하는 것과 동일시하는 것이 되었다.

최근에 있었던 결혼 다시 말해서 귀환한 유대인 남자가 페르시아 여자와 결혼하는 일은 에스라의 포고로 충격을 받았다. 하지만 요구된 이혼은 상대적으로 그 수가 적었다는 점을 고려할 때 우리는 그런 종류의 보다 격의적인 결혼은 영향을 받지 않았고 따라서 그러한 결혼은 귀환하는 엘리트의 토지 명의를 갱신하고 그 경제적 특권을 재확립하는 데 효력을 유지했다고 가정한다.

(5)느헤미야기

제2이사야서와 스가랴서의 예언자적 목소리는 에스라의 리더십 하에 나타난 것보다 더 포용적인 공동체를 향했다. 우리가 느헤미야기로 눈을 돌릴 때 그러한 예언자적 비전이 어떻게 탈취되었는지를 묻는 것은 적절한 물음이다.

아마도 우리는 에스라가 도착한 후 예루살렘에서 일어난 사건의 전환에 놀라서는 안 될 것이다. 애초에 귀환한 이들만이 성전 재건축에 참여하도록 되어 있었다. 그곳에 오랜 동안 살았던 주민들은 그 노력에 오점을 남기지 않도록 배제되었다. 그러나 성경 본문은 제국의 참여가 마찬가지로 오염 효과를 가지고 있을지도 모른다는 병행적 관심을 전혀 보여주지 않는다. 순결성과는 다른 어떤 동학이 작용해서 야훼의 백성을 이전의 포용성 비전에서 벗어나게 만들었는가?

느헤미야는 아닥사스다 왕에게 술잔을 받들어 올리는 일을 맡고 있었고 왕이 독이 든 술을 마시지 않도록 확실히 하는 일을 하고 있는 각료급 위치에 있는 사람이었다. 성전 봉헌 후 70년이 되었고 왕이 에스라에게 예루살렘에 신정 정치를 확립하라고 권한을 준 후 14년이 된 기원전 444년에 느헤미야에게 예루살렘 도시의 사회 기반 시설이 와해되었다는 소식이 알려졌다. "소신의 조상이 묻힌 성읍이 폐허가 되고 성문들이 모두 불에 탔다." 느2:3 이에 관해 뭔가가 억지스럽고 가식으로 꾸민 것이 있는 것 같다.

느헤미야는 왕에게 일을 같이 할 수 있도록 예후드에 있는 페르시아 당국에 명을 내려주고 나무를 공급해서 그 나무로 "**성채**와 성벽도 쌓고 소신이 살 집도 짓게" 느1:8, 강조는 첨가 하여 줄 것을 청했다. 왕은 느헤미야가 청한 대로 해주었다. 그는 또한 "장교들과 기병대" 느2:9를 딸려 보내어, 느헤미야와 함께 가게 하였다. 확실히 그 길의 안전은 숙고해야 할 한 가지였다. 하지만 장교들이 같이 간다는 것은 보다 광범한 군사 목적도 있었다는 것을 시사한다.

하워드-브룩은 이에 대한 분석을 다음과 같이 제시한다.

왜 페르시아 왕은 이 건축 프로젝트를 후원하고 이를 감독하기 위해 신임하는 고문단을 보냈는가? 그 대답은 느헤미야의 경건한 청원을 표면적인 계책으로 삼았다고 하더라도 분명해지지 않으면 안 된다. 즉 예루살렘 재건은 줄곧 페르시아가 후원하는 프로젝트였다. … 제국이 예루살렘 건축에 자금을 대주고 감독하고 실행에 옮기게 된 것은 페르시아 자신의 전략적인 군사적 필요 때문이었다.[13]

이것은 제국이 귀환과 재건의 노력을 관대하게 지원한 것을 설명해준다. 제국은 예후드에서 권력을 공고화하려는 자신의 계획을 성공적으로 이루어내기 위해 유대인의 종교적 희망을 이용하고 있었다. 우리에게 남겨지는 것은 제국 계획의 전술적 측면을 짐작하는 것인 한편 우리는 그것이 분할 통치라는 제국의 고전적인 수법을 포함했다고 무난하게 가정할 수 있다. 그 지역의 셈족들이 서로 다투고 싸우는 한 제국은 견고하게 통제를 계속할 것이다. 우리는 이러한 전술이 재연되는 것을 전쟁으로 피폐해진 이라크 및 시아파-수니파 갈등에서 본다.

예루살렘에 도착하자마자 느헤미야는 신속하게 성벽의 상태를 평가하고 재건의 노력을 조직화했다.느1:11-18 프로젝트 반대자들은 그의 계획을 알게 되자 바로 반대에 나섰다. "이 일이 호론 사람 산발랏과 종노릇을 하던 암몬 사람 도비야와 아랍 사람 게셈에게 알려지니, 그들은 우리에게로 와서 '당신들은 지금 무슨 일을 하고 있는 거요? 왕에게 반역이라도 하겠다는 것이오?' 하면서, 우리를 업신여기고 비웃었다." 느2:19 느헤미야의 대답은 스룹바벨과 에스라가 이전에 들려주었던 것과 동일한 어조로 배타성을 보여주는

---

13) Howard-Brook, *Come out, My people: God's Call out of Empire in the Bible and Beyond,* pp. 260-261.

것이었다. "예루살렘에서는 당신들이 차지할 몫이 없소. 주장할 권리도 기억할 만한 전통도 없소." 느2:20

나중에 성벽 공정이 잘 되어갔을 때 프로젝트 반대자들은 "한꺼번에 예루살렘으로 올라와서 성을 치기로 함께 모의하였다. 우리를 혼란에 빠뜨리려는 것이었다." 느4:8 이들의 음모가 느헤미야에게 제보되었고 그는 공격을 막으려고 무장 경비대를 조직했다.느4:16-23

훨씬 더 심각한 문제는 일꾼들이 경험한 경제적 궁핍이었다.

> 백성 사이에서 유다인 동포를 원망하는 소리가 크게 일고 있다. 부인들이 더 아우성이다. … "우리 아들딸들, 거기에다 우리까지, 이렇게 식구가 많으니, 입에 풀칠이라도 하고 살아가려면, 곡식이라도 가져 오자!" 또 어떤 이들은 이렇게 울부짖는다. "배가 고파서 곡식을 얻느라고, 우리는 밭도 포도원도 집도 다 잡혔다!" 또 어떤 이들은 이렇게 외친다. "우리는 왕에게 세금을 낼 돈이 없어서, 밭과 포도원을 잡히고 돈을 꾸어야만 했다!" 또 더러는 이렇게 탄식한다. "우리의 몸이라고 해서, 유다인 동포들의 몸과 무엇이 다르냐? 우리의 자식이라고 해서 그들의 자식과 무엇이 다르단 말이냐? 그런데도 우리가 아들딸을 종으로 팔아야 하다니! 우리의 딸 가운데는 벌써 노예가 된 아이들도 있는데, 밭과 포도원이 다 남의 것이 되어서, 우리는 어떻게 손을 쓸 수도 없다." 느5:1-5

이런 깜짝 놀랄 불평이 줄을 잇는 것은 심각한 구조적 부정의를 가리키는 것이었다. 귀환한 이들 중 일부는 매우 잘 지내고 있는 동안 많은 사람들은 채무 노예가 되어가고 있었다. 토지 소유는 다시금 이전 시대의 불평등으로 빠져들고 있었다. 정의를 집행하는 일은 경제적 격차를 나타냈다. 가난한 가족의 딸들은 부유한 가족의 아들에 의해 강간을 당하고 있었고 그에 따른 아무런 책임이나 귀결도 없었다. 이것은 에스라의 리더십 아래 여러 해가 흐른 후에 듣게 되는 괴로운 일로서 유다른 것이었다.

분노 속에서 느헤미야는 "귀족들과 관리들"을 소집했고 음식과 보수의 가불로 이자를 받는 것과 세금을 내지 않고 지연하는 것을 질책했다. 이들의 관행은 다음과 같은 일이 되고 말았다. "지금 당신들은 동포를 또 팔고 있소. 이제 우리더러 그들을 다시 사오라는 말이오?" 그는 말을 계속하였다. "당신들이 한 처사는 옳지 않습니다. 이방인 원수들에게 웃음거리가 되지 않으려거든, 하나님을 두려워하면서 살아야 합니다." 느5:6-9

전적으로 분명하지 않을지 모르나 느헤미야의 제일 관심은 일꾼들의 불만이 성벽 완성을 위험에 빠뜨리지 않게 하는 것이었다. 그래서 느헤미야는 귀족들과 관리들에게 요구하기를, 일꾼들에게 "밭과 포도원과 올리브 밭과 집을 오늘 당장 다 돌려주십시오. 돈과 곡식과 새 포도주와 올리브 기름을 꾸어 주고서 받는 비싼 이자도, 당장 돌려주십시오"라고 했다. 귀족들과 관리들은 모두 동의했다. 느5:11-12 우리는 이 본문이 우리에게 이보다 더 많이 말해주었으면 좋았을 것이라고 생각할 것이다. 즉 강간과 불평등한 정의 문제는 거론되었는가? 경제 정책의 전환은 계속되었는가? 아니면 그것은 성벽이 완공됨과 동시에 끝났는가? 빚은 탕감되었는가? 우리는 확신할 수 없다. 하지만 성벽은 52일 만에 끝났다. 느6:15 "유다 땅 총독"으로서 느헤미야의 리더십은 결정적인 것으로 입증된 셈이다.

성경 본문이 보여주는 느헤미야의 관대함느5:14-19은 그것이 대답하는 것보다 더 많은 문제를 제기한다. 그것은 자신의 진정성과 넓은 도량의 정신을 관행상 정치적으로 자랑하는 목소리로 들린다. 우리는 많은 사람이 제국의 요새를 둘러싸는 성벽을 건설하는 동안 아무런 비용도 내지 않고 느헤미야의 식탁에서 식사했다는 사실에 진정한 감동을 받는가?

　　성벽이 완공된 직후에 사람들은 성전에 모였고 에스라는 최근에 완성된 "모세의 율법책" 중 아마 **레위기**를 읽었을 것이다. 느8:1 "하나님의 율법책이 낭독될 때에, 그들이 통역을 하고 뜻을 밝혀 설명하여 주었으므로, 백성은 내용을 잘 알아들을 수 있었다. 백성은 율법의 말씀을 들으면서, 모두 울었다." 느8:8-9 아마도 그들은 성경 본문의 말씀에서 그들 자신의 환경이 정의롭지 않다는 것을 인식했기 때문일 것이다. 느헤미야와 다른 지도자들은 울음을 기대한 것은 아니었다. 그래서 다음과 같이 타일렀다. "이 날은 주 하나님의 거룩한 날이니, 슬퍼하지도 말고 울지도 말라. … 돌아들 가십시오. 살진 짐승들을 잡아 푸짐하게 차려서, 먹고 마시도록 하십시오. … 주님 앞에서 기뻐하면 힘이 생기는 법이니, 슬퍼하지들 마십시오." 느8:9-10

　　그 달 하순에 백성들은 금식과 회개의 시간을 가졌다. "이스라엘 자손은 모든 이방 사람과 관계를 끊었다. 그들은 제자리에 선 채로 자신들의 허물과 조상의 죄를 자백하였다." 느9:2 에스라는 분명히 **신명기**와 **창세기**를 읽으면서 고대 히브리 역사 이야기를 말해주었을 것이다. 그의 기도는 그들의 고통스러운 상황의 한 측면을 기술했다. "보십시오. 오늘 이처럼 우리는 종살이를 합니다. 다른 곳도 아니고, 좋은 과일과 곡식을 먹고 살라고 우리 조상에게 주신 바로 그 땅에서, 우리가 종이 되었습니다. 땅에서 나는 풍성한 소출은, 우리의 죄를 벌하시려고 세운 이방 왕들의 것이 되었습니다. 그 왕들은 우리의 몸뚱이도, 우리의 가축도, 마음대로 부립니다. 이처럼 우리는 무서운 고역을 치르고 있습니다." 느9:36-37

　　이 사건은 백성들이 언약을 세우는 것으로 끝나고 "그것을 글로 적었으며, 지도자들과 레위 사람들과 제사장들이 그 위에 서명하였다." 느9:38 백성들은 동의하는 맹세를 표했다. 몇 개월 전에 느헤미야에게 표한 불평에 비추어 볼 때 이 맹세에 포함된 특별한 약속들은 주목을 요한다. (1)"이 땅의 백성"과 결혼하지 않는다. (2)안식일에 물건이나 곡식을 사지 않는다. (3)일곱 해마다 땅을 쉬게 하고 "빚은 없애 준다." (4)해마다 성전세를 낸다. (5) 성전 제단에서 불사를 나무를 바친다. (6)해마다 밭과 온갖 과일나무의 첫 열매를 바친다. (7)맏아들과 처음 난 송아지와 새끼 양을 바친다. (8)"들어 바칠 예물인 처음 익은 밀의 가루와 온갖 과일나무의 열매와 새 포도주와 기름을 제사장의 몫으로 우리 하나님의 성전 창고에" 바친다. (9) 밭에서 나는 소출 가운데서 열의 하나는 레위 사람들에게 바친다.느10:30-37

첫 세 조항을 제외한 모든 조항이 어떻게 귀중한 물품을 백성들에게서 성전 관리들에게로 이전하는 것을 포함하는지를 알게 되면서 우리는 너무나 많은 유대인들이 바빌론과 페르시아에 머무는 것을 선호한 이유를 이해하기 시작한다. 거기서 백성들은 랍비의 지도 하에 회당에서 야훼를 예배했다. 예후드에서 페르시아 왕과 협력하는 제사장들은 재건된 성전 구역 내에서 지방 권력 체계와 협소한 경제적 특권을 구축했다.

예루살렘은 여전히 살 인구를 더 많이 필요로 했다. 일반적으로 귀환자들의 후손은 "거룩한 성 예루살렘"느11:1에서 사는 특권을 부여 받았고 관심 있는 사람들은 제비뽑기를 해서 추가로 살게 하였다. 그 후에 예루살렘 성벽이 봉헌되었고느12:27-43 성전에서 맡는 임무가 배정되었다.느12:44-47 성전 관리들은 많았고 또한 제사장들만은 아닌 더 많은 사람들로 구성되었다.

같은 날에 성전 지도자들은 "백성에게 모세의 책[신 23:3-5]을 읽어 주었는데, … 그들은 다음과 같이 적혀 있는 것을 발견하였다. 암몬 사람과 모압 사람은 영원히 하나님의 총회에 참석하지 못한다. … 백성은 이 율법의 말씀을 듣고, … 이방 무리를 이스라엘 가운데서 모두 분리시켰다." 느13:1-3

기원전 432년에 느헤미야는 왕을 알현하기 위해 예루살렘을 잠시 떠났다. 그는 다시 돌아오자 개인의 이익을 위해서 성전 시설이 사용되고 있는 문제를 다루었고느13:4-9 안식일을 지키라고 촉구했다.느13:15-22 이 성경책은 느헤미야가 아스돗과 암몬과 모압의 여자들과 결혼한 남자들을 만나는 장면으로 끝난다. 느헤미야는 이 남자들을 저주하고 때리기도 하였고 머리털을 뽑기까지 하였다. "그 때에 내가 또 보니, 유다 남자들이 아스돗과 암몬과 모압의 여자들을 데려와서 아내로 삼았는데, 그들 사이에서 태어난 아이들의 절반이 아스돗 말이나 다른 나라 말은 하면서도, 유다 말은 못하였다. 나는 그 아버지들을 나무라고, 저주받을 것이라고 하면서 야단을 치고, 그들 가운데 몇몇을 때리기도 하였으며, 머리털을 뽑기까지 하였다. "나는 이방 사람의 부정을 모두 씻게 하였다." 느13:23-30

(6) 말라기서

느헤미야가 예루살렘을 귀환할 때쯤 말라기는 "주님께서 이스라엘 백성에게 경고하신 말씀" 말1:1을 썼다. 우리는 말라기가 누구였는지 또는 공개적으로 말했는지를 모른다. 그러나 그의 메시지는 가나안에서 야훼의 백성이 되려는 두 번째 시도에 적절한 추신으로 사용되었다.

이 성경책의 구조는 일련의 질문들로 싸여 있고 일부는 비난조의, 일부는 수사학적, 일부는 슬픈 질문들로 구조화되어 있다. 그 질문들은 논쟁조의 주장과 다투는 느낌을 자아냈다. 말라기가 에스라를 지지했는지 비판했는지는 전적으로 분명한 것은 아니다. 그러나 사정은 좋지 않은 것으로 드러나게 된 것 같다. 이를 우리는 야훼와 백성 사이의 본문 대화에서 듣는다.

백성은, "주님께서 우리를 사랑하신다는 증거가 어디에 있습니까?" 하고 야훼에게 묻는다.말1:2 야훼가 "내가 너희 아버지라고 해서 너희가 나를 공경하기라도 하였느냐? … 제사장들아, 너희가 바로 내 이름을 멸시하는 자들이다." 하고 제사장들에게 묻는다. 제사장들은, "우리가 언제 주님의 이름을 멸시하였습니까?" 하고 되묻는다.말1:6 성경 본문은 이와 같이 계속된다. 야훼는 다시 한 번 고발한다. "너희는 또 이 얼마나 싫증나는 일인가! 하고 말하며, 제물을 멸시한다." 말1:13

말라기는 먼저 제사장들을 향한 야훼의 고발을 목표로 한다. 그들은 진지하지 않았으며 스스로 하고 있던 일을 믿지 않았다.

> 너희는 바른 길에서 떠났고, 많은 사람들에게 율법을 버리고 곁길로 가도록 가르쳤다. 너희는 내가 레위와 맺은 언약을 어겼다. … 그러므로 나도, 너희가 모든 백성 앞에서, 멸시와 천대를 받게 하였다. 너희가 나의 뜻을 따르지 않고, 율법을 편파적으로 적용한 탓이다.말2:8-9

이어서 말라기는 백성들을 향해 그들의 상호 신앙과 그들의 성전과의 관계, 그리고 젊어서 결혼한 아내를 배신하는 것을 고발했다.말2:10-16 "유다 백성은 주님께서 아끼시는 성소를 더럽히고, … 이방 우상을 섬기는 여자와 결혼까지 하였다." 말2:11 "나는 이혼하는 것을 미워한다. 주 이스라엘의 하나님이 말한다. … 너희는 명심하여, 아내를 배신하지 말아라." 말2:16

야훼는 백성이 이방 신을 예배함으로써 배반한, 젊은 시절에 결혼한 비유적 "아내"였는가? 말라기는 에스라가 "순결성"에 대한 그의 열정 때문에 무효화했던 문자적 결혼들에 대해 말하고 있었는가? 아니면 말라기는 유다 남자들이 페르시아인을 포함해서 야훼와 다른 신들을 예배한 여자들과 결혼함으로써 이득을 얻으려고 깨뜨린 다른 결혼들을 말하고 있었는가? 그 하나하나의 독해는 각각 지지될 수 있다.

우리가 보기에, 마지막 독해는 말라기가 이 문제를 보다 폭넓게 특징짓는 일과 가장 일치한다. "너희가 말하기를 '하나님을 섬기는 것은 헛된 일이다. 그의 명령을 지키고, 죄를 뉘우치고 슬퍼하는 것이 무슨 유익이 있단 말인가? 이제 보니, 교만한 자가 오히려 복이 있고, 악한 일을 하는 자가 번성하며, 하나님을 시험하는 자가 재앙을 면한다!' 하는구나." 말3:14-15 따라서 이 남자들은 순결성을 위해 이혼하라는 에스라의 강력한 주장에 대해 이는 젊은 "이방" 여자와 결혼하는 것과 동시에 더 이상 아이를 낳을 수 없는 나이에 속하는 아내를 버리고 줄곧 궁핍하게 방치하는 것을 허가하는 것이라고 비꼰 것으로 보인다.

백성은 "공의롭게 재판하시는 하나님이 어디에 계시는가?" 말2:17 하고 물으면서 하나님을 지치게 만들었다. 우리가 **에스라기와 느헤미야기**의 본문에서 본 것을 기반으로 한다면 그것은 공정한 질문인 것 같다. 말라기는 이렇게 대답했다.

> 내가 나의 특사를 보내겠다. 그가 나의 갈 길을 닦을 것이다. 너희가 오
> 랫동안 기다린 주가, 문득 자기의 궁궐에 이를 것이다. … 그러나 그가
> 이르는 날에, 누가 견디어 내며, 그가 나타나는 때에, 누가 살아남겠느
> 냐? 그는 금과 은을 연단하는 불과 같을 것이며, 표백하는 잿물과 같을
> 것이다. 그는, 은을 정련하여 깨끗하게 하는 정련공처럼, 자리를 잡고
> 앉아서 … 그가 그들을 깨끗하게 하면 올바른 제물을 드리게 될 것이
> 다. 말3:1-3

> 내가 너희를 심판하러 가겠다. 점 치는 자와, 간음하는 자와, 거짓으로
> 증언하는 자와, 일꾼의 품삯을 떼어먹는 자와, 과부와 고아를 억압하고

나그네를 학대하는 자와, 나를 경외하지 않는 자들의 잘못을 증언하는
증인으로, 기꺼이 나서겠다. 말3:5

말라기의 메시지는 예후드에서 시작한 신선한 출발이 결과적으로 보여
준 깊은 실망을 반영했다. 그는 제사장들을 겨냥해 집중적으로 비판했지만
종족이나 의례의 순결성이 아닌 윤리에 뿌리를 둔 의로움을 추구해야 하는
백성의 책임을 덜어주지 못했다. 그러면서 그는 "의로운 해가 떠올라서 치
료하는 광선을 발할" 때 아직도 도래할 것이 무엇인지에 대해 긍정적 비전을
제공했다. "너희는 외양간에서 풀려 난 송아지처럼 뛰어다닐 것이다." 말4:1-
3 그 날이 오면 야훼를 향한 열광이 돌아올 것이고 올바른 삶이 사람들을 심
판하는 척도가 될 것이다. "그 때에야 너희가 다시 의인과 악인을 분별하고,
하나님을 섬기는 자와 섬기지 않는 자를 비로소 분별할 것이다." 말3:18, 강조
는 첨가

16장: 국가 종족 또는 의례를 넘어서

제3이사야서, 룻기, 요나서, 요엘서, 스가랴서 9-14장, 다니엘서 7-12장

이 장에서 우리가 조사하는 여섯 권의 짧은 예언서들은 이스라엘 민족이 어떻게 스스로를 정치적으로 구조화해야 했는지에 대한 구약 성경의 긴 대화를 종결짓는다. 이 예언서들을 살펴보기 전에 이 이야기가 우리를 지금까지 어디로 데려왔는지를 평가하는 것이 중요하다.

최초로 써진 성경책은 솔직히 말하면 선전된 주장의 일부였고 솔로몬의 서기관에 의해 준비되어 다윗 왕조의 신적 합법성을 확립하려고 의도되었을 가능성이 가장 높다. 그 성경책의 뒤를 잇는 것이 예언자들의 다양한 메시지뿐만 아니라 유다와 에브라임 왕들의 역사이다. 이 성경책들은 이스라엘 사람이 구별된 민족이라는 인상을 줄지 모르지만 역시 스스로를 그들의 이웃을 모방하는 실천을 통해서 성공을 열망하는 민족이라고 평한다. 따라서 이스라엘의 정체성은 자리를 잡은 것과는 거리가 멀었다. 이 시대는 예루살렘의 붕괴과 함께 끝난다.

그 뒤의 이야기는 바빌론으로 유배된 이스라엘 엘리트 대부분의 사람들, 살고자 도피해서 이집트로 간 일부 엘리트를 포함한 다른 집단, 그리고 가나안에 머문 대다수의 일반 사람들로 갈라진다. 이후부터 성경책들은 주로 바

빌론으로 유배된 집단을 따라갔다.

유배된 사람들은 동화되어 소멸하는 대신에 그들의 실패를 반성하며 두 번째로 유다적인 것에 정착하려는 노력을 전개했으며 그들의 토대가 되는 이야기들과 신화들을 확대하고 재해석했고 새롭고 강력한 성경책들을 만들어 냈으며 제사장이나 성전이 필요 없는 종교적 실천을 확립했다. 그들은 이러한 경험을 겪고 이겨감에 따라 엄격하게 유일신교적인 구별되고 안정된 유대적 정체성을 형성했고 세세한 의례와 엄밀한 종교적 법규를 따랐으며 족장들의 삶과 이들에 대한 야훼의 약속을 생생하게 적은 이야기를 공유했고 성직자와 랍비에게서 나온 리더십을 찾았다. 그들은 스스로의 민족 국가를 전혀 가지고 있지 않았지만 가나안에서만이 아니라 그들의 기여가 인정되고 평가를 받은 여타의 많은 장소에서도 정치 공동체로서 번창해갔다. 우리가 이 모든 것을 패배와 유배의 경험에서 나온 것이라고 간주하게 되면 그것은 실로 놀라운 것이지 않을 수 없다.

가나안으로 돌아와 예루살렘과 성전을 재건한 유배자들은 민족 국가가 되려는 아무런 환상도 없었다. 하지만 그들은 야훼에 충실하고 야훼의 복을 받는 **구별된 문화**이고자 하는 갈망은 있었다. 그리하여 에스라의 리더십 하에 두 번째로 전개되는 시도는 민족적, 의례적 순결성과 성전에서 종교적 의례를 주재하는 제사장들의 권위에 집중했다. 이 시도는 유배의 세월 동안 그 땅에서 계속 살아 왔던 이스라엘의 후손들을 대부분 배제했다. 페르시아 제국과 관련해서 말한다면 그것은 제국의 필요에 부응하고 제국의 권력, 자금, 보호로부터 이득을 취하는 하위 협력자로서 일했다. 이것은 타협을 포함했고 그러나 미래의 어느 장소에서 있을 야훼의 승리의 "그 날"이 올 때까지 계속 걸어가야 할 길이었다.

이 모든 것이 어쩔 수 없는 결정이라고 해도 이와 함께 다른 문제가 남아 있었다. 제국의 권력과 제사장의 권위를 섞는 것은 야훼의 길을 더럽힌 것인가? 민족적, 의례적 순결성에 집중한 유대적 문화는 다른 사람들을 반갑게 맞아들일 수 있는 길을 발견하게 될 것인가? 가장 중요한 것은 이러한 접근이 정의와 공의가 널리 지배한 좋은 사회를 결과했는지 하는 점이다.

스가랴서는 금과 은으로 된 왕관을 쓴 제사장의 이미지를 우리에게 남겨 주었다. 에스라는 그러한 제사장을 구현한 것처럼 보였다. 그러나 **말라기서**는 이러한 접근 하에서 모습을 드러낸 사회에 아무런 감동을 받지 못했다. 이스라엘 사람이 왕의 지배 하에서 경험한 많은 경제적, 사회적 부정의가 제사장의 리더십 하에서 다시 나타났다. 민족적, 의례적 순결성에 대한 집중은 윤리적 삶의 성숙을 가져온 것이 아니라 특권과 공동체의 경계와 배제의 몰입을 가져왔다.

이렇게 조감함으로써 우리는 마지막 묶음의 역사적 성경책에 이르게 된다. 우리는 **제3이사야서** 즉 에스라와 느헤미야의 리더십을 비판한 성명불상의 저자가 쓴 11개 장에서 출발한다. 그것은 **제2이사야서**가 분명히 표현한 정의의 비전 위에 세운 한 편의 시적 구성으로 써진 것이다.

다음으로 우리는 같은 시기에 써진 **룻기** 즉 가문의 생존에 관한 짧은 이야기와 **요나서** 즉 민족의 원수에 관한 구원의 비유를 살펴본다. 이 두 이야기는 모두 이방인에 대한 야훼의 관계와 유대 공동체가 스스로를 정의하는 방식에 대한 함축을 숙고한다. 우리는 그 성경책을 각각 누가 썼는지 모른다. 그 둘 다 허구의 작품일 가능성이 있다.

요엘서와 스가랴서 9-14장은 야훼가 세상을 바로 잡을 미래의 "그 날"을 말하는 예언서이다. **다니엘서** 7-12장도 역시 이러한 장르에 맞는다. 그것은 기원전 165년경에 써진 마지막 성경 본문이고 그리스 제국의 셀류키드 왕조 시절에 예루살렘 성전에 일어난 사건들을 반영한다. 이 세 성경책 하나하나는 역사의 종말에 야훼의 승리가 너무 오래 지연된 정의와 평화 즉 샬롬의 도래를 알려주는 종말론적 희망을 반영한다.

이 여섯 권의 성경책들은 **출애굽기**의 전통에 서 있고 제2성전기의 예언자적 비판, 예수가 계속한 비판으로 존재한다. 예수는 **제3이사야서**, **요나서**, 그리고 **다니엘서** 7-12장을 자주 인용했고 스스로의 행동을 고취하기 위해 **룻기**와 **스가랴서** 9-14장에 있는 이미지를 사용했다. 베드로는 요엘서에서 오순절의 신비한 사건들을 이해하는 길을 발견했다. 추가적 토론을 위해서 원문 308-309쪽의 18, 19, 20번 문항을 참조하라.

(1) 제3이사야서 56-66장

그 최초의 성구는 윤리가 야훼가 세상을 판단하는 잣대라는 것을 선포한다. "너희는 공평을 지키며 공의를 행하여라." 사56:1 에스라와 느헤미야는 제국의 칙령을 그들의 주장에 대한 권위로 인증했지만 **제3이사야서**의 저자는 야훼를 자신의 주장에 대한 권위로 인증했다.

우리는 "나를 기쁘게 하는 일을 하고" "나의 언약을 철저히 지키"는 "이방 사람들"과 "고자들"을 환영하는 것에 희망을 둔 공동체" 사56:3-6에 관해 읽을 때 이 저자가 에스라와 느헤미야가 사용한 접근을 비판하는 것이 아닌가 하고 의심하게 된다. 그 성경 본문에 나오는 유명한 표현대로 "나의 집은 만민이 모여 기도하는 집이라고 불릴 것이다. **쫓겨난 이스라엘 사람을 모으시는 주 하나님께서 말씀하신다.**" 사56:7-8, 강조는 첨가

에스라와 느헤미야는 전혀 거론되지 않고 있지만 저자는 귀환자 공동체를 다스린 눈이 먼 "파수꾼"을 말한다. 그들은 "분별력이 없고" "벙어리 개"이고 "모두들 저 좋을 대로만 하고 저마다 제 배만 채우는" 사람들이다.사56:10-11

이 저자는 누구였는가? 우리는 그/그녀가 63장에서 기도하는 소리를 듣는다. "주님께서는 우리의 아버지이십니다. **아브라함은 우리를 모르고, 이스라엘은 우리를 인정하지 않는다 하여도,** 오직 주 하나님은 우리의 아버지이십니다. … 주님의 거룩한 백성이 주님의 성소를 잠시 차지하였으나, 이제는 우리의 원수들이 주님의 성소를 짓밟습니다. 우리는 오래 전부터 주님의 다스림을 전혀 받지 못하는 자같이 되었으며, 주님의 이름으로 불리지도 못하는 자같이 되었습니다." 사63:16, 19, 강조는 첨가 저자는 유대 공동체의 국외자였고 아마도 최초의 유월절 기념라6:21에 참여하고자 했지만 부정하다고 간주된 것 때문에라9:2 거부될 수밖에 없었던 셈족 지방민 가운데 하나였을 것이다. 또는 페르시아 궁정에서 제국에 봉사한 후 예후드에 재정착한 유대인 고자였을 것이다.

야훼를 인용하면서 저자는 공허한 종교적 경건성에 가하는 비판으로 58장을 가득 채운다. "**그들이 마치 공의를 행하고 하나님의 규례를 저버리지 않는 민족이나 되듯이,** 날마다 나를 찾으며, 나의 길을 알기를 좋아한다. 그들은 무엇이 공의로운 판단인가를 나에게 묻고, 하나님께 가까이 나가기를 즐거워한다고 한다." 사58:2, 강조는 첨가 성경 본문은 경건한 기도자들과 금식을 조롱하고 나서 이렇게 묻는다.

> 내가 기뻐하는 금식은, 부당한 결박을 풀어 주는 것, 멍에의 줄을 끌러 주는 것, 압제받는 사람을 놓아 주는 것, 모든 멍에를 꺾어 버리는 것, 바로 이런 것들이 아니냐? 또한 굶주린 사람에게 너의 먹거리를 나누어 주는 것, 떠도는 불쌍한 사람을 집에 맞아들이는 것이 아니겠느냐? 헐 벗은 사람을 보았을 때에 그에게 옷을 입혀 주는 것, 너의 골육을 피하여 숨지 않는 것이 아니겠느냐?사58:6-7

족장들의 유산에 관해 말해보면, 그것은 진정으로 강함의 원천이 될 수 있을 것이다. 하지만 사람들이 정의롭게 행동하고 난 후에만 그럴 것이다.사 58:14

이 성경 본문이 말하는 정의는 무엇을 의미하는가? 65장에서 우리는 야훼가 바야흐로 "창조할" "새 하늘과 새 땅"을 고취하는 기술을 읽는 다.사65:17 그것은 영아가 죽지 않고 사는 일, 사람이 장수를 누리는 일, 생산 노동의 존엄성과 제국의 종말을 말한다.

> 집을 지은 사람들이 자기가 지은 집에 들어가 살 것이며, 포도나무를 심 은 사람들이 자기가 기른 나무의 열매를 먹을 것이다. 자기가 지은 집에 다른 사람이 들어가 살지 않을 것이며, 자기가 심은 것을 다른 사람이 먹지 않을 것이다. 나의 백성은 나무처럼 오래 살겠고, 그들이 수고하 여 번 것을 오래오래 누릴 것이다. 그들은 헛되이 수고하지 않으며, 그 들이 낳은 자식은 재난을 당하지 않을 것이다. … 나의 거룩한 산에서는 서로 해치거나 상하게 하는 일이 전혀 없을 것이다.사65:21-25

그러나 새 땅의 왕에 관한 것, 유대 국가에 관한 것, 종교 의례를 통한 성화 에 관한 것은 아무것도 없었다. 예루살렘에 관한 언급은 있었지만 성전에 관 한 언급은 없었다.

의로움과 정의에 관한 논의는 이 시의 중핵에 해당하는 61장에서 가장 두 드러지게 나타나는 것이다. 이 성경 본문은 제일 먼저 예언자의 목소리로 말 하고 그 다음에 야훼의 목소리로 말하고 그러고 나서 사람인 공동체의 목소 리로 반응한다.

주님께서 나를 보내셔서, 가난한 사람들에게 기쁜 소식을 전하고, 상한 마음을 싸매어 주고, 포로에게 자유를 선포하고, 갇힌 사람에게 석방을 선언하고, 주님의 은혜의 해와 우리 하나님의 보복의 날을 선언하고, 모든 슬퍼하는 사람들을 위로하게 하셨다. 사람들은 그들을 가리켜, 의의 나무, 주님께서 스스로 영광을 나타내시려고 손수 심으신 나무라고 부른다. 그들은 오래 전에 황폐해진 곳을 쌓으며, 오랫동안 무너져 있던 곳도 세울 것이다. 황폐한 성읍들을 새로 세우며, 대대로 무너진 채로 버려져 있던 곳을 다시 세울 것이다. 사61:1-2, 4

나 주는 공평을 사랑하고, 불의와 약탈을 미워한다. 나는 그들의 수고를 성실히 보상하여 주고, 그들과 영원한 언약을 세우겠다. 그들의 자손이 열방에 알려지며, 그들의 자손이 만민 가운데 알려질 것이다. 그들을 보는 사람마다, 그들이 나 주의 복을 받은 자손임을 인정할 것이다. 사61:8-9

주님께서 나에게 구원의 옷을 입혀 주시고, 의의 겉옷으로 둘러 주셨으니, 내가 주님 안에서 크게 기뻐하며, 내 영혼이 하나님 안에서 즐거워할 것이다. 땅이 싹을 내며, 동산이 거기에 뿌려진 것을 움트게 하듯이, 주 하나님께서도 모든 나라 앞에서 의와 찬송을 샘 솟듯이 솟아나게 하실 것이다. 사61:10-11

60장과 62장은 이 가장 중요한 항목을 이 정의 공동체가 어떻게 다른 사람의 이목을 끌 것인지에 관한 기술로 그득하게 채운다. "이방 나라들이 너의 빛을 보고 찾아오고, 뭇 왕이 떠오르는 너의 광명을 보고, 너에게로 올 것이다." 사60:3 "이방 나라들이 네게서 의가 이루어지는 것을 볼 것이다. 뭇 왕이 네가 받은 영광을 볼 것이다." 사62:2

그러나 우리는 이 아름다운 본문을 읽을 때 역시 국수주의적이고 심지어 제국적인 이미지와도 만난다.

> 풍부한 재물이 뱃길로 너에게로 오며, 이방 나라의 재산이 너에게로 들어올 것이다. 이방 자손이 너의 성벽을 쌓으며, 그들의 왕들이 너를 섬길 것이다. 너를 섬기지 않는 민족과 나라는 망할 것이다. 네가 이방 나라들의 젖을 빨며, 뭇 왕의 젖을 빨아먹을 것이다. 사60:5,10,12,16

> 낯선 사람들이 나서서 너희 양 떼를 먹이며, 다른 나라 사람들이 와서 너희의 농부와 포도원지기가 될 것이다. 사61:5

이와 같은 복종의 이미지들은 서로 부조화해서 거슬리는 것처럼 여겨지고 우리가 기대하는 류인즉 "반갑게 맞아들임"을 전달하지 못함으로써 성경 본문이 고취하는 어조를 거의 망쳐 놓는 듯하다. 그러나 잠시 기다릴 필요가 있다. 저자는 여기서 제국을 염두에 두고 있다. 결국 나라들이 최종적으로 야훼의 방식에 따르는 지침을 구하러 올 때 그들은 어떤 중요한 것들 즉 제국적 세계관의 오만과 야훼의 지혜의 개선을 요구하는 교만은 뒤로 하고 떠날 수밖에 없다. 따라서 그 복종의 이미지들은 깜짝 놀랄 역전의 전조가 된다. 즉 강한 나라들이 야훼 공동체의 특수한 방식에 따르는 지침을 구한다는 것이다.

이 주목할 만한 본문은 다음과 같이 말하는 야훼의 목소리가 시작이자 끝이다.

내가 언어가 다른 모든 민족을 모을 때가 올 것이니, 그들이 와서 나의 영광을 볼 것이다. ⋯ 그들이 또한 모든 민족들로부터 너희의 모든 동포를 나 주에게 바치는 선물로 ⋯ 데려올 것이다. ⋯ 나도 그들 가운데서 제사장과 레위 사람으로 삼을 자를 택하여 세우겠다. 매달 초하루와 안식일마다, 모든 사람이, 내 앞에 경배하려고 나올 것이다. 주님께서 말씀하신다. 사66:18, 20-21, 23

야훼가 창조할 이 새로운 정의 공동체는 "주님께서 지어 주신 새 이름으로 부를 것이다." 사62:2 성경 본문에서 새로운 이름은 때로는 새로운 정체성을 따라간다. 그러나 이 본문은 우리에게 그와 같은 새로운 이름을 주지 않는다. 아마도 이름을 지어주려면 그러한 공동체가 구현되는 일이 먼저 일어나야 할 것이다.

(2) 룻기

이 성경책은 가난하고 미천한 두 여인이 자신의 삶을 개척하고자 **행동하**는 모습을 묘사한다는 점에서 성경 수집 작품 중 진귀한 데가 있고 특히 이스라엘의 가부장제 비판을 갈구하는 독자들에게 매력적이다. 그러나 그 이야기 줄거리는 에스라와 느헤미야가 취한 접근을, "정결하지 않은" 그런즉 배척될 수 있는 여인들을 긍정적으로 설명함으로써 뒤집어 놓으려는 바람에 의해 대부분 형성되었다. 그들이 정결하지 않은 것은 한 명은 자신의 이방인 정체성에 의해서, 그리고 다른 한 명은 성전의 성결 의례를 오랫동안 하지 않아서였다.

이 이야기는 한 이스라엘인 부부와 두 아들이 기근을 피해 유다에서 모압 땅으로 이주해서 살려고 길을 떠났다고 말한다. 모압은 이스라엘에 적대적이었고 성적 도착과 우상으로 알려진 장소였다. 아버지는 모압 땅에서 죽었다. 그 후 아들들은 모압 여자와 결혼해서 살다가 죽었다. 세 명의 과부는 자식이 없었고 따라서 야훼의 축복은 전혀 없었다. 나오미는 상속인이 아무도 없었고 나이가 더 많은 여자였는데 궁핍했으므로 유다로 돌아가기로 결정했다. 그녀는 두 며느리 오르바와 룻에게 모압 지방에 남아서 재혼하라고 권했다. 추정하건대, 나오미는 모압 사람은 "주님의 총회 회원이" 되지 못한다신 23:3는 토라의 금지 규정을 잘 알고 있었다. 그러나 룻은 유다까지 나오미를 따라가겠다고 고집했다. "어머님이 가시는 곳에 나도 가고, 어머님이 머무르시는 곳에 나도 머무르겠습니다. 어머님의 겨레가 내 겨레이고, 어머님의 하나님이 내 하나님입니다." 룻1:16

그들이 베들레헴에 이르렀을 때는 거의 수확을 시작할 무렵이었다. 룻은 보아스의 밭에서 이삭줍기라도 해 볼까 싶어 나오미에게 물었다. 보아스는 나오미가 사별한 남편의 친척으로서 "재력이 있는 사람"이었다.룻2:1 보아스가 그녀를 보고 일꾼들에게 "그녀를 괴롭히지 말라"고 지시하고 그녀에게 일꾼들이 마시는 물을 이용하도록 일러두었다. 룻은 이 모든 것을 나오미에게 전했다.

수확이 끝난 후에 나오미는 룻에게 "너는 목욕을 하고, 향수를 바르고, 고운 옷으로 몸을 단장하고서, 타작 마당으로 내려가거라. 그 사람이 먹고 마시기를 마칠 때까지, 너는 그가 눈치 채지 못하도록 조심하여야 한다. 그가 잠자리에 들 때에, 너는 그가 눕는 자리를 잘 보아 두었다가, 다가가서 그의 발치를 들치고 누워라. 그러면 그가 너의 할 일을 일러줄 것이다"고 알려주었다.룻3:3-4 그것은 보아스를 유혹하여 결혼시키려는 계획이었다. 이러한 맥락에서 "발치"는 보아스의 생식기를 가리켰다.

흡족하게 먹고 마신 보아스가 한밤 중에 낟가리 더미 위에 누우니 룻이

"살그머니 다가가서 보아스의 발치를 들치고 누웠다." 보아스는 한밤에 깨어서 그녀를 발견했다. "누구요"하고 물었다. 룻은 신분을 밝혔고 보아스에게 "어른의 품에 이 종을 안아 주십시오. 어른이야말로 집안 어른으로서 저를 맡아야 할 분이십니다." 보아스는 그녀의 현존에 적극적으로 응하고 그것을 "충실성"의 행위로 평가했다. 그러나 그는 성관계는 맺지 않았다. 왜냐하면 "나보다 더 가까운 친족이 한 사람 있다"는 것 때문이었다. 룻은 그에게 접근하는 일이 깜짝 놀랄 만한 위험이라는 것을 의식하고 있었기 때문에 보아스는 또한 그녀에게 다음과 같이 안심시켜주었다. "걱정하지 마시오. … 그대가 정숙한 여인이라는 것은 온 마을 사람들이 다 알고 있소." 그래서 룻은 그 날 밤은 그대로 지내고, 날이 밝기 전에 나오미의 집으로 떠났다. 룻3:7-14

다음 날 아침에 보아스는 성문에 앉아 있었는데 이는 법적 문제를 논의해서 해결을 보고자 함이었다. 그 "친족 한 사람"이 지나가자 보아스는 그에게 나오미가 그녀의 죽은 남편이 소유한 땅을 팔고 있다고 말했다. 그는 그 땅을 사서 가족의 소유로 보관할 것인가? 그 친족은 "사겠다"고 말했다. 그렇다면 당신은 그 땅과 함께 룻을 아내로 맞아들일 필요가 있으며 이는 그 땅을 상속하는 상속자를 세우기 위함이라고 보아스는 말했다. 그러자 그 친족은 안 사겠다고 말하며 나중에 무상 포기해야 할 수도 있는 그 땅을 살 수 없다고 응답했다. 그래서 보아스는 그 땅값을 나오미에게 지불하고 룻을 자기 아내로 맞아들였다. 룻4:1-13

룻은 아들을 낳고 나오미는 "그 아들을 받아 자기 품에 안고 어머니 노릇을 하였다." 마을 여인들은 그 아이의 이름을 오벳이라고 지어주고 "나오미가 아들을 보았다" 그리고 "그 아기가 그대에게 생기를 되찾아 줄 것이며 늘그막에 그대를 돌보아 줄 것입니다" 하고 말했다. 그 성경 본문은 우리에게

오벳은 다윗 왕의 할아버지가 되었다고 말함으로써 끝을 맺는다.룻4:13-22

룻은 나오미의 자족과 안전이 중심 무대를 차지함에 따라 마지막 구절들에서 사라진다. 하지만 룻은 그와 같은 만족스러운 결과를 가져온 그녀의 사랑의 친절 때문에 마을 여인들이 칭송한다. 이 사랑의 친절을 가리키는 히브리어 단어는 **헤세드**chesed이다. 이것은 구약에서 야훼를 묘사하는 데 자주 사용된다. 따라서 이 성경책은 나오미에 충실한 이방 여인이 야훼가 누구이고 우리가 어떻게 살아야 하는지를 우리에게 말해주기 위해 자진해서 규칙을 위반하고 커다란 위험을 무릅씀으로써 **토라**를 수정한다.

(3) 요나서

이 짧은 이야기의 관심은 다시 한 번 이방인에 있고 하지만 그 맥락은 룻기와 같은 지방 공동체가 아니다. 그 대신에 이 성경책은 바빌론 유배 이후에 유대인의 유일신교가 성숙해감에 따라 발생한 신학적 문제와 씨름한다. 야훼가 우리의 원수의 하나님이기도 하다면 그때는 정의에 무슨 일이 일어나는가?

아시리아는 에브라임과 유다의 폭군 압제자이자 전쟁에서 그들이 보여준 형용 불가한 공포의 원천으로서 이러한 긴장된 반성을 돋보이게 하는 포장지 역할을 했다. 그 수도 니느웨는 이 이야기가 전개될 수 있는 맥락을 제공한다. 요나는 에브라임의 여로보암 2세의 통치 시절의 예언자로서 오래전에 죽은 사람이었으나 이 이야기에서 이스라엘의 확대된 공동체라는 주인공 역할을 맡은 의인화된 인물이다. 요나의 모험, 야훼에 충실하며 야훼와 다툼을 벌인 요나의 시도는 그와 같이 확대된 공동체의 경험들을 반영한다.

야훼는 요나에게 니느웨로 가서 "그 성읍에 대고 외쳐라"라고 말했다. 이는 그 죄악 때문이었다.욘1:2 그것은 요나에게 사형을 선고하는 것과 같은 소리로 들렸고 그래서 그는 "주님의 낯"을 피하여 배를 타고 공해 즉 무질서와 혼돈의 장소로 달아났다. 바다에서 태풍이 일어났는데 배가 거의 부서지게 될 정도로 위협적이었다. 나머지 승객들이 각자 자기가 믿는 신들에게 기도를 하고 있는 동안에 요나는 잠들어 있었다. 깨어났을 때 그는 기도에 동참하지 않았고 전적으로 자기의 운명에 체념한 것 같았다. "나를 들어서 바다에 던지시오. 그러면 당신들 앞의 저 바다가 잔잔해질 것이오. 바로 나 때문에 이 태풍이 당신들에게 닥쳤다는 것을, 나도 알고 있소." 욘 1:12 뱃사람들은 주저하면서도 요나가 제안한 대로 했다.

바다 한가운데 깊음 속 "스올 한가운데서" 요나는 야훼에게 살려 달라고 외쳤다. 놀랍게도 야훼는 그처럼 자신이 외면한 곳에서도 그의 기도를 들어주었다. 이 유비는 분명하다. 요나가 물 속 깊음 속으로 던져진 것은 예루살렘과 그 성전에서 멀리 떨어져 있어도 유대인들은 예상 밖으로 야훼의 현존을 경험한 유배를 대표하는 것이었다. 그리하여 요나를 삼킨 물고기는 그를 마른 땅밖으로 뱉어 냈다. 욘2:10

야훼는 즉시 다시 한 번 요나에게 니느웨로 가서 "내가 너에게 한 말을 그 성읍에 외쳐라"고 말했다. 이 메시지는 처음에 함의했던 것과는 조금 다른 것이었다. "사십 일만 지나면 니느웨가 무너진다." 욘3:2-4 "무너진다"로 번역된 말은 또한 "변혁된다"로 번역될 수 있다. 따라서 그 성경 본문은 애매성의 요소를 곧 일어날 일 속에 투입하는 셈이다. 그러나 니느웨의 사람들은 분명히 요나의 메시지가 확실하다는 것을 알았고 그래서 회개했다. "저마다 자기가 가던 나쁜 길에서 돌이키고, 힘이 있다고 휘두르던 폭력을 그쳐라. 하나님께서 마음을 돌리고 노여움을 푸실지 누가 아느냐? 그러면 우리가 멸망하지 않을 수도 있다." 욘3:8-9

실로 니느웨는 자기 자신의 회개에 의해서 그와 같이 변혁된 후에 야훼는 자신의 계획을 바꾸었고욘3:10 도시는 구원되었다. 그러나 우리는 아시리아 사람들이 학살, 약탈, 경제적 착취, 그리고 강제 추방을 통해서 에브라임과 유다에 가한 모든 해악에 어떻게 책임을 질 것인지에 대해 아무 것도 말해진 것이 없다는 점에 주의해야 한다.

이것이 바로 요나가 두려워했던 것이다. 폭력 행사가 전설적이었던 이방 제국에 베푸는 야훼의 자비로운 응답이라니. "하나님은 은혜로우시며 자비로우시며 좀처럼 노하지 않으시며 사랑chesed이 한없는 분이셔서, 내리시려던 재앙마저 거두실 것임을 내가 알고 있었기 때문입니다." 욘4:2 정의는 거절되었고 요나는 이 거절에서 통합적 역할을 맡았으며 야훼는 그 모든 것의 배후였다. 절망 속에서 요나는 야훼에게 자기 목숨을 거두어 달라고 요구했다. 욘4:3

마지막 장면은 회상 장면이고 여기서 우리는 요나가 지켜보며 니느웨의 멸망을 기다렸던 도시 밖에 있다. 거기서 요나는 그에게 햇빛을 피하는 그늘을 제공하는 식물이 말라가는 것을 보고 마음이 상한다. 이에 반응하여, 야훼는 그 식물에 대한 요나의 긍휼을 니느웨의 사람들에 대한 그의 긍휼의 부족에 비교했다. "좌우를 가릴 줄 모르는 사람들이 십이만 명도 더 되고 짐승들도 수없이 많은 이 큰 성읍 니느웨를, 어찌 내가 아끼지 않겠느냐?" 욘4:11

이것은 수사학적 질문이다. 물론 니느웨의 사람들은 덤불보다 더 중요하다. 그럼에도 요나의 질문은 남아 있다. 야훼의 인애가 모든 사람에게 가용하다면 그때는 우리는 정의 없는 세상에 남겨지게 되지 않는가? 살인 제국이 야훼에 의해서조차도 더 이상 책임을 지도록 할 수 없는 세상이라면? 우리는 그러한 세상에 어떻게 살 수 있는가?

이것은 충분히 숙고해야 하는 문제 그 이상인 것 같다. 하지만 이 도발적인 성경 본문은 현재까지도 우리에게 많은 것을 묻는다. 야훼가 요나를 구원한 것과 마찬가지로 요나는 니느웨에 가서 선포할 수 있었고 야훼는 이스라엘의 원수를 포함한 나라들의 구원을 위해 이스라엘을 바빌론에서 확실하게 진멸되는 것으로부터 구원했다. 따라서 이 성경 본문도 역시 야훼의 자비의 풍성함과 모세 율법을 엘리트의 사적 소유로 바꾸어 놓은 에스라의 리더십을 질책하는 것으로 존재한다.

(4) 요엘서

우리의 성경책은 메뚜기가 쓸어버린 것과 그 결과로 잃어버린 모든 것을 통곡하는 것을 기술하는 데서 시작한다. 농사를 망친 것은 정신을 차리게 하는 일이고 저자는 이 재앙을 야훼의 행위로서 해석했다. 요엘은 회개를 촉구했다.

> 지금이라도 너희는 진심으로 회개하여라. 나 주가 말한다. 금식하고 통곡하고 슬퍼하면서, 나에게로 돌아오너라. 옷을 찢지 말고, 마음을 찢어라." 주 너희의 하나님께로 돌아오너라. 주님께서는 은혜롭고 자비로우시며, 오래 참으시며, 한결같은 사랑을 늘 베푸시고, 불쌍히 여기는 마음이 많으셔서, 뜻을 돌이켜 재앙을 거두기도 하신다. 행여 주님께서 마음과 뜻을 돌이키실는지 누가 아느냐? 욜2:12-14

요나서를 상기시키는 이러한 울림과 더불어 성경 본문은 계속해서 일종의 구원을 기술한다. 메뚜기는 떠났고 초가을비는 땅을 축복하고 무화과나무와 포도나무는 다시 한 번 열매가 그득했다. 욜2:18-27

이어서 요엘은 야훼의 말씀을 말하는 예언의 선물이 모든 사람에게 가용해질 미래의 때에 대해 말했다. "그런 다음에, 내가 **모든 사람**에게 나의 영을 부어 주겠다. 너희의 아들딸은 예언을 하고, 노인들은 꿈을 꾸고, 젊은이들은 환상을 볼 것이다. 그 때가 되면, 종들에게까지도 남녀를 가리지 않고 나의 영을 부어 주겠다." 욜2:28-29, 강조는 첨가

요엘은 야훼의 예언의 영의 부음을 야훼가 일으킬 대대적인 변화와 연결했다. 요엘은 도래하고 있었던 일의 규모를 전하기 위해 묵시록적 언어를 사용했다. "그 날에 내가 하늘과 땅에 징조를 나타내겠다. 피와 불과 연기 구름이 나타나고, 해가 어두워지고 달이 핏빛 같이 붉어질 것이다. 끔찍스럽고 크나큰 주의 날이 오기 전에, 그런 일이 먼저 일어날 것이다. 그러나 주님의 이름을 불러 구원을 호소하는 사람은 다 구원을 받을 것이다." 욜2:30-32

일반적으로 묵시 문학적 양식은 "야훼의 그 날" 즉 제국의 통치가 부수어지고 야훼의 정의와 평화가 지배하는 역사의 종말에 일어나는 거대한 반전을 묘사하기 위해 생생하고 때로는 과장된 이미지에 의존한다. 이러한 글쓰기 양식은 기원전 334년에 시작한 그리스 제국의 통치 150년 동안 유대 공동체에 중요한 것이 되었다. 그 세부 사항들은 문자적으로 받아들이도록 의도된 것이 아니었다. 따라서 달이 핏빛 같이 된다는 성경 본문의 언급은 세상이 돌아가는 방식에 심층적이고 광범한 변화가 있을 것이라는 시그널을 주는 방편이었다. 현재 진행되고 있는 사건들에 대해 야훼의 말씀을 발화하는 종년이라니? 이것은 땅이 진동하는 사건일 것이다.

의미심장하게도 요엘은 이스라엘의 미래에 왕이 하나도 없고 다만 길을 인도하는 야훼만 계신다는 것을 보았다.

주님께서 시온에서 외치시고 예루살렘에서 큰소리를 내시니, 하늘과 땅이 진동한다. 그러나 주님께서는, 당신의 백성에게 피난처가 되실 것

이다. 이스라엘 자손에게 요새가 되실 것이다. … 그 날이 오면, 산마다 새 포도주가 넘쳐 흐를 것이다. 언덕마다 젖이 흐를 것이다. 유다 개울마다 물이 가득 차고 물을 대어 줄 것이다. 욜3:16, 18

에스라와 느헤미야에 의해서 확립된 협애하고 배타적인 정치 공동체는 예수 시대를 거쳐 기원전 70년의 제2성전 파괴에 이를 때까지 유대인의 삶의 모본으로 남았다. 따라서 요엘이 에스라와 느헤미야 이후 1세기 지나 글을 썼다고 하더라도 그들의 접근에 대한 그의 비판은 적절한 것으로 남았다. 그리고 요엘이 맞는다면 다시 말해서 야훼가 모든 사람에게 그의 영을 부어주기로 했다면 그때는 순결성을 제사장의 관점에서 내린 정의에 의해 규정된 공동체는 아무런 합법성도 가지지 못할 것이고 지속할 수 없을 것이다.

(5) 스가랴서 9-14장

이 성경책의 9-11장은 저자가 유대 공동체의 미래를 보는 두 가지 중요한 사건을 기술한다. 첫째는 다른 종류의 왕이다. 이 왕은 "공의로우신 왕, 구원을 베푸시는 왕이시다. 그는 온순하셔서, 나귀 곧 나귀 새끼인 어린 나귀를 타고 오신다." 이 왕은 "이방 민족들에게 평화를 선포할 것"이지만 전쟁에 의해서가 아니다. 병거와 군마와 활을 사용하는 일은 종말을 고할 것이다. 슥 9:9-10 둘째는 야훼가 유대의 디아스포라를 역전시킬 것이다. "내가 그들을 길르앗 땅과 레바논으로 데려올 것이니, 그 땅이 살기에 비좁을 것이다." 슥 10:10

이 성경책의 여러 장에 나오는 또 다른 강조점은 유대의 리더십에 대한 실망이다. 성경 본문은 백성을 섬기는 "목자들"의 실패를 두 번 언급한다. 11장은 이 지도자들이 행한 구체적인 경제적 착취를 기술하는 것으로 보인다.

이 "목자들"과 페르시아 또는 그리스 제국의 군주들 간의 협력에 대한 언급은 하나도 없지만 우리는 제국과의 협력이 고레스 왕 때부터 기원전 70년의 제2성전 파괴에 이르기까지 줄곧 유대의 정치적 모델의 중요한 일부였다는 점을 잊어서는 안 된다.

12-14장에서 "그 날에"라는 자구는 16회 나오는데 이는 우리가 읽고 있는 본문이 시간의 종말에 있는 야훼의 승리를 내다보는 본문이라는 것을 가리킨다. 야훼와 "예루살렘"의 적들 간의 최후의 전투 이미지는 묵시록적이다. 그리하여 올리브 산은 최후의 전투에서 동서로 갈라지고 그 전투는 야훼가 "온 세상의 왕"이 되는 것으로 끝난다.슥14:2-9

이상한 점은 성경 본문의 말미에 있는 샬롬의 비전이 야훼에 드리는 고유한 예배가 예루살렘에서만 일어날 수 있다는 잘못된 개념을 떠올리는 것 같다는 것이다. 그리하여 그것은 이렇게 진술한다. 즉 최후의 대전에서 살아남은 모든 사람들은 "해마다 예루살렘으로 올라와서 왕이신 만군의 주님께 경배하며, 초막절을 지킬 것이다." "예루살렘으로 올라오지" 않은 모든 사람은 벌을 받을 것이다.슥14:16-19 아마도 예루살렘에 대한 언급은 은유적인 것일 테고 민족들이 총명을 얻고자 겸손하게 야훼에게 돌아올 것이라는 뜻일 테다. 292쪽과 이사야서 60-61장을 참조하라. 그러나 그것은 또한 소돔의 멸망을 회상하는 그리움으로 그리고 세상을 바로 잡고자 야훼가 베푸시는 자비의 무한정성을 파악하지 못한 상태로 이해될 수 있을 것이다.

우리는 제3이사야서를 논의할 때 이와 비슷한 긴장을 주목한 바 있다. 우리는 나중에 이 문제를 이방인으로서 예수를 따르는 이들이 야훼 공동체의 충분한 일원이 되기 위해 무엇을 해야 하는지에 관한 논쟁에서 다시 한 번 만나게 될 것이다. 387-388쪽을 참조하라.

(6) 다니엘서 7-12장

성명불상의 저자가 그리스 제국의 통치 하에 예루살렘 안팎에서 살고 있는 유대인에게 닥친 커다란 위기의 시절에 이 묵시록적 본문을 썼다. 기원전 200년경에 그리스 제국의 셀류키드 왕국은 프톨레미 왕국에게서 지중해 동쪽 지역의 통치권을 빼앗았다. 기원전 175년경에 시작하여, 야훼 예배를 그리스 신 예배로 대체하려는 것은 셀류키드 왕국의 정책이었다. 제국의 관리들은 고위 제사장을 임명했고 성전에 제우스상을 설치했으며 제단의 제물로 돼지를 바쳤고 안식일 준수, 할례 시행, 그리고 돼지 음식 거부를 법으로 금지했다.

많은 유대인들이 헬라화를 환영했고 제국의 정책에 협력했다. 기원전 167년에 그러한 헬라화된 제사장 중 한 명이 시골 제사장 맛다디아스에게 성전 제단에 헬라화된 제물을 바치는 제사를 드리라고 명령했다. 맛다디아스는 폭력적으로 저항했고 기원전 167-160년의 마카비 혁명 으로 알려진 무장 봉기에 불을 붙였다. 다니엘서는 이 시기에 써졌다. 저자는 그리스 제국의 억압에 저항한 사람들을 격려하기 위해 다니엘과 그 세 친구가 바빌론 제국과 페르시아 제국에 어떻게 저항했는지에 관한 이야기들을 이용했다. 246쪽 이하를 참조하기 바란다. 제임스 더글러쓰의 진술대로 이 글들은 "유대 저항의 기본 지침서"[14]로 사용되었다.

7장은 네 개의 제국을 대표하는 네 마리의 무서운 짐승에 대한 환상에서 시작한다. 메대 제국을 포함한 신바빌론 제국, 역시 메대 제국을 포함한 페르시아 제국, 그리스 제국, 로마 제국이 그것이다. 일부 사람들은 아시리아를 첫 번째 제국으로 시작하고 그리스를 마지막 제국으로 끝낸다. 그 부분적 이유는 로마는 강한 나라였지만 저자가 이 성경 본문을 쓸 당시에는 아직

---

14) Douglass, *The Nonviolent Coming of God*, p. 51.

제국이 아니었기 때문이다. 저자는 환상에서 야훼가 불길이 둘러싼 한 옥좌에 "옛적부터" 계신 분으로 앉아 있는 것을 본다.단7:9-11 "책들이 펴져 있었다." 심판이 행해졌고 마지막 짐승이 "살해되고, 그 시체가 뭉그러져서, 타는 불에 던져졌다." 단7:9-11 이어서

> 인자 같은 이가 오는데, 하늘 구름을 타고 와서, 옛적부터 계신 분에게로 나아가, 그 앞에 섰다. 옛부터 계신 분이 그에게 권세와 영광과 나라를 주셔서, 민족과 언어가 다른 뭇 백성이 그를 경배하게 하셨다. 그 권세는 영원한 권세여서, 옮겨 가지 않을 것이며, 그 나라가 멸망하지 않을 것이다." 단7:13-14

한 천사가 이 환상을 해석하는데 단수의 "인자"를 복수의 "가장 높으신 분의 성도들"로 변환한다.단7:18 몇 구절 뒤로 가면 이 성경 본문은 우리에게 네 번째 제국이 "성도들"에 맞서서 전쟁을 일으켰다고 말한다. 이 7장은 다음과 같은 요약으로 끝을 맺는다. "나라와 권세와 온 천하 열국의 위력이 가장 높으신 분의 거룩한 백성에게로 돌아갈 것이다. 그의 나라는 영원한 나라. 권세를 가진 모든 통치자가 그를 섬기며 복종할 것이다." 단7:27, 강조는 첨가 이것은 다니엘서 2장 44-45절에 기술된 정치적 환상을 생각나게 한다. 248쪽을 참조하기 바란다.

더글러쓰는 예수의 표현으로는 "사람의 아들" Son of Man인 "인자" human being의 "집단적 의미"를 강조한다. 그러면서 그는 다음과 같은 시각을 제공한다.

> 하나님 나라가 주어진다는 것은 … 다니엘서 또는 예수의 환상이 역사

를 넘어서 있다는 것을 의미하는 것이 아니다. 다니엘의 환상에서 인자의 도래는 세계의 종말이 아니다. 그것은 [제국의] 불가항력적인 박해를 넘어선 새로운 세계나 새로운 시간의 상징적 표상이다. 하나님의 권능은 인내하는 성도들에게 그러한 새로운 세계 즉 하나님 나라를 수여함으로써 그 인내에 응답할 것이다.[15]

"성도들"은 그 환상에서 제국 폭력의 가해자로서가 아니라 피해자로서 묘사된다. 더욱이 그들은 그 나라를 받지 그것을 취하지 않는다.

다른 어떠한 본문보다도 더 많이 이 성경 본문은 예수와 예수 따르미들의 세계관을 형성했다. 그들은 야훼의 구원을 통하여 제국의 힘이 부수어졌고 "가장 높으신 분의 성도들"에게 영원한 나라가 주어졌다고 주장했다. 이 다섯 번째의 마지막 나라를 예수는 '하나님 나라' 라고 불렀다. 이 나라는 야수적이지 않았고 폭력으로 통치하지 않았다. 그 대신에 그것은 인간다운 것이었고 바른 삶과 정의의 힘을 통해 통치했다. 그리하여 땅과 그 거주민의 치유가 시작될 수 있었다.

우리의 성경 본문의 저자는 두 제국 즉 메대-페르시아 제국과 그리스 제국 간에 있었던 과거의 충돌에 관한 두 번째 환상을 기술했다.단8:20-21 그러나 그 환상은 미래 즉 "뻔뻔스런 임금"에 의해 주도된 그리스 이후의 제국에 관한 기술을 포함하는 데까지 나아간다. "그는 음흉하여서 매사에 속이는 데 능숙하고 … 그러나 사람이 손을 대지 않아도 그는 끝내 망할 것이다."단8:23-25

이어서 야훼의 계명을 지키지 못하고 예언자의 말을 듣지 않은 것을 고백하는 공동 기도문이 성경 본문으로 나온다. 이어서 이스라엘의 유배

---

15) Douglass, *The Nonviolent Coming of God*, p. 52.

기간이 70년에서 일곱 배가 곱해져 490년으로 늘어나는 본문이 뒤따른다.단9:22-24 하워드-브룩은 이 수정을 통해 "제2성전기 전체는 야훼의 벌이 주어지는 시간인 것으로 드러났다"고 지적한다.[16]

10장과 11장은 예루살렘 지역 통치를 둘러싸고 그리스 왕조들이 싸우는 전쟁에 관계한다. 유대인을 최악으로 잔혹하게 대했던 셀류키드 왕 즉 안티오쿠스 4세 에피파네스에 대해 자세하게 기술한다.단11:21-32 다시 한 번 말하지만 이것은 역사를 이야기화한 역사이다.

마지막 장은 제국의 힘이 끝난 이후의 시간을 내다본다. **예루살렘, 왕, 성전, 또는 땅에 대한 언급은 전혀 없다.** 그 대신에 성경 본문은 "그 책에 기록된" 백성들의 구원에 대해 모호하게 말하고 "그리고 땅 속 티끌 가운데서 잠자는 사람 가운데서도, 많은 사람이 깨어날 것이다. 그들 가운데서, 어떤 사람은 영원한 생명을 얻을 것이며, 또 어떤 사람은 수치와 함께 영원히 모욕을 받을 것이다"고 말한다.단12:1-2 이것은 구약에서 "영원한 생명"을 유일하게 언급한 것이다. 성경 속의 화자는 더 자세한 것을 요구한다. 그리고 그 대답은 주목할 만하다. "다니엘아, 가거라. 이 말씀은 마지막이 올 때까지 은밀하게 간직되고 감추어질 것이다. 많은 사람이 깨끗해질 것이다. 그러나 악한 사람들은 이해하지 못하고, 계속 악해질 것이다. 지혜 있는 사람들만이 이해할 것이다. … 기다리면서 참는 사람은 복이 있을 것이다."단12:9-12

바꾸어 말하면 악과 싸우는 투쟁은 끝 날까지 계속될 것이다. "너는 끝까지 신실하여라. 너는 죽겠지만, 끝 날에는 네가 일어나서, 네게 돌아올 보상을 받을 것이다."단12:13

---

16) Howard-Brook, *Come out, My people: God's Call out of Empire in the Bible and Beyond*, p. 353.

성찰과 토론 4

16. 우리가 **창세기**와 **레위기**에서 만난 하나님은 유배를 통해 바빌론과 페르시아로 이주한 유대인의 경험과 신앙을 반영했다. 그분은 제국의 전복을 가져오고 백성에게 대안적 삶의 방식을 요구한 하나님이었다. **에스겔서, 제2이사야서,** 그리고 **다니엘서**는 이러한 하나님의 기술에 무엇을 보태주는가?

17. 페르시아의 제국 철학은 피정복민들이 자율적이 되려고 노력하지 않는 한 뚜렷한 문화적 정체성을 유지할 수 있도록 해주는 공간을 포함했다. 이 모든 것은 귀환자들과 제국 간의 협력을 통해서 계획적으로 벌어진 일이었다. 그 결과들에 대한 당신의 평가는 무 엇인가?

18. 에스라와 느헤미야의 협소한 비전에서 가장 책임을 물을 만한 것은 무엇이었는가? 야훼는 인종 청소를 승인했다는 오래된 전설인가? 엘리트가 권리를 가질 자격이 있다는 태도인가? 페르시아 제국이 채택한 분할 통치 전술인가? 우리 시대에 이러한 동학들이 통하는 사례를 성찰해보자.

19. "순결성"은 사회가 누가 사회적 이익을 누릴 자격이 있는지 그리고 그 정도는 어떤지를 분류하는 방식이다. 그것은 외피 예컨대 종교, 인종, 문화, 가계, 계급이 많이 달라도 효과적으로 작동한다. 제국은 이러한 사회적 실재를 악용하고 나아가서 제국의 억압을 다 같이 받고 있는 사람들을 파편화하고 분열시키는 일을 아주 효과적으로 수행한다. 당신은 이러한 동학이 오늘날 효과를 발휘하고 있는 것

을 어디서 보는가?

20. **제3이사야서** 61장과 65장은 정치 공동체에 대한 구약 저자들의 최고 열망을 반영한다. 당신은 당신 자신을 위해 이러한 환상 중 어떤 측면을 주장하는가? 여전히 빠져 있는 것이 있는가?

17장: 지혜롭기 살기 I

전도서, 욥기, 아가, 잠언

삶은 정치 공동체 그 이상이고 제국의 길에 대한 대안을 창조하는 것 그 이상이다. 삶은 또한 사랑과 상실이고 성공과 실망이며 다양한 인간관계이다. 이 장과 다음 장에서 우리는 삶을 보다 덜 정치적 렌즈로 바라보는 성경책을 조사한다.

우리는 **전도서**에서 출발한다. 전도서는 비전과 전략과 설명에 회의적인 성경책이다. 성명불상의 저자들이 기원전 4세기 즉 그리스 제국 통치 시대 초기에 썼을 개연성이 높다.

욥기의 본문은 갑작스럽게 고통으로 가득 찬 삶에 대해 의미를 찾으려는 의로운 사람의 시도를 기술한다. 이 성경책은 기원전 6세기 중반 즉 **에스겔**서 직후에 예루살렘 멸망과 유다 정복에 대한 반응으로 써졌을 개연성이 높다. 그 저자는 알려지지 않았다.

우리한테 사랑 특히 에로틱한 종류의 사랑에 대해 너무 적게 말했다고 말하는 사람에게 아가는 완전한 치유책이다. 그 저자는 알려지지 않았다. 아가는 기원전 4세기 초에 써졌기 때문에 우리는 저자가 솔로몬 왕이 아니었다는 것을 안다. 솔로몬 왕은 그보다 수 세기 전에 죽었다.

잠언의 본문은 500년에 걸친 이스라엘 사람들의 정제된 실천적 지혜를 모았다. 가장 이른 시기의 것은 히스기야 때의 기원전 8세기이고 가장 늦은 시기의 것은 그리스 통치 초기 때의 기원전 4세기이다. 성경책으로서 그것은 상류층 유대 가족 출신의 젊은 사람들이 공동체의 지도자적 역할을 성공적으로 수행하는 데 필요한 성품을 도야하기 위해 사용되었다. 민간 지혜로서 그것은 좋은 행동만큼 현명한 지각에도 집중한다. 따라서 그것은 부도덕한 것을 피할 뿐만 아니라 어리석은 짓을 범하지 않는 것을 높이 평가한다.

(1) 전도서

세대는 잠시 있다가 없어지지만 삶은 그대로이다. "이 세상에 새 것이란 없다." 전1:4-9 이것이 성경 본문의 화자로서 소위 코헬렛 즉 "교사"가 지닌 조망이다. 전1:1

삶은 아무데도 가지 않는 것만은 아니다. "하늘 아래에서 되어지는 온갖 일을 살펴서 알아 내려고 … 괴로웠다. 하나님은 왜 사람을 이런 수고로운 일에다 얽어매어 꼼짝도 못하게 하시는 것인가? 세상에서 벌어지는 온갖 일을 보니 그 모두가 헛되어 바람을 잡으려는 것과 같다." 전1:13-14 사람들은 이러한 현실이 지혜 습득으로 극복될 수 있다고 생각할지 모르지만 그것 또한 "바람을 잡으려는 것과 같은 일임을 알게 되었다. 지혜가 많으면 번뇌도 많고, 아는 것이 많으면 걱정도 많더라." 전1:17-18 바꾸어 말하면 삶은 우리가 바꿀 수 있는 것이 아니다. 이러한 견해에 관한 토론은 333쪽 22번 문항을 참조하라.

감각적 쾌락, 위업의 성취, 권력, 재물, 그리고 명성, 이 모든 것 또한 "헛되고 바람을 잡으려는 것과 같다." 전2:1-11 진실로 현자는 어리석은 자보다 삶의 항해를 보다 능숙하게 하는 것 같다. 그러나 "… 똑같은 운명이 똑같이 닥친다는 것도 알고 있다. '어리석은 사람이 겪을 운명을 나도 겪을 터인데, 무엇을 더 바라고, 왜 내가 지혜를 더 얻으려고 애썼는가?' " 시간이 지나면서 현자도 어리석은 자도 기억되지 않는다. 날이 오면 "슬기로운 사람도 죽고 어리석은 사람도 죽는다." 전2:14-16

그렇다. 저자는 야훼가 "의인도 악인도 심판하실 것이다"고, 야훼가 사람이 특별한 존재라는 것을 보여 주기 위해 사람을 시험하고 있었다고 믿기를 원했다. 그러나 "사람에게 닥치는 운명이나 짐승에게 닥치는 운명이 같다. 하나가 죽듯이 다른 하나도 죽는다. 둘 다 숨을 쉬지 않고는 못 사니, 사람이라고 해서 짐승보다 나을 것이 무엇이냐? 모든 것이 헛되다. 둘 다 같은 곳으로 간다. 모두 흙에서 나와서, 흙으로 돌아간다." 전3:17-20

교사는 경제적 정치적 억압을 고찰할 때 "… 아직 살아 숨쉬는 사람보다는, 이미 숨이 넘어가 죽은 사람이 더 복되다고 말하였다. 그리고 이 둘보다는, 아직 태어나지 않아서 세상에서 저질러지는 온갖 못된 일을 못 본 사람이 더 낫다고 하였다." 전4:1-3

교사는 당신이 야훼에게 약속하는 것을 조심하라고 말한다. "말을 많이 하지 않도록 하여라. … 하나님께 맹세하여서 서원한 것은 미루지 말고 지켜라. 하나님은 어리석은 자를 좋아하지 않으신다." 마찬가지로 큰 꿈을 꾸지 않도록 삼가라. "꿈이 많으면 헛된 것이 많다"는 것 때문이다. 삶에서 자신의 운명을 받아들이고 자신의 일을 즐기라. "이 모두가 하나님이 사람에게 주신 선물이다." 전5:1-20

교사는 야훼가 순종을 축복하고 불순종을 저주했다고 믿지 않는다. "헛된 세월을 사는 동안에, 나는 두 가지를 다 보았다. 의롭게 살다가 망하는 의인이 있는가 하면, 악한 채로 오래 사는 악인도 있더라." 전7:15-18 교사는 정의에 헌신적인 정치 공동체의 일부가 되라는 야훼의 부름을 깨닫지 못했다.

오히려 그는 독자에게 양다리를 걸치라고 권고했다.

> 너무 의롭게 살지도 말고, 너무 슬기롭게 살지도 말아라. 왜 스스로를
> 망치려 하는가? 너무 악하게 살지도 말고, 너무 어리석게 살지도 말아
> 라. 왜 제 명도 다 못 채우고, 죽으려고 하는가? 하나를 붙잡되, 다른 것
> 도 놓치지 않는 것이 좋다. 하나님을 두려워하는 사람은 극단을 피한
> 다. 전7:15-18

교사는 성공한 삶을 이루려다가 절망했지만 그래도 삶의 충고를 다음과
같이 제시한다.

> 하나님이 네가 하는 일을 좋게 보아 주시니, 너는 가서 즐거이 음식을
> 먹고, 기쁜 마음으로 포도주를 마셔라. 너는 언제나 옷을 깨끗하게 입
> 고, 머리에는 기름을 발라라. 너의 헛된 모든 날, 하나님이 세상에서 너
> 에게 주신 덧없는 모든 날에 너는 너의 사랑하는 아내와 더불어 즐거움
> 을 누려라. … 빠르다고 해서 달리기에서 이기는 것은 아니며, 용사라
> 고 해서 전쟁에서 이기는 것도 아니더라. 지혜가 있다고 해서 먹을 것이
> 생기는 것도 아니며, 총명하다고 해서 재물을 모으는 것도 아니며, 배
> 웠다고 해서 늘 잘되는 것도 아니더라. 불행한 때와 재난은 누구에게나
> 닥친다. 사람은, 그런 때가 언제 자기에게 닥칠지 알지 못한다. 물고기
> 가 잔인한 그물에 걸리고, 새가 덫에 걸리는 것처럼, 사람들도 갑자기
> 덮치는 악한 때를 피하지 못한다. 전9:7-12

따라서 교사는 허무주의자는 아니었다. 그는 분별을 할 줄 알고 더 나은

대안을 알아보았다. "개라고 하더라도, 살아 있으면 죽은 사자보다 낫다." 전 9:4 "혼자보다는 둘이 낫다. … 그 가운데 하나가 넘어지면, 다른 한 사람이 자기의 동무를 일으켜 줄 수 있다. … 혼자 싸우면 지지만, 둘이 힘을 합하면 적에게 맞설 수 있다." 전4:9-12 그래서 그는 독자에게 최선을 다하라고 격려한다. 이를테면 "돈이 있으면, 무역에 투자하라." 전11:1 그리고 "젊을 때에 너는 너의 창조주를 기억하여라. 고생스러운 날들이 오고, 사는 것이 즐겁지 않다고 할 나이가 되기 전에, 그렇게 하여라. … 은사슬이 끊어지고, 금그릇이 부숴지기 전에, 네 창조주를 기억하여라. … 숨이 그것을 주신 하나님께로 돌아가기 전에, 네 창조주를 기억하여라." 전12:1-7

(2) 욥기

시내산 언약에 따르면 야훼에 순종하는 것은 축복을 가져왔고 불순종은 저주를 가져왔다. 구약 성경은 대부분 신의 정의를 이렇게 이해하는 것을 지속한다. 그러나 욥기의 본문은 삶은 이보다 더 복잡하다는 것을 제안한다. 돈 많고 존경 받는 어떤 사람의 인생이 여지없이 패대기 당하는 이야기를 배경으로 해서 그 성경책은 의인이 받는 고통이 불가해할 때 그 고통은 "부정의"하다는 것에 초점을 맞춘다.

저자는 상상적인 무대 설정을 통해서 신의 부정의를 토론하기 위한 공간을 만들었다. 고발자 사탄을 포함해서 천상의 존재들이 야훼 앞에 모여서 각자 자신의 활동 상황을 보고했다. 야훼는 "하나님을 경외하며 악을 멀리하는 사람" 즉 욥의 "흠이 없고 정직한" 삶을 자랑스러워했다. 사탄은 욥의 진정성에 도전했다. 즉 사탄은 야훼에게 이렇게 말했다. 그를 보호하는 것을 멈춘다면 "그는 주님 앞에서 주님을 저주할 것입니다." 야훼가 말했다. 즉 "그가 가진 모든 것을 다 네게 맡겨 보겠다." 욥1:6-12

야훼의 보호가 철회되자 재앙이 즉시 뒤따랐다. 욥의 가축들이 탈취되었고 종들이 칼에 죽었으며 아들들과 딸들이 강풍으로 죽었다. 욥은 "발바닥에서부터 정수리에까지 악성 종기가 나서" 움직이지 못하게 되었다. 욥1:13-2:7

욥의 반응을 보면 의롭지만 자기 몰입적인 인간이 자신의 역경을 이해하기 위해 어떻게 야훼와 다투는지를 알 수 있다. 결국 "주님께서 욥이 이전에 가졌던 모든 것보다 배나 더 돌려주셨다." 욥42:10 따라서 저자는 축복-저주 패러다임을 손대지 않고 그대로 두지만 대화를 확장함으로써 그 의미를 심화시킨다. 이러한 과정에서 독자는 최초의 청중들이 개인적이든 집단적이든 바빌론 제국의 유다 정복과 예루살렘 몰락을 통해 겪을 수밖에 없었던, 받을 가치가 없는 고통의 현실을 숙고할 수 있는 기회를 부여받는다.

4-27장은 욥과 세 친구 사이의 대화를 중심으로 구조화된다. 이 세 친구는 위로하고 상담하러 오기도 했지만 욥에게 받는 고통의 이유를 알아보라고 도전했다. 29-31장은 자기의 고통이 어쨌든 받을 만하니 받는 것이라는 비난에 반대하는 욥의 변론을 요약한다. 32-37장은 역시 욥을 방문한 사람으로 가장 젊은 사람인데 이 사람의 통찰을 기록한다. 야훼는 마지막 발언을 들려준다. 38-41장 마지막 장은 욥의 미천한 고백을 보고하고 욥의 세 친구가 완전히 틀렸다고 확정하며 욥의 회복의 자세한 내용을 전한다.

욥은 태어나던 날을 저주하는 시적 대화에서 시작한다. "내가 태어나던 날이 차라리 사라져 버렸더라면." 욥3:3 그는 죽기를 바라면서 어찌하여 하나님은 이렇게 "쓰디쓴 인생"을 살아가는 자들에게 생명을 주시는지를 묻는다. 그들은 "보물을 찾기보다는 죽기를 더 바란다." 욥3:20-21

욥의 세 친구는 많은 말을 하는 과정에서 여러 논증을 펼쳤다. 그들은 욥의 의로움을 의문시했고 그의 공적 평판은 개인의 숨은 죄를 은폐했다고 말했다. 그들은 인간은 아무리 올곧게 살았어도 아무도 야훼 앞에 의롭다고 주장할 수 없다고, 그리고 이것을 보지 못하는 욥의 무능력이 그 자체로 죄라는 주장을 고집했다.

그는 삶이 공정하다는 친구들의 주장을 일축했다. "강도들은 제 집에서 안일하게 지내고, 하나님을 멸시하는 자들도 평안히 산다." 욥12:6 그는 고뇌에 찬 기도에서 보듯 간간이 동요하는 것 같았다. "내가 지은 죄가 무엇입니까? 내가 무슨 잘못을 저질렀습니까? 어찌하여 주님께서 나를 피하십니까? 어찌하여 주님께서 나를 원수로 여기십니까?" 욥13:23-24 그러나 자기 검증과 반성 후에 그는 그러한 고통을 받을 만한 아무런 죄도 발견하지 못했다. "내가 의롭다고 주장하면서 끝까지 굽히지 않아도, 내 평생에 양심에 꺼림칙한 날은 없을 것이다." 욥27:6 이 성경책은 우리에게 욥은 죄가 적힌 긴 목록에 의거해서 스스로를 검증했다고 말한다. 그는 어떤 죄가 나의 죄인지를 물었다. "이제는, 전능하신 분께서 말씀하시는 대답을 듣고 싶다." 욥31:35

욥은 간혹 찬양하는 언어로 말했다. "내 구원자가 살아 계신다. 나를 돌보시는 그가 땅 위에 우뚝 서실 날이 반드시 오고야 말 것이다. … 내 육체가 다 썩은 다음에라도, 나는 하나님을 뵈올 것이다." 욥19:25-26 그러나 일반적으로 말하면 그는 자신의 삶이 얼마나 나쁘게 되었는지에 초점을 맞추었다.

엘리후는 가장 젊은 사람으로서 32장에서 말하기 시작한다. 그는 욥의 불만으로 대화의 틀이 짜지는 것을 거부했다. "내게는 잘못이 없다. 나는 잘못을 저지르지 않았다. 나는 결백하다. 내게는 허물이 없다." 욥33:9 이것은 사실일지도 모른다. 그러나 그래서 어떻다는 것인가? 사람들은 대부분 고통을 경험한다. 어떤 이들은 회복해서 야훼가 보여준 자비를 기뻐하는 반면 어떤 이들은 최악까지 이른다. 욥33:14-30 욥이 왜 고통을 겪는지에 대해 설명하는 것이 어째서 그렇게 중요한 일이란 말인가? 그것이 어떻게 핵심 문제가 되었다는 말인가? 한 사람은 고통을 겪고 다른 사람은 고통을 겪지 않는지에 대한 이유를 구분하려고 애쓰는 것은 소용없는 짓이다. 그 문제의 중요한 사실은 모든 사람은 야훼에 의존한다는 것이다. "만일 하나님이 결심하시고, 생명을 주는 영을 거두어 가시면, 육체를 가진 모든 것은 일시에 죽어, 모두 흙으로 돌아가고 맙니다." 욥34:14-15

다음에 엘리후는 정의 즉 우리 모두가 귀중히 여긴다고 말하는 정의에 대해 말했다. 그러나 강한 사람들 예컨대 왕, 군주, 귀족, 재벌을 생각해보고 이들 앞에 어떤 사람이 맞서는 것이 얼마나 드문 일인지를 생각해보라. 우리는 그들의 잔인성을 보고 가난한 사람의 절규를 듣지만 아무것도 하지 않고 서 있다. "하나님은 집권자를 바꾸실 때에도, 일을 미리 조사하지 않으십니다. … 하나님이 그들을 하룻밤에 다 뒤엎으시니, 그들이 일시에 쓰러집니다." 욥34:24-25 정의로운 분은 하나님이지 우리가 아니다.

그러므로 엘리후는 욥이 자기 자신의 경험을 만물의 척도로 삼자 이를 날카롭게 비판했다. 이러한 사고방식에서 볼 때 욥은 "기껏 한 말도 모두 뜻 없는 말뿐이었다는 것을 알 수 있을 것입니다. 욥 어른은 자신이 지은 죄에다가 반역까지 더하였으며, 우리가 보는 앞에서도 하나님을 모독하였습니다." 욥34:35-37 더군다나 욥은 의롭게 사는 것으로 인해 정확히 무엇을 잃었는가? 그가 죄를 지은 삶을 살았다면 어떻게 더 잘 사는 부자가 되었겠는가? 그의 의로움은 그 자신의 보상이 되었다. 욥35:1-8

엘리후는 한 가지 다른 생각을 덧붙인다. 즉 "사람이 받는 고통은, 하나님이 사람을 가르치시는 기회이기도 합니다. 사람이 고통을 받을 때에 하나님은 그 사람의 귀를 열어서 경고를 듣게 하십니다." 욥36:15 바꾸어 말하면 다른 사람의 고통에 대한 공감에서도 그렇지만 고통을 받는 동안 배울 것이 많이 있다. 가난한 사람의 고통에 대해 욥기 24장을 참조하라. 그러나 그 모든 것이 불공정하다는 생각에 붙잡혀 있다면 그때는 걱정되는 일 즉 "심판과 벌을 면할 길이 없다." 그러므로 고통이 당신을 악한 길로 **빠지게** 하는 일이 없도록 조심해야 한다. 욥36:15-23

마지막으로 우리는 자연의 이미지들을 이끌어낸 물음을 던짐으로써 정의나 고통을 거론하기는커녕 그 **주제를 바꾸어버린** 야훼의 음성을 듣는다. "바닷물이 땅 속 모태에서 터져 나올 때에, 누가 문을 닫아 바다를 가두었느냐?" 욥38:8 "해가 뜨는 곳에 가 본 적이 있느냐?" 욥38:24 "매가 높이 솟아올라서 남쪽으로 날개를 펴고 날아가는 것이 네게서 배운 것이냐?" 욥39:26 "네가 하나님처럼 천둥소리 같은 우렁찬 소리를 낼 수 있느냐?" 욥40:9 "그것[리바이어던]이 너와 언약을 맺기라도 하여, 영원히 네 종이 되겠다고 약속이라도 할 것 같으냐?" 욥41:4

욥은 말없이 티끌과 잿더미 위에 앉아 있다가 대답했다. "잘 알지도 못하면서 깨닫지도 못하면서, 함부로 말을 하였습니다. 제가 알기에는, 너무나 신기한 일들이었습니다. … 주님이 어떤 분이시라는 것을, 지금까지는 제가 귀로만 들었습니다. 그러나 이제는 제가 제 눈으로 주님을 뵙습니다. 그러므로 저는 티끌과 잿더미 위에 앉아서 회개합니다." 욥42:3-6 야훼가 마지막으로 한 말은 욥의 세 친구를 질책하는 말이었다. "너희가 나를 두고 말을 할 때에, **내 종 욥처럼** 옳게 말하지 못하였기 때문이다." 욥42:7, 강조는 첨가

엘리후의 음성을 통해 **욥기**는 분명하게 우리에게 우리 자신에 붙잡혀 있는 몰입과 우리가 경험한 부정의를 회개할 것을 요구한다. 때때로 이러한 가르침은 그렇게 하는 대신에 야훼에 초점을 맞추라는 충고와 짝을 이룬다. "주님을 경외하는 것이 지혜요, 악을 멀리하는 것이 슬기다." 욥28:28 하지만 야훼의 놀라운 발언은 피조물의 믿기 힘든 다양성과 활력에 관한 것이고 야훼가 사랑하고 소중히 여긴 그 모든 것에 관한 것이다. 이것은 우리가 자연의

야생과 경이에 다시 연결될 때 욥처럼 치유의 길을 찾아낼 것이라는 것을 말해주는가? 333쪽 23번 문항은 우리 시대에 대한 욥의 적절성을 추가적으로 논의하는 것을 권장한다.

(3) 아가

이 짧은 책은 성경책 가운데서 독특하다. 그것은 전혀 야훼도 언약도 모세율법도 성전 제사장들도 언급하지 않는다. 그것은 전혀 정치를 언급하지 않는다. 그것은 그야말로 사랑이 전부 다이다.

이 시가는 성적 욕망의 열정적인 감정에 사로잡힌 젊은 여자와 남자 사이에 오고가는 사랑의 말로 구성된다. 그들의 욕망이 이루어졌는지는 그들의 비밀로 남아 있다. 하지만 그들이 자신의 에로스를 둘러서 말하는 것이 숨김없다는 점을 고려할 때 우리는 그들이 관계를 가졌다고 꽤나 확신할 수 있다. 그들이 주고받는 말을 듣고 지켜보는 자는 그 젊은 여자의 여친들이다. 이 친구들은 우리가 그들의 친밀한 대화를 공유하는 것이 어떻게 해서인지를 설명해주는 문학적 관점을 제공한다. 그들은 또한 성경 본문에서 줄곧 그 여자가 반복적으로 보내는 경고를 듣는 청중이기도 하다. "예루살렘의 아가씨들아, 노루와 들사슴을 두고서 부탁한다. 우리가 마음껏 사랑하기까지는, 흔들지도 말고 깨우지도 말아 다오." 아2:7, 3:5, 8:4

아가는 환타지로 읽을 수 있다. 그렇듯 그 여자는 밤에 침대 위에 누워서 연인을 생각하면서 밤에 도시로 나가 그를 찾는 장면을 상상하며 그를 침대로 데려온다. "나는 그를 꼭 붙잡고, 나의 어머니의 집으로 데리고 갔다. 어머니가 나를 잉태하던 바로 그 방으로 데리고 갔다." 아3:1-5 그녀는 그가 결혼하는 날에 자기 옆에 강건한 친구들을 데리고 도착하는 꿈을 꾼다. 그는 멋지고 "그의 마음이 한껏 즐거운" 상태에서 면류관을 쓰고 있다. 아3:11

그는 그 여자 육체의 아름다움, 그 냄새와 맛을 대단히 즐긴다. "나의 신부야, 그대의 입술에서는 꿀이 흘러나오고, 그대의 혀 밑에는 꿀과 젖이 고여 있다. 그대의 옷자락에서 풍기는 향내는 레바논의 향기와 같다. 나의 누이 나의 신부는 문 잠긴 동산, 덮어놓은 우물, 막아 버린 샘. 그대의 동산에서는 석류와 온갖 맛있는 과일[이] … 나는구나. 그대는 동산에 있는 샘, 생수가 솟는 우물이다." 그녀가 대답한다. "북풍아, 일어라. 남풍아, 불어라. 나의 동산으로 불어오너라. 그 향기 풍겨라. 사랑하는 나의 임이 이 동산으로 와서 맛있는 과일을 즐기게 하여라." 아4:11-16 어휘!

이 시가는 사랑스럽다. "나는 임의 것, 임이 그리워하는 사람은 나. 임이여, 가요. 우리 함께 들로 나가요. 나무 숲 속에서 함께 밤을 보내요. 이른 아침에 포도원으로 함께 가요. 포도 움이 돋았는지, 꽃이 피었는지, 석류꽃이 피었는지, 함께 보러 가요. 거기에서 나의 사랑을 임에게 드리겠어요." 아7:10-12

마지막 장은 성적 욕망의 힘에 대해 감동을 일으키는 연이 포함되어 있다.

> 도장 새기듯, 임의 마음에 나를 새기세요. 도장 새기듯, 임의 팔에 나를 새기세요. 사랑은 죽음처럼 강한 것, 사랑의 시샘은 저승처럼 잔혹한 것, 사랑은 타오르는 불길, 아무도 못 끄는 거센 불길입니다. 바닷물도 그 사랑의 불길 끄지 못하고, 강물도 그 불길 잡지 못합니다. 남자가 자기 집 재산을 다 바친다고 사랑을 얻을 수 있을까요? 오히려 웃음거리만 되고 말겠지요. 아8:6-7

(4) 잠언

지혜의 시작은 그것을 원하는 데 있다. 그것은 우리가 중요한 어떤 것을 결하고 있다는 겸손 그리고 각성과 함께 출발한다. 이 생각은 때로는 종교적으로 표현된다. "주님을 경외하는 것이 지식의 근본이다." 잠1:7 "너의 마음을 다하여 주님을 의뢰하고, 너의 명철을 의지하지 말아라." 잠3:5 그것은 또한 보다 세속적인 어조로 표현된다. "스스로 지혜롭다고 여기지 말라. 그러면 이것이 너의 몸에 보약이 되어, 상처가 낫고 아픔이 사라질 것이다." 잠3:7-8

지혜를 겸손하게 바라는 것이 제자리를 찾을 때 우리는 "아버지의 훈계"와 "어머니의 가르침" 잠1:8을 들을 준비를 갖추게 된다. 게다가 우리는 지혜를 막강한 권위를 가진 사람에게서만이 아니라 많은 장소에서 발견한다. "지혜가 길거리에서 부르며, 광장에서 그 소리를 높이며, 시끄러운 길머리에서 외치며, 성문 어귀와 성 안에서 말을 전한다." 잠1:20-21 바꾸어 말하면 경성하고 평생 배우는 자가 되라는 것이다. 거의 모든 곳에서 얻을 수 있는 통찰이 있다. "미련한 사람은 자기를 멸망시[킨다]." 잠1:32

지혜는 규칙 따르기와 "선하게" 되기와는 다르다. 지혜는 삶에 관련된 실천적 가치를 가지고 있다. "지혜는 진주보다 더 값지다." 잠3:15 그리고 지혜는 사람의 일상적 반복에 견고한 안전을 더해준다. 잠3:21-26 지혜를 놓치는 사람은 "자기 생명을 해치는" 사람이다. 잠8:36 "악인의 길"은 마음을 끌지도 모르지만 "캄캄하여, 넘어져도 무엇에 걸려 넘어졌는지 알지 못한다." 잠4:19 그래서 나쁜 친구 잠1:10-19, 게으름 잠6:6-11, 이웃 아내의 간음 잠6:23-7:27은 피하도록 하라. 간음에 대한 경고는 지혜와 도덕주의 간의 차이를 예시해준다. "창녀는 사람을 빵 한 덩이만 남게 만들며, 음란한 여자는 네 귀중한 생명을 앗아간다." 잠6:26

지혜는 창조의 일부이고 그녀는 처음부터 거기에 있었다.

주님께서 일을 시작하시던 그 태초에, 주님께서 모든 것을 지으시기 전에, 이미 주님께서는 나를 데리고 계셨다. … 언덕이 생기기 전에, 나는 이미 태어났다. 주님께서 아직 땅도 들도 만들지 않으신 때이다. 나는 그분 곁에서 창조의 명공이 되어, 날마다 그분을 즐겁게 하여 드리고, 나 또한 그분 앞에서 늘 기뻐하였다. 그분이 지으신 땅을 즐거워하며, 그분이 지으신 사람들을 내 기쁨으로 삼았다." 잠8:22-31

그러므로 "나를 얻는 사람은 생명을 얻고, 주님께로부터 은총을 받을 것이다." 잠8:35

10장은 제2절이 시작되는 곳이다. 여기서 잠언들은 연관성이 명백하지도 않고 제1절에서 발견된 논의 같은 것도 없이 잇달아 나열된다. "속이는 저울은 주님께서 미워하셔도, 정확한 저울추는 주님께서 기뻐하신다. 교만한 사람에게는 수치가 따르지만, 겸손한 사람에게는 지혜가 따른다. 정직한 사람은 성실하게 살아, 바른길로 가지만, 사기꾼은 속임수를 쓰다가 제 꾀에 빠져 멸망한다." 잠11:1-3

전도서의 환멸감 그리고 **욥기**의 솔직성에 비교해 볼 때 **잠언**은 아주 인습적이고 지나치게 낙천적으로 보일 수 있다. 그것은 이렇게 말한다. 즉 "의인은 아무런 해도 입지 않지만, 악인은 재난에 파묻혀 산다." 잠12:21 정말로?

그러나 사회적 관계의 뉘앙스를 기술하는 다른 잠언들을 보면 그 방식은 현실주의이다. "함부로 말하는 사람의 말은 비수 같아도, 지혜로운 사람의 말은 아픈 곳을 낫게 하는 약이다." 잠12:18 "교만에서는 다툼만 일어날 뿐이다. 지혜 있는 사람은 충고를 받아들인다." 잠13:10 "부드러운 대답은 분노를 가라앉히지만, 거친 말은 화를 돋운다." 잠15:1 "친구를 많이 둔 사람은 해를

입기도 하지만 동기간보다 더 가까운 친구도 있다." 잠18:24

정서건강에 대한 설명도 있다. "마음에 근심이 있으면 번민이 일지만, 좋은 말 한 마디로도 사람을 기쁘게 할 수 있다." 잠12:25 "미련한 사람의 말은 교만하여 매를 자청하지만, 지혜로운 사람의 말은 그를 지켜준다." 잠14:3 "즐거운 마음은 얼굴을 밝게 하지만, 근심하는 마음은 너를 상하게 한다." 잠 15:13

가정생활도 반복적으로 다루는 주제이다. "마른 빵 한 조각을 먹으며 화목하게 지내는 것이, 진수성찬을 가득히 차린 집에서 다투며 사는 것보다 낫다." 잠17:1 "사랑이 언제나 끊어지지 않는 것이 친구이고, 고난을 함께 나누도록 태어난 것이 혈육이다." 잠17:17 "네 아들을 훈계하여라. 그래야 희망이 있다. 그러나 그를 죽일 생각은 품지 말아야 한다." 잠19:18 "다투기를 좋아하는 여자와 넓은 집에서 함께 사는 것보다, 차라리 다락 한 구석에서 혼자 사는 것이 더 낫다." 잠21:9

우리는 또한 가난한 사람들에 대해 지속적으로 주의를 기울이는 잠언들을 본다. "가난한 사람이 경작한 밭에서는 많은 소출이 날 수도 있으나, 불의가 판을 치면 그에게 돌아갈 몫이 없다." 잠13:23 "가난한 사람을 억압하는 것은 그를 지으신 분을 모욕하는 것이지만, 궁핍한 사람에게 은혜를 베푸는 것은 그를 지으신 분을 공경하는 것이다." 잠14:31 "가난한 사람에게 은혜를 베푸는 것은 주님께 꾸어드리는 것이니, 주님께서 그 선행을 넉넉하게 갚아 주신다." 잠19:17 "남을 잘 보살펴 주는 사람이 복을 받는 것은, 그가 자기의 먹거리를 가난한 사람에게 나누어 주기 때문이다." 잠22:9 "이익을 탐해서 가난한 사람을 학대하는 사람과 부자에게 자꾸 가져다주는 사람은, 가난해질 뿐이다." 잠22:16

심지어 제국에 대한 경험도 짤막하게 언급한다. "주님을 경외하며 살면 생명을 얻는다. 그는 만족스러운 생활을 하며, 재앙을 만나지 않는 다." 잠19:23 이 말에 이어서 미디어가 우리로 하여금 매우 많은 두려움을 느끼게 하고 제국의 폭력적 보호 수단이 매우 많이 필요하다는 느낌을 가지도록 캠페인을 강력하게 실시한다고 생각해보라.

제3절은 22장 17절부터 시작하는데 많은 주제를 포함하지만 선망이 반복적으로 나타난다. "그[높은 사람]가 차린 맛난 음식에 욕심을 내지 말아라. 그것은 너를 꾀려는 음식이다. 부자가 되려고 애쓰지 말고, 그런 생각을 끊어 버릴 슬기를 가져라." 잠23:3-4 "죄인들을 보고 마음속으로 부러워하지 말고, 늘 주님을 경외하여라." 잠23:17 "행악자 때문에 분개하지도 말고, 악인을 시기하지도 말아라. 행악자에게는 장래가 없고, 악인의 등불은 꺼지고 만다." 잠24:19-20

제4절은 법적 문제를 고려한다. "재판할 때에 얼굴을 보아 재판하는 것은 옳지 않다." 잠24:23 "바른말을 해주는 것이, 참된 우정이다." 잠24:26 "너는 이유도 없이 네 이웃을 치는 증언을 하지 말고, 네 입술로 속이는 일도 하지 말아라." 잠24:28

25장은 제5절이 시작되는 곳인데 그 연대는 히스기야 때부터이다. 그것은 급하게 소송으로 가지 말라고 충고한다. "이웃과 다툴 일이 있으면 그와 직접 변론만 하라." 잠25:9 그것은 사도 바울이 나중에 반복해서 말한 바, 원수에 관한 충고를 제공한다. "네 원수가 배고파 하거든 먹을 것을 주고, 목말라 하거든 마실 물을 주어라. 이렇게 하는 것은, 그의 낯을 뜨겁게 하는 것이며, 주님께서 너에게 상으로 갚아 주실 것이다." 잠25:21-22 그것은 "내일 일을 자랑"하는 것에 대해 경고한다. "하루 사이에 무슨 일이 생길지 알 수 없다." 잠27:1 그것은 또 말한다. "쇠붙이는 쇠붙이로 쳐야 날이 날카롭게 서듯이, 사람도 친구와 부대껴야 지혜가 예리해진다." 잠27:17 그리고 그것은 왕에 대해 비관주의를 표출한다. "많은 사람이 통치자의 환심을 사려고 하지만, 사람의 일을 판결하시는 분은 주님이시다." 잠29:26

잠언책은 부록으로 추가되는 두 개의 장으로 끝을 맺는다. 아굴이 한 말은 잘 알려져 있다. "저를 가난하게도 부유하게도 하지 마시고, 오직 저에게 필요한 양식만을 주십시오. 제가 배가 불러서, 주님을 부인하면서 '주가 누구냐' 고 말하지 않게 하시고, 제가 가난해서, 도둑질을 하거나 하나님의 이름을 욕되게 하거나, 하지 않도록 하여 주십시오." 잠30:8-9

아굴의 말을 이어서 "유능한 아내"를 기술하는 르무엘의 말이 뒤따른다. 이 아내의 남편은 그녀를 신뢰하고 그녀는 상업과 부동산에 관여하는 한편 가사도 맡고 있다. 그녀는 의류와 직물에 능하고 "한 손은 펴서 가난한 사람을 돕고, 다른 손은 펴서 궁핍한 사람을 돕는다." 그녀는 자녀에게 지혜를 가르치고 "미래에 대한 두려움이 없다." 잠31:10-31 이것은 과장되어 보이고 공손하게 자랑질하는 것처럼 보일지라도 가부장적 사회에서 민간 지혜의 모음을 마감하는 주목할 만한 마무리이다. "아내가 손수 거둔 결실은 아내에게 돌려라. 아내가 이룬 공로가 성문 어귀 광장에서 인정받게 하여라." 잠31:10-31

18장: 절망 찬양 환희

예레미야애가, 시편

우리는 구약 성경에 대한 우리의 개설을 이스라엘 사람의 삶과 그들의 하나님 예배에서 표현되고 깊어지고 다양해진 정서를 담은 두 성경책으로 마무리한다.

(1) 예레미야 애가

이 절망의 시가 작품은 바빌로니아 군대가 예루살렘을 함락하고 파괴하는 시기와 그 직후의 나날들을 회상한다. 그것은 유배되지는 않았지만 상황에 잘 대처하기 위해 잔류한 사람에 의해 써졌다. 예언자 예레미야가 저자일 개연성이 있다. 야훼는 언급되지만 결코 말하지 않고 외면했으며 침묵에 들어갔다.

이 성경책은 다섯 애가로 구성된다. 처음의 두 애가와 마지막의 두 애가는 각각 22개의 구절로 되어 있는 반면 중앙에 배치된 애가는 66개의 구절로 되어 있다.

우리는 성경 본문을 읽을 때 두 목소리가 말하는 것을 듣는다. 즉 본문의 화자와 여자로 의인화된 예루살렘 시온 도성이다. "이 도성이 여인처럼 밤새도록 서러워 통곡하니, … 이 여인을 사랑하던 남자 가운데 그를 위로하여 주는 남자 하나도 없으니, 친구는 모두 그를 배반하여 원수가 되었는가!" 애 1:2 이 성경 본문은 수치스러운 행동을 암시한다. "그를 떠받들던 자가 모두 그 벌거벗은 모습을 보고서 그를 업신여기니, 이제 한숨지으며 얼굴을 들지 못한다. 그의 더러움이 치마 속에 있으나, 자기의 앞날을 생각하지 않는다." 애1:8-9

그 여인은 말한다. "주님, 원수들이 우쭐댑니다. 나의 이 고통을 살펴 주십시오." 그녀는 몇 구절 뒤에 다시 말한다. "주님께서 내 청년들을 무찌르시려고 내게서 용사들을 모두 몰아내시고, 나를 칠 군대를 일으키셨다. 주님께서 처녀 유다를 술틀에 넣고 짓밟으셨다. 이 일로 내가 우니, 눈에서 눈물이 물처럼 흐른다. … 원수들이 우리를 이기니, 나의 아들딸들이 처량하게 되었다." 애1:9, 15-16 "주님께서 하신 일은 옳으나, 나는 주님의 말씀을 거역하였다. … 내가 주님을 얼마나 자주 거역하였던가." 애1:18, 28

화자는 차마 말할 수 없는 것을 말로 표현한다. 야훼는 바빌로니아 편이 되어 이스라엘을 대적하여 싸웠다. "주님께서 이스라엘의 원수라도 되신 것처럼, 그 성채를 부수셨다." 애2:5 18개월 동안 포위해서 공격하는 무시무시한 사건들이 회상되었다. 아사하는 아이들, 사람 고기를 먹는 일, 강간과 도살. "주님, 살펴 주십시오. 주님께서 예전에 사람을 이렇게 다루신 적이 있으십니까? 어떤 여자가 사랑스럽게 기른 자식을 잡아먹는단 말입니까?" 애2:20

그 여인의 목소리는 3장에서 다시 돌아와서 생존 투쟁을 기술한다. 그녀는 도망갈 수 없도록 담을 쌓아 가두는 것을 말하고 "엎드려서 나를 노리는 곰", "몰래 숨어서 나를 노리는 사자"에 대한 공포를 말한다. 애3:7-10 이 성경 본문은 이 모든 것을 야훼의 탓으로 돌린다.

일종의 신뢰는 남아 있다. 다르게 말하면 그것은 체념은 아닐는지. 우리는 그 두 목소리가 혼합되어 있는 것처럼 보이는 구절을 읽는다. "주님의 한결 같은 사랑이 다함이 없고 그 긍휼이 끝이 없기 때문이다. 주님의 사랑과 긍휼이 아침마다 새롭고, 주님의 신실이 큽니다. 나는 늘 말하였다. '주님은 내가 가진 모든 것, 주님은 나의 희망!' " 애3:22-24

마지막 두 장은 애곡으로 돌아온다. "젖먹이들이 목말라서 혀가 입천장에 붙고, 어린 것들이 먹을 것을 달라고 하여도 한 술 떠주는 이가 없구나." 애4:4 "어찌하여 주님께서는 우리를 전혀 생각하지 않으시며, 어찌하여 우리를 이렇게 오래 버려두십니까?" 애5:20 이 성경책은 애원으로 끝을 맺는다. "주님, 우리를 주님께로 돌이켜 주십시오. 우리가 주님께로 돌아가겠습니다. 우리의 날을 다시 새롭게 하셔서, 옛날과 같게 하여 주십시오. 주님께서 우리를 아주 버리셨습니까? 우리에게서 진노를 풀지 않으시렵니까?" 애5:21-22

(2) 시편

시편을 찬양서 말하자면 공중 예배에서 사용된 애창하는 노래 모음집으로 생각하는 것은 도움을 준다. 개개의 노래는 단독적으로 존재하고 저마다 자신의 유일하고 뉘앙스와 강조점을 제공한다. 이와 더불어 그 모음집은 공동체의 같이하는 삶의 시적 기록으로 존재한다. 다시 말해서 그것은 공동체의 역사, 야훼를 말하고 야훼에게 말하는 공동체의 방식, 진심에서 우러나온 공동체의 감정, 이러한 감정을 신앙의 표현 안에서 통합하는 공동체의 방식을 기록한다.

정례적 사용을 통해 그 모음집은 역시 교리문답서로 사용되고 또한 삶의 경험과 야훼의 현존을 성찰하는 방식을 노래하고 기도하는 일에 참여하는 모든 사람에게 가르침을 준다. 이런 것을 노래하는 것, 기도하는 것은 야훼에게 말하는 법을 배우는 것이기도 하다. 시간이 경과하는 가운데 이루어진 많은 실천은 유대 신앙의 영성, 삶을 영위하고 세계를 보는 유대 방식을 형성한다.

야훼에 대한 찬양과 감사는 예배의 으뜸이고 거의 모든 시편은 이러한 요소들을 나타낸다는 점은 하등 놀라운 것이 아니다. "나와 함께 주님을 높이자. 모두 함께 그 이름을 기리자. 내가 주님을 간절히 찾았더니, 주님께서 나에게 응답하시고, 내 모든 두려움에서 나를 건져내셨다. 주님을 우러러보아라. 네 얼굴에 기쁨이 넘치고 너는 수치를 당하지 않을 것이다." 시34:3-5

시편은 시적 발언이다. 이들에게 매우 공통적인 양식의 특성은 관념을 두 번 연속적으로 병행하는 방식 말하자면 동의나 반대의 방식으로 말한다는 것이다. 어떤 시편들은 아크로스틱 방식을 사용한다. 이는 절 하나하나를 히브리어 알파벳 순서대로 차례로 배열하는 방식이다. 이 패턴은 영어 성경 본문에서는 상실되어 있지만 사고의 상상과 진행에서 갑작스러운 비약을 부분적으로 설명해준다.

시편은 다섯 권으로 분류되어 본문에 제시된다. 다섯 권은 각각 시간이 경과하면서 회집되었고 권별로 사용되었다. 적어도 500년이라는 시간의 폭을 경유하며 현재의 5권에 이를 때까지 권별로 추가되었다. 제1권은 회집되어 성전 예배에서 처음에 사용된 한편 마지막 권은 회집되어 끝에 가서 사용되었다고 자주 가정되었다. 그러나 그것은 시편책의 모든 시편들이 그러한 패턴에 들어맞는다는 의미로 받아들여져서는 안 된다. 이것은 우리가 최근에 출판된 찬양서는 다만 최근 노래만을 포함한다고 가정하지 않으면 안 된다는 것과 같은 이치이다.

제1권 즉 시편 1-41편의 시편들은 시편을 기도서로 사용한 사람들이 애용하는 많은 시편을 포함한다. 16편은 신뢰와 안전을, 22편은 깊은 고통을, 23편은 야훼의 자비로운 친절을 말한다. 25편과 27편은 인생을 인도하는 야훼에 대한 확신을 물씬 풍긴다. 32편과 38편은 죄에 대한 야훼의 용서를 구하고 34편과 40편은 야훼의 구원에 환희한다.

제2권 즉 시편 42-72편의 시편들은 사람들이 애용하는 다른 기도문들을 포함한다. 42편과 43편은 낙담과 우울에 대해 말하고 51편은 용서와 회복을 위한 아름다운 고백이자 기도이다. 그러나 간구하는 기도가 이 절을 지배한다. 즉 53편 악한 자에 대한 심판, 54편 개인의 변호, 58편 보복, 59, 64, 69, 70편 원수로부터의 구원, 60편 민족의 승리, 70편 평생의 보호가 그것이다.

예루살렘 멸망과 바빌론 유배에 관련된 탄식의 시편들은 주로 제3권 즉 73-89편에서 발견된다. 이 시편들이 포함하는 것은 77-78편 이스라엘의 역사와 야훼에 대한 신실하지 못함을 고백하는 회상, 79편 도움을 구하는 열정적인 간청, 88편 4-5절 그야말로 절망에서 외치는 소리이다. "나는 무덤으로 내려가는 사람과 다름이 없으며, … 주님의 기억에서 사라진 자와 같습니다." 시88:4-5 이 절에 나오는 마지막 시편은 다윗에 의해 주장된 바 있는 약속 다시 말해서 다윗의 왕좌는 야훼에 의해 영원토록 확립되었다는 약속을 회상한다. "그러나 주님은, 주님께서 기름을 부어서 세우신 왕에게 노하셨습니다. 그를 물리치시고 내버리셨습니다. "주님, … 그 첫사랑은 지금 어디에 있습니까?" 시89:38, 49

제4권 즉 90-106편에 나오는 시편들은 야훼가 왕이고 야훼의 목적은 거부되지 않을 것이라는 갱신된 소망과 자신감을 나타낸다. "바다와 거기에 가득 찬 것들과 세계와 거기에 살고 있는 것들도 뇌성 치듯 큰소리로 환호하여라. 강들도 손뼉을 치고, 산들도 함께 큰소리로 환호성을 올려라. 주님께서 오신다. 그가 땅을 심판하러 오시니, 주님 앞에 환호성을 올려라. 그가 정의로 세상을 심판하시며, 뭇 백성을 공정하게 다스리실 것이다." 시98:7-9 이 소망과 자신감은 "내 영혼아, 주님을 찬송하여라"라는 문구로 각각 시작하는 103편과 104편의 감사로 넘쳐흐른다. 이 절의 마지막 두 시편은 야훼의 구원 행위와 야훼 백성의 많은 죄의 고백을 이야기하는 역사로 되돌아간다. 이 책은 긍정적으로 끝난다. 야훼는 "그들과 맺으신 그 언약을 기억하셨으며, 주님의 그 크신 사랑으로 자비를 베풀도록 하셨습니다." 시106:45

마지막 권 즉107-150편에 해당하는 책은 그 다양성 때문에 특징을 부여하기가 어렵다. 이 절은 승리의 시편으로 시작한다. 그 뒤를 따라서 119편에서 야훼의 법을 기리는 헌사가 길게 이어진다. 그 다음으로 120-134편에서 축제를 위해 예루살렘으로 올라가면서 노래하는 서정시가 나온다. 139편은 힘든 삶의 시련 속에서 경험하는 야훼의 현존을 심중하게 성찰한다. 143편은 도움을 구하는 열정적인 간청이다. 145편은 야훼의 선함과 위대함을 사랑스럽게 이야기한다. 147편은 이를 물리적 피조물에게 확장하고 148편은 모든 사람에게 확장한다.

예루살렘의 성전 예배는 시편 대부분의 맥락이었다. 물론 성전은 종교 권력의 중심이었고 왕의 통치와 밀접하게 연계되어 있었다. 따라서 우리는 제사장과 왕의 시편에서 비판이 많은 것을 보지 못한다.

그러나 이 시편 책에도 예언적 조망은 포함되어 있다. "주님은 정의와 공의를 사랑하시는 분, 주님의 한결같은 사랑이 온 땅에 가득하구나." 그러나 "주님은 뭇 민족의 계획을 무효로 돌리신다." 시33:5, 10 군사적 해결에 관해 우리가 읽는 것은 이렇다. "군대가 많다고 해서 왕이 나라를 구하는 것은 아니며, 힘이 세다고 해서 용사가 제 목숨을 건지는 것은 아니다. 나라를 구하는 데 군마가 필요한 것은 아니며, 목숨을 건지는 데 많은 군대가 필요한 것은 아니다." 시33:16-17 음모에 관해 이렇게 적혀 있다. "저 이방 나라들은 자기가 판 함정에 스스로 빠지고, 자기가 몰래 쳐 놓은 덫에 자기 발이 먼저 걸리는구나." 시9:15 그러면서 사람의 안전의 원천에 관해 이렇게 고백하고 있다. "어떤 이는 전차를 자랑하고, 어떤 이는 기마를 자랑하지만, 우리는 주 우리 하나님의 이름만을 자랑합니다." 시20:7

성찰과 토론 5

21. 당신은 어떤 지혜서를 가장 좋아했는가? 가장 적게 좋아하는 지혜서는 어느 책인가? 그 이유는 무엇인가?

22. **전도서**의 본문은 우리가 정의롭고 지속 가능한 사회를 구축하려고 노력하는 일이 시간을 허비하고 있다는 주장을 하는 셈이어서 우리 책의 메시지를 훼손한다. 이러한 소견에 대한 당신의 반응은 무엇인가?

23. **욥기**의 본문은 한 사람의 정의롭지 않은 고통을 야훼의 존재와 화해시키려고 고투한다. 우리가 현대 인류의 곤경을 욥을 대신하는 것으로 교체할 때 우리는 우리 시대의 생태 위기에 관한 말을 해줄지도 모르는 본문을 가지는 셈이다. 당신은 우리에 대한 그러한 욥기의 적절성을 있다면 어떻게 기술할 것인가?

24. **시편**은 이스라엘 역사의 지그재그를 거치면서 야훼에 대한 사람들의 이해를 형성해주었고 그들의 사회적, 정치적 목적에 대한 구별된 보다 광대한 의식을 유지하는 것을 도와주었다. 서정 음악이 당신의 삶에서 맡는 역할을 숙고해보라. 그것은 당신의 믿음과 당신이 일부가 되는 정치 공동체를 형성하는가?

제3부

신약 전서

서론

마태복음서에서 **요한계시록**까지 신약은 27권으로 구성되어 있다. 로마인이 팔레스타인이라고 부른 가나안은 다시 한 번 주요 물리적 환경으로 설정되어 있다. 하지만 현대 시리아, 터키, 그리스, 이탈리아, 키프로스 그리고 크레타 섬 역시 신약 본문에 나온다. 신약에 포함된 각책의 연대는 예수 탄생과 함께 시작해서 125년 후반에 종료된다. 각책의 저작년도가 1차 유대-로마 전쟁 즉 기원후 66-73년 특히 70년 여름에 있었던 예루살렘 성전 파괴 전이냐 후이냐를 아는 것이 각별히 중요하다. 이 사건은 그때로부터 656년 전에 있었던 1차 예루살렘 파괴 때와 똑같은 트라우마를 유대인에게 안겨주었다. 여타 주요 사건의 개산 연도는 아래 연표에 나온다.

책명	완성	저자
야고보서	기원후 48	예수의 형제 야고보
갈라디아서	기원후 49	사도 바울

데살로니가전서	기원후 52	사도 바울
고린도전서	기원후 54	사도 바울
빌레몬서	기원후 56	사도 바울
골로새서	기원후 56	사도 바울
고린도후서	기원후 57	사도 바울
로마서	기원후 57	사도 바울
빌립보서	기원후 64	사도 바울
디모데후서	기원후 65	사도 바울
마가복음서	기원후 70	바나바의 사촌 마가
에베소서	기원후 85	성명불상
마태복음서	기원후 87	성명불상
히브리서	기원후 88	유대인 교사 브리스길라
요한복음서	기원후 90	성명불상
요한계시록	기원후 92	밧모섬의 요한
유다서	기원후 100	예수의 친척 유다
요한1,2,3서	기원후 100	성명불상
누가복음서	기원후 104	이방인 의사 누가
사도행전	기원후 105	이방인 의사 누가
데살로니가후서	기원후 111	성명불상
베드로전서	기원후 112	성명불상
디모데전서	기원후 115	성명불상
디도서	기원후 115	성명불상
베드로후서	기원후 120	성명불상

신약이 써진 시기를 연대기 순으로 살펴보면 신약 역시 성경에 배열되어 있는 순서와는 매우 다르다는 것을 발견할 수 있다. 우리는 마커스 보그의 저서[1]에 의존해서 신약을 구성하는 각책의 저자, 저작 완성 개산 연도를 연대기적으로 표시했다. 하지만 야고보서, 골로새서, 빌립보서, 디모데후서는 그러지 않았다.

신약에서 제시되는 성찰과 토론 역시 이미 구약에서 만난 질문들로 짜인다. 즉 (1) 이 본문은 사람들에게 참여하라고 요청하는 정치 공동체의 종류에 대해 있다면 무엇을 말하고 있는가? (2) 대안적 정치 공동체가 구상화될 수 있다면 그 공동체를 결속하는 단서는 무엇인가? 그리고 세상에 영향을 미치는 그 힘의 원천은 무엇인가? (3) 이 본문은 우리가 야훼를 이해하는 데 무엇을 전해주는가?

제3부의 각장에 관계하는 토론 문제는 각각 20장, 21장, 23장, 25장 말미에 제시된다.

---

1) Marcus Borg, *Evolution of the Word: The New Testament in the Order the Books Were Written*, p. 31

19장: 예수라는 이 사람은 누구인가?

마태복음서, 마가복음서, 누가복음서

"때가 찼다. 하나님의 나라가 가까이 왔다. 회개하여라. 복음을 믿어
라." 막1:15

마가의 복음에 따르면 나사렛 예수는 이 네 문장의 수수께끼 같은 말과 함
께 갈릴리에 사는 서민들에게 갑작스럽게 등장했다.

마태와 누가도 예수의 생애와 가르침을 전하는 책을 썼다. 이 세 가지 설
명은 같이 본다는 의미의 "공관" 복음이라고 말해진다. 예수 이야기를 전하
는 그들의 방식은 실체적으로 동일하면서도 유의미한 차이가 있다. 주요 유
사성은 각자가 먼저 있었던 시작 즉 귀환의 여정과 정의를 민족에게 가져오
라는 야훼의 부름을 회고함으로써 시작한다. 따라서 각자는 이사야서 40장
의 말과 함께 시작한다. 즉 "너희는 야훼의 길을 예비하고 그분의 길을 곧게
하여라." 마3:3, 막1:3, 눅3:4

마태는 예수를 이스라엘의 메시아 다시 말해서 하나님 나라의 메시지로
이스라엘의 경험과 추구를 제국에 도전하는 총체적인 새로운 수준으로 이끄
는 기름부음 받은 지도자로 여긴다. 마가는 예수를 억압과 지배 이데올로기

의 힘에 힘겹게 투쟁하는 인물로 보여준다. 그는 예수를 새로운 하나님의 제국에서 사람을 삶과 자유의 커다란 미개발 능력에 연결시키는 투쟁에 종사한 인물로 보여준다. 누가는 낡은 왕국의 종교적 정치적 권력이 통합되어 자기 확대를 꾀하면서 서민들에게 파괴적인 결과를 가져온 예루살렘을 향해 가기로 하는 예수를 보여준다.

저자마다 예수 처형을 절정에 다다르는 권력 투쟁으로 이해하고 세계를 변화시키는 어떤 일이 예수 사건에서 일어났다는 것을 소리 높여 외치는 자그마한 공동체의 믿음을 제시한다. 출생에서 사망을 거쳐 분명한 부활에 이르는 예수 생애 드라마는 20세기 동안 수백만 사람의 관심을 사로잡았다. 그 관심은 무엇 때문인가? 무엇 때문에 예수는 죽었는가? 많은 기독교 제국 Christendom이 가르친 대로 하나님은 예수의 죽음이 필요했는가?

(1) 제국의 험한 현실: 예수의 역사적 환경

예수 탄생 전년도에 북쪽 팔레스타인 유대 저항자들은 나사렛에서 북동쪽 방향으로 6킬로미터쯤에 위치한 세포리스Sepphoris에서 로마 무기고를 탈취했다. 그들은 헤롯 대왕 사망 후 팔레스타인 전역을 통치하던 로마에 저항하는 무장반란을 일으켰다. 로마 군대는 세포리스에 들어가서 반란군을 일소하고 수많은 주민을 학살했으며 도시를 불태웠고 많은 생존자들을 노예로 팔았다. 반란의 확산을 제압하는 일환으로서 그들은 2000명의 유대인 반역자를 십자가에 처형했다.

몇 년이 지난 후에 그 도시는 신임 로마 통치자 헤롯 안티파스에 의해 재건되었다. 로마에 충성하는 사람들은 그 재건 도시에 다시 이주했고 여기에는 예루살렘 성직자와 일가 관계에 있는 부유한 유대인 토지 소유자들이 포함되어 있다. 땅의 소유권은 로마인의 재량에 달려 있었고 그 대가로 중과세를 매겼다. 그 지역 노동자 계층의 많은 사람들이 대토지에서 일했으며 일하는 혜택의 대가로 유대인 토지 소유자에게 세금을 냈다.

헤롯 안티파스는 갈릴리 바다 부근 지역에 비슷한 조치를 취했다. 부유한 유대인은 로마인에게서 바닷가 조업권을 양수했고 어부들에게 어업을 허락하는 유료 계약을 맺었다. 돈을 지불한 사람들만이 어업할 수 있었다.

이스라엘 지도계층의 많은 사람들 다시 말해서 로마 제국이 기대하는 만큼 그 관료 체제와 타협한 사람들의 삶은 그렇게 나쁘지 않았다. 그들은 잘 되는 만큼 부역했고 이런 기제는 잘 돌아갔다. 예루살렘 성전은 헤롯 대왕이 재건하면서 확장되었는데 로마-유대 권력 구조의 주요 부분으로 봉사했다. 그것은 많은 일일 경제가 돌아가는 일종의 중앙은행 역할을 수행했고 성전 구조를 통해 사람들로부터 얻은 세수는 유대인 엘리트와 로마 권력자에게 이익을 주었다.

이러한 사정은 서민들의 경우와는 달랐다. 서민들은 제국적인 로마와 유대인 협력자들에게 분노해서 속이 부글부글 끓는 지경이었다. 그들은 밤낮으로 제국의 억압에서 구원받는 것을 꿈꾸었다.

(2) 하나님의 제국

종교적 바리새파 사람들과 정치적 헤롯주의자들이 서민들을 향해 경합을 벌이는 이 분쟁의 땅으로 세례자 요한이라는 광야의 예언자에 의해서 알려진 나사렛 동네 목수의 아들 예수가 들어왔다. 위대한 새로운 지도자가 이스라엘에 오고 있다는 것을 선포한 것 때문에 요한은 로마 꼭두각시 통치자 헤롯에 의해서 처형되었다. 따라서 예수는 자신의 선발대이자 선전가가 감옥에 갇혀 참수되는 것을 보았다. 이는 그 자신의 경력에 위로가 될 만한 어떤 것도 없다는 것을 알려주는 것이었다.

이제 예수에 대해서 말해보자. 예수의 메시지는 무엇인가? "때가 찼다" 즉 위기와 힘든 선택의 순간이 왔다. 사정은 예전과 같지 않을 것이다. "하나님의 제국basilea이 가까이 왔다. 여기 있는 너희에게 오고 있다." 막1:15 이 말은 예수의 말을 듣는 사람에게 익숙한 언어였다. 바실레아는 그리스어인데 "왕국, 왕권, 제국, 통치"로 번역할 수 있다. 그 단어는 인간이 어떻게 사회를 조직하고 운영할 것인가 하는 문제를 내포한다. 예수 메시지의 이러한 국면에 초점을 맞추는 문제는 379쪽에 나온다.

그래서 예수는 이스라엘의 기억에 친숙한 것에서 시작한다. 다시 말해서 그는 이집트, 다윗과 솔로몬 통치의 이스라엘, 시리아, 아시리아, 바빌론, 페르시아 그리고 그리스에서 기억된 왕국과 제국에서 시작하고 이 단어에 "하나님의"라는 말을 덧붙인다. 이것은 왕국을 경악스럽고 불길하게 수정하는 일이었다. 이로부터 예수의 가르침과 생애는 내내 "하나님의"라는 작은 자구에 설명을 부가하는 극적 과정이었다. **마태복음서, 마가복음서, 그리고 누가복음서**가 전하는 복음은 야훼의 사회가 어떻게 기능하는가를 우리에게 알려준다.

예수는 다음과 같이 말한 것으로 알려진다. "내 나라는 이 세상에 속한 것of this world이 아니오." 요18:36 그는 그의 나라가 이 세상 "안에"in 있지 않다고 말한 것이 결코 아니었다. 그리스어 본문에는 영어 "in"에 해당하는 다른 단어가 사용되었다. 그는 그의 길 즉 세상을 돌아가게 하는 하나님의 방식이 이 세상 **안에** 매우 많이 있다는 것을 의도했다. 하지만 그 근원과 기능 방식에 관해서라면 예수가 천명한 왕국은 이 세상으로부터 왕국과 제국이 되는 장비를 공급하는 위계, 지배력, 살인 권력과 같은 개념들에 속한 것이 아니고 하나님에게 속한of God 것이다.

그래서 하나님 나라는 **이 세상 안에 있지만 이 세상에 속한 것은 아니다.**

예수는 이것을 명심하면서 자기 제자들에게 다음과 같은 기도를 가르쳤다. "하나님의 나라를 오게 하여 주시며, 그 뜻을 하늘에서 이루심 같이, 땅에서도 이루어 주십시오." 마6:10 이 땅에서 하나님 나라가 실행되고 구현되어야 한다는 것에는 어떠한 의심의 여지도 없다. 또한 그것이 진술하는 것은 하나님 나라는 이 땅에서 하나님의 뜻을 이룬다는 것을 의미한다는 것이다. 하나님 나라는 좋은 사회에 대한 예수의 비전이다.

예수의 가르침을 광범하게 수집한 **마태복음서**에 나오는 이른바 산상수훈마5-7장을 보면 예수는 자신을 새로운 모세의 위치에 두고 권위 있는 지혜와 기술로써 좋은 사회의 실천을 규정한다. 그는 말하기를, 이 모든 것은 성취될 것이고 "누구든지 계명을 행하며 가르치는 사람은, 하늘 나라에서 큰 사람이라고 일컬어질 것이다." 마5:17-20 그가 축복하는 사람은 다음과 같다. "의에 주리고 목마른 사람은 복이 있다. 평화를 이루는 사람은 복이 있다." 그뿐만 아니라 그는 이들이 "너희보다 먼저 온 예언자들처럼" 박해 받는 것을 기대한다.마5:1-12 그가 하나님 나라라고 부르는 새로운 사회에서 자기 제자들이 이스라엘 예언자 역할을 계속하는 것을 기대하는 것은 분명하고 또 과감한 주장이다.

이 이야기는 세상을 운영하고 좋은 사회를 옹립하며 좋은 사회에서 사는 하나님의 방식을 증명하는 목적으로 살고 가르치고 마침내 죽는 예수를 그려내고 있다. 누구라도 이러한 메시지와 함께하는 인간을 환영했을 것이다. 그렇지 않겠는가? 그렇다. 만일 하나님 나라와 같은 것이 기존의 제국과 매우 다르지 않고 세상사를 운영하는 하나님의 방식이 그들의 것과 조금의 갈등도 없었다면 그렇지 않았을 것이다.

"너희의 원수를 사랑하여라" 눅6:27는 누가의 복음에 따르면 예수가 말한 제일 명령으로서 이는 헤롯이 자기 왕국을 운영한 방식이 아니었다. 그러나 예수에 따르면 바로 그것이 하나님이 세상을 운영하는 방식으로 의도한 것이다. 이 때문에 예수가 헤롯을 두고 "그 여우"눅13:32라고 부른 것은 하나도 놀라운 것이 아니다. 이 말은 영리하다는 찬사가 아니라 속이고 악취를 풍기는 것에 대한 치욕적인 말이다. 예수와 헤롯 사이에는 긴장이 조성되었고 가이사의 제국과 하나님의 제국은 같은 것이 아니었다. 그럼에도 불구하고 예수는 하나님의 제국이 가까이 왔고 곧 너희 가운데 임할 것이라고 말했다.

(3) 인간적인 사람

그러나 실제로 이러한 예수는 누구인가? 그는 정체성 논란이 분분한 논쟁적인 인물이다. 이 사회가 어떻게 조직되었는지, 일들을 어떻게 했는지를 묻는 권리를 예수에게 준 것은 무엇인가?

마태복음서와 누가복음서에 나오는 예수 탄생 이야기는 예수가 태어날 때부터 있었던 제국의 억압을 강조한다. **마태복음서**는 로마 정부의 꼭두각시 헤롯 왕이 표면적으로 그를 보기를 원하고 "그에게 경배할 생각"이라고 보고한다.마2:8 동방의 현자들은 예수의 출생지를 알아보고 돌아와서 알려 달라는 왕의 지시에 불응하고 "다른 길"로 자기 나라로 돌아갔다.마2:12 우리가 보기에, 여기서 사람들은 시민 불복종을 유도하는 것은 아닌지 하고 의심할 수 있다.

누가가 보고하는 예수 탄생의 설명은 제사장 사가랴와 그 아내 엘리사벳이 성령으로 충만하여 요한과 예수라는 이름을 가진 아이가 탄생할 것이고 이들을 사용해서 이스라엘을 원수들에게서 구원할 것이라고 예언하는 데서 시작한다.눅1:70 그 후에 요셉과 마리아는 아우구스투스 황제가 조세를 위해 "온 세계"눅2:1에 호적을 등록하라는 칙령에 따라 자기 고향으로 가게 되었다. 요셉과 마리아의 아이 예수는 태어날 때 극도로 가난한 처지였고 제국의 변덕에 맞추어 주기 위해 아주 힘든 조세용 호적을 등록하러 가는 중이었다. 결국 그들은 헤롯이 아기를 찾아 죽이려고 해서 이집트로 피신했다.마2:13- 15 분명히 예수는 이 세상의 왕에 대한 이스라엘의 관계에 영향을 미치도록 되어 있는 운명의 아이였다.

마가는 예수의 탄생에 대해 아무것도 말하지 않는다. 그의 설명은 앞서 언급한 바와 같이 하나님의 제국의 도래를 선포하는 것을 시작으로 하는 예수의 공적 사역에서 출발한다.

거의 동시에 알 수 있는 일이지만 예수는 선과 하나님에 대한 이해 문제에서 이스라엘의 종교적 지도자들과 심각한 갈등에 처한다.

마가는 예수가 회당에 들어가 가르침을 베풀었다고 보고한다. 거기서 회중들은 "그의 가르침에 놀랐다. 예수께서 율법학자들과 달리 권위 있게 가르치셨기 때문이다."막1:22 "율법학자들과 달리"는 경멸을 지나칠 정도로 절묘하게 표현한 말은 결코 아니었다. 회당에는 더러운 영을 가진 사람이 한 명 있었는데 외치기를, "나사렛 사람 예수여, 왜 우리를 간섭하려 하십니까? 우리를 없애려고 오셨습니까? 나는 당신이 누구인지 압니다. 하나님께서 보내신 거룩한 분입니다."막1:24 그렇듯 영의 세계에서 예수는 하나님이 보내신 메신저로 확인되었다. 하지만 보통 사람들은 의아하게 생각하고 있었다. 이 이야기에서 나타나는 것은 귀신들은 하나인지 여럿인지 모르지만 이 예수에 의해 자신들의 권위가 위협 받는 회당 율법학자들의 목소리라는 것이다.

예수는 자기 시간을 대부분 거리에서 그리고 보통 사람들의 집에서 보냈다. 그는 자신을 그저 한 명의 인간으로 보았다. 공관복음서에서 그는 자신을 71회나 "인자"the son of man 즉 인간적인 사람이라고 부른다. "하나님의 아들"로서는 결코 아니다. 다른 사람들과 귀신들은 그를 "하나님의 아들"이라고 불렀고 가끔 하나님을 모독한다는 비난을 담은 의도로 그렇게 불렀다.

예수는 이 땅에서 하나님의 뜻을 행하는 참된 인간의 특성을 드러내는 일에 열중하는 것처럼 보였다. 그는 자기 행동과 가르침을 하늘에서뿐 아니라 땅에서도 이루어지는마6:10 보다 큰 중요한 일의 "신호"라고 불렀다. 그는 지극히 일상적이었지만 온갖 전통을 거스르는 권위를 주장했고 새로운 제국을 포고했다. 이것이 한 인간이 행동하기로 되어 있을 수 있는 전부이고자 노력하는 방식인가? 그렇다고 한다면 어쩔 것인가?

우리가 보는 궤적은 예수가 말한 것으로 되어 있는 **"인자"**의 표본적인 사례에서 예수와 이스라엘 지도자들이 벌이는 갈등이 고조되는 과정이다.

예수가 나병 환자에게 "네 죄가 용서받았다"고 말하자 일부 율법학자가 이런 말을 하는 권위를 의아하게 생각한다는 것을 알아채고는 다음과 같이 물었다. " '네 죄가 용서받았다' 하고 말하는 것과 '일어나서 네 자리를 걷어서 걸어가거라' 하고 말하는 것 가운데서 어느 쪽이 더 말하기가 쉬우냐?" 막2:9 물론 "네 죄가 용서받았다"고 말하는 것이 더 쉬운 일임은 분명하다. 이것이 즉각적으로 어떤 사단이 일어나도록 만든 것을 누가 알았겠는가? 예수는 계속해서 말했다. "**인자**가 땅에서 죄를 용서하는 권세를 가지고 있음을 너희에게 알려주겠다. 내가 네게 말한다. 일어나서, 네 자리를 걷어서 집으로 가거라." 그리고 그 사람은 자리를 걷어서 나갔다.막2:10-11, 강조는 첨가 마가는 사람들이 "우리는 이런 일을 전혀 본 적이 없다"막2:12고 말한 것으로 보고한다. 율법학자들은 이 사건으로 마음이 좋지 않았다.

안식일법에 관한 바리새파 사람들 일부와의 논쟁에서 예수는 그들에게 말했다. "안식일이 사람을 위하여 생긴 것이지, 사람이 안식일을 위하여 생긴 것이 아니다. 그러므로 **인자**는 또한 안식일에도 주인이다." 막2:27-28, 강조는 첨가 다시 한 번 예수가 이렇게 권위를 주장하는 것 때문에 바리새파 사람들은 마음이 불편해졌다. 긴장이 높아지고 있다.

　예수는 나병 환자를 깨끗하게 치유하고 그 사람에게 제사장에게로 가서 몸을 보이고 깨끗하게 된 것에 대하여 규정된 제물을 바치며 "그들에게 증거로" 삼도록 하여라고 일러주었다.막1:44 ~에게와 ~에 대해 증언하는 다른 예를 위해서 마가복음 6장 11절, 13장 9절을 참조하라. 예수가 복수를 사용했고 이는 제사장 계급 전체를 지시한다는 점에 유의하자. 독자들은 이 사건이 예수가 이 나병 환자가 깨끗하게 되었다는 것을 선언함으로써 엘리트층과 온갖 제사장 제도의 특권에 대한 정면 공격을 시작했다는 점을 이해하지 못하는 한 지극히 당황스러운 일이 될 것이다. 왜냐하면, 제사장 제도는 제사장을 제외하고는 누구라도 나병 환자를 치유하는 것을 금했기 때문이다. 이것이 나병 환자가 열린 마음으로 한 말 즉 "선생님께서 하고자 하시면 나를 깨끗하게 해주실 수 있습니다"고 말한 것을 설명해 준다. 이렇게 말하는 것은 예수에게 출구를 마련해 주는 것이었다. 따라서 만일 예수가 제사장 제도와 다툴 생각이 없었다면 그렇게 하지 않기로 했을 것이다.막1:40

　그러므로 그저 "인간적인 사람"인 이 사람은 다수의 개인들을 치유하고 용서했던 것이다. 다만 그 과정에서 불온한 방식으로 그는 종교적 공동체에서 권력을 행사하는 자들 즉 율법학자, 바리새인, 그리고 제사장들에게 분노를 표출했던 것이다.

　예수와 예수 이야기를 전하는 저자들은 상징 사용에 능통하기에 "빵·떡"을 생명을 조직하고 지속하는 데 본질적인 모든 것을 상징할 때 사용한다. 그래서 마가는 큰 사건을 요약적으로 전하는 구절에서 **유대인과 이방인을 포함한 새로운 정치적 대안을 창출하는 프로젝트**를 이해하지 못하는 자기 제자들에 끝없이 좌절하고 꾸짖는 예수를 전해준다. 첫째로 그는 그들에게 당대의 두 가지 주요 정치적 선택의 헛된 무용성을 경고한다. "너희는 주의하여라. 바리새파 사람의 누룩과 헤롯의 누룩을 조심하여라." 막8:15 바리새인들은 로마를 멀리한 고립된 경건성을 가지고 있고 헤롯주의자들은 로마와의 협력을 낙관하고 있었다. 우리는 예수가 이들 지도자들이 선의가 없다고 말하는 것을 듣는 것이 아니라 그들이 틀렸다고 말하는 것을 듣는다. 그들의 길은 세상을 돌아가게 하는 지속 가능한 길이 아니었다. 그들의 왕국은 작동할 수 있는 것이 아니다.

그래서 예수는 고도의 상징적 숫자를 사용해서 자기 제자들에게 유대인과 이방인의 무리들을 한 개의 **빵** 즉 그의 **빵**으로 먹여 살리는 일을 상기시켰다. 유대인 무리들은 5000명을 먹이고 12광주리가 남았고막6:30-44, 이방인 무리들은 4000명을 먹이고 7광주리가 남았다.막8:1-9 빵 하나가 이 새로운 공동체를 함께 이루고자 하는 의지를 가진 두 개의 줄을 모두 먹여 살릴 것이다. 예수만이 생명의 빵을 제공하고 예수만이 지속 가능한 정치적 대안 즉 하나님의 제국·나라를 제공한다. 너희가 아직도 깨닫지 못하느냐?고 예수는 화가 나서 묻는다.막8:17-21 우리는 알아듣는가?

그들이 깨닫지 못한 것은 사실이다. 예수를 가장 가까이서 따랐던 제자들은 이스라엘을 로마의 억압에서 건져내는 관점에서 그가 거사를 도모할 것이라고 기대했다. 그들은 그가 다윗과 같은 강력한 전사 중의 전사이기를 바랐다. 예수는 언젠가 사람들이 나를 누구라고 하느냐고 제자들에게 물은 적이 있다. 베드로는 "선생님은 그리스도 즉 하나님의 기름 부음을 받은 자입니다"막8:29고 대답했다. 예수는 즉시로 그들에게 아무에게도 말하지 말라고 당부했다. 이 일은 여러분이 "메시아"가 대중들의 생각으로는 정복의 전사를 의미했다는 것을 이해하지 못하면 수수께끼 같은 일이 될 것이다. 예수로서는 그 말이 이런 방식을 오인되는 것이 수수께끼와 신비로 남는 것보다 더 나빴을 것이다.

그의 "빵"은 병마와 전차와 군대와 전쟁의 빵이 아니었다. 왜냐하면 그의 비유가 말하는 하나님, 그가 "아버지"라고 부르는 하나님은 병마와 전차와 군대와 전쟁의 하나님이 아니었기 때문이다.

예수가 제자들을 엄청 경악하게 만든 것은 그가 반복해서 "인자가 대적자들에게 고난을 받고 죽임을 당하고 부활할 것이다" 막10:33-34; 눅9:44, 강조는 첨가라고 말했기 때문이다. 그리고 그는 이것이 예루살렘에서 일어나야 한다고 말했다. "왜냐하면, 예언자가 예루살렘이 아닌 다른 곳에서 죽을 수 없기 때문이다." 눅13:33 적대감이 고조되고 생명을 위협하는 반대속에서 예수는 도망가지도 않고 싸울 계획도 없다. 다만 예루살렘으로 향한다. 그의 선포는 "인자는 섬김을 받으러 온 것이 아니라 섬기러 왔으며, 많은 사람을 위하여 자기 목숨을 몸값으로 치러 주려고 왔다" 마20:28, 강조는 첨가는 것이다. 이 입장은 친구를 보호하기 위해 적을 죽여야 하는 프로그램을 절대적으로 반대하는 것이다. 이 "인간적인 사람"은 억압 체제와 이 체제를 자행한 사람들에게 저항했지만 축사, 치유, 용서로 저항했다. 그것은 비폭력적 저항이었다.

자기 자신을 "인간적인 사람"이라고 부른 예수는 서민들을 억압하는 이들이 유대인 제사장이든 이방인 왕이든 이들을 죽이는 일에 나선 것이 아니라 새로운 공동체, 좋은 사회에 이들 모두를 통합하는 일에 나선 것이다. 예수 시대에 그것은 터무니없는 생각으로 보였고 그의 제자들조차도 예수와 그의 길은 가장 당혹스러운 것임을 알았다. 그것은 믿기에는 참으로 너무나 먼 실재였던 것이다.

(4) 다른 길을 가르치기

예수의 가르침에 대한 누가의 요약은 "너희의 원수를 사랑하여라" 눅6:27라는 말로 시작한다. 예수 청중들은 원수를 다루는 법에 관한 오랜 역사와 많은 이야기를 가지고 있었지만 너희의 원수를 사랑하라는 것은 그들의 정신적 설비의 일부가 아니었다. 이것은 새로운 것이고 급진적인 것이었다.

예수의 산상수훈에 대한 마태의 설명마5:1-7:27은 예수를 산 정상에서 들려오는 야훼의 말씀을 전해주는 새로운 모세로서 제시한다. 교회의 전통은 예수의 이러한 가르침이 지닌 가장 명백한 것을 행하는 데 완전히 실패했다. 다시 말해서 예수의 가르침을 사회의 질서를 규정하고 좋은 삶을 사는 법에 관한 이스라엘의 계시된 진리체에 합하지 못했고 확장된 가르침의 모든 말이 성취될 것이라는 예수 자신의 주장을 확언하지 못했다.

예수는 이렇게 말했다. "의에 주리고 목마른 사람은 복이 있다[성취될 것이고 자라갈 것이다]." "평화를 이루는 사람은 복이 있다." 마5:6, 9 즉 예수는 정의와 평화가 서로 입을 맞추는시85:10 이스라엘의 최고 전통을 확언했다.

여기서 예수는 **이사야서**의 종의 노래, **예레미야서** 등의 예언자적 전통과 동일시된다. 예수는 가난한 자와 억압 받는 자를 위한 정의를 열정적으로 옹호하고 확언하며 동시에 "평화"를 바로 그 정의를 성취하는 방법으로서 확인한다. 그는 정의를 추구하는 과정에서 폭력을 사용하지 못하게 한 임무를 수행했다. 자신을 따르는 무리들이 칼 대신 말로 가야 할 길을 갔던 예언자들처럼 고난을 받고 박해를 받을 것이라는 약속을 이어갔다.

가장 많이 지적되는 사실이지만 예수는 자신이 제자들이 군인처럼 싸우다 전쟁 영웅처럼 죽게 될 것이라고 예견하지 않았다. 그는 그들이 자신 및 예언자와 함께 겸손과 고난의 소명을 나누어 가질 수 있고 또 가지게 될 것이라고 예견했다. "인간적인 사람"으로서 그는 "범상한" 인간 행동 모델로서 나타났지 모든 면에서 낮은 신분의 청중들과 다른 유일하고 죄 없는 신성으로, 천국에서 파견된 사람으로 나타나지 않았다.

이것으로 **다니엘서**의 메시지는 충분히 반영되었다. 하나님에 의해 "인자

같은 이"에게 주어진 "나라와 권세와 온 천하 열국의 위력"이 "가장 높으신 분의 거룩한 백성에게로" 돌아갈 것이다.단7:27 **예수는 자신을 모든 신실한 사람에 의해 공유될 이 새로운 통치의 유일한 소유권자로가 아니라 발기인으로 보았다.** 이 때문에 그는 죄의 치유와 용서는 자신의 배타적 영역이 아니라 모든 인간 존재의 소명이라고 가르쳤다.

예수는 구약의 전쟁과 폭력적인 발작과 같은 행동을 듣지도 않고 말하지도 않게 함으로써 이러한 행동들을 규탄하는데 바로 이 과정에서 그는 수용된 전통과 익숙한 가르침에 정면으로 도전하는 어법을 적지 않은 용기를 가지고 산상수훈에서 추가했다. "옛 사람들이 말한 것을 너희는 들었다 그러나 나는 너희에게 말한다."마5:21-48 예수는 세계를 돌아가게 하는 새로운 급진적 패러다임을 제시하고 있었다. 그것이 "길"로서 알려지게 되었다. 예수가 자신의 메시지를 선포하기 위해 70명의 제자를 파송했을 때 다음과 같이 지도했다. 즉 "어느 집에 들어가든지, 먼저 '이 집에 평화가 있기를 빕니다!' 하고 말하여라. 거기에 평화를 바라는 사람이 있으면, 너희가 비는 평화가 그 사람에게 내릴 것이다."눅10:5-6 예수의 길은 분명히 평화의 길이었다. 예수는 자신의 가르침이 기존의 율법을 수정하고 조명해줄 것이라면서 계속해서 이 고양된 율법은 "일점 일획도"마5:18 없어지지 않고 다 이루어질 것이라고 말했다.

예수는 비유와 일화를 통해서 하나님 나라의 길의 이와 같은 주요 특징을 보여주었다. 예수의 길의 중심은 범죄와 깨어진 관계에 대한 방법을 보복과 형벌을 가하는 대신에 이를 용서로 전치시키는 것에 두고자 한다는 점이다. 379쪽 27번 문항을 참조하라.

성경학자 월터 윙크는 악에 대한 예수의 능동적 비폭력 저항과 악행에 대한 모든 병리적 수동적 반응 사이의 분명한 차이점을 입증했다.마5:38-42 "악한 사람에게 맞서지 말아라"라는 예수의 익숙한 그러나 통상적으로 오해된 말을 가져오면서 윙크는 먼저 맞서다resist로 번역된 그리스어는 실제로 일상 용법에서 "폭력적으로 맞서다"를 의미한다는 것을 보여준다. 따라서 예수의 가르침의 진정한 의미는 "악한 사람에게 폭력으로 맞서지 말라"는 것이었다. 윙크는 계속해서, "왼쪽 뺨마저 돌려 대어라"는 사실상 뺨을 때려 모욕을 주는 사람을 동등하게 대우하라는 도전 곧 공격자에 대한 대담한 도전이었다고 설명했다. 유대 문화에서 오른쪽 뺨을 때리는 것은 오른쪽 손등이 날아가는 것으로서 이는 때리는 사람이 맞는 사람보다 우월하다는 것으로 간주되었다. 이와는 반대로 왼쪽 뺨을 때리는 것은 자신과 동등하다고 간주된 사람을 향해 주먹을 날리는 것이다. 따라서 왼쪽 뺨을 갖다 대는 것은 굴욕적인 복종이 아니라 억압하는 행동에 대해 비폭력적으로 저항하는 것이었다. 윙크는 이러한 문화에서 겉옷을 내주고 십리를 같이 가주는 것이 어떻게 마찬가지로 억압에 도전하는 방법이 되는지를 설명한다.[2]

예수는 용서하는 아버지와 용서하지 않는 형의 이야기를 들려준다. 눅 15:11-32 교회는 이를 약간 오도해서 이 이야기를 돌아온 탕아의 비유라고 불렀다. 이 이야기에서 아버지는 모든 전통과 상식을 거스르는 아버지로 그려지는데 즉 그는 반항적인 아들이 집에 돌아오는 것을 환영한다. 그런데 아버지가 동생을 용서를 하는 것을 보고 가장 불편해 하던 이는 형이었다. 여기서 형은 **누가복음서**가 전하는 이야기의 맥락상 명백히 반대를 일삼는 바리새파 사람들을 상징한다. 우리는 예수와 바리새파 사람들 사이에 점증하는 갈등을 이해하기 위해 구원의 경계 밖에 있는 자를 향해 베푸는 예수의 "은혜"의 가르침을 포함해서 범죄와 범법자를 다루는 방식에 대해 예수와 바리새파 사람들 사이의 차이점을 이해하지 않으면 안 된다.

---

2) Wink, *Engaging the Powers*, pp. 175-184.

기독교 제국Christendom은 악명 높게도 용서와 타인과 원수 환대에 대한 예수의 가르침은 민족적 또는 국제적 문제와는 아무런 상관이 없고 다만 상호인격의 문제일 뿐이라고 주장했다. 하지만 예수는 바리새파 사람들이 언젠가 선생님에게서 "표징"을 보았으면 합니다라고 요구했을 때마12:38 용서와 포용의 문제를 분명히 "국제적인" 또는 공동 단체적인 그리고 전 세계적 조망 속에서 제시한다. 예수는 바리새파 사람과 "이 세대"에 주어지게 될 유일한 표징은 요나의 표징 밖에는 없다고 단언했다. **요나서**는 이스라엘의 원수 니느웨아시리아에 가서 회개를 선포하고 은혜를 전하라는 하나님의 부르심을 거부한 예언자 이야기이다. 이 거부는 예수가 죄인과 원수에게 전하는 포용에 대해 바리새파 사람들이 보여준 태도를 생각했을 때 마음속으로 느낀 거부였을 것이다. 우리는 예수가 나라의 원수를 향한 폭력 또는 비폭력의 문제에 대해 어느 편에 서는가를 알기 위해 구약의 **나훔서**와 **요나서**를 연속적으로 읽을 필요가 있다. 나훔서에 대해서는 218쪽 이하를, 요나서에 대해서는 296쪽 이하를 참조하라. 이 주제에 대해서 기독교 제국은 과거에 그랬던 것처럼 미래에도 여전히 **나훔서**의 편에 굳게 설 것인지를 마땅히 자문해야 할 것이다.

　어떤 율법 교사가 예수에게 물었다. "내가 무엇을 해야 영생을 얻겠습니까?"눅10:25 그 율법 교사는 분명히 자기 자신에게 관심이 있었고 아마도 몰두했을 것이다. 예수는 길 가에서 상처 입은 사람을 돌보느라고 가던 여행을 중단한 "선한 사마리아 사람" 이야기로 대답했다. 이 이야기의 경악스러운 그리고 그 율법 교사와 지금의 우리에게도 어려운 진리는 예수에게 중요한 문제는 "나는 어떻게 내 미래의 안전을 보장 받을 수 있는가?"가 아니라 "누가 지금 진정한 사랑을 보여주고 있는가"라는 것이었다는 점이다. 이리하여 마침내 그 율법 교사는 예수 그리고 토라가 예상하고 칭찬한 사랑은 경건한 유대인이 보기에 하나님을 기쁘게 할 수 없는 사람 즉 선한 사마리아 사람이 보여주는 것이라고 공표하지 않을 수 없게 되었다. 이것은 오늘날의 소위 "상호 종교적 대화"에 도움을 주는 뛰어난 공헌이다. 이 예수 이야기를 현대적으로 독해하려면 "사마리아 사람"을 "무슬림"으로 바꾸기만 하면 된다.

가난한 사람들과 지체 장애가 있는 사람들과 다리 저는 사람들과 눈먼 사람들을 위한 잔치눅14:13-14나 부자와 나사로눅16:19-31에 대한 예수의 비유는 사회에서 권리를 빼앗긴 사람들에 대한 예수의 고난과 긍휼을 표명하는 많은 이야기들 중 두 가지에 해당한다. 다시 한 번 이 이야기들은 예수를 향한 이스라엘의 부유한 종교적 지도자들의 무서운 적의를 잘 설명해준다. 어느 정도는 이들 지도자들은 자신들의 프로그램이 유대인 대부분에게 최선이었다고 믿은 것은 확실하다. 그러나 그 프로그램을 자신들에게 실질적으로 유리하게 운영하지 않을 것이라고 추정하는 것은 순진한 과오일 것이다. 예수는 자신을 따르는 이가 될 사람들에게 긍휼과 관용의 소명을 부여할 때 그들이 자기 이익에 끌리는 것을 참지 못한 것은 아니었다.

그러나 어쨌든 이러한 원리로 이 세상을 사는 것은 고도의 위험과 극도의 어려움을 안고 살아가는 것이다. 그래서 예수는 달란트 비유에서마25:14-30 주인의 종 대부분은 위험을 감수하는 것을 두려워하지만 위험을 감수하는 종은 현명하다고 할 정도로 칭찬을 받을 것이라고 말했다.

겨자씨 비유는막4:30-32 예수의 청중들에게 이러한 하나님의 제국은 전혀 가망이 없는 희망과 같은 것이라는 느낌을 불가피하게 던져준다. 예수는 "우리가 하나님의 제국을 무엇에 비길까"라고 물었다. 겨자씨는 어떨까? 겨자씨는 세상에 있는 어떤 씨보다도 더 작은 씨로 시작한다. 그러나 심고 나면 자라서 가장 큰 가지를 뻗어 공중의 새들이 깃들일 수 있는 보금자리를 제공한다. 2000년이 지난 후에 우리는 키 큰 나무는 보지 못하지만 작은 씨 이상은 볼 수 있다.

마지막으로 우리는 씨 뿌리는 사람의 비유에 주목한다. 막4:1-20 예수는 하나님의 제국이라는 메시지 또는 비밀이나 신비는 모든 사람이 아니라 일부 사람에 의해서 이해된다고 말한다. 확실히 이것은 인류에게 생기는 어떠한 새로운 발견이나 정보에 대해서도 사실이다. 여기에는 새삼스럽게 놀랄 것이 없다. 하지만 그럼에도 불구하고 이는 토대를 이루는 중요한 진리이다.

요약하면, 예수의 가르침과 비유들은 그의 세상 경영의 새로운 비폭력적 길 즉 하나님의 제국을 명확하게 밝혀준다. 하지만 이를 이해하는 사람은 소수이고 이 소수 중의 소수만이 이 예수의 새로운 길을 따라 살아가는 노력을 할 준비가 되어 있었다.

(5) 혼란에 빠진 따르미들

우리는 제자들이 "빵"을 유대인과 이방인의 새로운 공동체를 창조하기 위한 프로그램을 상징하는 말로 언급하는 예수를 이해하지 못했다는 점을 보았다. 이들 제자들은 자신들의 상상력을 사로잡았으나 자신들의 이해를 당황스럽게 만든 이 사람에 의해서 어쩔 줄을 몰랐다. 그들은 야훼 예배 공동체를 지속하려는 생각을 매우 잘 이해했고 이 목표를 그와 함께 공유했다. 이스라엘은 오랜 역사를 가졌고 로마의 억압을 부수고 유대인 지도자들과 협력하는 문제를 맞이해서 제자들은 권리를 빼앗긴 이스라엘의 사람들과 함께 신실한 공동체가 지속하기를 갈망했다. 그러나 예수가 그 일을 성사시킬 수 있는 길을 제공했을 때 그들은 그 일을 하고 있는 예수의 길을 가늠할 수 없었다. 심화 토론을 위해서 379쪽 28번 문항을 참조하라.

공관복음서의 저자들은 이 문제로 인해 제자들이 빠지는 혼란에 반복적으로 되돌아간다. 예컨대 마가복음서 8:32를 보면 베드로가 예수는 "메시아"라고 선포한 직후에 곧바로 예수를 향해 격하게 항의한다. 어째서 그럴까? 도대체 무슨 일일까?

이 모든 것은 이스라엘을 그 원수로부터 구원해 줄 메시아를 대중적으로 기대하는 개념에 달려 있다. 누가복음서는 세례자 요한이 태어났을 때 제사장 사가랴의 예언을 보고한다.

> 주 이스라엘의 하나님은 찬양받으실 분이시다. 그는 자기 백성을 돌보아 속량하시고, 우리를 위하여 능력 있는 구원자를 자기의 종 다윗의 집에 일으키셨다. 예로부터 자기의 거룩한 예언자들의 입으로 주님께서 말씀하신 대로 우리를 원수들에게서 구원하시고, 우리를 미워하는 모든 사람들의 손에서 건져내셨다. 눅1:68-71

다윗 가문과의 연결이 우리를 건져내러 오는 분이 막강한 전사일 것이라는 대중적인 기대에 불을 붙였다. 이것은 다윗에 대해 말해진 것과 동일하다. 베드로는 메시아 예수가 이스라엘이 임하는 전투에서 승리로 이끌어 줄 것이라고 전적으로 확신했다. 그렇기 때문에 그는 당연하게도 고난을 당하고 죽임을 당해서 다시 살아날 것이라고 예수가 말하는 것에 대해 항의했다. 고난과 죽임은 승리를 나타내는 말이 아니었다. 그러나 예수는 즉각 대응하여 이러한 베드로를 두고 사탄의 소리라고 꾸짖었다.막8:33 이 말은 강경한 발언이다.

그러나 예수의 말에는 또한 그가 "다시 살아날 것"이라고 하는 비밀스러운 암시도 포함되었다. 이스라엘의 첫 번째 언약에는 죽은 사람을 살리는 엘리야와 엘리사의 이야기가 들어 있다. 하나님이 이런 일을 할 수 있다는 것은 유대인의 마음에 전혀 불가능한 것이 아니었다. 그러나 여기에 있는 어떤 다른 것은 불가능한 것으로 보였다. 즉 그것은 원수에 대한 승리가 비폭력적 고난에서 올 것이라는 점이다.

예수는 자신이 이러한 고난의 길을 받아들여야 하고 그 고난 그리고 죽음마저도 패배를 뜻하지 않을 것이라고 말하고 있는 것이다. 더 정확히 말하면 그는 이 길을 걸을 것이고 이로부터 살아 나와서 승리를 누릴 것이다. 그러므로 **예수는 자신이 이스라엘을 원수들로부터 구원하고 일종의 지상 제국을 확립할 것이라는 것을 부인하고 있지 않다.** 하지만 이 일은 용서, 긍휼, 고난의 길을 걸어감으로써 일어날 것이다. 이렇게 함으로써 예수는 하나님 나라를 드러내고 세계를 변하게 할 것이다.

마가의 이야기에서 예수는 자신이 맞이할 고난, 처형, 죽음 그리고 부활을 뚜렷하게 세 번 예고한다.막8:31, 9:31, 10:34 두 번째 예고가 끝난 직후에 연이어서 보고하는 바에 따르면 그 때 제자들은 자기들 중 누가 가장 위대한지를 논쟁하고 있었다. 이 논쟁은 예수가 종됨과 고난을 자기의 길이라고 말했음에도 그들은 군림하는 권력과 지위를 생각하고 있었다는 것을 보여주는 극적인 증거이다. 예수가 고난의 길을 세 번째로 언급한 후에도 그들은 도래한 하나님 나라에서 권력을 잡는 위치에 있게 해달라고 요구했다.막10:37 이 요구는 다시 한 번 그들이 예수가 스스로 선택한 길을 이해하지 못했다는 것을 완전하게 보여준다.

누가가 전하는 복음에서 예수는 제자들이 비폭력적 사랑의 길을 이해했는지를 알아보기 위해 일종의 "마지막 시험"을 제시한다.눅22:35-38 긴장이 비등점을 향해 달리고 예루살렘 당국과 벌이는 공포의 대결이 곧 닥칠 것만 같을 때 예수는 제자들과 함께한 과거의 몇 년을 되짚어본다. 예수는 그들에게 다음과 같이 말했다. "내가 너희를 돈주머니와 자루와 신발이 없이 내보냈을 때 너희에게 부족한 것이 있더냐?" 그들이 다음과 같이 대답했다. "없었습니다." 파송 임무를 성공리에 수행하고 돌아와서 전하는 제자들의 기쁜 보고에 대해서 누가복음서 10장을 참조하라. 이어서 예수는 다음과 같이 말했다. "이제는 돈주머니가 있는 사람은 그것을 챙겨라, 또 자루도 그렇게 하여라. 그리고 칼이 없는 사람은, 옷을 팔아서 칼을 사라." 제자들이 예수에게 말했다. "주님, 보십시오. 여기에 칼 두 자루가 있습니다." 예수께서 그들에게 말씀하시기를 "넉넉하다" 하셨다. 이는 논의는 끝났고 더 이상 말해질 것이 없다는 뜻이다.

성경 해석가들은 수백 년 동안 예수가 왜 제자들에게 칼을 사라고 했을까 하고 물었다. 그의 온갖 가르침은 범법 행위를 다루는 법으로서 원수를 사랑하고 용서하라는 사랑이지 않았는가?

이것이 마음속에 불러일으키는 물음을 던졌던 성경 해석가는 거의 없었다. 다시 말해서 제자들은 어째서 칼을 사라는 지령이나 명령이 무엇을 의미하는지를 그에게 묻는 물음으로써 대응하지 않았는가? 그리고 이에 대한 답은 확실하게도, 그들이 예수가 비폭력에 헌신했고 그들에게 동일한 것을 기대했다는 사실을 실제로 이해했다면 그 물음을 던졌을 것이라는 것이다. 그러나 그들은 이해하지 **못했고** 따라서 그들이 마지막 시험에서 떨어졌다는 것은 예수에게 즉각적으로 분명했다. 예수는 귀머거리에게 가르침을 준 셈이다.

예수 따르미들은 혼란스러웠고 가장 근본적인 가르침을 몰랐던 셈이다. 그들은 권력 구조에 대해 비폭력적 저항으로 대결하는 예수의 길이 하나님의 뜻이라거나 그 길이 성공할 것이라고 상상할 수 없었다. 특히 그들은 예수는 그들을 위해 뭔지 하려고 의도한 것이 아니라 그들을 **통해서** 그리고 악을 선으로 극복하는 방법을 따르는 모여드는 인간 무리들을 통해서 바로 그것을 하려고 의도한 것이라는 점을 이해하지 못했다.

(6) 예루살렘에서 벌이는 최후의 결전

최고 역설의 순간에 예수는 자신은 갈릴리에 있었던 헤롯 왕의 위협에 대해서 아무런 걱정도 하지 않았다고 말했다. "왜냐하면 예언자가 예루살렘이 아닌 다른 곳에서 죽을 수 없기 때문이다." 눅13:33 그는 정치적 본거지에서 나온 위협을 두려워하지 않았다. 왜냐하면 예언자를 죽이는 것은 그 자신의 공동체의 종교적 본거지였기 때문이다.

그리고 **마태복음서, 마가복음서, 누가복음서**는 모두 예수를 예루살렘을 향해 다시 말해서 율법학자, 바리새인, 제사장의 이스라엘 종교 체제의 권력 중심을 향해 변함없는 목적과 결정으로 자신의 길을 걷는 자로 묘사한다. 거기서 사랑, 용서, 화해라는 그의 권력 개념은 위계, 통제, 그리고 필요하다면 궁극적으로 살인 협박도 하는 그들의 권력 개념과 대결을 벌인다. 이것은 어떤 말을 사용해서 표현하든 간에 나라와 나라가 충돌하는 것이었고 사람을 다스리고 세계를 운영하며 나라를 세우는 데 필요한 권력에 대해 철저하게 대립하는 개념들 사이에서 하나를 선택하는 것이었다.

예수는 왕과 황제의 스타일과는 극적인 대조를 이루는 방식으로 예루살렘에 등장했다. 그들은 콧소리를 내며 날뛰는 강력한 군마와 함께 도시로 들어오지만 예수는 당나귀를 타고 입장했을 뿐이다. 마21:1-11, 막11:1-10, 눅 19:28-40 예수의 예루살렘 입성 방식이 오래 전의 다윗이 예루살렘에 들어가려고 했던 방식과 대조를 이루는 것은 매우 그럴싸한 일이다. 다윗은 자신을 왕으로 옹립하려는 군대를 거느리는 전사로서 예루살렘에 들어갔다. 삼하5장

공관복음서는 각각 예수가 예루살렘에 입성한 후 예수와 예루살렘 권세가 사이에 있었던 일련의 대화 또는 논쟁을 전해준다. 이러한 대화 가운데 하나는 예수가 메시아는 "다윗의 자손"이라고 하는 율법학자들의 주장에 그런 일은 불가능하다고 말함으로써 도전했다는 것이다. 막12:35-37 이것이 예

수에게 어째서 중요한 일이었던가? 왜냐하면 "다윗의 자손"은 강압과 살인 위력에 의해서 통치한 왕을 의미했기 때문이다. 예수는 그러한 왕은 아니었다.

예수는 예루살렘에 들어간 후 권력의 중심부인 성전에서 메시지를 선포한 적이 있다. 거기서 그는 물건을 파는 사람들을 내쫓았고 그들에게 이렇게 선포했다. "내 집은 기도하는 집이 될 것이다. 그런데 너희는 그것을 강도들의 소굴로 만들어 버렸다." 눅19:46 이것은 성전 당국을 향한 정면 공격이었고 관습과 율법을 모두 범하는 용서할 수 없는 위법이었다. 공관복음서는 성전 당국이 그를 살해하기로 하고 죽일 방도를 찾고 있었다고 전해준다. 예수와 지배 계층 사이의 갈등은 고조되어 절정에 이르렀다. 유대 당국은 예수를 법정에서 선고하고 로마 정부의 고위 관리들의 지지를 받고자 빌라도와 헤롯에게 데려갔다.

누가는 예수와의 관계에서 베드로에게 남겨진 아픈 상처를 더 많이 추적한다. 한때 베드로는 감옥에도, 죽는 자리에도 주님과 함께 갈 각오가 되어 있다고 맹세했다. 머지않아 예수가 체포되었을 때 제자 중의 한 명인 베드로는 예수를 보호하고자 칼을 휘둘렀다. 그것은 대응 공격으로서 베드로가 감옥도 죽는 자리도 마다하지 않는 용기 있는 행동이었다. 그러나 예수는 그를 꾸짖었다. 눅22:51 얼마 되지 않아 베드로는 집 뜰 한 가운데에 끼여 앉아 있게 되었다. 그때 당신은 예수의 친구가 아니었소?라는 물음에 베드로는 나는 그를 모른다고 세 번이나 부인했다. 눅22:54-62 왜? 베드로는 겁쟁이였던가? 그럴 수 없다. 베드로는 이미 죽음을 각오하고 싸울 준비가 되어 있었다는 것을 보여주었다. 베드로는 예수가 체포될 때 칼과 함께 자신을 홀로 남겨두고 자기 방어를 위해 아무 것도 하지 않았다는 사실에 소스라치게 놀랐다. 그는 모욕감을 느꼈으며 실망했다는 것이 훨씬 더 그럴싸하다. 베드로는 이스라엘을 구원할 것이라고 소망했던 이 사람이 너무 약한 모습을 보이는 존재로 확인되는 것에 견딜 수 없었다.

공판 장면이 이어지고 로마는 예수가 처형되어야 한다는 것에 동의했다. 유대 당국과 로마 당국은 예수와 그의 메시지가 위계, 지배, 그리고 살인적 폭력을 도구로 해서 통치하는 자신들의 권위를 무너뜨릴까 매우 두려운 공포감을 공유하고 있었다. 용서하는 것, 화해하는 것, 그리고 어떤 사람도 배제되지 않는 포용적 공동체를 세우는 것은 결코 그들의 프로그램이 아니었다. 그것은 바로 예수의 프로그램이었다. 예수는 다른 사람들과의 차이를 살인으로 뒤집어 놓을 의향이 없었다. 그것은 그들이 한 짓이다. 사람들이 그들의 방식 대신에 예수의 방식을 채택한다면 통치자로서의 그들의 합법성은 부수어질 것이고 그들의 권력은 증발할 것이다. 그것은 그 정도로 단순하고 심오한 진리인 것이다. 예수는 인간을 관리하고 세계를 돌아가게 하는 그들의 방식을 향해 다다를 수 있는 가장 깊은 수준의 위협이었다.

예수는 채찍을 맞고 끌려가 처형되었으며 그를 위협으로 간주한 종교 권력과 정치력의 야합 아래 묻혔다. 제국은 지금도 여전히 군대보다 적극적 비폭력을 두려워한다.

여기서 우리는 분명하게 밝히고 또 진리를 위해 예수의 죽음에 관련된 유대 당국과 로마의 역할을 추기하고자 한다. 그들이 모든 것에 관해 잘못 되었다거나 지혜, 덕, 또는 긍휼이 모자랐다고 생각하는 것은 불필요하다. 다만 그들이 한 가지 매우 중요한 일에 관해 잘못되었다고 생각하는 것이 필요하다. 즉 죽음을 이기는 사랑, 보복을 이기는 용서, 검을 이기는 말에 관해 그들은 잘못된 것이다.

그 주말에 예루살렘에서 일어난 일은 인간적 투쟁에 참여하는 법을 서로 다르게 강조하는 드라마였다. 한편에는 예수가 있는데 그는 사람들은 사랑,

용서 그리고 관대한 긍휼을 행할 수 있고 그러한 행동에서 성취감을 발견할수 있다고 말한다. 다른 한편에는 제국과 종교의 권력이 있는데 이들 권력은 사람들은 위협, 위압, 그리고 최후로는 살인적 폭력의 제재에 따라 반응한다는 사실을 이용하려고 한다. 인간의 본성에 관해 어느 쪽의 이해가 사실에 더 가까운가? 참된 권력에 관해 어느 쪽의 규정이 사실인가? 이 문제에 대한 대답에 의거해서 우리는 종교적 정치적 조직이 인간의 행동을 전달하는 방식, 사회를 구조화하는 방식을 계속적으로 형성해간다. 추가 토론을 위해서 379쪽 29번 문항을 참조하라.

(7) 무덤 이후: 앞으로 나아갈 길

마태복음서와 **누가복음서**는 예수가 처형된 지 2일째가 되는 제3일에 몇 명의 여자가 예수가 매장된 무덤에 갔고 가서 보니 무덤 입구에서 돌이 굴러져 나간 것을 보았으며 안으로 들어가 보니 무덤이 비어져 있는 것을 발견했다고 보고한다.

누가의 복음에는 열 두 제자가 아닌 두 사람의 이야기가 나온다. 두 사람이 엠마오로 가는 도중 예수에 관한 이야기를 서로 주고받는데, 그때 어떤 나그네가 합류한다. 그들은 음식을 같이 먹고 그 나그네가 **빵**을 들어서 축복하고 떼어서 그들에게 줄 때까지 그 나그네가 누군지를 전혀 알지 못했다. 바로 그 순간에 그들은 그 나그네가 예수라는 것을 알아보았다. 그러나 한 순간에 그는 사라졌다. 이 일은 그렇게 일어났다. 눅24:13-35

마태복음서는 무덤에 갔던 여자들이 예수는 죽은 자 가운데서 살아났고 그를 갈릴리에서 보게 될 것이라는 천사의 말을 들었다고 전한다. 잠시 후에 예수는 그들을 만났고 그의 제자들이 그를 갈릴리에서 보게 될 것이라는 말을 되풀이했다.

마가의 복음은 가장 오래되고 권위를 지닌 것으로 판정된 사본을 보면 16:8절로 갑작스럽게 끝난다. 끝맺는 말은 다음과 같다.

> "놀라지 마시오. 그대들은 십자가에 못 박히신 나사렛 사람 예수를 찾고 있지만, 그는 살아나셨소. 그는 여기에 계시지 않소. 보시오, 그를 안장했던 곳이오. 그러니 그대들은 가서, 그의 제자들과 베드로에게 말하기를 그는 그들보다 먼저 갈릴리로 가실 것이니, 그가 그들에게 말씀하신 대로, 그들은 거기에서 그를 볼 것이라고 하시오." 그들은 뛰쳐나와서, 무덤에서 도망하였다. 그들은 벌벌 떨며 넋을 잃었던 것이다. 그들은 무서워서, 아무에게도 아무 말도 못하였다. 막16:6-8

빈 무덤 이야기와 예수의 부활 이후 이야기에는 유의미한 차이들이 존재한다. 예를 들면 **마태복음서**와 **마가복음서**는 제자들에게 갈릴리로 돌아가라는 지시를 강조하는 반면 누가복음서는 그러한 복귀에 대해 아무런 말도 없고 "이 성에 머물러 있으라" 눅24:49는 예수의 말만 전한다. 각각의 설명이 무엇을 의미하는지, 그리고 서로 어떻게 연관되는지는 독자들이 고찰해야 하는 문제로 남겨진다.

물론 갈릴리는 예수가 도래하는 하나님의 제국·나라를 선포한 곳이고 보통 사람들 가운데서 긍휼의 비폭력적 삶을 살았던 곳이다. 갈릴리는 예수와 예수의 길이 죽지 않았다는 각성된 체험과 연결되어 있었다. 380쪽 30번 문항을 참조하라. 따라서 마태와 마가의 복음의 놀라운 가정은 예수의 삶은 갈릴리에서 억압 받는 사람들의 인간적 투쟁 가운데서 계속하고 있다는 것이다. 바꾸어 말하면 예수가 가르치고 하나님의 통치의 도래를 살아낸 길은 그의 죽음과 함께 끝난 것이 아니었다. 그것은 좋은 사회에 대해 예수가 기술한 진리를 알아듣는 사람들의 삶과 가르침 속에 계속하고 있다. 예수 따르미들의 삶 속에 예수와 예수의 길은 생생하게 살아 있고 또 잘 있는 것으로 확인된다.

"그 길"을 따르는 따르미들은 자신들이 처한 위기의 시점에서 하나님의 제국은 이 땅에서 만들어지고 있고 그 제국의 새로운 진리를 받아들이도록 자신들의 생각을 바꾸었다는 소식을 들었고 자신들이 이 모두를 스스로 체험했으며 다른 사람들과 이러한 새로운 삶의 길을 참된 복음막1:14으로 공유했다는 소식을 들었다.

(8) 예수의 믿음

예수는 죽음으로부터 신이 구출해 줄 것을 기대했는가? 세 복음서 저자 모두는 겟세마네 동산에서 드렸던 고뇌에 찬 예수의 기도를 다시 설명한다. "아버지, 만일 아버지의 뜻이면, 내게서 이 잔을 거두어 주십시오. 그러나 내 뜻대로 되게 하지 마시고, 아버지의 뜻대로 되게 하여 주십시오." 눅22:42 십자가상에서 토설한 예수의 마지막 말은 가슴 저리는 이야기이다. "나의 하나님, 나의 하나님, 어찌하여 나를 버리셨습니까?" 마27:46; 막15:34 예수는 절망의 언저리에 있는 듯했다. 그러나 세 저자 모두는 그가 생애의 마지막 주일을 목적을 품은 채 용감하게 통과했다는 데 동의한다. 우리는 이것을 어떻게 설명하는가?

이러한 강력함이 나오는 원천 중의 하나는 예수의 부르심 또는 소명 의식이었다. 예수가 요단강에서 세례자 요한이 주는 세례를 받자 "하늘로부터 소리가 났다. 너는 내 사랑하는 아들이다. 내가 너를 좋아한다." 막1:11 이어서 곧바로 예수는 광야에서 사십 일을 보냈다. 그는 사십 일 동안 정치 권력의 원천과 사용 그리고 야훼의 신적 부르심에 대한 사명감을 공적 행동으로 옮기는 방법에 관련된 물음들로 금식하고 씨름했다. 이러한 시련을 끝낼 즈음에 예수는 "성령의 능력을 충만하게 입었다." 눅4:14

그는 가버나움의 집 근처 회당과 갈릴리 바다 부근에서 가르치는 공적 생애를 시작했다. 그리고 그는 고향 나사렛으로 가서 회당에서 가르쳤다. 그는 회당에 들어가서 야훼의 기름 부음을 받은 자 즉 메시아에 관한 말씀이 있는 **이사야서**를 읽었다. "주님께서 내게 기름을 부으셔서, 가난한 사람에게 기쁜 소식을 전하게 하셨다. 포로 된 사람들에게 해방을 선포하고, 눈 먼 사람들에게 눈 뜸을 선포하고, 억눌린 사람들을 풀어 주고, 주님의 은혜의 해를 선포하게 하셨다." 눅4:18-19 예수는 회당에 있는 사람에게 경악스러운 말을 선포한다. "이 성경 말씀이 너희가 듣는 가운데서 오늘 이루어졌다." 눅4:21 이스라엘의 예언 전통이 예수가 자신의 사명을 규정하는 본문을 제공했다는 사실은 의미심장하고 또한 예수의 믿음이 바로 그와 같은 전통에 의해서 성숙했고 지지를 받았다는 사실도 중요하다. 이 때문에 예수는 자신의 기초를 야훼의 관대한 자비, 공의와 정의에 대한 사랑, 그리고 모든 사람이 **평화**를 경험할 기회를 가지고 있다는 결정에 두게 되었다.

예수는 때때로 사람들을 치유했고 이는 그의 삶에 야훼의 권능이 강력하게 임했다는 것을 확증해 주는 역할을 했다. 마가는 최초의 치유가 가버나움에 있는 "시몬과 안드레의 집"에서 일어났고 이어서 "온 동네 사람이 문 앞에 모여 들었다" 막1:29, 33고 보고한다. 예수의 치유 능력 이야기는 그 지역은 물론 이웃 시리아에까지 퍼졌다. "갈릴리와 데가볼리와 예루살렘과 유대와 요단강 건너편으로부터 많은 무리가 예수를 따라왔다." 마4:24-25

예수의 제자들은 하나님의 제국의 도래를 선포하기 위해 공중에 관여했고 그에 따라 갖게 된 그들의 경험은 역시 결정적 순간이 왔다는 것을 확증해주었다. 70명의 예수가 나가서 전도를 하고 집으로 돌아왔을 때 그들이 예수에게 보고한 것은 "주님, 주님의 이름을 대면 귀신들까지도 우리에게 복종합니다" 였다. 그 때 예수는 소리 내어 감사의 기도를 드렸다. "하늘과 땅의 주님이신 아버지, 이 일을 지혜 있는 사람들과 똑똑한 사람들에게는 감추시고, 철부지 어린 아이들에게는 드러내 주셨으니, 감사합니다. 그렇습니다, 아버지! 이것이 아버지의 은혜로우신 뜻입니다." 이어서 제자들에게 돌아서서 예수는 그들이 경험한 것이 지니는 중요성을 역설했다. "너희가 보고 있는 것을 보는 눈은, 복이 있다. 내가 너희에게 말한다. 많은 예언자와 왕이 너희가 지금 보고 있는 것을 보고자 하였으나 보지 못하였고, 너희가 지금 듣고 있는 것을 듣고자 하였으나 듣지 못하였다." 눅10:17-24

예수가 지녔던 용기는 그 뿌리가 행복한 낙관주의에 있기보다는 야훼를 믿는 믿음에 있다. 이것은 예수가 죽임을 당하기 2-3일 전에 성전에서 길게 자세히 논한 가르침을 읽을 때 확증된다. 예수는 공공장소에서 과감한 어조로 유대 애국지사와 로마 제국 사이의 오래 계속된 갈등은 재앙으로 끝나게 될 것이라고 분명하게 예고했다. 성전은 그 자체로 훼파되고 붕괴될 것이다. 예루살렘에 살던 사람들은 수난을 겪을 것이고 "그런 환난은 세상 처음부터 이제까지 없었으며 앞으로도 없을 것이다." 마24:21 이토록 산산조각 나는 재앙이 있은 후에 "인자가 올 징조" 즉 예수의 신호가 나타날 것이고 "땅에 있는 모든 민족이 인자가 큰 권능과 영광에 싸여 하늘 구름을 타고 오는 것을 보게 될 것이다." 마24:30

민족들 앞에서 드높아지게 될 "인자의 신호" 란 무엇인가? 그것은 폭력을 직면하는 예수의 사랑이다. 앤쏘니 바틀렛Anthony Bartlett의 말로 표현하면 그것은 세계를 의식하는 존재 전체에 퍼진 기본적인 "긍휼 광자" 이다. 바틀렛은 이를 "헤아릴 수 없는 중요성을 지닌 혁명" 이라고 부르거니와 그 이유는 그것이 "인간의 의미라는 창의적인 '작품'" 을 취해서 "이를 피조물로 하여금 놀라지 않을 수 없게 하는 새로운 어떤 것 말하자면 피조물의 의도된 운명인 평화, 생명, 사랑으로 데려갈 수 있게 하는 어떤 것으로 만들어 놓았기" 때문이다.

시간이 시작한 이래 인간의 의미는 폭력으로부터 구성된 것이라고 바틀렛은 말한다. 예수의 죽음과 예수가 죽는 방식이 없었다면 우리는 결코 그것을 알지 못했을 것이다. 그러나 이제 우리는 알고 있다. 우리는 우리 세계의 허약, 부패, 그리고 폭력이 끝없는 희생양을 만들어내는 결함을 지닌 의미 형성 메커니즘의 산물이라는 것을 알고 있다. "이러한 각성을 낳는 핵심 요소는 그리스도의 신호[이다]" 라고 바틀렛은 말한다. "우리는 우리 인간의 경험의 심층 내부로부터 [예수라는 인물에 의해] 용서, 비폭력, 사랑으로부터 우리의 우주를 다시 조직하도록 다그침을 받는다."

우리는 폭력을 계속 사용해서 삶의 의미를 만들어낼 것인가? 아니면 우리는 용서, 비폭력, 사랑으로 전환할 것인가? 바로 이것이 우리 모두가 곧장 직면하는 "불가피한 선택" 이다.[3]

---

3) Bartlett, *Virtually Christian*, pp. 114-115.

20장: 예수 야훼와 하나 된 사람

요한복음서

이 네 번째 복음을 읽는 독자들은 예수가 여자의 몸에서 태어난 사람이라는 것을 알고 있었다. 이들은 또한 하나님이 예수를 죽은 자 가운데서 살아나게 하고 그를 신적이게 함으로써 예수를 "높이 올렸다"는 것을 알고 있었다. 이것이 무슨 일이 일어났는지를 기술하는 베드로의 보고 방식이다.행2:32-33, 5:31 그리고 바울도 역시 동일하다.행13:33 어떤 독자들은 예수가 세례를 받자마자 신적이게 되었다는 것을 암시하는 **마가복음서**에 더 익숙하고 어떤 독자들은 예수는 임신할 때부터 신적이었다는 것을 시사하는 **마태복음서**에 더 익숙하다.

그러나 **요한복음서**에서 독자들은 예수의 정체성에 대한 한층 더 신비한 설명을 만나게 되었다. 즉 그들이 나사렛 예수라고 알았던 이 사람은 어떤 불가해한 방식으로 태초부터 야훼와 하나 된 자였다.요1:10 우리의 본문은 사랑의 에너지가 만물을 존재하게 한 창조의 시점으로 되돌아가게 하는 18개의 성구와 함께 시작한다. 이 성경 본문은 이 에너지를 "말씀"이라고 부르고 모든 사람의 "생명"이고 "빛"이라고 말한다. "그 빛이 어둠 속에서 비치니 어둠이 그 빛을 이기지 못하였다." 요1:4-5 더욱이, 이 사랑의 에너지는 "육신이 되어 우리 가운데 사셨다. 우리는 그의 영광을 보았다. 그것은 아버지께서 주신, 외아들의 영광이었고 은혜와 진리가 충만하였다." 요1:14 이 성경 본문은 기원전 3-4년에 마리아에게서 태어난 사람 예수를 두고 하는 말이다. 그는 시작할 때 바로 거기에 있었던 바로 그 사랑의 에너지를 육화했다. 아담은 인간 1.0이고 예수는 인간 2.0이다.

요한복음서 전체에 걸쳐 우리는 예수의 정체성을 그가 자주 진술하는 방식 즉 "나는 ~이다"는 방식으로 나타내어지는 것을 성찰하도록 촉구된다. 예수는 메시아요4:26, 생명의 빵6:35, 살아 있는 빵6:51, 선한 목자10:11, 세상의 빛8:12, 부활이요 생명11:25, 길, 진리, 생명14:6이라고 주장한 것으로 인용된다. 기독교 제국은 이러한 비유의 형이상학적 번역을 좋아했고 이 비유를 정치 공동체와 제국의 관심으로부터 멀리 떼어놓았다. 예수에게 주어진 공식 명칭들은 우리의 본문의 신학적 밀도를 더욱 가중시킨다. "하나님의 어린 양" 요1:29은 유대인의 희생 제물을 가리키는 것으로 이해될 수 있지만 또한 적대감 앞에서 보여주는 예수의 비폭력을 의미한다. "그리스도" 요4:25는 종종 신을 가리키는 것으로 생각되지만 단순히 메시아 즉 이스라엘의 정치적 억압을 끝내고 야훼의 평화를 유대인에게 가져다줄 인간 존재를 기술하는 명칭을 뜻할 뿐이다. "인자" 요1:51는 인간적인 사람을 의미한다. 그것은 예수가 스스로 자기에게 주장했던 **다니엘서**의 명칭이었다. "하나님의 아들" 요1:34은 예수의 신성을 확실하게 말해주는 것처럼 보인다. 하지만 우리는 이어서 곧바로 그것이 유대교 내에서 이스라엘을 가리켰고출4:22 또는 아니면 동시에 이스라엘의 왕시2:7을 가리켰다는 것을 알고 있으며 로마 제국 안에서 그것은 로마 황제를 일컫는 상표 이름과 같은 것임을 알고 있다. "세상의 구주" 요4:42도 유사한 제국적 함의를 지니고 있었다.

그 다음으로, 통상적으로 천국과 불멸성을 지시하는 것으로 생각된 어구 즉 "영생"에 대해서도 자주 언급된다. 이 어구는 다른 성경책에서보다 훨씬 더 많은 빈도로 17회 사용되었다. 그 통상적인 함의는 예수는 그런 것에 대해 권위를 가지고서 말할 수 있었다는 것이다. 왜냐하면 그는 야훼이고 인간 존재가 되기 위해 천국에서 "밑으로 내려" 왔기 때문이다.

그러나 그렇게 이해하는 것은 잘못된 것으로 인도하는 것이다. **요한복음**서의 저자는 예수가 신이라고 믿고 있지만 그와 동시에 야훼와 예수가 단적으로 동등한 것은 **아니라**는 것에 주의했다. 물론 예수는 "나와 아버지는 하나이다"요10:30라는 말을 한 것으로 인용된다. 그러나 그는 야훼가 자기에게 권위를 "부여했다"고 주장하는 대화의 일부로서 그 말을 한 것이다. 도마도 마찬가지로 예수의 처형 이후에 나타난 그를 육체적으로 본 순간에 "나의 주님, 나의 하나님"이라고 선언했다.요20:28 그러나 우리는 도마의 그 경배 구절이 바로 그 본문이 써진 시대에 도미티아누스 황제에 의해 요구된 것이라는 사실을 알고 있다. 또 우리는 더 이상 도마가 의미한 바가 무엇인지를 그렇게 확신하고 있지 않다.

확실히 이것은 어려운 주제이고 1세기 이후 수년 동안 교회에서 논란이 되었던 문제이다. 우리가 독해하는 대로라면 저자의 예수 이해를 가장 잘 파악하는 비유는 "아버지의 품속에 계신 외아들"1:18이라는 것이다. 이 비유가 야훼와 예수 사이에서 의사소통의 친밀성과 목적의 통일성을 전해준다.

우리는 나와 아버지는 "하나"라는 예수의 주장에 분노해서 그를 돌로 죽이려고 하는 유대 사람들과 성전에서 주고받은 예수의 논평으로부터 그의 신성에 대한 본질적 통찰을 얻을 수 있다. 그들은 "예수가 사람이면서 **자기를 하나님이라고 하였기 때문에**" 죽이려고 하였다.요10:33, 강조는 첨가 예수는 구약의 말씀을 상기함으로써 자기를 변호했다.

너희의 율법에, '내가 너희를 신들이라고 하였다' 하는 말이 기록되어 있지 않으냐? 하나님의 말씀을 받은 사람들을 하나님께서 '신'이라고 하셨다. 또 성경은 폐하지 못한다. 그런데 아버지께서 거룩하게 하여 세상에 보내신 사람이, 자기를 '하나님의 아들'이라고 한 말을 가지고, 너희는 그가 하나님을 모독한다고 하느냐? 내가 내 아버지의 일을 하지 아니하거든, 나를 믿지 말아라. 그러나 내가 그 일을 하고 있으면, 나를 믿지는 아니할지라도, 그 일은 믿어라. 그리하면 너희는, 아버지께서 내 안에 계시고 또 내가 아버지 안에 있다는 것을, 깨달아 알게 될 것이다." 요10:34-38

나중에 **요한복음서**는 부활한 예수가 제자들에게 다음과 같이 말한 것을 인용한다. "너희가 누구의 죄든지 용서해 주면, 그 죄가 용서될 것이요, 용서해 주지 않으면, 그대로 남아 있을 것이다." 요20:23 죄의 용서는 확실히 야훼의 일이고 예수가 죄를 용서한 것은 바리새파 사람들에게 가증스러운 일이었다. 그런데도 여기서 예수는 자기 제자들이 바로 그와 같은 **동일한 권위와 권능**을 가지고 있다고 말한 것이다. 따라서 인간적인 것과 신적인 것 사이의 선긋기는 우리가 상상한 것처럼 선명하게 그어지지 않는다.

이 저자가 "영생"을 자주 언급하는 대목에 대해 학자들은 그 언급이 하나님 나라를 기술하는 저자의 방식이었다는 점을 주목했다. 그런데 하나님 나라는 공관복음서에서 너무 자주 사용된 것인데 반해 이 성경책에서 전혀 사용되지 않았다. 따라서 "영생"은 "도래하는 시대의 삶,"[4] 예수가 이 땅에서 잠시 머문 시간에 구현한 삶을 기술한다. 다른 장소에서 끝없이 누리는 삶이 아니다.

---

4) Borg and Wright, *The Meaning of Jesus*, p. 199.

서론에 해당하는 이 모든 논의와 함께 우리는 **요한복음서**는 예수와 예수의 하나님과의 관계에 대한 확장된 신학적 반성이라는 것을 파악하기 시작한 것이라고 말할 수 있다. 예수 이야기에 대한 이러한 접근 방식 때문에 저자는 자신의 설명에서 다른 복음에는 기록되지 않은 대화와 이야기를 포함하는 것이 필요했다.

요한의 복음은 예루살렘 붕괴 후 약 20년이 경과한 즈음에 써졌다. 예수를 메시아로 받아들인 대부분의 유대인들은 유대 독립 전쟁과 장대한 예루살렘 방어 전쟁에 참여하지 않았다. 이 결정 때문에 예수를 메시아로 간주한 유대인들과 그렇지 않은 유대인들 사이의 틈은 크게 벌어졌다. 우리는 **요한복음서**에서 "유대인들"을 험하게 언급하는 표현에서 기독교측이 지니는 적대 의식을 볼 수 있다. 이러한 험한 표현은 진심이었고 유대인 계열이든 이방인 계열이든 그리스도인들이 위기를 겪는 동안 받은 많은 유대교 회당의 경멸을 반영했다. 하지만 **요한복음서**에서 험하게 언급한 "유대인들"이란 보다 정확하게 말하면 예루살렘 중심으로 부근에 살면서 성전 억압 구조와 제국의 관료제와 군사력에 결탁한 "유대 사람들"을 의미했을 것이다.

일반적으로 이 저자는 연대기 순으로 기록하는 것에 제약 받는다고 생각하지 않았다. 예를 들어 성전 장사를 중지시키는 예수 이야기는 2장에 나오는데 사실 이 사건은 예수 생애 마지막에 일어난 일이다. 이 성경책은 공관복음서가 한 번만 보고한 내용 즉 예루살렘에 있는 성인 예수 모습을 네 번이나 보여준다. 나사로를 살린 것과 같은 잊혀질 수 없는 놀라운 이야기들은 이 복음에서만 나온다. 이 이야기들은 역사적 사건의 기술이라기보다는 우화였을까?

또 다른 뚜렷한 구별점은 **요한복음서**는 개인과의 일대일 대화를 강조한다는 것이다. 그 덕분에 예수가 만나는 사람들에 대한 자세한 설명이 풍부

하게 제공된다. 어머니2:1-12, 니고데모3:1-20, 사마리아 여인4:1-42, 베드자
다 연못의 나병자5:1-18, 음행하다 잡혀 온 여인8:1-11, 나면서부터 눈 먼 사
람9:1-41, 마리아, 마르다, 나사로11:1-44, 빌라도18:28-19:12, 막달라 마리아
20:1-18, 도마20:24-29, 베드로21:15-23. 우리는 이것을 우리의 서구적 세계관
도 포함해서 곧바로 성경의 많은 부분에서 벗어나는 것으로 인식한다. 궁극
적으로 말하면 이 본문들은 나와 나의 중요성을 넌지시 인식하는 본문들이
지 내가 일원으로 포함되는 집단적인 사람을 인식하는 본문은 아니다.

대화에 관여하는 것 이외에 요한 본문은 예수가 체포되기 전날 제자에게
장시간 베푼 가르침을 기술한다. 이 가르침은 제자들의 발을 씻기는 예수를
기술하는 것에서 시작하고요13:1-20 총 5개 장에 걸쳐 있다. 예수는 제자에
게 "서로 사랑하라는 새 계명"을 준다.요13:34 그는 제자들이 "있을 곳을 마
련하기 위해" 떠날 것이라고 말하고요14:3 야훼가 너희를 "모든 진리 가운
데로" 인도하기 위해요16:13 "진리의 영," "보혜사," "성령"이라고 부르신
분을 너희에게 보낼 것이라고 약속했다.요14:17 그는 세상이 너희를 미워할
것이라고 예고했다. "사람들이 나를 박해했으면 너희도 박해할 것이다."요
15:20 하지만 그는 또한 "내가 세상을 이겼다"고 주장했다.요16:33

예수는 이어서 제자들을 위해 기도했다. "거룩하신 아버지, 악한 자에게
서 그들을 지켜 주십시오. 진리로 그들을 거룩하게 하여 주십시오. 아버지,
아버지께서 내 안에 계시고, 내가 아버지 안에 있는 것과 같이, 그들도 우리
안에 있게 하여 주십시오. 그래서 아버지께서 나를 보내셨다는 것을, 세상이
믿게 하여 주십시오." 요17:1-26

이 모든 것을 말했지만 우리가 최종적으로 도달하는 이 성경책의 핵심 목
적은 이렇다. 즉 독자들이 "위로부터 태어나야 한다"요3:7는 도전에 응하고
예수 안에서 이러한 방향 변경과 저항 행동을 성취하는 권능을 인식하라는

것이다. 이러한 목적을 저자는 서두에 다음과 같이 진술했다. "그를 맞아들인 사람들, 곧 그 이름을 믿는 사람들에게는, 하나님의 자녀가 되는 특권을 주셨다. 이들은 혈통에서나 육정에서나 사람의 뜻에서 나지 아니하고 하나님에게서 났다." 요1:12

하워드-브룩의 도움을 받아서 우리는 이 성경책이 거부하라고 요구하는 세 가지 출생의 선택을 이해한다.[5] "혈통에서 나는" 것은 사람의 정체성의 근원을 폭력의 권력에 두는 것이다. 그것은 "진리가 무엇이냐"는 물음에 제국의 교만과 책임 회피의 목소리를 들려준 빌라도의 세계관이었다.요18:38 "육정에서 나는" 것은 사람의 정체성의 근원을 이 세상의 인습적 지혜에 두는 것이다. 그것은 나사로를 살린 사건에 이어 소집된 긴급 공의회에서 야훼의 말씀보다는 희생양의 **현실 정치**에 도달한 성전 대제사장 가야바의 세계관이었다. "한 사람이 백성을 위하여 죽어서 민족 전체가 망하지 않는 것이, 당신들에게 유익하다." 요11:50 "사람의 뜻에서 나는" 것은 사람의 정체성의 근원을 로마 세계에서 거의 만사를 처리하는 가장 정치, 사회 경제 체제에 두는 것이다. 그것은 사마리아 여인의 통찰을 무시한 사람들요4:1-42, 예수의 발에 향유를 부은 여인을 경멸한 사람들요12:1-8, 가이사를 유대 사람들의 왕으로 아버지라고 포용함으로써 제국을 다루는 자부심을 지닌 사람들요19:15 의 세계관이었다.

예수는 유대 바리새파 지도자였던 니고데모와의 대화에서 "위로부터 태어나는" 요3:7 것이 무엇을 내포하는지에 대해 많은 말을 했다. "모세가 광야에서 뱀을 든 것 같이, 인자도 들려야 한다." 요3:14 바꾸어 말해서 세상이 구원을 받으려면 죄 없는 사람이 다음 번에 무엇이 일어날지에 대해 야훼를 믿

---

5) Howard-Brook, *Come Out, My People: God's Call out of Empire in the Bible and Beyond*, p. 438.

으면서 기꺼이 공개적으로 고난을 당해야 한다. 우리는 이러한 불행한 생각에 공포감을 느끼고 움츠러들 수 있지만 어쩔 수 없는 사실이다. 바로 이것이 예수가 품은 바 "위로부터 태어난다"는 것이다. 이것은 마하트마 간디, 도로시 데이, 마틴 루터 킹 그리고 다른 성자들이 경험한 "위로부터 태어남"이라는 것과 동일한 것이다.

로마의 십자가에 처형된 예수의 고난을 바른 신조에 동의하는 모든 개인에게 끝없는 천국의 삶을 보장하는 유일회적 사건으로 바라보는 것은 매력적일 수 있다. 이러한 해석은 해당 본문에서 종종 추출된 해석이지만 그 이야기의 핵심을 무시함으로써만 가능한 해석이다. 그것은 예수가 자기 친구 나사로를 무덤에서 살아나게 할 때 죽음과 대결한다는 것이다.

관계 당국에 대한 두려움으로 인해서 예수와 제자들은 요르단 동쪽으로 이동했고 거기서 나사로가 앓는다는 소식을 들었다. 제자들은 나사로를 도우러 가는 것을 반대했다. 그 일은 너무 위험했고 또 두려운 일이었다. 그러나 그들은 예수를 설득하지 못했다. 그래서 도마는 "우리도 [나사로와] 함께 [베다니로] 죽으러 가자" 요11:36고 외쳤다.

예수가 문상객이 있는 조가에 도착했을 때 나사로의 자매는 좀 더 일찍이 오지 않은 것을 탓하고 있었다. "주님이 여기에 계셨더라면 내 오라버니가 죽지 아니하였을 것입니다." 요11:21 예수는 대답했다. "나는 부활이요 생명이니, 나를 믿는 사람은 죽어도 살고, 살아서 나를 믿는 사람은 영원히 죽지 아니할 것이다." 요11:26 예수의 말씀은 생과 사에 대한 인습적 의미를 뒤죽박죽으로 만드는 것처럼 보였다. 그의 말은 무슨 의미였던가?

이렇게 말한 뒤 예수는 죽음에 순응하는 비통한 제의를 모두 취한 뒤 무덤이 있는 곳으로 나아갔다. 그 모든 과정에 있었던 뭔가로 인해 예수는 눈물을 흘렸다.요11:35 문상객들의 반대에도 불구하고 예수는 무덤 동굴의 어귀를 막아 놓은 돌을 옮기라고 요구했다. 이렇게 말한 다음에 "그는 큰 소리로 '나사로야 나오너라' 하고 외쳤다." 그리고 옆에 서 있던 사람들에게 "그를 풀어 주어서 가게 하라"고 말했다. 요11:28-44

사랑하는 요한은 우리로 하여금 그 이야기의 의미를 파악하도록 도움을 준다. 나사로는 우리 즉 모든 인류를 대표한다. 우리 모두는 중력이나 지구 궤도처럼 자연의 힘인 양하는 폭력과 폭력의 위협에 복종한 문화 안에서 죽은 시신처럼 짓눌려 있다. 그 악취가 우리를 둘러싸지만 두려움 때문에 우리는 아무것도 할 수 없다. 우리가 할 수 있는 최선의 것은 눈물로, 경건한 말로, 죽음 예식에 주의를 기울이는 까다로운 결벽으로 그 공포를 달랠 뿐이다.

이러한 절망 속에서 예수의 나사로 호명은 우리 모두에게 지금 여기의 새로운 삶, 위로부터의 삶, 공포의 족쇄와 죽음의 올무 없는 삶으로 초청하는 것이다. 이 새로운 삶에서 우리는 제국의 폭력, 가장 정치, 그리고 세계의 여타 거짓 권위에 공조하는 것을 멈춘다. 그 대신에 우리는 **영생을 경험한다**. 끝나지 않는 것은 반드시 개인적 존재라는 것이 아니라 **지금 야훼의 바로 그 삶을 사는 개인적 경험인 것이다**. **요한복음서** 신학에서 이것은 메시아 예수에 의해 개시된 위대한 역전이었다.[6]

이 이야기를 염두에 둘 때 우리는 예수의 말씀을 새로이 들을 수 있다.

> "내가 진정으로 진정으로 너희에게 말한다. 내 말을 듣고 또 나를 보내신 분을 믿는 사람은, 영원한 생명을 가지고 있고 심판을 받지 않는다. 그는 죽음에서 생명으로 옮겨갔다. 내가 진정으로 진정으로 너희에게 말한다. 죽은 사람들이 하나님의 아들의 음성을 들을 때가 오는데, **지금이 바로 그 때이다**. 그리고 그 음성을 듣는 사람들은 살 것이다." 요

---

6) Dear, *Lazarus, Come Forth*, pp. 48-61.

"도둑은 다만 훔치고 죽이고 파괴하려고 오는 것뿐이다. 나는, 양들이 생명을 얻고 또 더 넘치게 얻게 하려고 왔다." 요10:10

이 성경책은 끝에 가서 그 목적을 이렇게 진술한다. "여기에 이것이나마 기록한 목적은, 여러분으로 하여금 예수가 그리스도요 하나님의 아들이심을 믿게 하고, 또 그렇게 믿어서 그의 이름으로 생명을 얻게 하려는 것이다." 요20:31 바로 이것이 그 모든 것을 함께 한 곳으로 결합한다. 그리고 그것은 예수의 이름으로 떠오르고 그의 구원 사역으로 실행되는 대안 정치 공동체를 가리킨다.

우리는 죽음의 악취에 시달리면서도 예수의 새로운 공동체에 헌신하는 것을 꺼려했다. 왜냐하면 우리는 두려운데다가 예수의 이름으로 세워진 종교를 받아들이기만 하면 천국 무료통행권을 준다는 약속에 눈이 멀었기 때문이다. 그러나 이제 우리는 그러한 종류의 영생 달리 말하면 시침이 결코 멈추지 않는 시계, 야훼와 함께 하는 불멸의 존재가 쉽사리 공허한 것, 자만에 찬 것이 될 수 있다는 것을 본다. 그리고 그 대신에 예수가 말한 그 "영생"은 야훼에 속한of 삶, 하나님의 아들에 속한of 삶, 도둑질하고 죽이고 파괴하는 모든 것에 대한 비폭력적 대결에 속한of 삶, 풍요에 속한of 삶일 수 있다. 예수는 최초 제자들이 한 것처럼 우리를 우리가 이름을 불러주고 죄를 용서할 그런 삶으로 초청했다. 이러한 도전적인 삶을 위해서 우리는 예수의 길을 따르는 정치 공동체를 필요로 한다.

빌라도 앞에서 예수는 이렇게 대답했다. "내 나라는 이 세상에 속한 것이 아니오. 나의 나라가 세상에 속한 것이라면, 나의 부하들이 싸워서, 나를 유대 사람들의 손에 넘어가지 않게 하였을 것이오. 그러나 사실로 내 나라는 이 **세상에 속한 것이 아니오.**" 요18:36, 강조는 첨가 예수의 권위와 권능은 로마가 통달한 기술 즉 기만, 공포, 폭력에 의존하지 않았다. 그러나 그것은 인류 역사에 있는 동일한 땅, 동일한 시간을 요구했고, 동일한 대중을 요구했다.

예수는 죽기 바로 직전에 "다 이루었다" 요19:30고 말했다. 예수가 십자가에서 고개를 떨구었을 때 강력한 뭔가가 방출되었다. 그러나 그것은 제국보다 더 강할 것인가? 아니면 "내가 세상을 이겼다" 요16:33는 예수의 주장은 추락한 영웅의 또 다른 공허한 자랑으로 판명될 것인가?

성찰과 토론 6

25. 당신은 예수가 세계를 운영하기 위해 힘에 대한 새로운 이해, 새로운 사용, 새로운 길을 기술하려고 "하나님의 나라"를 의도한 것에 동의하는가?

26. 예수는 자신을 "인간적인 사람·인자"라고 부르면서 한편으로는 권리를 빼앗긴 보통 사람들과의 관계에서, 다른 한편으로는 종교적 정치적 구조에서 권력을 지닌 사람들과의 관계에서 어떻게 자신의 위치를 설정했는가? 당신이 사는 사회에서 그와 유사한 위치는 어떤 모양을 취할 것인가?

27. 하나님 나라·제국의 새로운 길을 사는 어떤 실천이 예수의 비유에서 기술되고 있는가?

28. 당신은 예수의 제자들이 그의 메시지를 이해하는 데 반복적으로 실패하는 것으로 간주된다는 사실을 어떻게 설명할 것인가? 이 문제를 성찰할 때 당신이 처한 현대적 상황을 비롯해서 사람들이 예수가 제시한 메시지와 유사한 메시지를 거역하는 이유도 함께 숙고하라. 우리는 나중에 이 문제로 다시 돌아갈 것이라는 점도 염두에 두기 바란다. 409쪽 34번 문항을 참조하라.

29. 당신은 예수가 제국이 즐겨 무시한 인간 본성의 어떤 측면을 강조했다는 저자들의 주장에 동의하는가? 361쪽을 참조하라. 당신은 예수가 강조한 인간 본성이 사회적 규범과 구조 그리고 사회적 활동 수행 방식에 반영되어 있는 오늘날의 사

례를 예증할 수 있는가?

30. 당신은 예수가 죽고 매장된 후 그를 갈릴리에서 보게 될 것이라는 마태의 약속, 마가의 약속을 어떻게 생각하는가? 예수의 생애에서 갈릴리의 역사적, 상징적 의미는 무엇 인가?

31. 예수를 **믿는** 믿음을 가지는 것을 강조하는 것과 예수의 믿음을 자기 것으로 삼는 것을 강조하는 것 사이의 차이는 무엇인가?

32. 20장에서 이 책 저자들은 예수가 인간이었다는 전제에서 시작한 후 이어서 역시 신이었다는 의미를 논의했다. 예수의 정체성에 대한 이러한 사고방식에 대해 당신의 반응은 무엇인가? 예수는 자신이 그렇다는 의미에서 다른 인간도 신일 수 있다고 생각한 것처럼 보이는가?

33. "위에서 태어나는 것"은 "영생" 즉 요한이 전하는 메시지의 핵심으로 가는 길이다. "영생"이라는 용어를 요한이 사용하는 것과 기독교에서 인습적으로 사용하는 것을 비교해 보라. 당신이 보기에 그 차이점과 유사점은 무엇인가?

21장: 새로운 정치 공동체

사도행전

앞의 두 장에서 본 대로 예수의 삶과 메시지는 호를 그리며 움직이는 구약 이야기를 따랐다. 즉 세상은 제국을 대신하는, 비폭력적 당당한 대안을 구현하는 공동체를 형성함으로써 구원된다. 예수는 이러한 공동체를 "하나님의 나라"라고 불렀다. 사도행전은 예수 처형에 이어지는 30-62년 사이에 이러한 공동체를 부분적으로 형성하는 역사를 제공한다.

보그는 "사도행전이 써졌을 때 유대교와 초기 기독교 사이의 갈림길은 시작된 것보다 훨씬 많이 진척되어 있었다. 그것은 이미 일어난 일이었다"는 사실에 유의한다. 이것은 "사도행전이 바울의 반대를 '유대 사람들'과 '유대교회 사람들'의 것으로 특징짓는 방식에서" 분명하다. "이들은 실제로 총칭적인 개념이다."[7] 보그를 따를 때 우리가 취하는 견해는 이 성경책은 2세기 초에 최종판으로 출판되었고 누가라는 이름의 저자가 그보다 앞서 쓴 저술을 사용했다는 것이다. 누가는 자기 이름이 들어간 복음서를 쓴 바 있다. 바울의 서신 가운데 세 가지 서신에서 "누가"라는 이름의 동역자이자 의사

---

7) Borg, *Evolution of the Word: The New Testament in the Order the Books Were Written*, p. 426.

에 대한 언급이 나온다. 우리는 이 누가가 사도행전 원본을 지었고 하지만 출판되기 전에 죽었을 공산이 있다고 생각한다. 그 이후에 다른 사람들이 우리가 가지고 있는 판본을 편집했다.

이 저자는 부활한 예수가 성경에서 "사도"라고 부르는 살아 있는 11명의 제자에게 40일 동안 여러 차례 나타나서 "하나님 나라에 관한" 행1:3 일을 말했던 이야기를 간략하게 기술하는 역사와 함께 서두를 시작한다. 갈릴리에서 보낸 시간에 대한 언급은 나오지 않는다. 그 대신에 예수는 "너희는 예루살렘을 떠나지 말고 거기서 기다리라고 분부했다." 행1:4 마침내 제자들이 한자리에 모여 위대한 민족 국가의 회복을 몹시 바라는 이야기를 나누었다. 그러나 예수는 그 주제를 바꾸어 버렸다. "성령이 너희에게 내리시면, 너희는 능력을 받고, 예루살렘과 온 유대와 사마리아에서, 그리고 마침내 땅 끝에까지 이르러 내 증인이 될 것이다." 이 말씀을 하신 다음에, "그가 구름에 싸여서 보이지 않게 되었다." 행1:6-11

성경 본문은 예수가 시야에서 보이지 않게 된 것에 대한 정보를 거의 제공하지 않는데 이는 주목할 만한 사실이다. 아마 누가는 여기에 필요한 것이 더 있어야 된다고 생각하지 않았을 것이다. 부활한 예수는 더 이상 가시화될 필요가 없었지만 그의 메시아 정신은 따르미들의 공동체에서 신속하게 구현되었던 것이다. 그래서 누가는 예수의 제자들이 예루살렘에서 살면서 가깝고 먼 사람들에게 새 날이 다가왔다는 것을 선포하는 소명을 어떻게 끌어안았는가를 강조했던 것이다. 바꾸어 말하면 그들은 조상의 땅을 회복해서 통치하려고 노력하는 시골 반군이 되지 않았고 새로운 사회 체제와 세상이 돌아가는 새로운 방식을 모든 사람에게 선포하는 도시 집단이 되었다.

물론 누가가 집필한 그 시기는 종합적인 사회 체제인 가장 정치와 세상이 돌아가는 광범한 인정 체제인 로마 제국을 가졌다. 그러나 누가의 견해로 예수는 그러한 권위 구조와 처음부터 충돌 과정에 있었다. 누가는 이 점을 마리아의 임신과 예수의 탄생을 설명할 때 분명히 했다. 누가는 그 이야기에서 아들의 아버지 이름을 아예 부르지 않음으로써눅1:26-38 그리고 임신의 스캔들을 처리하는 마리아의 노력을 마리아가 아무도 동반하지 않고 홀로 엘리사벳을 방문하는 방식으로 특성화함으로써눅1:46-55 가장 정치를 무시했다. 그 이야기는 세상에서 일하는 야훼의 사역을 마리아의 정치 전복적 비전으로 강조해 살림으로써눅1:46-55 그리고 예수의 탄생을 기술하기 위해 제국의 어휘 즉 좋은 소식, 구세주, 땅에 평화라는 단어를 차용함으로써 제국을 비틀었다.

사도행전에서 누가는 그의 복음에서 시작한 이야기를 계속한 것이다.

(1) 오순절

우리 본문의 최초 무대는 예루살렘인데 여기서 사도들과 여성을 포함한 그 동지들은 칠칠절 다시 말해서 그리스어로는 소위 오순절을 기념하기 위해 함께 모였다. 한곳에 모여 있었을 때

> 그 때에 갑자기 하늘에서 세찬 바람이 부는 듯한 소리가 나더니, 그들이 앉아 있는 온 집안을 가득 채웠다. 그리고 불길이 솟아오를 때 혓바닥처럼 갈라지는 것 같은 혀들이 그들에게 나타나더니, 각 사람 위에 내려앉았다. 그들은 모두 성령으로 충만하게 되어서, 성령이 시키시는 대로, 각각 방언으로 말하기 시작하였다. 행2:2-4

"세계 각국에서 와서 살고 있었던" 디아스포라 유대인들은 집밖에서 그들의 지방 말로 하는 말을 들었다. 성경 본문은 십여 개의 언어로 말하는 것

을 들었다고 확인한다. "그들은 놀라 신기하게 여기면서 말하였다. … '어찌 된 일이요?'" 행2:1-12

베드로가 처음으로 일어나서 말했는데 그는 방금 일어난 일을 이상히 여긴 군중들에게 야훼의 살게 하는 영이 부어 넘치는 "마지막 날"에 대해 예언자가 기록한 말이 성취된 것이라고 설명했다. 행2:17 베드로는 이것이 영의 최초의 출현이었다고 주장하는 것도 아니며 사건의 기적적인 본성을 설명하려고 한 것도 아니었다는 점에 우리는 유의해야 한다. 그 대신에 베드로는 그것이 **풍성하다는 것**과 그것이 어떻게 **사회적 경계들을 가로질렀는지**를 강조했다. 남자와 여자, 노년과 청년, 사도와 종들 모두가 동일한 놀라운 경험으로 축복을 받았다. 베드로는 계속해서 "해는 변해서 어두움이 되고 달은 변해서 피가 될 것이라는" 묵시록적 구절을 인용했다. 행2:20 이것이 세계가 변하는 사건들이 일어나고 있었다고 말하는 베드로의 표현 방식이었다.

이어서 그는 예수에 대해서 말했다. "예수는 하나님께서 기적과 놀라운 일과 표징으로 여러분에게 증명해 보이신 분입니다." 여러분은 그를 죽였습니다. "그러나 하나님께서는 그를 죽음의 고통에서 풀어서 살리셨습니다. 그가 죽음의 세력에 사로잡혀 있는 것은 있을 수 없는 일이기 때문입니다." 행2:24 "예수는 아버지로부터 약속하신 성령을 받아서 우리에게 부어주셨습니다. 여러분은 지금 이 일을 보기도 하고 듣기도 하고 있는 것입니다." 행2:33 "그러므로 이스라엘 온 집안은 확실히 알아두십시오. 하나님께서는 예수를 주님과 그리스도가 되게 하셨습니다." 행2:36 베드로의 말을 들은 사람들은 "마음이 찔려서" "우리가 어떻게 하면 좋겠습니까?" 하고 물었다. 베드로가 대답하였다. "회개하십시오. 그리고 … 세례를 받고, 죄 용서를 받으십시오. 그리하면 성령을 선물로 받을 것입니다." 행2:37-38 그 날 약 3000명이 예수를 따르는 신도가 되었다.

베드로는 사람들 사이에 있는 야훼의 강력한 현존을 표시하면서 역사적인 중요한 일이 방금 일어났다고 생각했지만 다윗의 왕위, 이스라엘의 땅이나 성전에 대해서는 아무 것도 말하지 않았다.

사도행전이 보고한 바와 같이 오순절의 "바람"과 "혀"는 흡사 부활과 승천처럼 예수에 의해 설득된 사람들이 모여 있는 사적 환경 가운데서 일어났다. 이 두 사건은 공개적으로 볼 수 있는 아무런 사회적 변화도 결과하지 않았다. 그러나 다수의 언어로 들리는 말소리와 베드로의 군중 연설과 함께 그 이야기는 사적이고 기적적인 것에서 매우 공개적이고 검증할 수 있는 사건으로 바뀌었다. 이 전환이야말로 오순절에서 떠오른 공동체의 성격을 규정했다. 이것은 만인이 볼 수 있는 공개적인 장소에서 기능했고 정치적 책임을 지는 활동을 수행했으며 예수 안에서 세상이 변한 확신을 분명하게 전해준다.

(2) 형성, 소란, 그리고 규범화

아마도 3000명에 달하는 유대인들은 오순절 행사 후에 각자 자기 나라로 돌아갔을 것이다. 그들은 그 이야기와 새로운 확신을 가지고 돌아갔으며 새로운 공동체를 처음부터 국제 운동으로 규정했다. 그러나 어떤 이들은 예루살렘에 남았으며 이들은 베드로가 이끄는 집단에 힘과 활력을 더해주었다.

여타의 새로운 집단처럼 예루살렘의 예수 따르미들은 형성과 발전이라는 고전적 단계를 겪었다. 그들은 유다를 대신하는 맛디아를 새로운 열두 번째 사도로 뽑았고^{행1:12-26} 리더십을 발휘했다. 그들은 핵심 가치를 확증했고 시간을 투자하여 "사도들의 가르침, 서로 사귀는 일과 빵을 떼는 일과 기도에" 힘썼다.^{행2:42} 그들은 주요 실천을 수립했다. 즉 재산을 공유하고 소유물을 팔고 필요한 사람에게 나누어주었다. 그들은 자신들의 사명을 지지하는 일상 실천을 확립했다. 즉 성전에서 공적으로 모이고 식사를 나누고자 개인 집에서 모였다. 행2:44-46

경제적 공유는 주목할 만했다. 성경 본문은 이렇게 보고한다. "그들 가운데는 가난한 사람이 한 사람도 없었다. 땅이나 집을 가진 사람들은 그것을 팔아서, 그 판 돈을 가져다가 사도들의 발 앞에 놓고, 사도들은 각 사람에게 필요에 따라 나누어주었다." 행4:34-35 이상하게도 이 성경 본문은 이러한 실천에 대한 이유를 제시하지 않는다. 바꾸어 말하면 그것은 독자들이 메시아가 왔으므로 이제 이것이 세상이 작동하는 방식이라는 것을 이해하는 것이라고 상정한다.

갈등 역시 소란스럽게 따라 온다. 우리가 상상할 수 있는 바와 같이 많은 궁핍한 사람들이 세상은 희소성보다 풍부성을 원리로 해서 돌아간다고 가정한 운동에 동참했다. 사도들은 사역을 따라 잡을 수 없었고 우선적으로 그들에게 친숙한 사람들부터 도와주었다. 따라서 그들은 그리스 문화와 언어에 지배받는 지역에서 살았던 유대인들 이를테면 그리스계 과부들을 홀대했다. 이 때문에 불만이 생겼다. 이 문제의 설명은 그리스계 출신의 개인들을 리더 자리에 세울 때 나온다. 행6:1-7

불행하게 끝난 사례는 아나니아와 삽비라이다. 이들은 토지를 소유한 부부로서 새로운 공동체에 동참하여 재산을 팔아서 그 돈을 공유금으로 내놓기로 결정했다. 그런데 그들은 그 돈 모두를 기부하기로 공인했으면서도 다른 생각을 가지게 되어 그 돈의 일부를 사적 용도로 보관하고 싶었다. 그들이 자신의 분열된 생각을 따라 그 돈의 액수를 잘못 말했을 때 베드로는 그들로 하여금 그들의 기만을 직면하게 만들었다. 그들은 모두 짓눌려 숨졌다. 행5:1-11 명명백백하게 투명성은 그 새로운 공동체의 핵심 가치였고 기만은 저주였다.

기적의 치유도 역시 분명히 많이 일어났다.행5:12-16 성전 문 옆의 못 걷는 거지를 고친 일은 매우 많은 사람들의 주목을 받았다. 왜냐하면 그 거지는 잘 알려져 있었기 때문이다. 베드로는 두 번째 즉석 설교의 기회를 이용했다. 사람들은 치유 받은 그 거지를 바라보려고 모여들었는데 그런 군중을 보고 베드로는 예수를 구약이야기의 성취라고 말하였다. 구약이야기는 아브라함과 맺은 야훼의 약속에서 시작했고 모세와 모세가 예언한 위대한 예언자가 오리라는 약속을 거쳤으며 "사무엘을 비롯하여 그 뒤를 이어서 예언한 모든 예언자도 다 알려 주었[던] 이 날에 있을 일을" 행3:24 포함했다. 거듭 말하지만 베드로는 다윗 왕, 이스라엘 땅이나 성전에 대해서 아무것도 말하지 않았다.

베드로는 군중들에게 미래에 대해 자신이 기대하는 많은 것을 알려주는 목소리로 이렇게 호소했다.

> 그러므로 여러분은 회개하고 돌아와서, 죄 씻음을 받으십시오. 그러면 주님께로부터 편히 쉴 때가 올 것이며, 주님께서는 여러분을 위해서 미리 정하신 그리스도이신 예수를 보내실 것입니다. 이 예수는 영원 전부터, 하나님이 자기의 거룩한 예언자들의 입을 빌려서 말씀하신 대로 만물을 회복하실 때까지, 마땅히 하늘에 계실 것입니다. 행3:19-21

(3) 괴롭힘과 흩어짐

베드로의 말은 성전 경비대의 베드로 체포와 함께 끝났다. 분명히 베드로는 공적 소동을 일으켰기 때문이다. 다음 날 대제사장과 성전 관리들이 예루살렘 운동의 활동을 심문하고자 공청회를 소집했다.

베드로는 다시 한 번 "여러분이 십자가에 못 박아 죽였으나 하나님이 죽은 사람들 가운데서 살리신 나사렛 예수 그리스도" 행4:10를 말하였다. 그는 담대하게 말하였다. "이 예수 밖에는, 다른 아무에게도 구원은 없습니다. 사람들에게 주신 이름 가운데 우리가 의지하여 구원을 얻어야 할 이름은, 하늘 아래에 이 이름 밖에 다른 이름이 없습니다." 행4:12 구원은 정치적 용어였다. 즉 그것은 팍스 로마나Pax Romana 즉 로마의 평화가 사람들에게 준다고 선언한 바로 그것이었다. 이에 대해 베드로는 아니라고 하고 그것은 메시아 예수로부터 온다고 말했다.

베드로가 그렇게 말했을 때 바로 그 옆에는 기적이 일어난 살아 있는 증거 즉 고침을 받은 사람이 서 있었다. 성전 관계자들은 그들의 입장을 서로 평가했지만 놀랍게도 자신들의 평가가 취약하다는 것을 알았다. 그래서 그들은 베드로에게 단순하게 예수를 아무에게도 말하지 말라고 명령했다. 하지만 베드로는 "우리는 보고 들은 것을 말하지 않을 수 없습니다" 행4:20고 대답했다. 대제사장은 앞으로 이러면 처벌할 것이라고 위협하고서 놓아 주었다.

이 사건은 새로운 공동체를 강화하는 데 도움을 주었다. 이 사건을 보고하고 기도를 마치니 "그들은 모두 성령으로 충만해서 하나님의 말씀을 담대히 말하게 되었다." 행4:31

그리하여 대제사장은 그 위협을 끝까지 수행하였으며 "사도들을 잡아다가 옥에 가두었다." 행5:18 그러나 분명히 간수들은 그 새로운 공동체에 공감하는 자들이었다. 왜냐하면 그 날 밤 감옥 문은 열려 있었고 사도들은 감옥을 나가서 새벽에 성전에 들어가서 가르치고 있었기 때문이다.

베드로는 세 번째 체포되어 기소되었는데 그 때 자신을 이렇게 변호했다. "사람에게 복종하는 것보다, 하나님께 복종하는 것이 마땅합니다." 이어서 그는 하나님이 어떻게 여러분이 죽인 예수를 살림으로써 예수를 "높이시어" "영도자와 구주"로 삼으셨는지를 말했다. 행5:29-31

성전 지도자들 가운데 일부는 사도들을 죽여서 그런 말이 나오지 않도록 하려고 했다. 그 가운데 한 사람이 나와서 그들을 설득하였다. 그는 가말리엘이라는 유명한 율법 교사로서 사도들이 야훼의 일을 하지 않았다면 그들은 머지않아 스스로 없어지고 말 것이라고 말했다. 그래서 대제사장은 사도들에게 매질을 하고 다시는 예수를 말하지 말라고 명령했다. 사도들은 또 다시 그 명령을 무시했고 성전에서 매일 쉬지 않고 가르치고 예수가 메시아임을 전파하였다. 행5:33-42

    대적자들은 다음 표적으로 스데반을 노렸다. 스데반은 음식을 배분하는 관리자로 앞서 그 일에 임명된 사람들 가운데 한 명이었다. 그들은 스데반이 지역 회당에서 논쟁을 벌이는 동안 그가 하나님을 모독하는 말을 했다고 고소하고 그를 체포하도록 조치하고 성전 공의회로 끌고 갔다. 거기서 스데반은 이스라엘의 역사를 상세히 말했다. 솔로몬과 성전 건축 그리고 야훼가 어떻게 "사람의 손으로 지은 건물 안에 거하지 않는지"를 말한 후 스데반은 다음과 같이 고발한다. "당신들의 조상들이 박해하지 않은 예언자가 한 사람이라도 있었습니까? 그들은 의인이 올 것을 예언한 사람들을 죽였고 이제 당신들은 그 의인을 배반하고 죽였습니다." 행7:48, 53 그러고 나서 그는 하늘을 쳐다보고 "보십시오. 하늘이 열려 있고 하나님의 오른쪽에 인자가 서 계신 것이 보입니다"고 말했다. 행7:56 이 때문에 성전 공의회와 그 무리들이 격분해서 스데반을 성 바깥으로 끌어내서 돌로 쳤다.

    스데반 살해는 핍박과 폭력의 병마개를 뽑은 것과 같았다. 사울은 디아스포라 유대인의 일원이자 바리새파 사람으로서 가말리엘 문하생이었으며 스데반이 돌에 맞아 죽을 때 그 자리에 있었고 공식 인증 자경단을 이끌었다. 즉 그는 "집집마다 찾아 들어가서 남자나 여자나 가리지 않고 끌어내서 감옥에 넘겼다." 행8:3 사도들은 분명히 여기서 면제되어 있었지만 새로운 공동체의 다른 일원들은 두려움에 예루살렘에서 도피하여 오늘날 우리가 레바논,

키프로스, 시리아, 터키라고 알고 있는 지역으로 흩어졌다. 거기서 그들은 주로는 유대인들이지만 수시로 이방인을 대상으로 메시아가 왔으며 역사의 방향이 바뀌었다고 쉬지 않고 선포했다.

(4) 다소의 사울

사울은 대제사장의 대행자로서 행동했고 회당에서 예수 무리들을 몰아내도록 위임을 받았다. 이런 목적으로 다마스쿠스로 가는 도중 한 줄기의 빛이 그를 둘러 비추었고 "사울아, 사울아 네가 왜 나를 핍박하느냐?" 하는 음성을 들었다. 사울이 "주님, 누구십니까?" 하고 물으니 "나는 예수다" 하는 음성이 들려왔다.행9:1-5 사울은 눈을 떴으나 아무것도 볼 수 없었다. 그의 일행은 사울을 다마스쿠스로 데려갔고 거기서 그는 사흘 동안 먹지 않고 기도했다.

그러는 사이에 아나니아라는 이름을 가진 예수의 제자는 야훼가 자신을 사울이 머무르고 있었던 집으로 부르고 있다고 느꼈다. 아나니아는 사울을 무서워했고 가까이 가는 것을 꺼려했지만 그래도 갔다.

> 아나니아가 그 집에 들어가, 사울에게 손을 얹고 "형제 사울이여, 그대가 오는 도중에 그대에게 나타나신 주 예수께서 나를 보내셨소. 그것은 그대가 시력을 회복하고, 성령으로 충만하게 되도록 하시려는 것이오" 하고 말하였다. 곧 사울의 눈에서 비늘 같은 것이 떨어져 나가고, 그는 시력을 회복하였다. 그리고 그는 일어나서 세례를 받고 음식을 먹고 힘을 얻었다.행9:17-19

이 이야기는 흔히 다마스쿠스로 가는 길에서 일어난 사건을 강조하는 방식으로 말해지지만 그 본문은 우리에게 사울의 적이 "형제 사울이여"라고 말하면서 사울의 몸에 안수할 때까지 바울 자신은 눈이 멀어 있었고 이해하지 못했다는 것을 말해준다.

사울은 즉각적으로 다마스쿠스 회당에서 예수를 전도하기 시작했다. 그는 로마 황제를 기술하는 상용어를 빌려서 "그분은 신의 아들이심"을 선포했다. 행9:20 게다가 사울은 예수는 메시아이심을 선포했다. 행9:22 사울의 전향은 이전 동료들로 하여금 그를 죽이도록 촉발했다. 어떤 제보자가 이 모의를 사울에게 알려주었고 그래서 그는 밤에 광주리를 타고 성 바깥으로 빠져나갔다. 행9:23-25 그때부터 그는 지역회당에서 아나니아를 분명히 만났던 다마스쿠스로 돌아오기 전까지 잠시 동안 아라비아에 가 있었다. 바울 생애에서 이 기간은 3년이었다. 갈1:18

그 후 사울은 예수의 제자들과 함께하려는 의도를 가지고 예루살렘으로 돌아왔다. 행9:26 존경 받는 유대인 바나바는 여전히 의심을 거두지 않고 있는 베드로와 예루살렘 총회의 지도자 야고보에게 바울을 소개했다. 갈1:18-19 그 소개는 잘 이루어졌지만 대부분의 예수 제자들은 그를 만나는 것을 두려워했다. 사울은 그 도시에서 예수를 사람들에게 공개적으로 전하는 일에 참여함으로써 주목을 끌기 시작했고 이렇게 되자 베드로와 야고보가 관여하여 시 밖으로 데려 갔고 오늘날의 터키 남부 해안에 있는 다소 다시 말해서 그의 가족이 있는 것이 분명한 다소로 보냈다. 행9:30

기원후 40년경에 바나바는 현재 터키 남부의 안타키아로 알려져 있는 시리아의 안디옥에 있는 예수 따르미들의 회당을 책임지고 있었다. 바나바는 바울을 그 무리를 가르치는 교사로서 초대하고자 그를 만나서 안디옥으로 데리고 왔다. 그 곳에서 "그리스도인"이라는 말이 처음으로 예수의 제자들을 기술하는 용어로 사용되었다. 행11:26 이 운동의 강력은 이 운동이 분리된 종교라기보다 유대교 내부의 개혁 노력이었을지라도 스스로 누릴 자격이 되는 자기만의 이름을 획득하게 만들었다. 또한 그것은 그 지역에 사는 이방인들의 관심을 끌었다.

(5) 이방인 개종과 예루살렘 회의

사도행전 8장은 예수 따르미들이 흩어지게 된 것을 유대인의 박해 때문이라고 본다. 하지만 역시 제국의 박해도 한몫을 한 것으로 보인다. 헤롯 아그립바 왕은 글라우디우스 황제의 어린 시절 친구이자 황제의 속국 팔레스타인을 다스리는 가신으로서 제자 야고보를 칼로 죽인 인물이다. 또한 헤롯 아그립바는 베드로를 감옥에 가두었다. 행12:1-5

예수 따르미들이 흩어짐으로써 그리스도인 운동은 유대 사람처럼 살기를 간절하게 원했지만 그 기회가 거부된 사람들에게 퍼졌다. 성경 본문은 빌립이라는 이름을 가진 자에 관련된 두 가지 사건을 설명한다. 첫째 그는 사마리아에서 치유하면서 복음을 전했다. "빌립은 하나님 나라와 그리스도의 이름에 관한 기쁜 소식을 전했다." 행8:12 그 지역 마술사인 시몬은 확신을 가졌으며 세례를 받았다. 그 뒤에 그는 "항상 빌립을 따라다녔는데" 빌립의 기적 같은 치유 능력에 분명히 반했다.

사도들은 빌립에 관한 소식을 듣고 빌립 집단을 지도하기 위해 베드로와 요한을 보냈다. 베드로와 요한은 "성령을 받을 수 있게 하려고 그들을 위하여 기도하였다." 베드로와 요한이 "그들에게 손을 얹으니" 그들이 성령을 받았다. 행8:15-17 이 사건에 또다시 방언으로 말하는 일이 포함되었는지는 분명하지 않지만 성령의 현시가 무엇이든 간에 이 사건은 시몬에게 놀라웠다. 시몬은 그들이 성령을 받도록 하는 권능을 주는 방법을 가르치면 사도들에게 돈을 주겠다고 제안했다. 베드로가 그에게 말했다. "그대가 하나님의

선물을 돈으로 사려고 생각하였으니, 그대는 그 돈과 함께 망할 것이오." 행8:20-24

두 번째 이야기는 가자로 가는 길에서 일어난 사건이다. 빌립은 그 길에서 에티오피아 왕궁에서 고위직을 맡고 있는, 야훼를 두려워하는 이방인 내시를 만났다. 이 사람은 "양이 도살장으로 끌려가는 것과 같이, …" 사53:7라는 이사야서의 글을 읽고 있었는데 이 본문 구절이 누구를 말하는지를 빌립에게 물었다. 빌립의 대답은 "예수에 관한 기쁜 소식" 행8:35을 전하는 것이었다. 그들이 물이 있는 곳에 이르니 이 사람은 세례 받는 것을 요청했고 빌립은 이에 동의하였다.

이 이야기는 분명히 예수와 예수가 선포한 하나님 나라가 유대 민족만이 아니라 많은 종류의 사람들에게 매력적이었음을 시사한다. 그러나 그것은 또한 이사야서에서 야훼는, 성적으로 흠이 있어도 고자에게 "이름이 잊혀지지 않도록 영원한 명성을 주겠다" 사56:5고 말한 메시아 시대의 도래를 뜻한다.

베드로와 고넬료에 관한 이야기는 예수를 널리 호소할 때 그 호소가 얼마나 요동치는 것이 될 수 있을지를 예시한다. 고넬료는 이방인이고 또 예루살렘을 근거지로 하기 때문에 예수 처형에 관련되었을지도 모르는 100명의 군인을 통솔하는 로마 군대의 백부장이었다. 고넬료는 유대교로 전향한 개종자는 아니었지만 "경건한 사람으로 … 하나님을 두려워하며 유대 백성에게 자선을 많이 베풀며 늘 하나님께 기도하는 사람이었다." 행10:2 아마도 그는 회당에 출석했을 것이고 유대교의 가르침을 정통하게 알고 있었을 것이다.

이 성경 본문은 잘 조율된 환상을 통해 야훼가 고넬료와 베드로에게 말하는데, 고넬료에게는 베드로를 만나라고 말하고 베드로에게는 이방인과 친해지는 것을 거부하는 것은 정상적이지만 이를 파기하라고 말한다. 서로의 만남은 고넬료의 친구들이 모여 있었던 고넬료 집에서 이루어진다. 베드로는 야훼에 대해 먼저 "하나님께서는 사람을 외모로 가리지 아니하시는 분이시고, 하나님을 두려워하며 의를 행하는 사람은 그가 어느 민족에 속하여 있든지 다 받아 주신다"고 말했다. 이어서 그는 "평화"를 가져왔고 "만민의 주"라고 부르는 예수 그리스도를 말했다. 이 두 용어는 "로마의 평화"를 뽐내고 동시에 "주"를 로마 황제에 적용한 제국 이데올로기를 직접 겨냥한다. 베드로는 지금 황제조차도 새로운 기준에 책임을 질 것이라고 암시한다. 즉 "이 예수께서 우리에게 명하시기를, 하나님께서 자기를 살아 있는 사람들과 죽은 사람들의 심판자로 정하신 것을 … 증언하라고 하셨습니다." 행10:34-42

"베드로가 이런 말을 하고 있을 때에, 그 말을 듣는 모든 사람에게 성령이 내리셨다." 이방 사람들이 방언으로 말했다. 그 자리에 함께 한 유대인들은 이런 방식으로 야훼가 이방 사람들을 인정한 사실에 놀랐다. 그때에 베드로가 말하였다. "이 사람들도 우리와 마찬가지로 성령을 받았으니, 이들에게 물로 침례를 주는 일을 누가 막을 수 있겠습니까?" 그런 다음에 그들은 세례를 받게 되었다. 행10:44-48

한편 기원후 45년경 시리아의 안디옥에서 예수를 따르는 무리들이 급성장해서 키프로스와 현재 터키 중부인 갈라디아에 전도를 하고자 두 명의 회원 즉 바나바와 사울을 파송했다. 이 전도 활동에서 그들은 때로는 이방인 청중들을 만날 것을 기대했다. 바나바와 사울은 이들 이방인에게 이 새로운 유대 운동의 일부가 되는 것에 관해서 어떤 메시지를 주었을까?

이것은 잠재적으로 커다란 문제였다. 안디옥 회중은 전도 활동을 펼치기 전에 예루살렘 예수 제자들의 필요를 위해 소액의 구제금을 전달하려고 또 그 운동의 공인 지도자인 야고보, 베드로, 요한과 상의하려고 바울과 바나바를 예루살렘에 보냈다. 행11:30 바울과 바나바는 예루살렘 방문 동안 그들과의 사적 대화에서 예수 따르미가 된 이방인들에게 할례가 필요한가를 물었다. 바울이 설명한 바에 따르면 예루살렘 지도자들은 이를 요구하지 않았고 "바나바와 나에게 오른손을 내밀어서 친교의 악수를 했다. 다만 그들이 우리에게 요구한 것은 가난한 사람을 기억해 달라"는 것이었고 계속해서 그들의 필요를 위한 돈을 모금해 달라는 것이었다.갈2:9-10

예루살렘 지도자들의 권한을 위임 받음으로써 바나바와 사울은 키프로스로 건너가서 그 지역 전체를 가로지르며 회당에서 하나님의 말씀을 전했다. 그들이 서해안 가에 있는 바보에 이르렀을 때 로마 총독은 그들에게 관심을 가지게 되었다. 이 총독은 그들이 전하는 말씀을 받아들여서 예수의 제자가 되었다.행13:4-12

그들은 북쪽으로 항해해서 버가에 도착해서 육로로 갈라디아 지역을 여행한 후 다시 회당에 들어갔다. 율법학자이자 가말리엘 이전 문하생으로서 사울은 관례적인 권면의 요청을 수락했다. 사울은 현재 바울이라는 이름으로 통한다. 성경 본문은 안디옥에서 전한 그의 말씀을 자세하게 기록한다. 바울은 유대 조상의 역사를 말한 후에 예루살렘에 사는 사람들과 그들의 지도자들이 로마인들에게 예수를 죽이라고 요구했지만 "하나님께서 조상들에게 하신 그 약속을 예수를일으키셔서 후손인 우리에게 이루어주셨습니다."행13:32-33 이 메시지는 잘 수용되어 바울은 다음 안식일에 다시 한 번 말씀을 전해 달라는 요청을 받았다.

그 다음 안식일이 왔을 때 그 도시 사람들은 이방인을 포함해서 거의 다 모였다. 그 지역의 유대 지도층 인사들은 이방인들이 열광하는 것에 불편해 했고 그 두 사람이 말한 것을 부인했다. 그래서 바나바와 바울은 회당을 떠났고 이방인들을 청중으로 삼고 직접 말씀을 전했다. 많은 사람이 예수의 제자가 되었다. 이렇게 해서 후에 그 도시의 지도자들이 바나바와 바울을 내쫓았

을 때 그들은 많은 이방 사람들을 남겨두고 떠났다. 행13:48-52

그들은 갈라디아 지역의 도시인 이고니온, 루스드라, 더베를 방문했는데 유사한 일이 전개되었다. 바나바와 바울은 회당에서 설교하기 시작하고 관심을 끌었지만 역시 심각한 반대에 부딪혔고 그래서 대개는 그 메시지에 열심을 보이는 이방인 청중으로 향했다. 결국 그들은 도시 전역을 소란하게 하는 자로 여겨졌다. "그 도시 사람들은 더러는 유대 사람의 편을 들고 더러는 사도의 편을 들었다." 행14:4 루스드라에서 일어난 갈등은 너무 강렬해서 그 도시에 사는 어떤 사람들은 바울을 돌로 쳐서 거의 죽게 만들었다.

유대 사람들의 반응이 둘로 쪼개지는 것은 쉽게 이해될 수 있다. 1000년 동안 유대 사람들의 야훼를 믿는 신실함의 방식은 이방인을 분명히 멀리 하는 것이라는 점을 수반했다. 예수가 메시아라는 메시지가 아무리 유대인들에게 매력적이었을지라도 이방인들의 열광은 적어도 독실한 유대인에게 그 거리두기는 지켜져야 한다는 점을 암시했다. 그렇다. 예언자들은 야훼의 산에 모여드는 민족들의 순례를 말했다. 하지만 독실한 유대인과 이방인이 구세주라는 동일인을 열광적으로 껴안는 것은 이상한 일이 아니겠는가?

게다가 크로산이 지적한 대로 최초의 이방인 예수 제자들 중 상당수가 이미 회당 출석과 후원을 통해 유대인의 삶에 연합된 "야훼를 경외하는 이방인들"이었을 것이다. 완전한 개종자는 아닐지라도 그들은 야훼를 예배했고 안식일 준수와 같은 일부 유대 관습을 수용했다. 그들은 할례와 같은 조건을 지키지 않고도 메시아에 헌신하는 공동체의 일원이 될 수 있는 충분한 회원 조건을 제공한 바울의 메시지에 이끌렸다. 갈라디아에서 바울이 설교한 후 일어난 회원 재편에 따라 회당은 자신을 지지하는 이방인과 그 자원들을 잃었다.[8]

---

8) Crossan, *God and Empire*, pp. 157-158.

더베 전도 후 바나바와 바울은 그들이 간 길을 되돌아갔으며 이전에 방문한 장소에 들러 개개의 새로운 공동체를 위해 지도자를 임명하고 "마음을 굳세게 해 주고 믿음을 지키라고 권하였다. 그리고 또 이렇게 말하였다. '우리가 하나님에 들어가려면 반드시 많은 환난을 겪어야 합니다.'" 행14:22-23 그후 그들은 배를 타고 시리아의 안디옥에 갔다. 아마도 기원후 49년이었을 것이다.

유대교는 개종한 사람이 할례 받은 개종자이거나 하나님을 경외하는 이방인이거나 간에 지역 회당의 일원이 되도록 하기 위한 오랜 전통의 선교활동과 잘 확립된 관습을 가지고 있었다. 이와 같은 오랜 관습 체제는 1차 전도운동이 전개되기 전에 이방인 예수 따르미들을 회당 생활에 통합하는 데 이용되었다. 그런데 갈라디아에서 벌어진 상황은 미증유의 것이었다. 새로운 총회는 주로 이방인들로 이루어졌고 가까운 회당과는 떨어져 있었다. 이 때문에 새로운 형태의 지도와 관리가 필요했고 예루살렘에서 온 사람들은 이 새로운 총회를 방문해서 돕는 방식으로 조치를 취했다. 바나바와 바울은 전도 활동을 시작하기 전에 조심스럽게 이에 관한 논의를 발의했으나 예루살렘에서 온 지도자들은 갈라디아 남자 이방인 개종자들에게 할례 받을 것을 요구했다. 행15:1

바울과 바나바는 이 요구에 완강히 반대했고행15:20 결과적으로 그 논쟁은 강렬해서 사도와 장로들의 회합이 기원후 50년경에 개최되었다. 베드로는 자신의 경험을 말했다. 하나님께서는 "우리에게 주신 것과 같이 그들에게도 성령을 주셔서, 그들을 인정해 주셨습니다. 하나님께서는 그들의 믿음을 보셔서, 그들의 마음을 깨끗하게 하시고, 우리와 그들 사이에, 아무런 차별을 두지 않으셨습니다." 행15:8-9 바나바와 바울도 비슷한 경험을 말해주었다.

그러자 예수의 형제이자 예루살렘 사도들의 지도자인 야고보가 말했다. 그는 베드로가 하나님의 행동을 어떻게 기술했는지 즉 하나님이 "이방 사람들 가운데서 자기 이름을 위하여 한 백성을 택하신 경위"에 주목했다.행15:14 그는 야훼가 무너진 다윗의 집을 다시 짓겠다는" 그 날암9:11을 내다본 예언자 아모스의 말씀을 기억했다. "내가 무너진 다윗의 집을 다시 짓겠으니 허물어진 곳을 다시 고치고 그 집을 바로 세우겠다. 그래서 모든 이방 사람이 나 주를 찾게 하겠다."행15:16-17 그러므로 야고보는 "내 판단으로는 하나님께로 돌아오는 이방 사람들을 괴롭히지 말고"라고 말했다.행15:19

우리의 성경책은 새로운 공동체에 전달된 이른바 예루살렘 회의의 결정을 편지를 통해서 다음과 같이 인용한다. "성령과 우리는 꼭 필요한 다음 몇 가지 밖에는 더 이상 아무 무거운 짐도 여러분에게 지우지 않기로 하였습니다. 여러분은 우상에게 바친 제물과 피와 목매어 죽인 것과 음행을 멀리하여야 합니다. 여러분이 이런 것을 삼가면, 여러분은 잘 행한다고 하겠습니다. 안녕히 계십시오."행15:28-29 이방인들은 그 편지를 기쁘게 받아들였다.행15:31 그 편지에는 조건이 들어있지만 그들을 할례의 의무로부터 자유롭게 해 주었고 그들 공동체의 특성과 정체성을 형성하는 과정에 유대인 예수 따르미들과 함께 자유롭게 참여할 수 있는 길을 열어주었다.

아브라함과 하나님 사이의 언약창17:10을 증거하는 표징인 할례가 더 이상 필요한 것이 아니라면 **왜 음식에 관한 낡은 규례에 그토록 많은 중요성을 부여했을까?** 하워드-브룩은 이 수수께끼 같은 금지 음식 목록을 작성한 중추적인 결정을 조명하는 시각을 제시했다. 목록에 들어간 네 항목은 모두 "제국사회 내에 포섭되는 것을 표시하는 실천"에 연결되어 있다. 이것들을 금지함으로써 회의는 "제국적 행동에 파묻혀 있는 사람들은 예수의 방식으로 '형제 자매'가 되기 위해 벗어나야 한다"[9]는 강한 주장을 전달하고 있다.

음행을 언급한 것은 우리가 이해하기에는 특별히 어려울 수 있다. 왜냐하면 우리는 그것을 성 도덕의 관점에서만 생각하기 때문이다. 원문에 사용된 그 용어porneia는 매춘을 말하는데 이는 다양한 환경에서 일어나는 것이지만 두드러진 경우는 신전과 관련한 축제나 행사에서 죽은 황제나 로마-그리스 문화의 다른 신들을 경배할 때 일어난다. 이러한 환경은 우상에게 음식을 바쳐 우상이 복을 내린 음식을 먹는 것을 포함한다. 여기에 목을 달아 죽인 피 있는 육고기가 포함되었다. 이 음식은 일상식으로는 널리 보급된 것이 아니었다. 이러한 환경은 또한 살아 있는 황제를 경축하고 제국이 베푼 평화에 감사하는 것을 늘 포함했다. 예루살렘 회의는 이방인 예수 제자들이 제국에 대한 충성을 암시한 실천을 중단함으로써 이 모든 것과 단절해야 한다고 주장한 것이다.

"음행"은 자신의 만족을 추구하고자 강한 사람에게 굴복함으로써 지위와 부를 얻는 노력을 기술하기 위해 종종 성경에서 비유적으로 사용된다. 호세아서와 에스겔서는 이러한 유비를 나타내고자 창녀의 이미지를 이용했다. 예레미야서는 발정한 나귀의 이미지를 사용했다. 예루살렘 회의는 이와 같이 음행을 언급함으로써 이러한 탐내는, 빠는 행동을 의미한 것이다. 이러한 행동이 불의한 유대 사람뿐만 아니라 이방 세계 사람들에게 규범일지 모르지만 예수를 따르는 회당의 일원으로서 완전한 제자가 되기 위해서 그것은 남겨두고 떠나야 했던 대상이다.

---

9) Howard-Brook, *Come Out, My People: God's Call out of Empire in the Bible and Beyond*, pp. 432.

(6) 세상을 뒤집어 놓기

예루살렘 회의의 결정은 새로운 공동체를 이방 세계로 확장하기 위해 주요 장애물이었던 장벽을 제거한 것이었다. 그 후 하나님 나라를 예수의 길을 따르는 정치 공동체로 전하는 말씀은 이를 닮은 정확한 유대적 표현이 없어도 적절하게 맥락화될 수 있었다.

이번 성경책의 16장에서 20장까지는 바울이 기원후 50-58년 사이에 완수한 두 가지 전도 활동을 기술한다. 그는 자신과 바나바가 갈라디아 지역에서 개척한 공동체와 함께 두 번 이상 시간을 보냈다. 그는 또한 아시아, 마케도니아, 아가야 지역에서 예수 따르미들의 새로운 공동체를 시작했고 몇 년후 그들과 함께 사역하기 위해 그곳으로 돌아갔다. 여기서 아시아 지역은 오늘날의 터키이고 마케도니아와 아가야 지역은 오늘날의 그리스이다.

그는 바나바와 함께 여행하면서 이 추가적인 전도 활동을 대개 새 도시에 들어가 지역 회당 안식일 예배에 참석함으로써 시작했고 또 사람들의 관심을 끌어냈다. 바울은 회당이 없을 때면 야훼를 경외하고 유대인의 가르침에 친숙한 유대인이나 이방인을 개별적으로 찾았다. 이렇게 해서 마케도니아 지역 빌립보에서 바울이 최초로 만난 사람은 기도하기 위해 강가에 모여든 여성들이었다. 루디아는 이방인으로서 "하나님을 공경하는 사람" 행16:14이었고 옷감 장수였다. 그녀는 바울의 말을 들었고 예수에 대한 충성의 표시로서 세례를 받아야 하는지를 물었다. 그녀는 바울을 집으로 초대했고 자기 집을 빌립보에서 생긴 예수 따르미 공동체에 개방했다.

바울은 가는 곳마다 갈등을 겪었다. 마케도니아 지역인 데살로니가 역시 그 사례이다. 바울은 회당에서 말씀을 전했다. "그리스도께서 반드시 고난을 당하시고 죽은 사람들 가운데서 살아나셔야 한다는 것을 해석하고 증명하면서 '내가 여러분에게 전하고 있는 예수가 바로 그 그리스도이십니다.'"행17:3 일부 유대인들은 확신했고 "경건한 그리스 사람들과 적지 않은 지도자적 여성들"은 보다 폭넓게 지지하는 반응을 보여주었다.행17:4 이 때문에 바울의 메시지가 가지는 매력을 훼손하려는 사람들에 의해 논쟁이 벌어졌고 시내에서 소요가 일어났다. 이 소요 때문에 평화를 유지하는 책임을 맡은 시 당국이 개입하게 되었다.

바울을 대적하는 사람들은 "예수라는 또 다른 왕이 있다고 말하면서 황제의 명령을 거슬러 행동함"으로써 "세상을 소란하게 한다"고 비난했다.행17:6-7 지역 관원들은 그러한 비난을 심각하게 취급했다. 왜냐하면 그것들은 제국에 반하는 선동을 암시한 것이기 때문이다.

아가야 지역의 고린도에서 바울은 유대인 부부인 아굴라와 브리스길라 집에 묵으면서 천막을 만드는 일을 했다. 바울은 안식일마다 회당에 참석하여 "예수가 그리스도이심"을 증언했다.행18:5 그의 메시지가 거부된 것이 분명해졌을 때 바울은 유스도라는 사람의 집으로 가서 말씀을 가르쳤다. 유스도는 이방인으로서 "하나님을 공경하는 사람"이고 그는 회당 **바로 옆에** 살았다.행18:7 바울은 거기서 회당과 직접 경쟁을 벌이면서 18개월 동안 계속 가르쳤다. 이러한 상황은 역시 시 당국 앞에 서는 것으로 끝났다. 이번에는 세간의 이목을 끄는 소송 청문회로서 아가야 주 총독인 갈리오의 재판정에서 열렸다. 여기서 바울은 "이 사람은 법을 어기면서 하나님을 공경하라고 사람들을 선동하고 있습니다"라고 고소되었다.행18:13 갈리오는 그 고소를 무시했지만 그가 관여되었다는 사실 자체가 바울의 가르침이 위험 수위가 높은 정치적 논쟁에 불을 붙였다는 것을 보여주었다.

소아시아 지역에서 바울은 에베소에 당도했는데 그 때는 지역 회당의 수십 명이 이미 예수 따르미가 되어 있었다. 바울은 "그들에게 손을 얹으니 성령이 그들에게 내리셨다. 그래서 그들은 방언으로 말하고 예언을 했다."행

19:8 그는 다수의 사람들이 메시지를 반대하는 것을 보자 그와 예수 따르미들은 회당을 떠나서 "날마다 두란노 학당에서 강론하였다. 이런 일을 이태 동안 하였다. 아시아에 사는 사람들은 유대 사람이나 그리스 사람이나 모두 주님의 말씀을 듣게 되었다." 행19:9-10

에베소는 아데미 여신 즉 다이애나로 알려진 그리스 여신 신전의 본고향이었다. 그 신전은 고대 세계의 7가지 불가사의 목록을 편찬한 사람에 따르면 그 하나였고 다른 불가사의보다 뛰어난 불가사의였다. 그것은 길이가 135 미터이고 폭이 67.5 미터이며 금과 은으로 도금된 127개의 기둥으로 둘러싸여 있다. 그 내부는 유명 예술가들이 조각과 그림으로 장식했다. 1세기 후반 내내 아데미 신전은 갈수록 제국 제의와 황제 숭배로 휘감겼었다.

바울이 시내 학당에서 "날마다 강론하고" 있는 동안 여신의 모형 신전을 제작해 방문객에서 파는 장인들은 상당히 많은 양의 판매 감소를 경험했다. 그들 중의 한 명인 데메드리오라고 하는 은장이는 직공들을 모아 바울에게 대항하도록 했다.

"여러분, 여러분이 아시는 바와 같이, 우리는 이 사업으로 잘 살고 있습니다. 그런데 여러분이 보고 듣는 대로, 바울이라는 이 사람이 에베소에서뿐만 아니라, 거의 온 아시아에 걸쳐서, 사람의 손으로 만든 신은 신이 아니라고 말하면서, 많은 사람을 설득해서 마음을 돌려놓았습니다. 그러니 우리의 이 사업이 명성을 잃을 위험이 있을 뿐만 아니라, 위대한 아데미 여신의 신전도 무시당하고, 또 나아가서는 온 아시아와 온 세계가 숭배하는 이 여신의 위신이 땅에 떨어지고 말 위험이 있습니다." 행19:25-27

많은 논쟁과 혼란이 뒤따랐고 그 정점은 폭동에 가까운 충돌 상태가 수 시간 동안 극장에서 벌어졌다는 것이다. 그 비난 중 어떤 비난은 유대인에게 쏠린 것이 분명했다. 이는 아마도 바울이 저간에 회당의 유대인들과 연계되어 있었기 때문일 것이다. 이 사건은 더 이상의 폭력 없이 끝났고 바울은 곧장 그 도시를 떠났다.행19:28-41

현대 독자들에게 이 이야기들은 즉각적인 질문을 낳는다. 바울은 자신이 매우 자주 겪은 갈등 중에 상당히 많은 부분에 대해 책임이 있는 것이 아니었는가? 평화의 왕을 따르는 자로서 왜 그는 보다 화해의 방식으로 진행하지 못했는가?

그러나 이러한 비판은 그 맥락의 중요한 측면을 고려하지 못한다. 그 맥락은 예수가 주였다는 것을 믿는 맥락이었기 때문에 새로운 공동체는 제국의 세계관과 방법에 충실한 사람들과 맞서는 **갈등의 자세를 불가피하게 취할 수밖에** 없었다. 이러한 현실을 인식하는 것이 예루살렘 회의의 결정의 일부였다. 이것은 다시 한 번 빌립보에서 일어난 바울의 이야기에서 나타난다. 바울은 거기서 치안 법정으로 끌려 갔으며 "우리 도시를 소란하게 하고 있고 … 로마 시민인 우리로서는 실천할 수도 없는 부당한 풍속을 선전하고 있다"고 고소되었다.행16:20-21, 강조는 첨가 치안 판사는 바울에게 매로 치라고 한 뒤 감옥에 가두었다. 그는 바울이 로마 시민에게 그들의 충성을 황제로부터 예수에게로 이동해야 한다고 요구하고 있는 것을 이해했다. 현대에서 이에 비견될 만한 것은 젊은 신자에게 학교에서 국기에 대한 맹세를 하지 말거나 애국가를 부르지 말라고 지시한 기독교의 청년 사역이 될 것이다.

이제부터 바울이 아데미 여신의 권위를 전복하는 행위는 다른 본보기가 된다. 바울은 다만 종교적 논증을 한 것으로만 보일지도 모르지만 그것은 심오한 경제적 정치적 함의를 지닌 변화에 시동을 거는 것이다. 은장이는 이것을 깨달았고 정치적 반격으로 응수했다. 현대에서 그것은 군사 소비를 지지하는 명분의 기만성을 폭로함으로써 미국의 군사 소비를 불법화하는 종교 운동에 유비될 것이다. 많은 미국인들은 방위와 안보 계약 체결이 줄어들 때 생기게 될 실직보다는 계속된 기만을 더 좋아할 것이다.

바울은 가이사와는 다른 주에게 헌신했기 때문에 갈등을 만날 것이라고 추정했다. 그가 즐겼든 말았든 이것은 논점을 놓치는 것이다. **제국과의 갈등은 당신이 예수를 따랐을 때 기정 사실이었다.** 예수는 야훼가 지상의 삶에서 살기를 바랐던 길을 계시한 자였다. 그것은 재간이나 갈등 해결 기술을 통해 피해갈 수 없는 것이었다. 그것은 예수의 비폭력적 방식으로 참여하지 않으면 안 되는 것이었다.

(7) 제국에 설교하기

바울은 제3차 전도 운동을 끝내고 예루살렘으로 돌아온 후 지도자들을 방문해서 "하나님께서 자기의 봉사 활동을 통하여 이방 사람 가운데서 행하신 일을 낱낱이" 보고하였다. 야고보와 장로들은 그 보고를 듣고 기뻐했으나 바울의 평판에 대해 우려를 표명했다. 그들은 많은 유대인 예수 따르미들이 율법에 열성적인 사람들이라고 말하면서 이들이 바울에 관한 이야기를 듣고 화를 내었다고 말했다. "당신이 이방 사람 가운데서 사는 모든 유대 사람에게 할례도 주지 말고 유대 사람의 풍속도 지키지 말라고 하면서, 모세를 배척하라고 가르친다는 것입니다. 그러니 어떻게 하면 좋겠습니까?"행 21:19-22

장로들은 자신들이 스스로 제기한 물음에 답했다. 그들은 바울에게 유대 율법을 신실하게 지킨다는 것을 입증하기 위해서 유대 정결 예식을 행하도록 요구했다. 바울은 동의했다. 그래서 바울은 머리를 밀고 다른 사람들과 함게 성전에서 7일간의 정결 의식을 시작했다. 그 일주일이 거의 끝나갈 무렵에 소아시아에서 온 유대 사람들이 그를 알아보고 "군중을 충동해서, 바울을 붙잡아 놓고, 소리 쳤다. … '이 자는 어디에서나 우리 민족과 율법과 이곳을 거슬러서 사람들을 가르칩니다. 더욱이 이 자는 그리스 사람들을 성전에 데리고 들어와서, 이 거룩한 곳을 더럽혀 놓았습니다.'" 행21:27-28 성전 문 안에 있는 사람들이 바울을 붙잡아서 때리기 시작했다. 로마 병사들이 도착해서 바울을 때리는 사람으로부터 구하고 결박하여 데리고 갔다. 군중 무리들은 계속해서 바울에게 너무 난폭하게 대했고 따라서 군인들은 그를 보호하기 위해 어깨에 둘러메고 가야 했다.

바울은 병영 안에 끌려 들어가기 직전에 지휘관에게 그리스어로 말했다. "나는 길리기아의 다소 출신의 유대 사람으로, 그 유명한 도시의 시민입니다. 저 사람들에게 내가 한 마디 말을 하게 허락해 주십시오." 행21:39 방금 죽을 뻔한 데서 구제된 바울은 이제 화난 군중들에게 일장 연설을 펼쳤다. "동포 여러분, 내가 이제 여러분에게 드리는 해명을 잘 들어 주시기 바랍니다." 행22:1

우리 성경책의 마지막 7개 장 내내 바울은 제국의 감금 상태에 있었다. 처음에는 예루살렘에서, 다음에는 가이사랴의 로마 감옥에서, 마지막에는 로마에서였다. 그의 구금 상태는 외견상 분명히 심각한 것은 아니었다. 그는 계속 글을 썼고 자신의 광범한 네트워크와 연락을 계속 주고받았다.

그를 고소한 사람들은 "온 세계에 있는 모든 유대 사람에게 소란을 일으키는 자요, 나사렛 도당의 우두머리입니다. 그가 성전까지도 더럽히려고 했습니다." 행24:5-6라고 말했다. 바울은 최고 제사장과 성전 공의회, 두 명의 로마 총독 벨릭스와 베스도, 그리고 헤롯 아그립바 2세 왕에 의해 심문되었다. 모든 설명을 두고 볼 때 그는 로마 관리들에게 예수에 관해 말하는 기회를 즐겼다. 그는 처음부터 끝까지 공손했다. 그는 성전이나 유대 율법을 더럽히는 짓은 아무것도 하지 않았다는 것을 줄기차게 주장했고 죽은 자의 부활을 되풀이해서 말했다. 이는 그가 성전 지도자들과의 논쟁의 근원이었다고 말한 그것이다. 그는 선동 죄목의 계기를 제공하지 않도록 주의를 기울였다. 따라서 그는 관리들에게 진술할 때 예수를 언급하기 위해 "주"라는 말을 단 한 번 사용했고 "신의 아들"은 결코 언급하지 않았다.

그러나 야훼가 이방 사람들에게 복음을 선포하기 위해 그를 보낼 때 야훼의 목적에 대해 바울이 말한 방식은 예수의 길이 제국의 길에 대한 대안이었다는 것을 함의했다. "나는 너를 이방 사람들에게로 보낸다. 이것은 그들의 눈을 열어 주어서, 그들이 어둠에서 빛으로 돌아서고, 사탄의 세력에서 하나님께로 돌아오게 하려는 것이다." 행26:17-18 베스도가 큰 소리로 답하였다. "네가 미쳤구나." 행26:24 정상적인 사람이 어떻게 예수의 길을 팍스 로마나의 대안이라고 부를 수 있겠는가?

베스도가 바울에게 송사를 예루살렘으로 가져가자고 제안했을 때 바울은 황제에게 상소하기로 했고 따라서 이 문제는 총독의 손을 떠났다. 행25:10 바울의 상소에는 두 가지 동기가 있다. 예루살렘의 적대적 환경에서 소송이 진행될 때 그를 기다리는 것에 대한 두려움이 하나이고, 로마에 살고 있는 유대인과 호기심을 자아내는 이방인과 직접 마주보고 말할 수 있는 그곳으로 여행을 가고자 하는 열망이 다른 하나이다. 바울이 보호를 받고자 제국의 법적 체계에 의지하는 것은 야훼의 약속에 대한 신뢰 부족으로 특징지어질 수 있다. 하지만 우리의 성경책은 이에 관한 변호의 기미를 전혀 드러내지 않는다.

기원후 60년에 바울은 감시 속에 로마로 이송되었고 가는 도중에 난파에서 살아남았다. 바울은 로마에서 가택 연금 상태로 살았고 현지 유대인 지도자들과 자유롭게 상의할 수 있었다. 우리의 성경책은 바울의 이야기가 어떻게 끝났는지를 우리에게 말해주지 않는다. 그 대신에 그것은 다음과 같은 말로 끝맺는다. "바울은 자기가 얻은 셋집에서 꼭 두 해 동안 지내면서, 자기를 찾아오는 모든 사람을 맞아들였다. 그는 아무런 방해도 받지 않고, 아주 담대하게 하나님 나라를 전하고, 주 예수 그리스도에 관한 일들을 가르쳤다."행 28:30-31

사도행전은 로마 제국이 바울을 처형한지 아마 40년이 되어 출판되었다고 한다면 어째서 그 사실을 보고하지 않는가? 보그는 그렇게 했으면 그리스도인들을 "세계에 명령하는 제국적 방식에" 위협이 되지 않는다고 묘사하는 저자의 노력은 "위태롭게" 되었을 것이라고 제의한다. 사도행전은 예수 따르미들이 어떻게 세계를 뒤집어 놓았고 또 가끔 로마 당국과의 사이에 문제를 일으켰는지를 보고할지라도 제국의 핍박이 강화된 시기에 출판된 이 최종판 성경책은 이 주제를 지나치게 몰아붙이지 않는 데 주의했다.[10]

이것이 **사도행전**이 때때로 "유대인"을 예수 운동의 주적으로, 그리고 제국을 법의 공평한 옹호자로 묘사하는 이유를 설명해준다. 우리는 제국의 긍정적 언급을 빌립보의 치안관을 변호하는 데서행16:35-39, 바울의 고발을 고린도의 로마 총독이 거부하는 데서행18:12-17, 바울을 예루살렘의 로마 천부장이 돕는 행동을 하는 데서행21:31-22:29, 그리고 예루살렘에서 그를 보호적 차원에서 감금한 후 제국이 바울에게 취한 관대한 구금 조치에서 가장 분명하게 본다. 바울이 에베소에 거주하는 동안 제국이 그에게 가한 가혹한 감옥 이야기와 제국의 바울 처형 이야기는 완전히 빠져 있다. 감옥 이야기에 대해서는 431쪽을 참조하라.

---

10) Borg, *Evolution of the Word*, p. 491.

성찰과 토론 7

34. 19장과 379쪽 28번 문항에서 우리는 예수의 제자들이 어떻게 예수의 메시지를 간파하지 못했는지를 논의했다. 당신은 우리가 **사도행전**에서 보는 변화를 설명할 수 있는가? 예수 따르미들은 왜 이제야 그것을 아는가?

35. 당신은 예수 운동이 펼쳐지는 공개적인 방식을 어떻게 생각하는가? 이것은 선교 열정, 로마 제국을 위태롭게 하는 시도를 반영한 것인가? 둘 다인가 아니면 그 이외의 다른 어떤 것인가?

36. 예수 운동을 단합하는 접착제는 무엇이었는가? 그 접착제는 오늘날 제국의 대안을 형성할 때 우리에게 이바지할 수 있는가? 또는 그 목적에 이바지할 수 있는 유사한 어떤 것이 있는가?

37. 예수 운동의 사회적 · 정치적 힘의 원천은 무엇이었는가?

38. 당신은 **사도행전**이 로마 제국과 관리들을 기술하는 방식을 어떻게 특징 지울 수 있는가? 그것은 오늘날 당신이 미국에 의해 지도되는 제국과 그 관리들과 관계하는 방식에 어떤 병행점을 제공하는가? 있다면 무엇인가?

22장: 제국을 넘어선 삶 II

갈라디아서, 데살로니가서, 고린도서, 빌레몬서, 골로새서, 로마서, 빌립보서,
디모데서, 에베소서, 히브리서, 유다서, 요한서, 베드로서, 디도서

로마 제국과의 대결은 계속되었을지라도 예수 따르미들의 새로운 공동
체는 시간과 에너지를 로마 제국을 뒤엎는 데 투입하지 않았다. 그 대신에 하
워드-브룩이 도로시 데이가 한 말을 인용해서 우리에게 알려주는 바에 따르
면 그들은 "옛 껍질 안에 새로운 문명을 세우기"[11] 시작했다.

토라가 요구하던 실천과 의례는 바빌론 유배 후의 유대 삶을 형성한 것과
마찬가지로 이 장에서 논의된 성경책들은 예수 따르미들의 유대인-이방인
공동체를 형성했다. 각자의 맥락에서 바라던 결과는 야훼를 공적으로 증언
하고 여러 민족들 앞에 제국의 대안으로 서는 공동체였다.

이 형성의 동학은 지배 권력의 규범과 기대에서 떨어져 있었던 회당과 전
통의 일부가 되어 본 적이 전혀 없는 이방인들에게 특별히 중요했다. 이 이방
인들은 예수와 예수의 길을 받아들여 그 일부로서 제국의 의례에 대한 동참
에서 물러났고 중요한 사회적 경제적 연결고리를 끊었다. 이제 그들은 새로

---

11) Howard-Brook, *Come Out, My People: God's Call out of Empire in the Bible and
Beyond*, p. 433.

운 지원 네트워크 그리고 반문화적 삶의 습관 속에서 성장해 갈 기회가 필요했다.

이 장에서 조사되는 많은 성경책들은 편지들이다. 여타의 성경책들도 그러하겠지만 그럼에도 편지들이 맥락에 특정되어 있는 정도는 우리가 이 장에서 조사하는 성경책들이 훨씬 심하다. 따라서 우리는 이 편지들을 너무 광범하게 적용하는 것에 조심해야 한다. 아마도 우리가 읽는 것은 매우 특정한 맥락 내의 특수한 동학 때문에 써진 것이었다.

1. 바울의 서신들

사도 바울은 복음 문서가 하나라도 써지기 이전에 적어도 일곱 편의 서신을 그가 출발을 도왔던 공동체의 예수 따르미들에게 썼다. 우리는 아홉 편이라는 입장이다. 이 서신들은 15년 동안 써진 것인데 앞으로 **써진 순서대로** 소개될 것이다. 바울은 야고보를 제외하고는 어느 누구보다도 먼저 글을 썼고 자기 자신을 신학적 용어로 표현했기 때문에 그가 기독교에 미친 영향은 다른 어떤 저자들보다 심대한 것이었다.

이 서신들에서 "교회"로 번역된 단어는 바울이 쓴 언어로는 "에클레시아"*ekklesia*이다. 그는 그 말을 예수 따르미들의 정기 집회를 가리키기 위해 사용했다. 이 집회가 회당에 모인 집회이든 회당과는 별도로 집단적으로 모인 집회이든 상관이 없다. 바울 시대의 맥락에서 에클레시아는 민회 또는 시민 총회를 가리켰다. 그 말은 정치적 함의를 지녔지 종교적 함의는 아니었다. **바울이 예수 따르미가 모이는 집단을 가리키기 위해 정치적 용어를 선택했다는 사실은 우리에게 그가 그들이 공적 현존이기를 기대했음을 말해준다.** 우리는 바울의 용법에 의거해서 1세기 집단을 가리킬 때 "교회"보다는 "총회"를 사용한다.

우리가 바울의 서신을 조사하기 전에 그의 세계관과 신학을 소략하게 소개하는 것은 중요한 일이다. 여기에는 인간 능력에 대한 그의 적극적 견해와 기만의 구조가 그런 능력의 표현을 가로막는 법에 대한 그의 분석이 포함된다. 그는 다음과 같이 말했다. "하나님을 알 만한 일이 환히 드러나 있습니다." 그리고 "보고서 깨닫게 되어" 있습니다.롬1:19-20 그러나 또한 거짓 예배와 제국의 세계관에 의해서 왜곡되었다.롬1:21-23 이렇듯 흐려진 시각 탓에 인류는 의롭고 올바른 길을 파멸의 길 이른바 야훼의 진노로 바꾸어놓았다.롬1:18, 3:4, 3:9-18, 6:15-16 하지만 바울은 파멸을 인류의 확실한 운명으로 간주하지 않았다. 그의 견해로는 나사렛 예수의 삶과 죽음롬5:10은 기만의 '종살이'를 부수고 인류가 야훼의 약속을 안을 수 있는 새로운 기회를 연 유일한 역사적 사건이었다. 이것은 사람들이 자유롭게 공의롭고 정의로운 길을 선택하게 될 새로운 세계를 가능하게 했다.

따라서 바울에게 인간의 곤경은 우상 숭배와 기만적 세계관에 의해서 규정된다. "원죄"에 의해서가 아니다. 하워드-브룩이 바울을 설명하는 바에 의하면 "피조물이 스스로 제국에 '종살이'하게 되었고 썩어짐에 굴복하게 된 것은 '하나님의 진리를 거짓으로 바꾸' 롬1:25었기 때문이다."[12] 제국의 기만으로부터 구원하는 일을 논의할 때 바울은 개인이 마침내 샬롬에 대한 갈망을 살아내는 것을 의도한 것이었다. 그는 또 "피조물도 … 해방되"롬 8:21는 것을 의도한 것이었다.

이 서신들을 소개하는 방편이기도 하지만 총회들이 위치해 있었던 로마 동부 지역의 문화적 환경의 주요 모습을 소략하게 기술하는 것은 중요한 일이다. 이 지역은 키프로스, 밤빌리아, 갈라디아, 루기아, 아시아, 비두니아-

---

12) Howard-Brook, *Come Out, My People: God's Call out of Empire in the Bible and Beyond*, p. 459.

본도, 마케도니아, 아가야를 말한다.

역사적으로 그리스적이었던 이들 지역은 알렉산더 대왕 시절로 거슬러 올라가는 황제 숭배의 오랜 전통을 가졌다. 율리우스 카이사르를 시조로 하는 로마 지도자들은 **살아 있는** 통치자를 로마 공화국 이데올로기의 반립으로서 공식적으로 신격화하는 것에 반대했다. 그러나 네로는 자신이 통치하는 **동안** 비공식적으로 황제 숭배를 고무함으로써 그 전통에 맞섰다.

많은 동부 지역 도시들은 명백한 종교 의례를 위해 봉헌된 신전이나 사원 이외에도 달력의 행사 일정 이를테면 행진, 연회, 축제, 운동 경기, 예술 행사, 단체 모임, 시민 모임을 주관했다. 여기서 참가자들은 건강, 안전, 통합, 생산, 그리고 번영과 같은 공적 가치의 원천으로서 황제를 공경하게 될 것이다. 현지 엘리트들은 이러한 행사들을 조직적으로 동원했다. 도시는 황제 열광으로 통합된다. 이는 황제를 삶과 평화의 원천으로서 영광스럽게 예우하는 행사에 폭넓게 열렬히 공개적으로 참여하는 활동에 의해 입증되며 이로써 제국의 방문과 약속을 받을 만한 자격이 있었음을 보여주었고 이렇게 해서 프로젝트를 만들어서 재정 보조를 개발했다. 따라서 황제 숭배는 공동체 정신과 경제적 복지의 구축과 얽혀 있었다.

아무도 제국 숭배 제의에 참여하라고 강제하지 않았지만 참가하지 않는 사람은 주시되었다. 불출석하는 데는 많은 이유 이를테면 병환이나 태만이 이유였을지도 모른다. 하지만 예수 따르미가 참가하지 못했다면 그것은 자주 정치적 견지에서 체제 이탈 행동이자 황제 통치의 합법성에 대한 도전으로 간주되었다.

(1) 갈라디아서

바울과 바나바가 갈라디아에서 전도하고 난 직후 예루살렘에서 온 유대인 그리스도인들은 개종자를 예수의 길로 안내하기 위해 새로운 총회를 방문했는데 그들은 이 예수의 길은 이방인들의 할례와 유대교 개종 필요조건의 준수를 포함한다고 보았다.행15:1 397-400쪽을 참조하라.

이 때문에 바울은 화가 나서 기원후 49년에 이 서신을 작성해서 갈라디아 총회에 보냈다. 그는 이 서신에서 "여러분을 [그리스도의] 은혜 안으로 불러 주신 분에게서, 그렇게도 빨리 떠나 다른 복음으로 넘어가는" 그들을 질책했다.갈1:6 1년쯤 지나 예루살렘 회의는 바울이 이 서신에서 취한 입장을 확정했고 복음 운동의 공식 가르침이 되었다. 그러나 바울이 서신을 썼을 그 당시로 볼 때 그는 상대적으로 지도자 그룹에서 낮은 위치에 있는 일원이었고 자신의 의견이 긍정될지를 확신하지 못했다.

바울은 서신의 초두에 예수를 야훼가 "죽은 사람들 가운데서" 살리신 메시아 즉 "그리스도"로 인정했다.갈1:1 나아가서 바울은 예수를 "우리를 이 악한 세대에서 건져 주시려고, 우리의 죄를 대속하기 위하여 자기 몸을 바치셨습니다"라고 말했다.갈1:4 예수의 목적 즉 그가 자신의 목숨을 바친 이유는 따라서 **이 세상의 현존하는 구조와 권력으로부터의 해방**에 뿌리를 두었다.

다음으로, 바울은 유대교 개종자가 준수해야 하는 실천을 요구한 사람들에게 "그리스도의 복음을 왜곡시키려고 하는 것"갈1:7이라고 책망할 때 매우 강한 언어를 사용했다. 즉 그렇게 말씀을 선포하는 자는 저주를 받게 하라. 이 말을 그는 서신에서 두 번 말했다.갈1:8-9 다른 곳에서 그는 그들이 "자기의 그 지체를 잘라 버리는 것이 좋겠습니다"라고 진술했다.갈5:12

바울은 기독교의 고전이 되어버린 구절에서 자기 관심사의 핵심을 말했다. 야훼의 눈에는 사람이 칭의되는 것 즉 의롭게 되는 것은 유대 율법의 요구 조건을 따르는 것에 의해서가 아니라 야훼의 약속을 믿는 믿음에 의해서

라고 바울은 썼다. 우리는 이 "믿음"을 "예수의 믿음" 갈2:16, 3:22, 강조는 첨가,
"하나님의 아들의 믿음" 갈2:20, 강조는 첨가으로 이해한다.[13] 예수는 로마의
십자가 처형이 주는 패배와 수치를 받아들였다. 왜냐하면 그는 그의 죽음으
로부터 새로운 생명을 가져오는 야훼의 약속을 믿었기 때문이다. 예수는 처
형과 맞닥뜨렸을지라도 지배, 보복 그리고 피흘림이 아니라 긍휼, 용서, 그
리고 비폭력적 저항이 세계를 구원할 것이라고 확신하고 있었다. **이것이 예
수의 믿음이다.** 363-367쪽 참조하라. 바울이 갈라디아 사람들에게 촉구한
것은 바로 이 믿음이다. 유대인이었던지 이방인이었던지 야훼가 그들을 의
롭다고 여길 믿음은 바로 이것이다.

"어리석은 갈라디아 사람들이여, 누가 여러분을 홀렸습니까?" 갈3:1 라고
바울은 수사학적으로 물었다. 여러분은 예수의 믿음을 품었기 때문에 여러
분의 공동체에서 야훼의 영의 증거를 보았습니까? 아니면 여러분은 유대교
개종의 규칙을 따랐기 때문입니까? 확실히 이러한 규칙들은 가치를 가진다
고 바울은 썼다. 그는 그것들을 일종의 교사나 규율 훈장이라고 말했다. "그
런데 그 믿음이 이미 왔으므로, 우리가 이제는 개인교사 아래에 있지 않습니
다. 여러분은 모두 그 믿음으로 말미암아 그리스도 예수 안에서 하나님의 자
녀들입니다. … 유대 사람도 그리스 사람도 없으며, 종도 자유인도 없으며,
남자와 여자가 없습니다. 여러분 모두가 그리스도 예수 안에서 하나이기 때
문입니다." 갈3:25-28

유대교의 최초 형적이 발생하기도 전에 아브람은 야훼의 약속을 믿었고
"하나님께서 그것을 의로운 일로 여겨 주셨다." 갈3:6 바울은 심지어 오래 전
의 아브람이 "복음", 즉 메시아 예수에 의해 선포된 해방의 좋은 소식을 알았
다고까지 주장했다. 이것이 어떻게 가능할 수 있는가? 왜냐하면 바울이 말하

---

13) Harink, *Paul among the Postliberals*, pp. 40-45.

기를, 아브람은 야훼의 약속은 **모든 민족**, 심지어 "본디 하나님이 아닌 것들에게 종노릇을" 한 이방 사람들도 포함했다고 이해했기 때문이다.^{갈4:8}

바울의 서신을 수신하는 이들은 바울이 그런 만큼 자신들도 유대교에 입교하기 위해 전통 규칙들을 따른다는 필요조건에 의해 혼돈을 겪었는가? 명백히 아니다. 그들은 예루살렘 지도자들의 필요조건을 이행한 것처럼 보인다. 그러나 바울은 그들이 그 대의를 배반한 것에 격분했다. 그 배반은 무엇이었는가? 바울은 이를 간결하게 설명했다. "할례를 받거나 안 받는 것이 중요한 것이 아니라, 새롭게 창조되는 것이 중요합니다."^{갈6:15} 이 새로운 창조, 이 새로운 정치 공동체는 야훼의 약속을 믿고 가이사가 아니라 예수를 구세주로 본 유대인과 이방인의 것이기에 결코 이방인이 여기에 참여하기 위해 유대인이 **되지** 않으면 안 되는 그런 일과 같은 것이 될 수 없다.

바울은 그런 일이 일어나도록 놓아두는 것을 거부했다. 그는 선전 문구를 하나 만들었다. "그리스도께서 우리를 해방시켜 주신 자유를 위해." 그리고 그는 그들에게 "다시는 종살이의 멍에를 메지 마십시오"라고 부탁했다.^{갈5:1}

이어서 바울은 유대 전통에 뿌리를 둔 강령이었지만 이제 역사는 방향을 전환했고 땅은 그토록 오래 기다린 회복에 진입했다는 것을 아는 사람들의 자유로운 섬김으로 변혁된 윤리적 강령으로 넘어간다. 바울은 이렇게 말했다. "사랑으로 서로 섬기십시오." 그리고 "네 이웃을 네 몸과 같이 사랑하여라."^{갈5:13-14} "여러분은 서로 남의 짐을 져 주십시오. 그렇게 하면 여러분이 그리스도의 법을 성취하실 것입니다."^{갈6:2} "기회가 있는 동안에, 모든 사람에게 선한 일을 합시다. 특히 믿음의 식구들에게는 더욱 그렇게 합시다."^{갈6:10} 그리고 성령의 열매를 구합시다. "성령의 열매는 사랑과 기쁨과 화평과 인내와 친절과 선함과 신실과 온유와 절제입니다. 이런 것들을 막을 법이 없

습니다." 갈5:23

제국 문제는 이 서신에서 명시적으로 나타나지 않는다. 하지만 이 서신에는 정치적 관심이 충분히 스며들어 있다. 오래 전부터 분할 통치를 원활하게 하는 분열이 갈라디아 총회에 재구축되고 있었고 분열은 예수 따르미들의 새로운 공동체가 제국의 강력한 대안이 되지 못하도록 막을 것이다. 바울은 이 사태에 찬동하지 않을 것이다. "이제부터는 아무도 나를 괴롭히지 마십시오" 갈6:17

(2) 데살로니가전서

2차 전도 운동에서 바울과 두 명의 동반자는 에게해의 북단과 로마의 마케도니아 지역 수도에 위치한 그리스 도시 데살로니가에서 한 달을 보냈다. 바울의 메시지에 반대하는 이들은 불량배를 끌어 모아 패거리를 지어 화난 군중에게 시내 소요를 일으키도록 했다. 이 상황은 매우 위협적이어서 바울은 밤에 그 도시에서 빠져나와행17:6-8 아테네로 갔다.

거기서 그는 조력자 디모데를 보내서 데살로니가 총회를 방문하도록 했다. 나중에 디모데는 고린도에서 바울과 합류했고 그에게 기쁜 소식을 전해 주었다.살전3:6 이 일이 있고 난 후에 바울은 이 편지를 썼다. 그 전반부에서 바울은 자신의 방문을 회고하고 데살로니가 신자들의 모범적 행동을 칭찬한다. "여러분은 많은 환난을 당하면서도 성령께서 주시는 기쁨으로 말씀을 받아들여서, 우리와 주님을 본받는 사람이 되었습니다." 살전1:6

4장에서 바울은 앞으로의 관심사에 대해 말하기 시작했다. "우리는 주 예수 안에서 여러분에게 부탁하며 권면합니다. 여러분은 어떻게 살아야 하며, 어떻게 하나님을 기쁘게 해 드려야 할 것인지를, 우리에게서 배운 대로 하고 있으니, 더욱 그렇게 하십시오." 살전4:1 바울은 주의를 줄 필요가 있다고 보고 성의 자기 통제를 언급하며 "이런 일에 탈선을 하거나 자기 교우를 해하거나 하지 말아야 합니다" 살전4:6하고 자신의 관심사를 말했다.

바울이 말한 마지막 관심사는 몇 사람의 죽음에 관해 디모데가 전해준 불안에 대해서였다. 그들은 "주님께서 오실 것"을 놓쳤던 것일까?" 살전4:15 걱정하지 말라라고 바울은 썼다. "주님께서 … 친히 하늘로부터 내려오실 것이니, 그리스도 안에서 죽은 사람들이 먼저 일어나고 … 공중에서 주님을 영접할 것입니다." 살전4:16-17 바울의 이미지는 돌아오는 황제를 알현해서 그를 도시로 호위하는 열광적인 도시 주민들에 의해 재연된 제국 의례에서 끌어낸 것이다. "천사장의 소리와 하나님의 나팔 소리"에 대한 바울의 언급은 묵시록적인 것이었고 이는 시간의 끝에 일어날 위대한 역전을 의미했다. 그의 목적은 안심시키는 것이었다. "우리가 항상 주님과 함께 있을 것입니다." 살전4:16-17

이것은 문제를 요구한다. 즉 그 최후의 "주님의 날" 살전5:2은 언제 일어날 것인가? 그들은 그 날이 오는 것을 보지 못할 것이라고 바울은 말했다. 그 날은 "밤에 도둑처럼 온다. … 아기를 밴 여인에게 해산의 진통이 오는 것과 같이, 갑자기 멸망이 그들에게 닥칠 것이니, 그것을 피하지 못할 것입니다." 그런데 "그들"은 누구인가? 이들은 "평안하다, 안전하다"하고 말하는 사람들이다. 살전5:2-3 로마 제국의 "평화와 안전" 선전에 대해 이처럼 분명하고 확실한 언급은 제국을 기만과 혼란의 원천으로 보는 바울의 견해에 대해 많은 것을 시사한다.

따라서 바울의 안심 보증 프레임은 그의 전복적 정치 분석에 의해서였다. 총회 회원들은 두려워할 것이 아무것도 없었다. 그들은 "빛의 자녀입니다. … 하나님께서는 우리를 진노하심에 이르도록 정하여 놓으신 것이 아니라, 우리 주 예수 그리스도로 말미암아 구원을 얻도록 정하여 놓으셨습니다. 그리스도께서 우리를 위하여 죽으신 것은, 우리가 깨어 있든지 자고 있든지, 그리스도와 함께 살게 하시려는 것입니다."살전5:5-10 다른 한 편, 자신의 믿음을 제국에 두는 사람들은 두려워할 것이 많이 있었다. 재앙이 기다리고 있었다. 밤의 도둑처럼.

그리고 나서 바울은 공동체를 정직하게 유지하고 그 회복력을 키우기 위한 실천 윤리로 되돌아갔다. 바울은 지도하는 사람이 공동체의 도덕적 분위기를 조성하는 책임을 지는 위계 질서적 로마 세계와는 대조적으로 자신의 윤리적 도전을 총회 회원 전부에게 던지는 말로 임했다.

> 여러분은 서로 화목하게 지내십시오. … 무질서하게 사는 사람을 훈계하고, 마음이 약한 사람을 격려하고, 힘이 없는 사람을 도와주고, 모든 사람에게 오래 참으십시오. 아무도 악으로 악을 갚지 말고, 도리어 서로에게, 모든 사람에게, 항상 좋은 일을 하려고 애쓰십시오. 항상 기뻐하십시오. 끊임없이 기도하십시오. 모든 일에 감사하십시오. … 예언을 멸시하지 마십시오. 모든 것을 분간하고, 좋은 것을 굳게 잡으십시오. 갖가지 모양의 악을 멀리 하십시오.살전5:12-22

제국의 대안으로서 이 총회는 바로 그 회원에 속하는 것이었다. 회원 각자가 총회를 강하게 만드는 몫을 저마다 책임지고 이행했다.

(3) 고린도전서

고린도는 기원전 44년경에 율리우스 카이사르가 지은 고대 그리스 도시였고 은퇴한 군인들, 자유를 얻은 노예들 그리고 로마의 도시 빈민들로 인구가 증가한 도시였다. 그 도시는 일부 사람들이 떼돈을 번 분주한 상업 허브 도시였다. 이러한 요인들이 결합하여 도덕적 방종과 가난하고 힘없는 사회적 약자에 대한 가혹한 태도를 키운 기회주의적이고 과잉 경쟁하는 방탕한 문화가 형성되었다. 무엇보다도 그 도시는 돈벌이를 높은 가치로 쳐주었다.

바울은 2차 전도 운동이 끝날 때까지 18개월 동안 거기서 살았다.행18:1-7 그는 체류하고 난 뒤 곧바로 두 통의 편지를 썼다. 첫째 편지는 소실되었지만 이 성경책 5장 9절에 언급되어 있다. 둘째 편지는 고린도 회당의 지도자를 역임한 사람이 공동 저자라고 믿어지는데 이 편지가 바로 우리의 성경책이다. 이 편지를 바울은 3차 전도 운동의 매우 이른 시기인 기원후 54년에 에베소에서 썼을 개연성이 있다.

고린도 총회는 일부 지도자 유대인들과 이전에 회당과 관련된 부자 이방인들을 포함했지만 대부분은 보다 낮은 계층의 이방인들로 구성되어 있었다. "권력 있는 사람이 많지 않고, 가문이 훌륭한 사람이 많지 않았습니다."고전1:26 유대인과 이방인 간의 다툼을 암시하는 말은 없다. 바울은 그러한 구별이 더 이상 중요하지 않는 것처럼 집단 전체에 말했다.고전10:20, 12:2 그러나 이 서신은 총회 내에 경제적 불평등, 계층 서열화의 가정, 그리고 고린도의 부패 문화에 의해 만들어진 불화가 많이 있다는 것을 암시한다.

다른 서신이 보여주는 것보다 훨씬 더 많이 이 서신에는 미래에 대한 바울의 기대가 나타난다. 예수의 죽음과 부활에서 바울은 야훼는 이 땅과 그 거주민들을 다른 방향으로 움직이도록 인간 역사를 **방해했다**는 확실한 증거를 보았다. 이 제국 아니면 저 제국이 공포로 세계를 거머쥔 시대는 이제 끝났다. 오래 기다렸던 야훼의 의로움과 정의의 현시는 불가항력적으로 가시화되었다. 하워드-브룩이 이 문제를 닐 엘리엇Neil Elliot의 문구를 인용해 표현하는 바에 따르면 "로마가 처형한 사람이 하나님의 옹호를 받았다면, 이미 죽은 사람 가운데서 살아남으로써 옹호되었다면 그때는 '로마에 주어진 시간'은 임박해 있었고 그리고 시대의 변화는 임박해 있었다."[14]

이 세계관은 문제가 되는 행동들에 대해 바울이 쓴 글을 이해할 수 있는 열쇠이다. 처음 읽으면 바울은 옳음과 그름 그리고 야훼를 기쁘게 하는 행동 유지에 몰입된 도덕주의자인 것처럼 보일지도 모른다. **그러나 그것은 바울에 대한 오독이다.** 그는 역사는 급격한 방향 전환을 했다고 믿었다. 즉 야훼의 급진적인 다른 왕국이 시작했다는 것이다. 무수한 방식으로 총회는 이 변화를 선언했고 세계를 돌아가게 하는 새로운 방식의 살아 있는 신호로 기능했다. 이 사명에 참여한 사람들은 훈련을 받고 있는 경기선수와 같았다. 바울을 쓰기를, "이와 같이 여러분도 상을 받을 수 있도록 달리십시오. 경기에 나서는 사람은 모든 일에 절제를 합니다. 그런데 그들은 썩어 없어질 월계관을 얻으려고 절제를 하는 것이지만, **우리는 썩지 않을 월계관을 얻으려고 하는 것입니다.**" 고전9:24-25, 강조는 첨가 이 "썩지 않을" 상은 땅의 구원이다. 추가적 논의를 위해 489쪽 39번 문항을 참조하라.

그러므로 창녀를 즐기는 쾌락을 좋은 음식을 즐기는 쾌락처럼 생각한 부자 사람들에 대해 반응할 때 바울은 "하나님 나라" 고전6:10의 엄밀함에 걸맞는 적합성이 결핍되어 있음에 초점을 맞춘다. 이 사람들은 예수 운동을 그들의 개인적 해방이 전부라고 생각했다. 따라서 그들은 어떻게 "모든 것이 허용되어 있다" 고전6:12라는 것인지에 대해 자랑한 것이다. 바울은 여러분은 충분히 자유하지만 그러나 그것이 논점은 아니라고 말했다. **그것은 당신에 관한 것이 아니다. 그것은 예수가 시작한 전 지구적 변혁에 관한 것이다.** 당신의 몸은 그 대의에 어떻게 종사하고 있는가? 당신은 메시아 예수와의 하나됨이 간혹의 일이라고 상상하는가? 많은 사람들이 이 변혁의 탄생을 가져오

---

14) Howard-Brook, *Come Out, My People: God's Call out of Empire in the Bible and Beyond*, p. 453.

기 위해 고통을 겪었다. "그러므로 여러분의 몸으로 하나님을 영화롭게 하십시오." 고전6:20

바울은 이 서신을 총회 내부의 파당에 대한 논의를 확대하는 데서 시작했다. "여러분은 모두 같은 마음과 같은 생각으로 뭉치십시오." 고전1:10 그는 그의 독자들의 이기주의와 분열상을 점잖게 말함으로써 그들을 부끄럽게 만들었다. 그러나 그는 또한 그 문제를 지혜라고 하는 고상한 주제로 다시 구성함으로써 그들을 추켜세우기도 했다. 바울은 함축적으로 물었다. 세상이 돌아가는 법을 누가 이해하는가? 삶이 번창하는 법을 누가 이해하는가? 바울은 가증스럽게도 "십자가에 달리신 그리스도"라는 말로 답했다. 유대인에게나 이방인에게나 모두에게 이 십자가에 달리신 그리스도는 "하나님의 능력이요 하나님의 지혜" 고전1:23-24이며 세상이 돌아가는 법을 설명해준다.

우리는 이것을 종교적 이야기로 간주할지 모르지만 그것은 오류일 것이다. 바울은 정치적으로 말하고 있었다. 십자가에 달리신 메시아 때문에 난처하게 된 사람들을 묘사할 때 바울은 고린도의 엘리트 즉 현자, 강자, 명문 출신들을 비판하고 있었다. 고전1:26-28 그는 "십자가에 달리신 그리스도" 고전2:2를 과감하게 선포할 때 야훼의 정의를 변질시키는 일부로서 제국의 가장 강력한 억압 무기를 다시 구성하고 있었다. 그가 "영광의 주님을 십자가에 못 박았"고 "멸망하여 버릴" "이 세상 통치자들"을 언급했을 때 분명히 로마 제국의 지도자들을 의미한 것이었다. 고전2:6-8 그는 또한 예수가 이 땅에 재림할 때 어떻게 "모든 통치와 모든 권위와 모든 권력"을 폐할 것인지에 대해 이 성경책에서 나중에 말했을 때 염두에 두었던 것은 제국이었다. 고전15:24

제국의 이데올로기와 대조적으로 바울은 자신의 독자들을 하찮은 경쟁과 자기 개발로부터 자유롭게 만들어준 "예수의 마음" 고전2:16을 촉구했다.

그는 그들이 지위에 몰입되어 있는 것을 날카롭게 찌르고 신분이 나아지는 것을 야훼의 지혜와 연결하는 것에 도전했다.

> 여러분은 벌써 배가 불렀습니다. 벌써 부자가 되었습니다. 우리를 제쳐놓고 왕이나 된 듯이 행세하였습니다. … 우리는 약하나, 여러분은 강합니다. 여러분은 영광을 누리고 있으나, 우리는 천대를 받고 있습니다. 우리는 바로 이 시각까지도 주리고, 목마르고, 헐벗고, 얻어맞고, 정처 없이 떠돌아다닙니다. 우리는 우리 손으로 일을 하면서, 고된 노동을 합니다. 우리는 욕을 먹으면 도리어 축복하여 주고, 박해를 받으면 참고, 비방을 받으면 좋은 말로 응답합니다. 우리는 이 세상의 쓰레기처럼 되고, 이제까지 만물의 찌꺼기처럼 되었습니다. 고전4:8-13

5장을 시작할 때 바울은 이전의 서신 교환에서 벌어진 문제를 말했다. 성적 부도덕이 그 첫째였다. 바울은 고린도 회원들에게 아버지의 아내와 같이 살고 있었던 회원을 치리하고 "음행하는 사람이거나, 탐욕을 부리는 사람이거나, 우상을 숭배하는 사람이거나, 사람을 중상하는 사람이거나, 술 취하는 사람이거나, 약탈하는 사람이면," 공동체 회원으로 사귀지 말라고 요구했다. "그런 사람과는 함께 먹지도 말라." 고전5:11 바울은 하나님이 공동체 밖에 있는 사람들을 심판할 것이라고 말했다. 그러니 여러분은 내부에서 치리하는 일을 해야 한다.

다음으로 바울은 다른 회원에게 소송을 거는 어떤 회원을 꾸짖었다. 어째서 그들은 이러한 문제들을 내부적으로 처리하지 못하고 있었던가? "성도들이 세상을 심판하리라는 것을 여러분은 알지 못합니까? 세상이 여러분에게 심판을 받겠거늘, 여러분이 아주 작은 사건 하나를 심판할 자격이 없겠습니까?" 고전6:2 제국의 법정이 총회 회원들 간의 논쟁 해결에 필요한 상급 권위인 것처럼 행동하는 것 그 자체가 하나의 "실패"였다. "왜 차라리 불의를 당해 주지 못합니까? 왜 차라리 속아 주지 못합니까?" 고전6:7

여기서 맥락은 중요한 요소이다. 부유한 사람들만 고린도의 법정에 접근할 수 있었고 그들이 가난한 사람을 이기는 것은 관례였다. 따라서 바울의 두 번째 관심은 법적 체계의 사용이 더 잘 사는 사람과 더 못 사는 사람 사이를 악화시킨 방식이었다.

그는 또한 경제적 불평등이 공동체 모임에 끼친 영향에 대해서도 관심을 표명했다. 통상적으로 이런 모임들은 더 잘 사는 집안의 큰 규모의 집에서 일어났고 여기에는 식사도 포함되었다. 유감스럽게도 이 식사 시간은 고린도 사회의 지위 차이를 반영했다. 바울은 다음과 같이 썼다. "먹을 때, 사람마다 제가끔 자기 저녁을 먼저 먹으므로, 어떤 사람은 배가 고프고, 어떤 사람은 술에 취합니다. … 여러분이 하나님의 교회를 멸시하고, 가난한 사람들을 부끄럽게 하려는 것입니까?" 이어서 적절한 절차를 제시했다. **함께 빵**을 떼라, 이어서 식사를 해라, 이어서 잔을 **나누어라**. 고전11:21-25

밴 스틴위크는 바울이 보기에 어떻게 이렇게 함께 식사를 하고 잔을 마시는 방식이 "혁명 만찬"이었는지를 기술했다. "그것은 마법이 아니다. 즉 우리는 빵과 포도주를 먹는다고 해서 단순히 예수와 같이 되지 않는다. 오히려 그것은 우리가 공유된 인간성을 먼저 가지고 이어서 우리가 전진하여 세계에 치유와 해방을 전파할 수 있는 방식으로 그 공유된 인간성을 다시 상상할 수 있는 장소이다." [15]

결혼에 대하여 바울은 남편과 아내에게 "부부 동거권"을 서로에게 자유로이 주라고 권장했고 각자가 그러한 권리를 가지고 있으며 먼저는 아내이

---

15) Van Steenwyk, *The Kingdom of God*, p. 173.

고 다음은 남편이라고 말했다.고전7:3-5 그러나 그는 미혼남녀에게는 "절제할 수 없는" 때 또는 "욕정에 불타는" 때가 오는 시점에 이르기까지 결혼하지 말라고 권장했다.고전7:9 바울이 결혼을 권장하기를 꺼려한 것은 그가 그 시대를 읽는 독법에 기초하고 있다. "형제자매 여러분, 내가 말하려는 것은 이것입니다. 때가 얼마 남지 않았으니, … 이 세상의 형체는 사라집니다."고전7:29-31

아마도 동일한 이유에서 바울은 독자들에게 현생의 자기 지위에 변화를 꾀하는 노력을 크게 기울이지 말라고 촉구했을 것이다. "각 사람은, 주님께서 나누어주신 분수 그대로, 하나님께서 부르신 처지 그대로 살아가십시오. … 노예일 때에 부르심을 받았습니까? 그런 것에 마음 쓰지 마십시오. … 형제자매 여러분, 각각 부르심을 받은 그 때의 처지에 그대로 있으면서 하나님과 함께 살아가십시오."고전7:17-24

분명히 여자들은 총회에서 공적 기도와 예언을 포함해서 적극적 역할을 수행했다.고전11:5, 13 이것은 바울의 리더십 아래 있는 총회에서 흔한 일이었고 바울의 일부 서신 끝에 추천되는 사람들의 명단에 여자 이름이 많다는 사실에 의해 입증된다.롬16, 고전 16, 골 4 바울은 여자가 머리에 무엇을 쓰고 말하는 방식으로 즉 머리를 무엇으로 덮는 관습으로 성의 구별을 유지하는 것을 강력하게 고수했다.고전11:2-10 크로산은 문화적으로 너울은 결혼과 불가용성을 의미했다는 사실에 주목한다. 문제는 **금욕을 맹세한** 기혼 여성이 너울을 쓰지 않은 채로 맹세의 뜻을 전하면서도 다른 한 편으로 공적 발언을 하고 있었다는 점이다. 이것이 혼란을 유발하고 있었다. 왜냐하면 정보가 없는 사람에게 그것은 그들이 로맨스 파트너로서 가용될 수 있다는 신호를 보내주는 것이었기 때문이다.[16]

---

16) Crossan, *God and Empire*, pp. 182-183.

"여자들은 교회에서는 잠자코 있어야 합니다" 고전14:34-36라는 성경 본문의 가르침에 대해, 이것은 바울이 다른 곳에서 쓴 것과의 불일치가 너무 심해서 화해시키기가 불가능하다. 우리는 고린도전서 14장 34-36절의 세 구절은 바울의 것이 아니고 편집자가 후대에 추가한 것이라고 결론한다.

바울은 제국의 도덕적 권위가 급진적으로 예수의 십자가에 의해 훼손되었다는 것을 확신했을지라도 역시 그 권위가 인간성을 장악하는 일은 사람들이 비인간화하는 제국의 규범에 계속 순응한다면 확장될 것이라는 점을 알고 있었다. 따라서 바울은 이러한 규범에 관여했고 그 힘을 전복했으며 그 규범을 새로운 것으로 변화시켰다. 예를 들면 그는 독자들에게 그들 스스로를 "그리스도의 몸이요, 따로 따로는 지체들"로 생각하도록 요구했다. 고전12:27 그리스의 스토아철학에서 "몸"은 특히 억압 받는 집단에게 그들 자신의 인생 운명을 받아들이도록 격려함으로써 사회적 조화를 증진하는 데 자주 사용되는 용어였다. 따라서 이 이미지는 강자에게 봉사했다. 바울은 이 은유를 평등주의적 정신을 진작하는 쪽으로 재구성했다.

> 각 사람에게 성령을 나타내 주시는 것은 공동 이익을 위한 것입니다. 고전12:7

> 하나님께서는 몸을 골고루 짜 맞추셔서 모자라는 지체에게 더 풍성한 명예를 주셨습니다. 그래서 몸에 분열이 생기지 않게 하시고, 지체들이 서로 같이 걱정하게 하셨습니다. 한 지체가 고통을 당하면, 모든 지체가 함께 고통을 당합니다. 한 지체가 영광을 받으면, 모든 지체가 함께 기뻐합니다. 고전12:24-26

존 페어필드John Fairfield는 이 구절에 대한 우리의 이해를 심화시켜주었다. 바울은 고린도 총회에게 그들이 메시아의 몸이라고고전12:27 말했을 때 은유를 넘어서고 있었다. "메시아는 하나의 역할이고 그것은 하나님의 영을 육화하는 교회에 의해서 취해지는 예수의 꺼풀이다." 총회는 이제 메시아였다. 예수가 죽었기 때문이 아니라 총회는 **예수 안에 육화된 동일한 영을 역사 안에서 육화했고**, 야훼의 약속에 대한 동일한 신뢰, 야훼의 목적에 대한 동일한 이해, 원수에 관여함으로써 악에 저항하는 야훼의 동일한 헌신을 역사 안에서 육화했기 때문이다. 바울이 "그리스도 안에" 있음롬6:3-4, 고전12:12-13, 고후5:17에 대해 말했을 때 페어필드는 "나는 바울을 우리가 메시아의 일부라는 것을 의미하는 것으로 받아들인다"[17]고 말한다.

바울은 이어서 13장에서 **아가페** 사랑에 대해 자신의 사랑스러운 찬가를 따라간다. "그러므로 믿음, 소망, 사랑, 이 세 가지는 항상 있을 것인데, 그 가운데서 으뜸은 사랑입니다." 고전13:13

우상에게 바쳐진 음식 먹는 일에 대한 바울의 긴 논의고전8, 9, 10장는 자주 사랑 명령의 적용으로 이해된다. 이와 대조적으로 리처드 호슬리는 그 초점을 주의깊게 성전 연회와 도시 축제의 정치적 맥락에 맞춘다.고전8:10, 10:21 지도자급 인물과 조직의 후원을 받는 이 행사들은 제국과 그 이데올로기에 경의를 표한다. 이는 우리 시대와 그 장소에서 이루어지는 각종 회합이 국기에 대한 맹세와 의장대의 행진과 군인를 위한 기도를 포함하는 것과 마찬가지이다. 바울의 시대에 그러한 행사는 역시 변함없이 신에게 봉헌되었고 신의 축복을 받은 음식 특히 육류를 포함했다. 가난한 사람들에게 그러한 행사는 육류에 접근할 수 있는 유일한 장소였다.

이것이 어떻게 고린도에서 문제가 되었는가? 예수 따르미들은 제국 숭배

---

17) Fairfield, *The Healer Messiah*, pp. 43-44.

의 종교적 의례가 쓰레기였다는 것을 알았다.고전8:1-6 하지만 사회적 경제적 성공은 그러한 의례가 통합적 일부로 들어간 집단 행사와 활동에 참여하는 것을 필요로 했다. 따라서 고린도의 예수 따르미들은 눈짓으로 또는 눈치껏 참여했다.

개인을 배경으로 삼아서 보면 바울은 그의 독자들에게 자신들의 행동이 다른 신자들에게 어떤 영향을 미칠지를 고려하면서 스스로의 양심을 계속 따를 수 있을 것이라고 말했다.고전10:23-33 그러나 바울은 그들에게 **공적 축제와 연회에 참여하는 것을 멈추라**고 말했다. "여러분이 귀신과 친교를 갖는 사람이 되는 것을 나는 바라지 않습니다. 여러분은, 주님의 잔을 마시고, 아울러 귀신들의 잔을 마실 수는 없습니다. 여러분은, 주님의 식탁에 참여하고, 아울러 귀신들의 식탁에 참여할 수 없습니다." 고전10:20-22 이것은 바울의 가장 강력하고 가장 분명한 명령 중의 하나였다.

다시 한 번, 바울이 믿음, 의로움, 그리고 정치를 하나의 통일체로 보는 것이 그의 접근을 추동했다. 호슬리는 다음과 같이 설명했다.

> 바울에게 "우상에 바친 음식"의 공유는 윤리의 문제가 아니라 대안 사회로서 그의 총회의 통합성과 생존의 문제였다. 8장 1-13절에서 바울은 분명히 개인의 자유에 관한 고린도 회원의 개화된 윤리를 비판했다. 그러나 그것은 훈련을 지속하고 목표를 달성하기 위한 새로운 운동의 투쟁에서 … 첫 단계였다. 그의 주요 관심은 제국 사회를 조직한 권력 관계의 네트워크에 대항해서 세우려고 시도하고 있었던 대안 사회의 통합성과 연대성이었다.[18]

---

18) Horsley, *1st Corinthians*, p. 146.

15장은 야훼가 예수를 죽은 자 가운데서 살렸고 미래의 어느 시점에 똑같이 "그리스도께 속한 사람들" 고전15:23을 죽음에서 살릴 것이라는 바울의 열렬한 확신이다. 이것은 존속하는 예수의 부활에 대한 설명 중에 가장 빠른 것이고 우리가 복음서에서 발견하는 후속 설명에 강력한 영향을 미쳤다. 이뿐만 아니라 15장은 부활에 대해 성경에서 발견된 것 중에 가장 구체적이고 상세한 설명일지라도 이 본문을 충분히 가르치는 현대 기독교를 발견하기란 드문 일이다.

바울은 죽음이 영원한 축복으로 들어가는 출입문이라는 현대적 생각을 가지지 않았다. 그 대신에 그는 죽음을 역사의 종말 바로 그 때에만 멸망에 이를 현재의 적이라고 간주했다.고전15:26 부활만이 최종적으로 죽음의 독침을 없애줄 것이다.고전15:55

그러나 "죽은 사람이 어떻게 살아나며, 어떤 몸으로 옵니까?" 고전15:35 바울은 이러한 착란적인 질문에 씨를 땅에 뿌리면 씨에서 생겨나는 식물을 유비로 삼는 대답으로 맞붙었다. 그는 "썩을 것으로 심는데, 썩지 않을 것으로 살아납니다." 고전15:42라고 말했다. 당연한 일이지만 부활한 자의 "신령한 몸" 고전15:44에 대한 그의 기술은 이해하기가 어렵다. 톰 라이트 주교가 약간 도움을 준다. "바울은 부활한 상태가 육체적인지 비육체적인지를 묻고 있는 것이 아니다. 그것은 우리가 살고 있는 후기 현대의 질문이다. 오히려 그의 질문은 이렇다. 즉 그것은 어떤 종류의 육체성인가? 그는 그것은 새로운 성질과 속성을 지니는 변형된 육체성이지만 여전히 구체적이고 육체적인 것이라고 말한다." 19)

바울이 직선적 시간 체계에 헌신하는 것은 분명하다. 그는 죽은 자의 부활은 예수께서 이 땅에 "재림" 하실 때고전15:23에 일어날 것이라고 말했다. "썩

---

19) Borg and Wright, *The Meaning of Jesus*, p. 120.

을 이 몸이 썩지 않을 것을 입고, 죽을 이 몸이 죽지 않을 것을 입을 그 **때**에, 이렇게 기록한 성경 말씀이 이루어질 것입니다. ⋯ 죽음아, 너의 독침이 어디에 있느냐?" 고전15:54-55, 강조는 첨가 따라서 바울은 영원한 생명을 현재의 질적 측면이라고 말하지 않았다. 바울은 이렇게 썼다. "만일 죽은 사람이 살아나지 못한다면 내일이면 죽을 터이니, 먹고 마시자 할 것입니다." 고전15:32 "그리스도 안에서 우리가 바라는 것이 이 세상에만 해당되는 것이라면, 우리는 모든 사람 가운데서 가장 불쌍한 사람일 것입니다." 고전15:19 사람들은 이러한 말을 **요한복음**서 저자가 한 말로 상상할 수 없다.

결정적인 요점을 말하자면, 바울이 "예수를 믿었다"고 할 때, 그것은 바울이 야훼는 예수를 죽은 사람들 가운데서 살리심으로써 그를 메시아와 "하나님의 아들"로 "선포했다"고 확신하게 되었다는 뜻이다. 롬1:4 예수를 이렇게 옹호하는 것이야말로 예수의 길을 따르는 모든 이들 앞에 기다리고 있는 것이라고 바울은 믿었다. 이 때문에 그는 "굳게 서서 흔들리지 말고, [야훼]의 일을 더욱 많이 하십시오. 여러분이 아는 대로, [야훼] 안에서 **여러분의 수고가 헛되지 않습니다**" 고전15:58, 강조는 첨가라고 결론내렸다. 이것이 바울의 종말론을 이해하기 위한 열쇠일지 모른다. 땅은 사라지지 **않**고 예수에 속한 개인들도 개개인의 의로운 행위의 공동체적 영향도 사라지지 않는다. 야훼는 메시아 예수에서 지금 이미 시작된 새로운 시대의 장엄한 완성을 위해 이 모든 것을 구원하고 있다.

(4) 빌레몬서

바울은 3차 전도 운동을 하는 동안 현대 터키의 서부 해안 중요 도시인 에베소와 그 주변에서 3년을 살았다. 사도행전 19장을 참조하라. 이 기간에 바울은 "힘에 겹게 너무 짓눌려서, 마침내 살 희망마저 잃을 지경에 이르렀습니다”고 할 정도의 시련을 견뎠다. 그가 고린도 총회에 보낸 편지에서 표현한 대로 “우리는 이미 죽음을 선고받은 몸이라고 느꼈습니다.”고후1:8-9 이 시련은 가혹한 구금 기간을 포함했다. 어떤 성경책도 바울의 체포를 기술하지 않았다. 그러나 이것은 바울이 아데미 여신의 정체를 폭로하고 결과적으로 여신의 명예를 기리는 이름을 붙인 신전의 위신도 떨어지게 되자 이로 인해 에베소에 소동이 있게 된 것과 연관이 있을 것이다.행19:23-20:3 401쪽 이하를 참조하라.

감옥에 갇혀 있는 동안 아마도 기원후 55년에 바울은 에베소 동쪽 방향으로 160킬로미터 떨어져 있는 내륙 도시 골로새 출신의 남자인 오네시모를 알게 되었다. 이 서신에서 바울은 오네시모를 노예로 언급했고몬1:16 대부분의 학자들은 이를 문자 그대로 받아들인다. 우리는 오네시모가 자기 주인으로부터 영원히 도망쳤으면 로마법상 사형에 처해지게 되어 있어서 일시적으로 도망쳤다고 추정한다.

바울은 오네시모를 높이 평가했고, 그에 관해 애정을 가지고 글을 썼으며몬1:10-13 이 서신을 받는 사람들에게 오네시모를 “이제부터는 종으로서가 아니라 사랑 받는 형제로 … 육신으로나 주님 안에서나 받아 주십시오”라고 제안했다. 그리고는 약간의 압력을 가했다. “그대가 나를 동지로 생각하면, **나를 맞이하듯이 그를 맞아 주십시오.** 그가 그대에게 잘못한 것이 있거나, 빚진 것이 있거든, 그것을 내 앞으로 달아놓아 주십시오.”몬1:16-18, 강조는 첨가

우리는 바울의 요구에 대한 응답을 가지고 있지 않지만 바울이 곧 이어서 쓴 서신 즉 골로새서를 보면 오네시모에 대한 언급이 나오고 여기서 오네시모는 “사랑 받는 신실한 형제인 오네시모, 여러분의 동향인”으로 묘사되고 바울의 사정을 전해줄 형제라고 말해진다.골4:9 따라서 오네시모의 종 취급은 바울이 끝나야 한다는 뜻을 보여준 대로 끝났다고 추정된다.

이 성경책은 노예를 제도로서 바라보는 바울의 태도를 분석하기 위한 중요한 참조 대상이다. 일부 사람들은 바울의 발언에서 비판은 거의 없고 다만 바울이 인정하게 된 어떤 사람을 대신하여 호의를 베풀라는 요구만을 본다. 다른 사람들은 "노예"에서 "사랑 받는 형제"로 바뀌는 수사학적 변화에서 노예 구조 전체의 강력한 전복을 본다.

(5) 골로새서

골로새는 에베소와 유프라테스강 상류에 있는 시리아 도시들을 연결하는 고속도로를 끼고 위치해 있었다. 골로새는 바울이 편지를 보낸 가장 작은 도시였다. 바울은 편지를 쓰기 1년 전쯤 그곳을 경유했음에 틀림없지만 머물지는 않았고 총회가 시작하는 것을 도와주지 않았다. 기원후 60-61년에 지진이 와서 도시는 많이 파괴되었고 다시 재건되지 않았다.

빌레몬서를 쓴 지 오래지 않아 바울은 그의 조력자 디모데의 도움과 더불어 아시아 지역 즉 지금 터키 서부의 어느 감옥에서 이 두 번째 편지를 썼다. 골로새 총회는 상대적으로 새로웠고 회원들은 대부분 바울을 만난 적이 없었다.골2:1

서신 초반부에서 바울은 강력한 반제국적 뉘앙스를 표출했다. "아버지께서 우리를 암흑의 권세에서 건져내셔서, 자기의 사랑하는 아들의 나라로 옮기셨습니다. 우리는 그 아들 안에서 구속 곧 죄 사함을 받았습니다."골1:13-14 제국을 "세상의 빛"이라고 불렀던 이는 로마 철학자 키케로였고 네로가 기원후 54년에 황제로 지명된 후에 그를 "신의 아들"이라고 부른 이는 로마 제국이었다. 네로는 로마 원로원이 신적 존재라고 선언한 죽은 클라우디우스 황제의 양자였다. 그래서 바울은 나사렛 예수를 말할 때 제국의 수사를 사용하고 있었다.

바울은 이어서 예수를 네로 대안으로 절찬하는 찬송 가사를 지었다.

> 그 아들은 보이지 않는 하나님의 형상이시요, **모든 피조물보다** 먼저 나
> 신 분이십니다. **만물이** … 그분으로 말미암아 창조되었고, 그분을 위
> 하여 창조되었습니다. **만물은** 그분 안에서 존속합니다. … 하나님께서
> 는 그분의 안에 **모든 충만함을** 머무르게 하시기를 기뻐하시고, 그분의
> 십자가의 피로 평화를 이루셔서, 그분으로 말미암아 **만물을**, 곧 땅에
> 있는 것들이나 하늘에 있는 것들이나 다, 자기와 기꺼이 화해시켰습니
> 다. 골1:15-20, 강조는 첨가

바울이 예수의 "평화"에 포함한 범위는 주목할 만한 것이다. 그것은 얼마
안 되는 의로운 따르미들만이 아니라 **모든 피조물을** 포함한다.

물론 이것은 제국 이야기이다. 바울은 이 포괄적인 주장을 평화의 약속과
결합하고 있었다. 키이즈마트와 왈쉬는 이 찬사를 "선동적"이라고 부른다.
"이것은 누가 세상을 다스리는지, 세상은 어디서 와서 어디로 가고 있는지,
지혜는 궁극적으로 어디서 발견되는지, 그리고 심지어 어떤 인간 공동체가
세상의 약속과 운명을 가슴과 삶 속에 품고 있는지를 설명해준다."[20]

우리는 기독교 제국의 우월성 주장에 지쳐 있기 때문에 바울의 수사는 다
른 종류의 제국주의라는 인상을 줄지도 모른다. 그렇다면 그러한 제국의 질
서는 어떻게 기술될 것인가? 바울은 그것을 신비라고 불렀고 그 열쇠는 "모
든 지혜와 지식의 보화가 감추어져 있는" "그리스도"이다. 골2:2-3 세상을 구
원하는 것은 이데올로기나 통제 체제가 **아니다. 한 사람 안에 육화된 지혜이
다.**

---

20) Keesmaat and Walsh, *Colossians Remixed: Subverting the Empire*, pp. 98-99.

2장으로 더 들어가면서 바울은 경고를 발했다. "누가 철학이나 헛된 속임수로, 여러분을 노획물로 삼을까 조심하십시오. 그런 것은 사람들의 전통과 세상의 유치한 원리를 따라 하는 것이요, 그리스도를 따라 하는 것이 아닙니다." 골2:8 바울이 경고를 보낸 반대 관점은 제국의 모든 신들 안에 예수를 위한 큼직한 공간이 있고 따라서 이것이냐 저것이냐를 선택할 필요를 피할 수 있다고 주장했다. 그 응답으로 바울은 예수의 배타성을 강조한 것이 아니라 오히려 그의 완전성을 강조했다. "그리스도 안에 온갖 **충만한** 신성이 몸이 되어 머물고 계십니다.여러분도 그분 안에서 **충만함**을 받았습니다. 그리스도는 모든 통치와 권세의 머리이십니다." 골2:9-10, 강조는 첨가

바울은 다른 권세들을 인정했다고 암시했다. 그러나 그 권세들은 지배하고 통제하는 권력에서가 아니라 예수 안에서 그 목적과 방향을 발견해야 한다. 그것들이 가지고 있는 권세가 어떠한 것일지라도 그것은 제척된다. 하나님이 그것을 십자가에 못 박았다. "하나님께서는 모든 통치자들과 권력자들의 무장을 해제시키시고, 그들을 그리스도의 개선 행진에 포로로 내세우셔서, 뭇 사람의 구경거리로 삼으셨습니다." 골2:15 따라서 예수와 그의 고난이 바울을 특사로 보낸 이 제국을 정의한다. 그것은 새로운 종교나 새로운 이데올로기가 아니라 새로운 정치 즉 세상을 긍휼과 십자가의 고난의 형태로 다스리는 정치이다.

계속해서 바울은 종교적 "규례"를 일축하는 글을 써 갔다. "이런 것들은, 꾸며낸 경건과 겸손과 몸을 학대하는 데는 지혜를 나타내 보이지만, 육체의 욕망을 억제하는 데는 아무런 유익이 없습니다." 골2:23 바울은 자기 훈련의 삶을 강조했다. 하지만 그 강조는 다만 메시아 예수의 사명에 대비하는 일부로만 그럴 뿐이고 어떤 도덕 표준을 충족하거나 어떤 정신 상태의 고양을 성취하기 위해서는 아니었다. 바울의 놀라운 일축 태도는 예수 따르미들을 비

판하는 이들이 왜 자주 예수 따르미들을 보고 무신론자라고 비난했고 따라서 왜 이들이 이들보다 큰 사회의 질서에 위협이 되었는지를 이해하는 데 도움을 준다.

이어서 그는 긍정적인 논조로 전환했다. "그러므로 여러분이 그리스도와 함께 살려 주심을 받았으면, 위에 있는 것들을 추구하십시오. 거기에는, 그리스도께서 하나님의 오른쪽에 앉아 계십니다. 여러분은 땅에 있는 것들을 생각하지 말고, 위에 있는 것들을 생각하십시오. 여러분은 이미 죽었고, 여러분의 생명은 그리스도와 함께 하나님 안에 감추어져 있습니다." 골3:1-3 많은 사람들은 "땅에" 있는 것과 "위에" 있는 것 사이의 구별이 혼란스럽다는 점을 발견한다. 이 혼란은 또한 그가 "육"과 "영"을 구별하고 몸을 거부하는 것처럼 보이는 다른 본문에서도 일어난다. 이 모든 경우에서 바울은 견고한 부정의와 제국적 폭력의 옛 시대와 하나님 나라의 새 시대 사이를 구별하고 있었다. 이 점에 대해 키즈마트와 왈쉬는 다음과 같이 부연한다.

> 바울이 "땅에 속한 일들을 죽이십시오"라고 말할 때 그는 내세를 조언하고 있는 것이 아니다. 오히려 그가 말하고 있는 것은 이렇다. "여러분을 사로잡았던 잘못된 충성, 오만한 주권을 포기하라. 당신의 삶을 왜곡하는 권력과 돈, 재능과 전쟁, 외부 공간과 내적 공허의 불경한 동맹에서 탈퇴하라." 땅에 있는 것을 죽이는 것은 당신의 삶을 장악하고 있는 제국적 상상력과 실천의 잔재를 죽이라는 뜻이다. 이 모든 것이 당신을 죽이기 전에 당신이 먼저 그것을 죽이라.[21]

이것은 삶의 훈련 방식을 포함한다. 제국에서 탈퇴하고 긍휼, 용서, 그리

---

21) Keesmaat and Walsh, *Colossians Remixed: Subverting the Empire*, p. 160.

고 비폭력적 저항의 힘으로 정의를 실현하는 것은 공원 산책이 아니다. 그러므로 당신을 탈선하게 하고 세계를 돌아가게 하는 제국의 방식에 의존하게 하는 모든 것을 제거하라. "음행과 더러움과 정욕과 악한 욕망과 탐욕"골3:5 을 제거하라. "여러분은 옛 사람을 그 행실과 함께 벗어버"린 것을 알고 서로 거짓말을 하는 것을 멈추라.골3:9

그 대신에 예수가 시작한 새로운 방식으로 당신의 마음을 설정하라. 이 새로운 방식에는 "그리스인과 유대인도, 할례 받은 자와 할례 받지 않은 자도, 야만인도 스구디아인도, 종도 자유인도 없습니다. 오직 그리스도만이 모든 것이며, 모든 것 안에 계십니다."골3:11 그러므로 "여러분은 동정심과 친절함과 겸손함과 온유함과 오래 참음을 옷 입듯이 입으십시오. 누가 누구에게 불평할 일이 있더라도, 서로 용납하여 주고, 서로 용서하여 주십시오. 주님께서 여러분을 용서하신 것과 같이, 여러분도 서로 용서하십시오. 이 모든 것 위에 사랑을 더하십시오. 사랑은 완전하게 묶는 띠입니다."골3:12-14 "무엇을 하든지, 모든 것을 주 예수의 이름으로 하십시오."골3:17 주 가이사의 이름으로가 아니다. "그리스도의 평화가 여러분의 마음을 지배하게 하십시오."골3:15 로마의 평화가 아니다.

이어서 바울은 가정 관리에 대해 충고한다. 두 구절은 아내와 남편, 다음 두 구절은 자녀와 부모, 그 다음 다섯 구절은 종과 주인에 관한 것이다. 바울의 접근은 존중과 균형을 전해준다. 한결같이, 그는 자신이 기술하고 있던 의무를 이행해야 하는 사람에게 직접 말하는 방식으로 말했다.

그러나 이 구절들은 바울이 적은 다른 일들 특히 노예를 말할 때보다 더 인습적인 것 같다. **빌레몬서**에서 바울은 형제애를 강조함으로써 노예 구조를 전복한 바 있다. 여기서 그 같은 강조는 바울이 바로 몇 구절 앞에 썼던 자주 반복한 말 즉 메시아 예수 안에서 어떻게 종도 자유인도 없는지골3:11 가 그러하듯이 역시 빠져 있다.

이로 인해 골로새 총회는 어디에 남게 되었는가? 그들은 바울의 공식 문구가 인습적인 문구와 어떻게 달랐는지를 따질 필요가 있었다. 결국 이러한 종류의 상투적인 충고는 바울의 원래 생각은 아니었다. 그것은 그리스 문화와 법 내부에서 가정의 명령 계통을 유지하고 보다 큰 사회의 안정을 강화하는 데 오랫동안 공헌했다.

간단히 말하면, 바울의 충고는 여러 가지 새로운 특성을 포함했다. 상호 의무가 있었고 따라서 쌍방 관계에 어느 정도 새로운 균형을 가져왔다. 또 각자는 하나님 앞에 의무를 지는 자기 자신의 권리를 가진 도덕적 행위자로 대우되었다. 종전에는 집안의 남자가 결정하는 사적 문제로 여겨진 것이 총회 내에서 공적으로 책임을 지는 문제로 되었다. 그리고 지배 위계를 뒤집는 기초적인 가르침 즉 총회 회원은 저마다 주 예수의 종이라는 가르침이 있었다.골4:1

"내가 갇혀 있음을 기억하십시오."골4:18 이 말은 바울이 서신을 마무리한 맺음말이었다. 고난을 결코 부끄럽게 여기지 말라.

(6) 고린도후서

에베소에서 머무는 3년 사이에 바울은 고린도를 방문했는데 이 여행은 사도행전에 기록되지 않은 것으로 이전 편지에서 말했던 문제를 다루기 위한 것이었다. 419-430쪽을 참고하라. 그것은 짧았고 분노한 대립으로 끝난 "아픔을 주는" 방문이었다.고후2:1 이 방문은 가난한 총회를 위한 기금 특사로서 바울이 가지는 신뢰성이나 아니면 그의 개인적 필요를 위해 고린도 총회가 지원하는 재정에 대한 바울의 수락 거부에 관한 것이었을 것이다. 바울은 고린도를 방문하고 나서 에베소로 돌아갔다.

그 후 세 편지가 이어졌다. 첫째 서신은 언급된 바 있지만고후7:7-16 소실되었다. 그것은 분명히 매우 엄했지만 약간의 관계 개선이 이루어진 결과를 가져왔다. 다음 서신은 이 성경책의 첫 9개 장에 포함되어 있는 것으로서 바울이 한 번 더 방문하기 위해 고린도로 갈 때 마케도니아에서 쓴 것이다. 그것은 관계가 나아졌다는 바울의 지각을 반영했다. 마지막 서신은 10장에서 시작하여 이 성경책의 마지막 부분까지 계속된다. 그것도 역시 1개월 내지 2개월을 넘기지 않고 마케도니아에서 써진 것이다. 그리고 그것은 관계 면에서 다른 새로운 스트레스를 반영한다. 전반적으로 독자들은 고린도 총회와의 갈등이 바울에게 깊은 상처를 주었다는 것을 감지할 수 있다.

이 성경책 초두에 바울은 고통을 언급했고 이 말을 7회 사용했다. 그는 아시아에서 당하고 겪었기에 그것이 얼마나 많이 위험한 것이었는지를 독자들에게 상기시키면서 그 당국이 위협한 "죽음의 선고"고후1:8-10뿐만 아니라 예수의 넘친 고난고후1:5을 거론했다. 그는 자신이 약속한 대로 고린도에 더 일찍이 돌아가지 않은 이유를 설명했다.고후1:12-2:4 바울은 총회가 내린 "벌"을 언급했는데, 아마도 이전의 대립에 불을 붙인 그 사람에게 가해진 벌이었을 것이다. 그것은 "충분한" 것이었고 이제는 용서의 차례였다. "여러분이 누구에게 무엇을 용서해 주면, 나도 용서해 줍니다."고후2:10 그리하여 고린도 총회의 권위와 책임을 확언해주었다.

성경 본문은 이전의 질책을 넌지시 알려주고 바울은 방어적으로 들리게 말한다. 그는 철학적 말투로 시작하려고 애썼다. "그러므로 우리는 하나님의 자비를 힘입어서 이 직분을 맡고 있으니, 낙심하지 않습니다."고후4:1 그는 자기 자신처럼 흠 있는 사람에 의해 육화된 메시아 예수의 복음을 기술하기 위해 "질그릇에 간직된 보물"의 이미지를 사용했다. "우리는 사방으로 죄어들어도 움츠러들지 않으며, 답답한 일을 당해도 낙심하지 않으며, 박해를 당해도 버림받지 않으며, 거꾸러뜨림을 당해도 망하지 않습니다. 우리는 언제나 예수의 죽임 당하심을 우리 몸에 짊어지고 다닙니다. 그것은 예수의 생명도 또한 우리 몸에 나타나게 하기 위함입니다." 고후4:8-10 바울은 육체와 분리된 실존을 원한 것은 아니지만 때로는 삶이 더 수월하기를 바랐다.

바울의 가장 훌륭한 수사는 그들의 공통 목적에 대한 간략한 기술을 동반했다. "곧 하나님께서 사람들의 죄과를 따지지 않으시고, 화해의 말씀을 우리에게 맡겨 주심으로써, 세상을 그리스도 안에서 자기와 화해하게 하신 것입니다. 그러므로 우리는 그리스도의 사절입니다. 하나님께서는 우리를 시켜서 여러분에게 권고하십니다." 고후5:19-20 따라서 "누구든지 그리스도 안에 있으면, 그는 새로운 피조물입니다. 옛 것은 지나갔습니다. 보십시오, 새 것이 되었습니다." 고후5:17 이것은 화해하라고 바울이 간청하는 호소이다.

8장과 9장에서 바울은 예루살렘 "성도들을 위한 사역"을 지원하기 위해 기부하라는 요청을 미묘하게 호소했다. "하나님께서는 기쁜 마음으로 내는 사람을 사랑하십니다" 고후9:7라고 바울은 썼다. "나는 다른 사람들을 편안하게 하고, 그 대신에 여러분을 괴롭게 하려는 것이 아니라, 평형을 이루려고 하는 것입니다. 지금 여러분의 넉넉한 살림이 그들의 궁핍을 채워주면, 그들의 살림이 넉넉해질 때에, 그들이 여러분의 궁핍을 채워 줄 수도 있을 것입니다. 이렇게 하여 평형이 이루어지는 것입니다." 고후8:13-14

우리는 만난 적도 전혀 없었고 문화적으로도 매우 달랐던 마케도니아와 아가야의 이방인 예수 따르미들을 주된 대상으로 한 이러한 모금의 의미를 얼버무리고 넘어가서는 안 된다. 확실히 이것은 민족을 초월하는 새로운 공동체가 예수에 대한 충성을 공유함으로써 만들어내고 있었던 증거였다. 구약 성경에 깊이 빠진 사람들에게 그것은 또한 **이사야서**의 환상의 성취를 표시했다. "이방 나라들이 너의 빛을 보고 찾아오고 … 이방 나라의 재산이 너

에게로 들어올 것이다." 사60:3, 5

10장은 고린도 총회에 보내는 바울의 마지막 서신의 시작 부분이다. 이 전의 서신은 전달되었고 전달자는 바울의 리더십이 다시 한 번 새로운 경쟁자들의 공격을 받고 있다고 보고하기 위해 복귀했다. 바울은 이 떠오르는 새로운 지도자들을 "거물급 사도들"이라고 비꼬는 투로 말했고고후 11:5 또한 그 보고에 찌르는 듯한 아픔을 느낀 것 같았다. 그리고 그는 스스로의 "약함"을 되풀이해서 대조적으로 언급했다.고후11:30-12:10 그는 "내가 약할 그 때에, 오히려 내가 강하다" 고후12:10고 언표했고 예수도 마찬가지로 약하다고 여겨졌다는 것을 상기시켰다. "내가 이번에 다시 가면, 그러한 사람들을 그냥 두지 않겠습니다. 여러분은 그리스도께서 내 안에서 말씀하고 계시다는 증거를 구하고 있으니 말입니다. 그리스도는 여러분에게 약하신 분이 아닙니다. 그는 여러분 가운데서 능력을 떨치시는 분입니다. … 우리도 그분 안에서 약합니다마는, 하나님의 능력으로 그분과 함께 살아나서, 여러분을 대할 것입니다." 고후13:2-4

우리는 바울의 세 번째 고린도 방문에 대해 아는 것이 없지만 그것은 분명히 순조롭게 진행되었다. 그는 3개월 동안 머물렀고행20:3 예루살렘으로 다시 가져갈 돈도 받았으며롬15:26 마케도니아를 지나서 돌아가기로 하는 여정을 철회하고 예루살렘으로 가는 마지막 여행에 나서기 전에 로마 총회에 보낼 편지를 쓸 시간도 가졌다.

(7) 로마서

바울은 이 편지를 세 번째로 방문하는 고린도에서 썼다. 그는 이 서신을 유대인과 이방인이 섞여 있는 로마의 예수 따르미들을 청중으로 생각하고 보냈고 로마는 바울이 서쪽에 있는 스페인으로 가는 길에 들리기를 원한 곳이다. 실로 바울은 로마 총회가 저 먼 서쪽 지역에서 전개하는 자신의 전도 운동을 후원해 주기를 소원했기 때문에 이 서신은 로마 총회의 재정 지원을 받을 자격이 있다는 것을 보여주고 싶어 하는 일종의 지원 제안서로 이해될 수 있다. 롬15:23-24

바울은 로마를 방문한 적이 없었기 때문에 그의 서신의 초점은 특정한 문제에 있지 않았다. 그 대신에 바울은 우리가 바울 서신을 입문적으로 소개할 때 주시한 바와 같이 그 초점을 자신의 세계관과 신학에 두었다. 411-412쪽을 참조하라. 그러나 그 서신의 많은 분량을 차지하는 절들은 유대인 문제들에 대해 공감해서 말하고 따라서 로마 총회 내에서 이러한 문제들이 이방인 신자들에 의해 충분하게 존중되지 않고 있었다는 것을 암시한다. 바울 서신에서 이러한 내용을 다루는 부분들은 유대인 전통의 가치를 긍정하는 한편 바울도 역시 이 전통을 이방인과 전 우주를 구원하려는 야훼의 장대한 맥락에서 다시 구성했다.

이 성경책의 초두에서 바울은 하나의 선언을 했다. "나는 복음을 부끄러워하지 않습니다. 이 복음은 유대 사람을 비롯하여 그리스 사람에게 이르기까지, 모든 믿는 사람을 구원하는 하나님의 능력입니다. 하나님의 의가 복음 속에 나타납니다. 이 일은 오로지 믿음에 근거하여 일어납니다. 이것은 성경에 기록한 바 '의인은 믿음으로 살 것이다' 한 것과 같습니다." 롬1:16-17

바울의 시간과 장소에서 "복음"은 새로운 황제의 즉위를 가리킨다. 거기에는 공통적인 정치적 의미가 들어 있었다. 바울이 복음을 예수와 연결할 때 그는 정치적 주장을 하고 있었다. 즉 **이 사람은 세상의 주이고 구원자이다.** 톰 라이트는 우리가 바울에 대해 다음과 같이 생각하기를 제안한다. "사람들에게 새로운 종교적 경험을 제공하는 한갓된 순회 전도자의 견지에서가 아니라 기다리던 왕의 특사로서 이 새로운 왕에 충성하는 인간 세포를 확립하고 그 왕의 역사, 상징, 그리고 실천에 의거해서 자신의 삶을 명령하며 그의 진리에 의거해서 자신의 마음을 명령한다." 그의 복음 전도는 "다른 충심을 포기하고 이 예수에 전심으로 충성하라는 직접적 소환"이었다.[22] 그리고 이 예수는 새로운 주이고 구원자이고 "하나님의 능력이다."

"구원"은 제국이 사용하는 또 하나의 용어였다. 그것은 네로 황제가 자신이 통치하는 사람들에게 공급한 것을 기술하기 위해 사용되었다. "구원"은 바울에게 무엇을 의미했는가? 확실히 그것은 죽은 자 가운데서 살아나는 미래의 부활을 포함했지만 또한 제국의 기만에 의한 종살이로부터 해방과 인간 제도와 땅 자체의 갱신을 포함했다. 우리는 자주 구원이 **완전한** 세계, 우리가 아직 도착하지 못한 것으로 알고 있는 세계를 의미한다고 가정한다. 그러나 바울의 세계관에서 결정적이었던 것, "구원"을 주고 있었던 것은 야훼가 예수 안에서 인간 역사를 **방해**한 것이었다. 예수는 야훼의 정의를 육화했고 **바로 잡힌 세계의 명백한 상**을 창조했으며 그리하여 사람들은 야훼의 정의를 분명하게 인정하고 그 정의를 자기 자신의 것으로 품을 수 있었다.

바울은 그의 독자들에게 예수가 가진 것과 동일한 믿음을 가지라, 다시 말해서 야훼가 지배, 보복, 그리고 피흘림과 같은 가이사의 길을 통해서가 아니라 인간적 긍휼, 용서, 비폭력적 저항을 통해 세계를 구원하고 있다는 것과 동일한 확신을 가지라고 요청했다. 이것이 "칭의"라고 일컬어지는 믿음이다.롬3:26 이 주장에 힘을 실어주고 이방인들이 어떻게 이 믿음을 가질 수 있었는지를 예시하기 위해 바울은 할례를 받지 않고도 "하나님을 믿으니 하나님께서 그를 의롭다고 여기셨다"고 한 갈대아 사람 아브람의 이야기를 알려주었다.롬4:3

---

22) N. T. Wright, Paul's Gospel and Caesar's Empire, in Horsley, ed., *Paul and Politics*, pp. 161-162.

바울은 유대인의 가르침을 아주 소중히 여겼고 모세 율법을 무시하거나 그 구별된 길을 포기하라고 충고하지 않았다. 그러나 그는 야훼가 메시아 예수 안에서 한 일을 이방인은 말할 것도 없고 유대인에게 결정적인 것이라고 간주했다. 왜냐하면 그 일은 세계의 방향을 바꾸어놓았기 때문이다. "한 사람이 순종하지 않음으로 말미암아 많은 사람이 죄인으로 판정을 받았는데, 이제는 한 사람이 순종함으로 말미암아 많은 사람이 의인으로 판정을 받을 것입니다." 롬5:19 개인의 공로는 예수의 "순종"이 역사의 방향에 미치고 있었던 영향과는 아무런 상관이 없다. 그것은 게임 체인저였다. 그것은 어떤 사람이 의로운 유대인이었든 의롭지 않은 이방인이었든 아무런 상관이 없다. 왜냐하면 그것은 그토록 불가피하게 강력한 것이었기 때문이다.

6-8장에서 바울은 제국이 반대 주장을 표명하고 자주 적대적 주장을 내세우는 가운데 메시아 예수에 의해 개시된 이 새로운 실재를 살아내는 어려움을 성찰했다. 바울의 언어는 극적이었다. 그는 세례를 "그의 죽으심과 연합함으로써 그와 함께 묻혔던" 롬6:4 것이라고 말했고 우리는 모두 우리가 복종하는 그 분의 종이라고 주장했다. "여러분은 죄의 종이 되어 죽음에 이르거나, 아니면 순종의 종이 되어 의에 이르거나, 하는 것입니다." 롬6:16 그는 자신이 선택과 마주칠 때 가지는 분열의 감정을 고백했다.롬7:15 그러나 또한 그는 "우리 주 그리스도 예수 안에 있는 하나님의 사랑" 롬8:38-39의 강인함에 대한 확신도 제공했다.

9-11장에서 바울은 대부분의 유대인들이 예수를 야훼의 정의로 받아들이지 않았다는 사실을 이해하기 위해 씨름했다. 그는 "하나님께서 주시는 고마운 선물과 부르심은 철회되지 않습니다." 롬11:29, 그러므로 "온 이스라엘이 구원을 받게 되리라는 것입니다" 롬11:26라는 생각으로 자신을 위로했다. 부분적으로 그는 이것이 하나님의 정의의 일부가 된 이방인들이 일으킨

"세상의 부요함"에 대해 유대인들이 느끼는 질투심을 통해 일어날 것이라고 기대했다.롬11:11-14

12-15장에서 바울은 윤리적 변혁 즉 예수가 세상에 풀어놓은 운동 에너지로 눈을 돌렸다. 그것은 "마음을 새롭게 함"롬12:2, 바울이 "몸"이라고 부른 공동체 소속감롬12:3-5, 그리고 평소 공포와 두려움에 끌려서 생활하는 삶의 방식을 떨치는 것을 포함했다. "사랑에는 거짓이 없어야 합니다. 악한 것을 미워하고, 선한 것을 굳게 잡으십시오. 형제의 사랑으로 서로 다정하게 대하며, 존경하기를 서로 먼저 하십시오." 롬12:9-10 "성도들이 쓸 것을 공급하고, 손님 대접하기를 힘쓰십시오. 여러분을 박해하는 사람들을 축복하십시오. 축복을 하고, 저주를 하지 마십시오." 롬12:13-14 "아무에게도 악을 악으로 갚지 말고, 모든 사람이 선하다고 생각하는 일을 하려고 애쓰십시오. 여러분 쪽에서 할 수 있는 대로 모든 사람과 더불어 화평하게 지내십시오." 롬12:17-18 "악에게 지지 말고, 선으로 악을 이기십시오." 롬12:21

만일 우리가 행정 당국과 부딪치는 바울의 많은 충돌에 익숙해 있지 않았더라면 정부에 "복종해야 합니다"라는 13장의 말로 인해 우리는 쉽게 오도될 수 있었을 것이다. 바울이 "치안관들은 좋은 일을 하는 사람에게는 두려울 것이 없고, 나쁜 일을 하는 사람에게만 두려움이 됩니다" 롬13:3라고 썼을 때 그는 통치 권세에 그 권세가 마땅히 받을 자격이 있는 그 이상의 신뢰를 주었다는 점은 확실하다.

공정하게 말하면 바울이 이 구절에서 떠맡은 도전은 어렵다. 다시 말해서 악이 제국의 이데올로기, 제국의 형상적 이미지, 제국의 도덕성을 주입하는 선전에 깊숙이 자리를 잡고 있을 때 우리는 어떻게 "선으로 악을 이기는 것"을 할 수 있는가? 그러나 여러 편의 다른 서신 즉 데살로니가전서, 고린도전서, 골로새서, 빌립보서에서 바울은 주저하지 않고 제국은 죽음과 우상 숭배를 육화했고 세상을 향한 야훼의 의도에 반하는 커다란 장애물로 존재했다고 가르쳤다.

분명히 여기서 바울은 실천적 관심을 염두에 두었다. 이보다 몇 년을 앞서 클라우디우스 황제 통치 때 유대인들은 나사렛 예수의 정체성에 관한 주장들에 관련된 논쟁과 사회적 불안으로 말미암아 로마에서 많이 추방되었다. 그 이후에 유대인들은 복귀가 허용되었지만 최소한 바울은 자신이 현지 동학에 익숙하게 될 때까지는 제국의 주시를 불러일으키는 위험을 피하기를 원했을 것이다.

또한 우리는 바울이 이 서신을 아마도 선동이라는 주요 범죄로 감옥에 갇혀 시간을 보낸 직후에 썼다고후1:8-10는 점을 유념할 필요가 있다. 이 사실과 운동가로서의 그의 명성을 고려할 때 아마도 그는 스스로를 주의 깊게 표현할 필요를 느꼈을 것이다. 특히 스페인 전도 운동을 위한 재정 후원을 받기를 원했다면 그럴 필요가 있다고 느꼈을 것이다.

바울은 예수의 삶과 더불어서 새 날의 여명이 시작되었다고 믿었다.롬13:11-12 이 새 날에 사랑이 로마 총회를 인도해야 한다. 모든 계명은 " '네 이웃을 네 몸과 같이 사랑하여라' 하는 말씀에 요약되어 있습니다." 롬13:8-10

그러나 그는 또한 로마 총회에서 유대인 신자와 이방인 신자 사이의 문화적 종교적 차이가 예수의 길을 충실히 따르는 것이 무엇을 포함하는지에 대해 어떻게 분쟁을 촉발하고 있었는지를 알았다. 그러므로 바울은 그의 독자들에게 서로에게 관대하라고 하고 "그리스도께서 죽으셨다가 살아나신" 목적을 명심하라고 격려했다.롬14:9 "여러분은 믿음이 약한 이를 받아들이고, 그의 생각을 시비거리로 삼지 마십시오." 롬14:1 "형제자매 앞에 장애물이나 걸림돌을 놓지 않겠다고 결심하십시오." 롬14:13 "우리는 서로 화평을 도모하는 일과, 서로 덕을 세우는 일에 힘을 씁시다." 롬14:19

더글러스 해링크는 이 모든 것을 다음과 같은 시각으로 표현한다.

> 바울은 유대 공동체의 사회적 공간과 로마 회당이 문화적 조화의
> 공간이 되었으면 했다. … 이것은 이스라엘의 유일한 하나님이 …
> 제국 수도의 한복판에서 경악할 만한 새로운 문화적 사회적 정치적
> 질서 즉 대항 제국을 창조하고 있었다는 명확하고 심오한 증거와
> 진배없을 것이다. 이를 통해 그분의 영광은 민족들 가운데에 드러
> 날 것이다.[23]

이 모든 것은 제국의 대안이라는 예언적 약속을 성취한 것이다. "이새의
뿌리에서 싹이 나서 이방 사람을 다스릴 이가 일어날 것이니, 이방 사람은 그
에게 소망을 둘 것이다" 롬15:12, 이사야서 11:10 인용 유기적 리더십을 요청하는
이스라엘의 예언적 요구를 육화한 예수는 모든 민족의 희망이 되었다. 가이
사가 아니라 예수가 세상을 구하고 있었다.

(8) 빌립보서

주요 범죄의 혐의로 선고를 기다리면서 제국의 경비대에 수감되어 있는
동안 바울은 로마에서 빌립보 총회에 편지를 썼다. 빌립보 총회는 바울이 2
차 전도 운동 때 기원후 50년에 시작한 이방인을 중심으로 하는 집단이었
다.행16장 그 도시는 특이한 역사와 지위를 가졌다. 그것은 옥타비아누스라
고 알려져 있는 최초 황제 카이사르 아우구스투스의 주요 기획이었다. 그는
그 도시를 재건했고 그 도시에 자신이 내전에서 패배를 안겨준 로마 군인들
을 정착시켰고 식민지의 지위를 허락했다. 빌립보에 사는 사람들은 그 도시

---

23) Harink, *Paul among the Postliberals*, p. 225.

의 매우 적극적인 황제 숭배가 증거하듯이 이례적으로 그 황제를 "주와 구원자"로 열심히 섬겼다. 그 헌신과 식민지 지위 때문에 빌립보의 지도자들은 제국과 그 자원에 특별히 접근할 수 있었다.

바울의 감옥이 로마에 있었다는 것을 알려주는 두 가지 언급이 있다. 그가 친위대를 말하면서 "온 친위대" 빌 1:13가 메시아 예수의 복음에 익숙하게 되었다고 알려준다. 그리고 네로 황제의 "집안에 속한" 빌 4:22 예수 따르미들이 빌립보 총회에 문안을 드렸다고 말한다. 우리는 바울의 목숨이 극히 위태롭기 되었기 빌 1:19-22 때문에 그가 주요 범죄로 기소되었다는 것을 안다. 우리는 바울이 고립감을 느꼈다는 것 빌 1:15-18, 2:20-21과 고통을 겪고 있었다는 것 빌 1:17, 1:29, 3:10을 안다. 이러한 요인들이 수합되어 있기 때문에 이번 수감은 이전의 그것과 구별된다.

무엇이 이러한 체포를 가져왔는지는 결코 알려지지 않을지도 모른다. 우리는 로마 당국이 기원후 62년에 바울을 가택 감금에서 풀어주었다고 추정한다. 왜냐하면 예루살렘으로 돌아간 바울 고발자들은 바울에 대한 고발을 계속 밀고 나가지 않았기 때문이다. 행28:21 그 후에 바울은 크레타 총회딛1:5와 아시아 지역 총회딤전1:3를 방문하는 동안 4차 전도 운동을 시작했다. 이 4차 전도 운동을 하는 중 어느 시점에 바울은 아마도 드로아딤후4:13에서 제국 숭배 제의에 관련된 발언으로 선동 혐의를 받아 다시 체포되었다. 바울은 로마 시민이었기 때문에 소송과 선고를 위해 로마로 이송되었다.

바울이 이 서신을 쓸 때 심각한 위협 아래 있었다고 가정한다면 그것은 세상의 주로서 예수에 대한 충성과 로마 제국의 주로서 네로에 대한 충성 사이의 긴장에 대해 바울이 어떤 생각을 했는지를 음미할 수 있는 특이한 기회를 제공한다.

물론 바울은 이 편지를 감옥 경비대가 지키는 가운데서 썼고 이를 마찬가지로 감시를 받고 있었을지도 모르는 단체의 사람들에게 보냈다. 바울은 예수냐 가이사냐라는 충성의 긴장을 설명하는 말을 한다는 점에서 우리는 그의 조언을 덜 명시적이라고 예상하지 않으면 안 된다.

그러나 바울은 충분히 명확하게 말했다. "우리의 시민권은 하늘에 있습니다. 그곳으로부터 우리는 구주로 오실 주 예수 그리스도를 기다리고 있습니다." 빌 3:20 톰 라이트는 다음과 같은 시각을 제공한다. "이것들은 가이사의 직함들이다. 이 구절 전체는 예수가 주이고 가이사는 아니라고 말한다. 물론 빌립보를 식민지의 전초 기지라고 하는 가이사의 제국은 풍자이고 빌립보 교회를 식민지의 전초 기지라고 하는 예수의 제국은 실재이다."[24]

종교적인 사람들은 흔히 하늘을 언젠가 멀리 날아 그곳에 도착하기를 바라는 곳이라고 생각하는데 우리는 이러한 견해를 가정할 때 하늘에 대한 바울의 언급 때문에 혼란스럽게 될 수 있다. 톰 라이트는 이 혼란을 정리해준다.

> "시민권은 하늘에" … 라는 요점은 사람들이 마침내 모도시mother city 즉 본향으로 돌아갈지도 모른다는 것이 아니다. 로마는 정확히 수도의 인구과밀과 로마 문명을 제국의 여타 지역에 보급하려는 욕망 때문에 식민지를 확립했다. 요점은 사람이 사는 식민지 환경에서 일이 어렵게 되어 가면 황제가 충성하는 부하들을 구원하고 해방하기 위해 모도시로부터 올 것이라는 것이고 그리하여 그들의 상황이 위험해지는 것으로부터 안전해지는 것으로 바꿀 것이라는 뜻이다.[25]

---

24) N. T. Wright, Paul's Gospel and Caesar's Empire, in Horsley, ed., *Paul and Politics*, p. 173.
25) N. T. Wright, 같은 책, pp. 173-174.

이러한 강조는 이 서신의 나머지 부분에 부합하는가? 라이트는 그렇다고 말한다. "이것은 전복 음모의 암호 메시지이다."[26] 그는 바울이 독자에게 제공한 비밀 정보를 가리킨다. 즉 "내가 같은 말을 되풀이해서 쓰는 것이 나에게는 번거롭지도 않고, 여러분에게는 안전합니다." 빌 3:1

이 서신의 핵심은 바울의 유명한 간청이다. 즉 "여러분 안에 이 마음을 품으십시오. 그것은 곧 그리스도 예수의 마음이기도 합니다. 그는 하나님의 모습을 지니셨으나, 하나님과 동등함을 당연하게 생각하지 않으시고, 오히려 자기를 비워서 종의 모습을 취하셨습니다." 빌 2:5-7 바꾸어 말하면 "예수의 마음"은 사람이 가질 자격이 있는 특권에 집착하는 것이 아니라 보다 큰 목적을 위해서 그것을 포기하고 강등도 받아들이는 것이다. 예수는 이것을 십자가에서 행했다. 이것은 야훼가 부활로 승격을 안겨준 길이다. 빌 2:9 이것이 "모든 이름 위에 뛰어난 이름을 그에게 주셨습니다. … 모든 것들이 예수의 이름 앞에 무릎을 꿇고, 모두가 예수 그리스도는 주님이시라고 고백하 … 셨습니다." 빌 2:9-11

바울은 자신이 어떻게 그와 동일한 길을 걸었는지를 이야기했다. "다른 어떤 사람이 육신에 [즉 인습적 기준에 따라서] 신뢰를 둘 만한 것이 있다고 생각하면, **나는 더욱 그러합니다.**" 빌 3:4-6, 강조는 첨가 실로 유대인과 학자로서 그의 신임 자격은 흠 잡을 데 없었다. 그러나 바울은 내가 따랐던 그 분을 위하여 "나는 모든 것을 잃었고, 그 모든 것을 오물로 여깁니다"라고 썼다. 빌 3:8 바울은 이것은 나 스스로의 의가 아니라 "[그리스도] **예수의 믿음**으로 말미암아" 오는 의라고 썼다. 빌 3:9, 강조는 첨가

빌립보 총회는 "나를 본받으십시오" 빌 3:17라는 바울의 간청을 읽을 때 그들은 예수와 바울이 이미 걸었던 길을 따르라고 요구하고 있었던 것을 알았

---

26) N. T. Wright, 같은 책, p. 175.

26) N. T. Wright, 같은 책, p. 175.

제3부 | 신약 전서 | **437**

다. 즉 황제가 좋아하는 도시에 사는 사람으로서 가질 자격이 있는 특권과 기회에 집착하지 말라. 제국 숭배에 참여하기를 거부하는 것에 따르는 확실한 지위의 상실을 받아들여라. 바울은 이러한 태도를 **겸손**humility이라고 표현했다. 그가 뜻하는 바는 자기 비하가 아니라 야훼와 예수의 길에 대한 확신에서 **상실을 자진해서 경험하는** 것이었다.

바울은 그러한 고난이 불필요하다고 말하는 예수 운동 내부의 목소리가 있음을 알았다. 그는 그러한 사람을 "십자가의 원수" 빌 3:18라고 불렀고 비전이 부족해서 단기적인 관심에 **빠져** 있는 그들을 날카롭게 비판함과 동시에 그들을 생각하며 눈물을 흘렸다. "그들의 마지막은 멸망입니다. 그들은 배를 자기네의 하나님으로 삼고, 자기네의 수치를 영광으로 삼고, 땅의 것만을 생각합니다." 빌 3:19 그들은 그들의 수치를 위해 복음을 제국의 방법과 길에 안락하게 들어맞는 개인적 이익으로 바꿔놓았다. 고난의 역할에 대해 489쪽 40번 문항을 참조하라.

바울의 격려는 서신 곳곳에 산재해 있다. 즉 겁내지 말라빌 1:28, 굳게 지키라빌 1:16, 3:16, 굳건히 서 있으라빌 4:1, 계속 실천하라.빌 4:9 그는 성공 공식을 제공하지 않았다. 그 대신에 빌립보 총회는 "두렵고 떨리는 마음으로 자기의 구원을 이루어 나가" 빌 2:12야 할 것이었다. 그들의 신앙은 제국과 대결하는 불가피한 상황이 주어질 때 많은 것이 그들이 지혜롭게 행동하는 여부에 달려 있었다. 하지만 바울은 두려워하지 않았던 것 같다. "하나님은 여러분 안에서 활동하셔서, 여러분으로 하여금 하나님을 기쁘게 해 드릴 것을 염원하게 하시고 실천하게 하시는 분입니다." 빌 2:13

훈련된 저항을 요청하면서 바울은 특별히 빌립보 총회가 무엇을 하기를 원했는가?

바울은 그들에게 예수에 충성하는 것은 타협되어서는 안 되며 숭배 제의와 다른 활동에 참여하는 것을 거부함으로써 고통의 길에 함께 하며 그들의 메시아를 따르는 일에 준비하라고 경고하고 있었고 그들이 예수가 유일한 참된 주이고 그들을 구원할 것이며 소유할 가치가 있는 영광을 줄 수밖에 없는 구세주라는 것을 알기를 바랐다.[27]

바울은 두 여성 동역자에 대한 개인적 의견빌 4:2-3과 수년간 재정을 지원해준 빌립보 총회에 대한 감사빌 4:15-18로 서신을 마친다. 그는 긍정적 어조로 말했다.

> 주님 안에서 항상 기뻐하십시오. 다시 말합니다. 기뻐하십시오. 여러분의 관용을 모든 사람에게 알리십시오. 주님께서 가까이 오셨습니다. 아무것도 염려하지 말고, 모든 일을 오직 기도와 간구로 하고, 여 러분이 바라는 것을 감사하는 마음으로 하나님께 아뢰십시오. 그리하면 … 하나님의 평화가 여러분의 마음과 생각을 그리스도 예수 안에서 지켜 줄 것입니다. 빌 4:4-7

(9) 디모데후서

이 편지의 환경은 **빌립보서**와 같다. 다시 말해서 로마 감옥이다. 바울은 오랫동안 사역을 같이 한 동료 디모데에게 이 편지를 썼다. 디모데는 에베소에 있었고 거기서 총회를 감독하고 있었다. 이 두 사람은 15년을 동역했다. 바울은 아마 디모데보다 그리고 이보다 더 분명하게 그의 멘토보다 나이가

---

27) N. T. Wright, Paul's Gospel and Caesar's Empire, in Horsley, ed., *Paul and Politics*, p. 179.

25년은 더 위였었다. 그래도 그 둘은 가까운 친구였다. 우리가 믿는 동료에게 보내는 고별 편지에서 기대하는 것처럼 바울은 따뜻하게 말했고 개인적 회상을 곁들였다. 바울은 또한 디모데를 "보기를 원합니다" 딤후1:4라고 말하고 "속히 나에게로 오십시오" 딤후4:9라고 요청했다. 바울은 디모데가 에베소에서 의무를 다하도록 두기고를 파견하기도 했다. 딤후4:12

바울은 이 성경 본문을 쓴 지 오래지 않아 처형되었다. 그것은 그가 일어날 것이라고 예상한 일이었다. 그는 이렇게 썼다.

> 나는 이미 부어드리는 제물로 피를 흘릴 때가 되었고, 세상을 떠날 때가 되었습니다. 나는 선한 싸움을 다 싸우고, 달려갈 길을 마치고, 믿음을 지켰습니다. 이제는 나를 위하여 의의 면류관이 마련되어 있으므로, 의로운 재판장이신 주님께서 그 날에 그것을 나에게 주실 것입니다. 딤후 4:6-8

바울의 다른 서신과 매우 유사한 이 서신의 특징은 예수의 길은 고난을 포함한다는 명확한 가르침이다. 그는 디모데에게 "복음을 위하여 고난을 함께 겪으십시오" 딤후1:8, "훌륭한 군사답게 고난을 함께 달게 받으십시오" 딤후2:3, "살림살이에" 얽매이는 것을 피하십시오 딤후2:4, 그리고 "고난을 참으십시오" 딤후4:5라고 요청했다. 바울조차도 자신이 믿는 친구에게 "그리스도 예수 안에서 경건하게 살려고 하는 사람은 **모두** 박해를 받을 것입니다" 딤후 3:12, 강조는 첨가라고 말하는 것이 필요하다는 것을 깨달았다.

바울은 디모데에게 "그러므로 우리 주님에 대하여 증언하는 일이나 주님을 위하여 갇힌 몸이 된 나를 부끄러워하지 말라" 딤후1:8라고 요청했다. 이것은 예수가 십자가에서 구출되지 **않았고** 바울도 사형수 감방에서 구출되지 않았다는 명백한 언급이다. "나는 부끄러워하지 않습니다"라고 바울은 썼다. "나는, 내가 믿어 온 분을 잘 알고 있고, 또 내가 맡은 것을 그분이 그 날까지 지켜 주실 수 있음을 확신합니다." 딤후1:12 조금 후에 바울은 이 주제로 다시 돌아간다. 즉 "우리가 주님과 함께 죽었으면, 우리도 또한 그분과 함께 살 것이요, 우리가 참고 견디면, 우리도 또한 그분과 함께 다스릴 것입니다." 딤후2:11-12

이 서신은 예수의 길에 대한 충성과 제국의 길에 대한 충성 사이의 선택에 대해 명백하게 언급하지 않는다. 그러나 바울이 "겉으로는 경건하게 보이나 경건함의 능력은 부인하는" 딤후3:5 "믿음에 실패한 사람들" 딤후3:5을 기술할 때 그러한 선택이 가정된다. 우리가 이것을 알게 되는 것은, 이해하고 싶다고 떠들지만 말뿐이고 진정성이 없는 사람들을 바울이 인용할 때이다. 바울은 적어도 당시의 감옥 검열관 때문에 "얀네와 얌브레" 딤후3:8라는 인물을 모호한 사례로 제시한다. 이 두 사람은 모세 시대에 **제국에 봉사한** 영적으로 정교하게 꾸며진 기적을 행하는 자였다. 이러한 사람들을 피하라고 바울은 말했다.

이 성경책의 상당 부분은 에베소 총회의 지도자로서 디모데에게 주는 바울의 조언으로 이루어져 있다. 예를 들면 바울은 반복해서 공허한 말과 우리가 믿음에 대해 세미나식 접근이라고 부를지도 모르는 방식에 대해 경고한다. 즉 "말다툼을 하지 못하게 하십시오" 딤후2:14, "속된 잡담" 딤후2:16을 피하십시오. "어리석고 무식한 논쟁을 멀리하십시오." 딤후2:23 "늘 배우기는 하지만 진리를 깨닫는 데에는 전혀 이를 수 없"는 사람들딤후3:7, "귀를 즐겁게 하는 말을 들으려고 자기네 욕심에 맞추어 스승을 모아들"이는 사람들딤후4:3을 피하십시오.

그러므로 그는 디모데에게 계속 확신을 가지고 있으라고 강력하게 권고했다. "그대는 말씀을 선포하십시오. 기회가 좋든지 나쁘든지 꾸준하게 힘쓰십시오. 끝까지 참고 가르치면서 책망하고 경계하고 권면하십시오." 딤후4:2, 강조는 첨가 어려운 시기 다가오고 있다. "그러나 그대는 … 그대의 직무를 완수하십시오." 딤후4:5 그대는 잘 준비된 자입니다 하고 바울은 말했다. 딤후3:14-17 바울은 옛 친구들에게 문안해 달라고 했고 디모데에게 두 번째 청 즉 "겨울이 되기 전에 서둘러 오십시오"라고 요청하며 "주님의 은혜가 그대와 함께 있기를 빕니다"라는 축복의 말로 편지를 마쳤다. 딤후4:19-22

2. 다른 회칙과 설교와 편지들

제국에 대한 정치적 대안을 구현하는 문제를 강조하는 일은 우리가 이제부터 조사하는 성경책들에서 서서히 약해진다. 어느 정도 이것은 바울의 것과는 다른 복음의 모습을 부각시킨 일군의 저자들을 반영하는 셈이다. 그러나 보다 중요한 것은 이 이동이 일련의 중요한 사건에 대응하느라고 예수 운동에 변화를 가져왔다는 사실을 반영한다는 점이다.

기원후 70년에 로마 부대는 예루살렘과 헤롯의 거창한 성전을 파괴했다. 이것은 예수 따르미들과 전통 유대인들 사이의 긴장을 고조시킨 대단히 충격적인 사건이었다. 기원후 65-66년경에 별도로 네로 치하의 제국은 바울과 베드로를 처형했고 여러 해 동안 로마의 예수 따르미들을 폭력적으로 박해했다. 기원후 68년에 네로가 사망한 후 상황은 수월하게 되었고 소강 상태는 이십 년간 계속되었다. 그러나 기원후 89년을 기점으로 도미티아누스 황제 치하에서 심각한 박해가 제국 전역에서 시작되었다. 기원후 96년에 도미티아누스 황제가 사망한 후 박해의 강도는 약해졌지만 박해는 트라야누스 치하 내내 2세기 초반 이십 년 동안 계속되었다.

이러한 사건들은 예수 운동에 변화를 가져왔다. 기원후 70년 이후에 써진 성경책들은 서서히 바른 질서, 신중, 그리고 온건을 늘 보다 중대한 관심사로 반영한다. 이와 같이 시기적으로 뒤에 써진 성경책들은 바울이 야훼가 예수 안에서 행한 일 때문에 불가피하다고 인지한 제국과의 대결을 상정하는 언어를 거의 쓰지 않는다.

다시 한 번 우리는 이러한 성경책들을 써진 순서대로 조사한다.

(1) 에베소서

바울이 죽고 이십 년이 지난 뒤 즉 총회와 로마 제국 사이의 관계가 상대적으로 조용한 시기에 바울의 제자 중 한 명이 그리스 지역에 흩어져 살고 있던 이방인 예수 따르미들에게 이 성경책을 썼다. 가장 이른 초기 사본은 에베소를 전혀 언급하지 않았다. 따라서 이 성경책은 분명히 순회 회칙으로 기능했다.

우리는 바울이 이 성경책을 쓰지 않았다고 결론한다. 왜냐하면 이 성경책은 바울의 서신에서 공통적으로 발견된 것과 같은 종류의 맥락적 세부 사항을 포함하지 않으며 또 그 양식은 바울의 것과 뚜렷하게 다르기 때문이다.

1세기에 저자들이 자신들의 저술을 존경하는 교사들의 것으로 돌리고 따라서 그 내용의 원천을 그들로 여기는 것은 드문 일이 아니었다. 이것은 속이는 것으로 간주되지 않았다. 맨 먼저 이 성경책을 읽은 총회와 후대에 신약성경을 편찬한 교부들은 이 책이 진실로 바울의 가르침을 반영했다고 결론했고 또 이 책을 영감된 모음집으로 받아들였다.

에베소서는 새로운 사회적 정치적 현실로서 보다 광범해진 교회에 관한 것이고 교회가 어떤 점에서 우주, 모든 피조물에 적합한지에 관한 것이다. 보다 철학적인 책으로서 **에베소서**는 어떤 면에서 독자의 참여도를 줄일지도 모르는 언어를 사용한다. 이밖에 그 내용은 본질적으로 보다 일반적이다. 왜냐하면 저자는 이 글을 수십 개의 총회에 쓰고 있었기 때문이다. 확실히 그 양식은 바울의 것보다 덜 통렬하고 덜 정력적이다. 그것은 저자의 고난에 대해서 한 번엡3:13 말하지만, **그러나 독자의 고난에 대해서 결코 말하지 않는다.** 그것은 예수 안에서 사는 새 삶을 지상의 현실과는 멀어지게 하는 용어들을 자주 사용한다. "상속", "신비", "하늘에"가 그것이다.

명료화하면, "하늘에"는 예수가 개시한 나라가 지배하는 **지상의 삶의 면면을 말한다.** 따라서 메시아 예수를 전하는 고난의 증언에 충실한 총회는 하늘에 있는 셈이다. 이는 용서와 동료애가 괴로움과 반목을 대체한 감방이 그런 것과 마찬가지이다. 또는 협력과 이익 공유가 경쟁과 탐욕을 대체한 일터도 마찬가지이다.

"상속"은 저자의 의미로는 예수의 길을 살았던 삶의 오래 지속되는 이익이다. 그것은 바울이 "여러분의 수고가 주님 안에서 헛되지 않습니다"고전15:58라고 말했을 때 의미했던 것이다.

"신비"는 저자의 의미로는 "하나님 안에 영원 전부터 감추어져 있는 비밀의 계획"엡3:1-9이다. 그것은 무수한 통치자들을 대대로 괴롭혀 왔던 문제에 대한 대답이다. 즉 오랫동안 존속하는 부정의와 적대감에 의해 갈라진 사람들이 어떻게 반목과 폭력 없이 함께 살 수 있는가?

우리는 이렇게 소개함으로써 **에베소서**의 중핵 즉 화해와 평화로서의 구원에 다다른다. "여러분이 전에는 하나님에게서 멀리 떨어져 있었는데, 이제는 그리스도 예수 안에서 그분의 피로 하나님께 가까워졌습니다. 그리스도는 우리의 평화이십니다. 그리스도께서는 유대 사람과 이방 사람이 양쪽으로 갈라져 있는 것을 하나로 만드신 분이십니다. 그분은 유대 사람과 이방 사람 사이를 가르는 담을 자기 몸으로 허무셔서, 원수 된 것을 없애셨습니다," 엡2:13-14 성경 본문은 계속 이어진다.

그분은 오셔서 멀리 떨어져 있는 여러분에게 평화를 전하셨으며, 가까이 있는 사람들에게도 평화를 전하셨습니다. … 그러므로 이제부터 여러분은 외국 사람이나 나그네가 아니요, 성도들과 함께 시민이며 하나님의 가족입니다. 여러분은 사도들과 예언자들이 놓은 기초 위에 세워진 건물이며, 그리스도 예수가 그 모퉁잇돌이 되십니다. 엡2:17-20

예수 총회에서 이루어지는 유대인과 이방인의 화해는 저자가 "통치자들과 권세자들" 엡3:10이 보았으면 하고 바랐던 실재이다. 이것은 지배와 폭력을 정의와 평화가 널리 퍼지기 위해 **필수적이라고** 주장하는 사람들을 전복하고 비합법화하는 새로운 정치적 현상이다.

이 모든 것은 야훼의 종이 민족들 사이의 반목을 끝낼 "그 날"을 내다본 예언서를 상기시킨다. 게하르트 로핑크가 보는 바와 같이 우리의 성경책이 민족들의 순례를 기술할 때 사용하는 것은 "완전히 다른 사유 지평을 배경으로 하는 다른 용어 체계이다. 하나님의 백성은 자신이 발휘하는 매력을 통해서 … 사회로 장성한다. 그렇다면 교회는 아주 간략히 말해서 하나님의 구원이 세상에 현존한다는 **효과적인 신호이다**." [28]

월터 윙크는 이 성경책 저자가 "통치자들과 권세자들"이 예수의 길에서 가시화된 "하나님의 지혜"를 알게 된다엡3:10고 강조한 이유를 설명한다. "그 목표는 우리가 권력으로부터 자유롭게 되는 것일 **뿐만 아니라** … 권력을 **자유롭게 하는** 것이기도 하다. 또 사람을 하나님과 화해시키는 것일 뿐만 아니라 권력인데도 권력을 하나님과 화해시키는 것이기도 하다." [29] 우리의 성경책은 이러한 변혁을 하나님의 예수 옹호 덕분으로 본다.

---

28) Lohfink, *Jesus and Community*, pp. 145-146.
29) Wink, *Engaging the Power: Discernment and Resistance in a World of Dominoin*, p. 319.

하나님께서는 이 능력을 그리스도 안에 발휘하셔서, 그분을 죽은 사람들 가운데서 살리시고, 하늘에서 자기의 오른쪽에 앉히셔서 모든 정권과 권세와 능력과 주권 위에, 그리고 이 세상뿐만 아니라 오는 세상에서 일컬을 모든 이름 위에 뛰어나게 하셨습니다. 하나님께서는 만물을 그리스도의 발 아래 굴복시키시고, 그분을 만물 위에 교회의 머리로 삼으셨습니다. 교회는 그리스도의 몸이요, 만물 안에서 만물을 충만케 하시는 분의 충만함입니다. 엡1:20-23

에베소서는 또한 바울 서신의 신학적 주요 주제들을 되풀이한다. 즉 하나님의 자비의 풍성함, 야훼의 사랑의 위대함, 그리고 구원이 어떻게 전적으로 우리의 공로가 아니라 야훼가 먼저 보여준 이니시어티브에 의존하는지를 되풀이한다. 엡2:4-5, 8-9 우리의 성경책은 말하기를, 우리 모두는 "진노의 자식"이었고 한 세대에서 다음 세대로 전해진 감정적 경제적 허물을 지녔고 해묵은 원한을 갚고 한몫을 차지하려는 노력을 기울일 때 결코 우리의 목표에 가까이 데려간 적이 없는 정욕의 지배를 받으면서 "이 세상의 풍조를 따라 살고, 공중의 권세를 잡은 통치자를 따라 살았습니다." 그러나 하나님은 "우리를 그리스도와 함께 살려 주셨습니다. 하나님께서는 우리를 그분과 함께 살리시고 마음의 영을 새롭게 하여" 주셨습니다. 엡2:2-6, 4:17-24

골로새서처럼 이 성경책은 종종 다툼이 있는 아내와 남편, 부모와 자녀, 주인과 노예 관계에 대해 말한다. 엡5:21-6:9 이 논의는 규준적인 평등 원리로 시작한다. 즉 "여러분은 그리스도를 두려워하는 마음으로 서로 순종하십시오." 엡5:21 남편을 위한 가르침은 그 절의 수가 여덟 개에 근접하고 상당한 부담을 준다. 일반적으로 우리가 437쪽의 골로새서 주해에서 말한 것이 여기서도 마찬가지로 적용된다.

마지막 장은 "여러분은 주님 안에서 그분의 힘찬 능력으로 굳세게 되십시오" 엡6:10라는 고무적인 명령이다. 그것은 대결 상태의 부담을 짊어지고 있는 사람에게 상쾌함을 주는 진술이다. "우리의 싸움은 인간을 적대자로 상대하는 것이 아니라, 통치자들과 권세자들과 이 어두운 세계의 지배자들과 하늘에 있는 악한 영들을 상대로 하는 것입니다. 그러므로 하나님이 주시는 무기로 완전히 무장하십시오. 그래야만 여러분이 대항할 수 있을 것입니다." 엡6:12-13 톺아보면 우리는 이 군사적 비유가 기능 면에서 순전히 방어적이라는 점을 발견한다. 요더가 표현하는 대로 "교회는 권세들을 공격하지 않는다. 이것은 [메시아가] 했다. 교회는 권세들의 유혹에 넘어가지 않는 데 집중한다." 30)

이 마지막 장은 주요한 통찰을 추가한다. 힘 있는 구조와 제도는 우리가 감히 무시할 엄두를 내지 못하는 영적 세력에 의해 활력을 받는다. 윙크는 이러한 세력을 "지상 제도의 내면성" 이라 부르고 한 예로서 서구 자본주의에 활기를 넣는 탐욕 정신을 인용한다. 그 체제에서 하위 관리자와 고위 관리자의 주인에게 동기를 유발하는 일은 "거의 상관없다. 그들은 이윤을 위해 전혀 탐욕적일 필요가 없다. 그 체제가 그들을 대신하여 탐욕적이다." 게다가 "그것은 사람들이 그 경제 체제에서 어떻게 행동할 것인가에 대해 선택을 하고 있는 것만은 아니다. 그 체제 또한 그 체제에서 누가 생존 가능할 것인가에 대해 선택을 하고 있다." 31) 따라서 "교회의 특별한 소명은 억압 제도의 구조와 영성을 막론하고 둘 다를 같이 분별하고 관여하는 데 있다." 32)

에베소서의 어조는 공적 선포와 과시를 덜 강조하고 또 바울 서신보다 더

---

30) Yoder, *The Politics of Jesus*, p. 150.
31) Wink, *Engaging the Power: Discernment and Resistance in a World of Dominoin*, pp. 77-79.
32) Wink, 같은 책, p. 84.

억제되어 있다. 아마도 이것이 서구 기독교가 그 서신을 좋아하는 부수적인 이유일 것이다. 어조의 변화는 핵심 목적에 대한 이해가 서서히 진화하고 있는 것을 시사한다. 로핑크는 이렇게 진술한다. "**에베소서**의 저자에게서 눈에 띄는 것은 복음을 이방인에게 전파하는 사명은 더 이상 실행 **과제**로 통하지 않는다는 점이다. 교회는 **결과**이고 그러나 더 이상 **사명의 담지자**는 아니다."[33] 요더도 유사한 논점을 제시한다. "교회의 실존 그 자체가 스스로의 주된 과제이다. 교회는 그것 자체가 교회가 해방되기 시작한 지배 권세에 대한 선포이다."[34]

(2) 히브리서

몇 년 뒤에 교육 받은 교사가 이탈리아에 사는 유대인 예수 따르미들에게 편지를 썼다.히13:24 이토록 능숙하게 작성된 성경 본문은 오랫동안 신비였다. 우리는 그것이 브리스길라 즉 아굴라의 아내였다고 생각한다. 그녀의 최초 거주지는 로마였던 것 같지만행18:2 역시 남편과 함께 고린도와 에베소에서 살았고 바울과 함께 그 세 곳에서 동역했다. 바울은 그녀를 칭찬했고 통상 그녀의 이름을 그녀의 남편보다 앞에 적었다.롬16:3 그녀는 아볼로가 사역하던 초기에 그를 가르쳤다.행18:26 **히브리서**의 저자를 둘러싼 신비가 있다는 바로 그 사실은 저자에 대해 논쟁이 붙었다는 것을 시사한다. 브리스길라의 성gender이 그 원천일지도 모른다.

연대기적으로 보면 **히브리서**는 예루살렘과 헤롯의 장대한 성전이 파괴되고 난 지 18-20년 뒤에 써졌다. 전통적 유대인들은 이 사건들을 파국이라고 생각했으나 예수를 따르는 유대인들은 예수가 개시한 새로운 시대의 증

---

33) Lofink, *Jesus and Community*, p. 145.
34) Yoder, *The Politics of Jesus*, p. 150.

거라고 생각했다. 이 차이가 사람들을 갈라서게 만들었고 가까운 관계를 유지하는 예수를 믿는 유대인들과 전통적 유대인들의 실천을 폐지했으며 회당 예배의 통합을 가져왔다. 또한 이 때문에 많은 유대인들은 각자 소속된 그리스도 총회의 회원 자격을 종료하게 되었다. 진실로 바로 이것이 **히브리서**를 쓰지 않을 수 없게 만든 문제였다. 유대인들은 자신들이 예수에 대해 이전에 바친 충성을 비난하고 있었다. 히2:1-4, 6:4-9, 10:19-31

브리스길라는 이 문제에 대해 종교적 용어로 답했고 예수에 대한 헌신이 어떻게 유대교 내부에 적합하고 또 결과적으로 새롭게 개선된 유대교로 끝나는지를 보여주려고 노력했다.

> 하나님께서 옛날에는 예언자들을 통하여, 여러 번에 걸쳐 여러 가지
> 방법으로 우리 조상들에게 말씀하셨으나, 이 마지막 날에는 아들을
> 통하여 우리에게 말씀하셨습니다. 하나님께서는 이 아들을 만물의 상
> 속자로 세우셨습니다. 그를 통하여 온 세상을 지으신 것입니다. 그는
> 하나님의 영광의 광채시요, 하나님의 본체대로의 모습이십니다. 그
> 는 자기의 능력 있는 말씀으로 만물을 보존하시는 분이십니다. 히1:1-3

우리가 본 바와 같이 유대교 신앙 전통은 그 영적 지도자를 먼저는 왕으로 나중에는 예언자로 그리고 그 뒤인 바빌론 유배 이후 기간에는 제사장으로 말했다. 그 전통은 야훼에 대한 충성을 순종, 정의, 희생으로 말했다. 히브리서는 예수를 제사장, 희생이라고 강조하고 이로써 이것들이 유대교의 기본 요소에 해당하는 것이라는 점을 암시한다. 하지만, 바로 여기가 가장 자주 많은 유대인들이 예수가 자격 미달이라는 점을 발견한 곳이다.

신약 성경을 읽을 때 우리는 고난과 고통이 어떻게 자주 회개, 속죄, 갱신

의 길로 묘사되는가를 보았다. 이 주제를 따라가면서 우리의 성경책은 다음과 같이 진술한다. "하나님께서는 만물을 창조하시고, 만물을 보존하시는 분이십니다. 그러므로 하나님께서 많은 자녀를 영광에 이끌어 들이실 때에, 그들의 구원의 창시자를 고난으로써 완전하게 하신다는 것은 당연한 일입니다." 히2:10 이렇게 고난을 인간적으로 경험할 때 예수는 "모든 점에서 형제자매들과 같아지셔야만 했습니다. 그것은, 그가 하나님 앞에서 자비롭고 성실한 대제사장이 되심으로써, 백성의 죄를 대신 갚으시기 위한 것입니다." 히2:17

성경책은 또한 안식일의 안식에 대해 언급하거니와 이는 유대인들이 야훼를 증언하는 가장 가시적인 방법들 가운데 하나이다. 이 안식의 충분한 경험은 언제나 유대인들을 비켜갔다. 모세도 여호수아도 그들을 따르는 이들을 그리로 데려가는 데 성공하지 못했다. 히3:18, 4:8 그런데 브리스길라는 독자들에게 이 불완전성이 계속된 점을 상기시켰다. "그러니 하나님의 백성에게는 안식하는 일이 아직 남아 있습니다. … 그러므로 우리는 이 안식에 들어가기를 힘씁시다." 히4:9, 11

히브리서 5-10장은 예수를 "우리와 마찬가지로 시험을 받으셨지만 죄는 없는" 분히4:15 즉 대제사장으로 묘사한다. 하나님의 아들로 기술되지만 그는 "고난을 당하심으로써 순종을 배우셨습니다. 그리고 완전하게 되신 뒤에, 자기에게 순종하는 모든 사람에게 영원한 구원의 근원이 되셨습니다." 히5:8-9 "그는 다른 대제사장들처럼 날마다 먼저 자기 죄를 위하여 희생제물을 드리고, 그 다음에 백성을 위하여 희생제물을 드릴 필요가 없습니다. 그는 자기 자신을 바치셔서 단 한 번에 이 일을 이루셨기 때문입니다." 히7:27 성경 본문은 되풀이해서 유대의 희생 제의를 언급하지만 그 배경은 항상 광야의 성막이지 예루살렘의 성전은 결코 아니다. 성경 본문은 그 성전이 없어진 것에 대해 아무런 탄식도 피력하지 않는다.

8장은 예수가 전통적 대제사장의 모든 자격을 충족하는 것 이상이라는 점과 동시에 "이제 그리스도께서는 더욱 훌륭한 직무를 맡으셨습니다. 그가 더 좋은 약속을 바탕으로 하여 세운 더 좋은 언약의 중재자 … 입니다"히8:6 라는 점을 주장하기 위해 약간 우회한다. 이것은 **예레미야서 31:31-34**의 본문에 기술된 "새 언약"이고 사람들의 생각과 마음에 야훼는 그들의 하나님 이 되고 그들은 내 백성이 될 것이라고 써진 언약이다.히8:10 "그리고 그들은 각각 자기 이웃과 자기 동족을 가르치려고, 주님을 알라고 말하는 일이 없을 것이니, 작은 사람으로부터 큰 사람에 이르기까지, 모두 나를 알 것이기 때문 이다."히8:11 그러나 그 뒤에 성경 본문은 이 "새 언약"을 전통 담론 안으로 가져와서 이 새 길이 옛 길과 동일한 방식으로만 개시될 수 있을 것이라고 주 장한다. 즉 피흘림의 방식에 의해서이다. 왜냐하면 "피를 흘림이 없이는, 죄 를 사함이 이루어지지 않습니다"라고 말하기 때문이다.히9:22

다음으로 성경 본문은 잠시 동안 우리를 예언자의 메시지로 데려간다. 즉 야훼는 제사와 예물이 아니라 단지 정의를 자진해서 행할 준비가 되어 있는 영만을 원한다.히10:1-18 이 장은 "우리는 흔들리지 말고, 우리가 고백하는 그 소망을 굳게 지킵시다"히10:23라는 호소와 함께 마무리된다.

11장은 그 초점이 죄와 제사로부터 야훼의 약속으로 이동한다. 브리스길 라는 그러한 약속을 믿었던 구약 성경의 영웅들 다시 말해서 "구름 떼와 같 이 수많은 증인"히12:1을 거명한다. 예수는 거명된 마지막 영웅이다.

> 믿음의 창시자요 완성자이신 예수를 바라봅시다. 그는 자기 앞에 놓
> 여 있는 기쁨을 내다보고서, 부끄러움을 마음에 두지 않으시고, 십자
> 가를 참으셨습니다. 그리하여 그는 하나님의 보좌 오른쪽에 앉으셨습

니다. 자기에 대한 죄인들의 이러한 반항을 참아내신 분을 생각하십시오. 그리하면 여러분은 낙심하여 지치는 일이 없을 것입니다. 히12:2-3

마지막 80개 절에서 브리스길라는 현재와 미래 시제의 동사를 사용하면서 도시를 몇 번이고 언급했다. 아브라함은 "하나님께서 설계하시고 세우실 튼튼한 기초를 가진 도시를 바랐던 것입니다." 히11:10 야훼는 하나님이 약속하신 것을 받지는 못했지만 믿음을 따라 살다가 죽은 사람들을 위해 "한 도시를 마련해 두셨습니다." 히11:13, 16 "여러분이 나아가서 이른 곳은 시온 산, 곧 살아 계신 하나님의 도성인 하늘의 예루살렘입니다." 히12:22 "사실, 우리에게는 이 땅 위에 영원한 도시가 없고, 우리는 장차 올 도시를 찾고 있습니다." 히13:14 이것은 오랫동안 야훼의 제일 거처로서 간주된 예루살렘이 파괴되었다는 것을 그녀가 인정한 것이었다.

이 성경책은 실천적 덕목 즉 감사하기, 서로 사랑하기, 나그네 환대하기, 감옥에 갇혀 있는 사람들 방문하기, 결혼을 귀하게 여기기, 돈을 사랑함이 없이 살아가기, 가진 것을 나눠주기, 총회 지도자에게 복종하기를 권면한다. 히12:28-13:17 이 책은 다음과 같이 끝난다. "우리 주 예수를 죽은 사람들 가운데서 이끌어내신 평화의 하나님이 여러분을 온갖 좋은 일에 어울리게 다듬질해 주셔서 … 예수 그리스도로 말미암아 … 예수 그리스도께 영광이 영원무궁히 있기를 빕니다." 히13:20-21

(3) 유다서

유다는 "야고보의 형제"였고유1:1 야고보는 1세기 예루살렘 총회의 지도자이자 예수의 형제였다. 따라서 이 성경책의 저자는 자주 예수의 형제라고 말해진다.

그러나 이 성경책은 "성도들이 단번에 받은 그 믿음"에 대해 말하고유1:3 독자들에게 "사도들이 예고한 그 말을 기억하십시오"라고 촉구한다.유1:17 따라서 이는 예수의 동시대 사람들이 죽었고 그 후 시간이 흘렀다는 것을 시사한다. 우리는 이 저자가 다음 세대의 구성원이었을 개연성이 있으며 기원후 100년경 즉 도미티아누스 황제 시대와 그의 그리스도인 박해가 지나고 나서 얼마 안 되어 책을 썼다고 결론한다.

이 책은 "우리 하나님의 은혜를 방종거리로 만들고, 오직 한 분이신 지배자요 우리의 주님이신 예수 그리스도를 부인하는" 순회 교사들에게 경고하는 양식으로 써졌다.유1:4 분명히 이 교사들은 신의 현존이 지니는 사랑과 자비의 특성이 지상의 삶의 물질적 측면을 신기루와 같은 것으로 드러냈다고 가르쳤다. 지상의 삶은 예수 안에서 약속된 영의 소망에 비추어 볼 때 별로 중요하지 않았다. 이렇게 지상의 존재를 낮춰 보는 것은 예수 따르미들이 도미티아누스 시대에 견딘 고난을 합리화하는 방식이었다.

그 응답으로 저자는 야훼가 큰 자비를 보여준 후 사람들이 불충실해서 가혹한 심판으로 돌아선 구약 성경 이야기를 상기시킨다. 바꾸어 말하면 **야훼는 지상의 인간 행동에 대해 응답한다.** 이렇게 야훼 행동을 정확히 인간 역사 안에서 위치시키는 주장은 유대의 전통적 가르침과 충분히 일치한다.

그 어조는 전투적이고 참된 가르침과 거짓된 가르침을 날카롭게 구별하며 독자들에게 "그 믿음을 지키기 위하여 싸우라"유1:3고 요구하고 있다. 우리는 이와 같이 '이것이냐 저것이냐'라는 사고에 의구심을 품을지 모르지만 성경 본문 그 자체는 야훼를 역사로부터 분리시키는 철학적 이원론에 반대한다. 그 대신 그것은 독자들에게 예수가 출범시킨 새로운 공동체를 지상에 세우는 핵심사역으로 불러낸다. "의심하는 사람들을 동정하십시오. 또 어떤 부류의 사람들에 대해서는 그들을 불에서 끌어내 구원해 주십시오. 또 어떤 부류의 사람들에 대해서는 그들을 두려운 마음으로 동정하되, 그 살에 닿아서 더럽혀진 속옷까지도 미워하십시오." 유1:22-23

(4) 요한1, 2, 3서

2세기 초에 맨 먼저 지역 총회에 회람된 **요한1서**는 영지주의의 영향에 대응한 **유다서**보다 훨씬 더 많은 분량의 글로 대응한 설교였다. **요한2서**와 **요한3서**는 동일 저자에 의해 각각 "믿음의 자매"와 "가이오"에게 보낸 개인적 편지였다. 이 서신은 영지주의 교사들과의 상호작용에 관련된 실제적 문제들을 다룬다. 이 저자는 아마도 **요한복음서**를 쓴 사람과 동일 인물이었을 것이다.

영지주의는 만개한 철학은 아니었다. 그 대신에 그것은 선과 악에 관한 사고방식이었고 또한 사고방식이다. 이 사고방식은 영혼을 신체와, 본질을 물질과, 창조주를 피조물과 분리하고 이런 방식으로 선과 악의 긴장을 덜어주고 고통을 "설명한다."

영지주의의 사고 구조는 삶에 대한 접근에서 드러난다. 가장 흔한 영지주의적 길은 지상의 삶을 잠시 동안 실재적인 것으로 경험된 꿈이라고 보고 나중에 신체가 죽을 때 신적 존재와 함께하는 참된 실재에 굴복한다고 가정한다. 이러한 길을 따르는 이들에게 지혜로운 삶은 이들 신에 대한 완전한 헌신의 금욕적 삶을 포함할 것이다. 아니면 그것은 "참된" 존재가 시작될 때까지 쾌락주의자의 쾌락 추구와 폭력의 삶을 수반할지도 모른다. 이렇게 서로 매우 구별되는 각자의 삶의 방식은 다른 영역에 있는 아름다운 영적 실재에 대한 "지식"과 화해될 수 있다. 이 다른 실재의 지식은 자주 특수한 가르침, 고도화된 감수성, 또는 신비한 의식rituals과 영적 경험을 통해 열려지기 시작한 사람들만 얻을 수 있다고 말해진다.

영지주의적 태도를 반영하는 또 다른 삶은 선과 악의 긴장을, 선을 강제적으로 **부과함**으로써 해결한다. 이러한 사례에는 에르난 코르테스의 정복적 기독교, 우드로 윌슨의 군사적 민주주의 이상론, 그리고 블라디미르 레닌의 선교적 마르크스주의가 포함된다.

이 성경 본문에서 문제가 되는 특정한 영지주의 가르침은 가현설이다. 가현설은 야훼는 나사렛 예수의 형태를 취해 이 땅 위에서 걸어 다녔고 인간처럼 보였을 뿐이라고 가르쳤다. 따라서 하늘에서 통치하고 있는 부활한 예수는 참된 것이었지만 십자가에서 피흘리며 죽은 예수는 아니었다.

이러한 철학적 거대 논쟁에 대응하여 우리의 성경책은 아무렇지도 않은 듯이 그것은 아무것도 새로운 것이 아니라고 말한다.요일2:7 그 대신에 그것은 **지상의 경험** 즉 우리가 듣는 것, 우리가 보는 것, 우리가 만지는 것, 우리가 하는 것은 **중요하다**고 주장한다. 죄는 해로운 것이며 말해져야 하는 것이다. 사랑은 강하고 실천되어야 하는 것이다. 야훼의 계명은 이로운 것이고 따라야 하는 것이다. 그것은 철저하게 현실에 관한 가르침이다.

요한복음서처럼 이 성경책은 "영원한 생명"에 대해 연대기적 시간으로가 아니라 **메시아 예수의 삶으로** 말한다. "이 생명이 나타나셨습니다. 우리는 그것을 보았습니다. 그래서 우리는 이 영원한 생명을 여러분에게 증언하고 선포합니다. 이 영원한 생명은 아버지와 함께 계셨는데, **우리에게 나타나셨습니다.**" 요일1:2, 강조는 첨가 "어둠이 지나가고, 참 빛이 **벌써 비치고 있기** 때문입니다." 요일2:8, 강조는 첨가 "사랑하는 여러분, **이제** 우리는 하나님의 자녀입니다." 요일3:2, 강조는 첨가 "그 증언은 이것이니, 곧 **하나님이 우리에게 영원한 생명을 주셨다는** 것과, 바로 이 생명은 그 아들 안에 있다는 것입니다. 그 아들을 모시고 있는 사람은 **생명을 가지고 있습니다.**" 요일5:11-12, 강조는 첨가

다시 한 번 예수가 살아갔던 길은 중요하다. 여러분은 "그리스도께서 사

신 것과 같이 마땅히 그렇게 살아가야 합니다." 요일2:6, 강조는 첨가 윤리적으로 사는 일은 중요하다. "의를 행하는 사람은 하나님이 의로우신 것과 같이 의롭습니다." 요일3:7 서로 사랑하는 일은 중요하다. "말이나 혀로 사랑하지 말고 **행동과 진실함으로**" 사랑하자. 요일3:18, 강조는 첨가 이 개개의 주장은 지상에서 살아가는 매일의 삶의 중요성을 폄하하거나 회피하기 위해 거창한 종교적 수사를 사용하는 영지주의적 실천을 논박한다.

이 성경책이 기술하는 사랑은 실제적이다. 그것은 "두려움을 내쫓습니다." 요일4:18 "누가 하나님을 사랑한다고 하면서, 자기 형제자매를 미워하면, 거짓말쟁이입니다. 보이는 자기 형제자매를 사랑하지 않는 사람이 보이지 않는 하나님을 사랑할 수 없습니다." 요일4:19-20 예수가 인간처럼 보였을 뿐이라는 주장에 대응하여 우리의 성경책은 이렇게 진술한다. "여러분은 하나님의 영을 이것으로 알 수 있습니다. 곧 예수 그리스도께서 육신을 입고 오셨음을 시인하는 영은 다 하나님에게서 난 영입니다. 그러나 예수를 시인하지 않는 영은 다 하나님에게서 나지 않은 영입니다." 요일4:2-3

암암리에 이러한 말들은 이 땅과 인간 역사는 야훼의 구원의 무대라는 것과 예수의 길은 구원으로 가는 좁은 길이라는 것을 주장한다. 우리를 구원하게 될 것은 형이상학도 아니고 다른 영역과의 신비한 교류도 아니다. 그것은 **예수가 이 땅에서 살아갔던 삶이다.** "세상을 이긴 승리는 이것이니, 곧 우리의 믿음입니다." 요일5:4

(5) 데살로니가후서

21장에서 우리는 역사의 흐름이 방해되었고 세상은 급선회했으며 하나님의 제국을 향해 움직이기 시작했다는 신호를 신자들에게 보내는 세 가지 공적 사건에 주목했다. 첫째 사건은 오순절에 일어났는데 그 날에 젊은이와 늙은이, 남자와 여자, 노예와 자유인이 모두 하나님의 영의 현현을 경험했다. 둘째 사건은 금융 자산의 공유를 수반하는 정의에 헌신하는, 성전 부근에서 일어난 새로운 공동체 모임이었다. 수년 내에 유사한 공동체들이 사마리아, 시리아에서 그리고 키프로스, 그리스와 이탈리아 지역에서 생겨났다. 셋째 경이는 유대인과 이방인을 합쳐서 통합된 공동체를 만든 것이고 이 공동체는 여성 리더십을 받아들였으며 노예와 노예주를 형제로 보았고 서로 멀리 있었지만 재정적으로 후원하고 있을 법하지 않게도 스스로를 로마 제국의 정치적 대안으로 여겼다.

단지 20년 내지 25년이라는 기간에 걸쳐서 일어났지만 이 사건들은 역사가 급속하게 티핑 포인트에 다가가고 있다는 강력한 기대를 예수 운동에 불어넣었다. 도미티아누스의 탄압과 폭력은 제국이 스스로를 구원하기 위한 최후의 노력으로 이해되었고 따라서 그것은 예수가 이 땅에 다시 나타나고 의로운 사람을 무덤에서 소환하며 야훼 제국의 **충만함**을 준비할 때가 급속하게 다가오고 있다는 의식을 고조시켰다.

이것이 2세기 초에 작성되어 데살로니가에 있는 총회에 두 번째 편지가 보내지는 배경이다. 엄청난 박해자 도미티아누스는 죽었지만 괴롭힘은 그 계승자 트라야누스 치하에서 계속되었고 장소에 따라 폭력적 박해도 있었다.

첫째, 우리의 성경책은 야훼가 세상을 바로 잡고 있었다는 것을 확증한다. "하나님은 공의를 베푸십니다. 여러분을 괴롭히는 자들에게는 괴로움으로 갚아주시고, 괴로움을 받는 여러분에게는 우리와 함께 안식으로 갚아주십니다."살후1:6-7 그것은 계속해서 "하나님을 알지 못하는 자들과 우리 주 예수의 복음에 순종하지 않는 자들"에 대한 "보복"과 "영원한 멸망"을 약속한다.살후1:8-9 "보복"과 "멸망"은 자주 야훼가 적을 치는 폭력을 사용할 것이라는 점을 뜻한다. 이 성경 본문은 그러한 견해를 지지하지 않는다. 그것은 정의를 미워하는 사람들의 정당한 종말로서 "주님 앞에서 떨어져 나감"으로 이해한다.살후1:8-9 의롭지 않은 사람들은 역사의 종말 때에 부활하는 대신에 단순히 소멸하게 될 것이다.

둘째, 우리의 성경책은 독자들에게 현재 수행하고 있는 투쟁에서 우리를 구출할 것이라는 하나님의 구원이 임박했다는 기대를 완화할 것을 요구한다.

> 여러분은 … 주님의 날이 벌써 왔다고 생각하게 되어, 마음이 쉽게 흔들리거나 당황하는 일이 없도록 하십시오. 여러분은 아무에게도 어떤 방식으로도 속아 넘어가지 마십시오. 그 날이 오기 전에 먼저 믿음을 배신하는 일이 생기고, 불법자 곧 멸망의 자식이 나타날 것입니다. … 주 예수께서 **그 입김으로** 그를 죽이실 것입니다.살후2:2-3, 8, 강조는 첨가

이 "불법자"의 정체성은 모호하다. 하지만 그것은 속임수, 미혹, 그리고 거짓과 강력하게 연결되어 있다.살후2:9-12 **진리를 알리는 것이 그의 몰락을 가져올 것이다.**

"그러므로 형제자매 여러분, 든든히 서서, 우리의 말이나 편지로 배운 전통을 굳게 지키십시오."살후2:15 이것은 시간이 걸리는 일일지도 모른다. 하지만 바꾸어 말하면 변혁은 시작되었다. "주님께서는 신실하신 분이시므로, 여러분을 굳세게 하시고, 악한 자에게서 지켜 주십니다."살후3:3 그러므로 일은 해야 하고 게으름은 피해야 한다. "형제자매 여러분, 선한 일을 하다가 낙심하지 마십시오."살후3:6-13 또한 이러한 종류의 실제적이고 현실적인 가르침을 무시하는 이들을 피하십시오. "그러나 그를 원수처럼 여기지 말고, 형

제자매에게 하듯이 타이르십시오." 살후3:15

(6) 베드로전서

이 성경책의 저자는 비두니아-본도를 포함하여 현대의 터키에 해당하는 로마 제국 속주에 살았던 예수 따르미들에게 베드로의 이름으로 편지를 썼다.벧전1:1 그들은 제국의 체포, 구금, 처형의 위협 속에 살았다. 왜냐하면 그들은 "메시아의 이름"을 감당했기 때문이다. 이 성경책의 **뼈대**를 구성하는 구절은 다음과 같다. "사랑하는 여러분, 여러분을 시험하려고 시련의 불길이 여러분 가운데 일어나더라도, … 놀라지 마십시오. 그만큼 여러분은 그리스도의 고난에 동참하는 것이니, 기뻐하십시오." 벧전4:12-15

이 성경책이 써진 기원후 대략 112년에 비두니아-본도 지역 로마 총독인 플리니는 트라야누스 황제에게 예수 따르미들을 어떻게 처리할 것인지에 대해 지침을 바라는 서신을 보냈다.

> 나는 그들이 그리스도인인지를 심문했습니다. 나는 자백한 사람들에게 처벌할 것이라고 위협하면서 두 번 세 번 심문했습니다. **나는 자백을 고수한 사람들을 처형하라고 명령했습니다.** 왜냐하면 나는 그들의 신조의 본질이 무엇이든 간에 완강함과 굽히지 않는 고집이 처벌받아 마땅하다는 것을 의심하지 않았기 때문입니다. 동일한 우를 범하는 다른 사람들도 있었습니다. 그러나 이들은 로마 시민이었기 때문에 나는 그들을 로마로 이송하라는 명령에 서명했습니다.

> 이러한 절차가 진행됨에 따라 흔히 일어나듯 곧바로 고발이 속출했습니다. 여러 가지 일들이 일어났습니다. 많은 사람의 명단을 포함하는

익명의 문서들이 공개되었습니다. 내가 지시한 말대로 신들에게 기원하도록 했을 때 그리스도인이었거나 그리스도인이었던 적이 있었다는 것을 부인한 사람들은 당신의 형상에 향과 술을 바치고 기도를 했고 나아가서 그리스도를 욕했습니다. 나는 이런 목적으로 그것들을 신상과 함께 모아두라고 명령했습니다. 진정한 그리스도인이라면 아무도 그런 목적에 맞게 행동하도록 강요받을 수 없다고 말해집니다. 나는 그런 목적으로 행동하는 사람들은 석방되어야 한다고 생각했습니다. 제보자에 의해 이름이 밝혀진 다른 사람들은 자신이 그리스도인이었다고 공언했다가 곧 부인했습니다. 이들은 과거에 그랬지만 현재는 그만두었다고 주장합니다. 이들 가운데 일부는 3년 전에 그만두었고 일부는 오래 전에 그만두었으며 일부는 그만둔 지 25년이나 된다고 주장합니다. 이들은 모두 당신의 형상과 신상에 예배하며 그리스도를 욕했습니다.

그런데 이렇게 철회한 사람들은 어떻게 되는가? 여기가 플리니가 칙령이 필요했던 대목이다. 자신의 답변에서 트라야누스 황제는 플리니의 실천을 수긍했다.

플리니, 그대는 그리스도인이라고 고발된 사람들을 다루는 소송 사건을 조사할 때 적절한 절차를 지켰다. 왜냐하면, 일종의 고정된 기준으로 사용될 일반적 규정을 정하는 것은 불가능하기 때문이다. 그들을 색출할 필요는 없다. 만일 그들이 고발되고 유죄로 입증된다면 처벌해야 할 것이다. 다만 유보 조항이 따른다. 즉 자신이 그리스도인이라는 것을 부인하고 진정으로 이 점을 입증하면 가령 우리의 신에게 예배하는 자라면 누구라도 과거에 그러한 혐의를 받았다고 하더라도 회개를 통해 사면을 받을 것이다. 그러나 익명으로 제시된 고발은 어떠한 처벌도 주어져서는 안 된다. 왜냐하면 이것은 위험한 종류의 선례이자 우리 시대의 정신에 어긋나는 것이기 때문이다.[35]

예수 따르미들은 이러한 정책 하에서 어떻게 살아야 했는가? 우리의 성경책은 이 물음에 답하려고 한다. 저자는 그의 독자들을 "나그네들"과 "나그네" 삶을 사는 "거류민"이라고 말했다.벧전1:1, 1:17, 2:11 그는 그들에게 "산 소망 즉 부활한 예수"벧전1:3와 "마지막 때에 나타나기로 되어 있는 구원"벧전1:5을 상기시켰다. 그는 그들에게 "여러분은 다시 태어났습니다. 그것은 썩을 씨로 그렇게 된 것이 아니라, 썩지 않을 씨 곧 살아 계시고 영원하신 하나님의 말씀으로 그렇게 되었습니다"벧전1:23라고 보장했다. 그는 그들에게 그들이 새로운 정치 공동체라는 **출애굽기**의 비전을 성취했다고 말했다.

여러분은 택하심을 받은 족속이요, 왕과 같은 제사장들이요, 거룩한 민족이요, 하나님의 소유가 된 백성입니다. 그래서 여러분을 어둠에서 불러내어 자기의 놀라운 빛 가운데로 인도하신 분의 업적을, 여러분이 선포하는 것입니다. 여러분이 전에는 하나님의 백성이 아니었으나, 지금은 하나님의 백성이요, 전에는 자비를 입지 못한 사람이었으나, 지금은 자비를 입은 사람입니다.벧전2:9-10

그는 그들에게 "만물의 마지막이 가까이 왔습니다. 그러므로 정신을 차리고, 삼가 조심하십시오"라고 말했다.벧전4:7 "무엇보다도 먼저 서로 뜨겁

---

35) *Internet Medieval Source Book*, Fordham University, 1996, 강조는 첨가.

게 사랑하십시오"라고 그는 말했다. 벧전4:8

그리고 그는 그들에게 현재의 지배적 규범을 따라야 한다고 말했다. "여러분은 인간이 세운 모든 제도에 주님을 위하여 **복종하십시오**. 주권자인 왕에게나, 총독들에게나, 그렇게 하십시오. 총독들은 악을 행하는 사람에게 벌을 주고 선을 행하는 사람에게 상을 주게 하려고 왕이 보낸 이들입니다. … 하나님을 두려워하며, 왕을 공경하십시오." 벧전2:13-14, 17, 강조는 첨가 "하인으로 있는 여러분, 극히 두려운 마음으로 주인에게 **복종하십시오**. 선량하고 너그러운 주인에게만 아니라, 까다로운 주인에게도 그리하십시오. … 이것을 위하여 여러분은 부르심을 받았습니다. 그리스도께서는 여러분을 위하여 고난을 당하심으로써 여러분이 자기의 발자취를 따르게 하시려고 여러분에게 본을 남겨 놓으셨습니다." 벧전2:18, 21, 강조는 첨가 "아내가 된 이 여러분, 이와 같이 여러분은 자기 남편에게 **순복하십시오**. 그리하면 비록 말씀에 복종하지 않는 남편일지라도, 말을 하지 않고도 아내 여러분의 행실로 말미암아 구원을 얻게 될 것입니다." 벧전3:1

이 성경책의 저자는 현존하는 정치적, 경제적, 그리고 문화적 규범을 따르는 이러한 노력들이 충분하지 않을 것이라는 점을 알았다. 다시 말해서 예수 따르미들은 여전히 체포될 것이다. 질시하는 이웃, 제국 숭배 지사로서 기분이 상한 자, 또는 과거에 총회 회원을 지낸 반감을 가진 자가 아무개는 "예수의 이름을 감당했다"고 당국에 고발하는 것은 그야말로 아주 쉬운 일이었다. 체포는 곧 뒤따를 것이었다.

그래서 저자는 독자들에게 묻는 말에 답변할 수 있도록 준비를 해 두라고 말했다.

그들의 위협을 무서워하지 말며, 흔들리지 마십시오. … 여러분이 가진 희망을 설명하여 주기를 바라는 사람에게는, 언제나 답변할 수 있게 준비를 해 두십시오. 그러나 온유함과 두려운 마음으 로 답변하십시오. 선한 양심을 가지십시오. 그리하면 그리스도 안에서 행하는 여러분의 선한 행실을 욕하는 사람들이, 여러분을 헐뜯는 그 일로 부끄러움을 당하게 될 것입니다. 벧전3:14-16

전략은 소박하다. 깨끗하게 살고 이목을 끄는 것을 피하라. 만일 심문 당할 처지게 있게 되고 당신의 목숨이 당신이 하는 말에 달려 있다면 예수를 믿는 믿음 이외에 당신을 죽일 어떤 이유도 제공하지 말라.

이 성경책은 반복해서 예수의 고난을 상기시킨다. 벧전1:11, 2:21-24, 3:18, 4:1, 4:13 신약 성경의 어떤 다른 책보다 훨씬 더 반복해서 이 성경책은 예수를 따르는 이들의 고난을 언급한다. "그리스도인으로서 고난을 당하면 부끄러워하지 말고, 도리어 그 이름으로 하나님께 영광을 돌리십시오. … 그러므로 하나님의 뜻을 따라 고난을 받는 사람은, 선한 일을 하면서 자기의 영혼을 신실하신 창조주께 맡기십시오." 벧전4:16, 19

이 성경책은 강렬하게 뒤섞인 느낌을 끌어낸다. 그것은 바울이 전파한 것을 반영한다. 예수 따르미들은 구약 성경이 예기한 새로운 정치 공동체이다. 그것은 제국을 야훼의 최대의 적으로 인식한다. 우리는 이것을 서신 종결부에 나오는 "여러분의 바빌론에 있는 자매 교회" 벧전5:13의 문안 인사에서 안다. 여기서 바빌론은 **요한계시록**의 저자가 로마를 가리키기 위해 최초로 사용한 지시어이다. 그것은 야훼의 제국을 위해 받는 고난에 대해 어떠한 부끄러움도 보여주지 않는다. 그러나 그것은 또한 예수의 죽음을 예로 사용하면서 총회에 부정의를 "받아들이라"고 요구한다.

우리에게 남겨지는 것은 압박 하에 써진 이 성경책을 숙고하고 나서 이를 다음에 논의하는 두 성경책과 비교하는 문제이다. 489쪽 42번 문항을 참조하라.

(7) 디모데전서

디모데전서는 이 성경책이 바울의 4차 전도 운동 후에 그에 의해 써진 것이라고 말하고 있지만 그 내용과 문학적 양식은 그 책이 기원후 115년경 즉 바울 사후 약 50년쯤에 바울의 이름으로 다른 사람이 쓴 것이라는 점을 우리에게 시사한다.

이 성경책은 그 양식이 디모데를 지도하는 방식으로 되어 있다. 디모데는 에베소 부근의 총회를 감독한 사람이다. 그것은 감독의 "직분" 자격을 말하고딤전3:1-7 집사 자격을 서술하며딤전3:8-13 "장로회"를 언급한다.딤전4:14 따라서 이는 총회가 여러 지역에서 공식 구조를 발전시켰다는 것을 암시한다. 또한 그것은 디모데에게 조언을 제공한다. "경건함에 이르도록 훈련하십시오."딤전4:7 그것은 "성경을 읽는 일"을 강조하고딤전4:13 사람들에게 나이와 성을 고려하는 방식으로 말한다.딤전5:1-2 그것은 과부의 재정 자금 관리 행정을 자세히 말한다.딤전5:3-16 그것은 총회를 "다스리는 장로들"을 지원하고 훈련하는 법을 기술한다.딤전5:17-22 또 그것은 건강 증진을 위해 포도주를 조금 쓰라고 제언한다.딤전5:23

그것은 "믿음"을 바울이 결코 말한 적이 없는 한 다발의 고정된 신념으로 말한다. 그것은 이렇게 말한다. "어떤 사람들은 그 믿음에서 파선을 당하였습니다." 그렇게 된 사람들은 "사탄에게 넘겨졌습니다. 그것은 다시는 하나님을 모독하지 못하게 하려고 한 것이었습니다."딤전1:19-20, 강조는 첨가 영지주의적 태도는 "혼인을 금하고, 어떤 음식물을 먹지 말라"고 한 사람들이 증거한 바와 같이 "그 믿음"을 위협했다.딤전4:1-3, 강조는 첨가 그들은 "⋯ 하나님께서 지으신 것은 모두 다 좋은 것이요, 감사하는 마음으로 받으면, 버릴 것이 하나도 없습니다"라는 것을 기억해 내지 않으면 안 된다.딤전4:3-5 "돈을 사랑하는 것"이 모든 잘못의 원인이고 "돈을 좇다가, 그 믿음에서 떠나 헤매기도 하고, 많은 고통을 겪기도 한 사람이 더러 있습니다." 딤전6:10, 강조는 첨가

끊임없이 보다 광범한 사회과 그 권세 구조에 참여하고 도전한 바울의 글들과는 대조적으로 이 성경책은 현존하는 사회적 정치적 질서에 순응하고 받쳐줌으로써 총회가 현존 상태의 지지를 얻으려고 하는 욕구를 반영한다.

저자는 "왕들과 높은 지위에 있는 모든 사람"을 위해서 기도하라고 촉구했다.딤전2:2 그는 여자의 정숙을 위해 여성의 복장 규정을 자세히 설명했고 딤전2:9-10 "여자는 조용히, 언제나 순종하는 가운데 배워야 한다"는 규칙을 정했으며 여자가 남자를 가르치는 것을 금했다.딤전2:11-12 그리고 그는 암암리에 여자를 리더십의 지위에서 배제했다.딤전3:1-13 노예는 "자기 주인을 아주 존경할 분으로 여겨야 합니다. 그렇게 하여야, 하나님의 이름과 우리의 가르침에 욕이 돌아가지 않을 것입니다"라는 명령을 받았다. 자신의 주인과 함께 예수에 같이 헌신한 노예는 관계가 변화될 것이라는 어떠한 기대도 해서는 안 되었다. "오히려, 주인을 더 잘 섬겨야 합니다. 왜냐하면 이러한 섬김에서 이익을 얻는 이들이 동료 신도요, 사랑하는 사람이기 때문입니다." 딤전6:1-2, 강조는 첨가

따라서 예수의 복음은 바울의 서신에서 억압의 구조를 전복한 것인데도 이 성경책에서 묘사되는 바로는 약자를 지배한 강자의 권력을 뒤집어서는 안 되는 이유가 된다.

이 성경책은 믿음을 위해 받는 고난을 언급하지 않는다. 이 요소는 위에서 주목한 요소들과 합해지면 제국 적응 전략과 메시아 예수의 복음과의 결별

을 말해주게 된다.

(8) 디도서

이 편지는 **디모데전서**와 유사하다. 그것은 디도에게 크레타 총회를 담당하게 한 후에 바울에 의해 써졌다고 주장한다.딛1:5 그러나 그 어조는 예수 운동이 지배적 규범에 주의깊게 순응함으로써 제국의 적대 의식에 조정된 후대의 시점을 시사한다. 다음과 같은 일반적인 지침을 숙고해보라. "그대는 신도를 일깨워서, 통치자와 집권자에게 복종하고, 순종하고, 모든 선한 일을 할 준비를 갖추게 하십시오. 또, 아무도 비방하지 말고, 싸우지 말고, 관용하게 하며, 언제나 모든 사람에게 온유하게 대하게 하십시오." 딛3:1-2 이 성경책은 예수의 믿음을 위한 고난을 언급하지 않는다.

디모데전서도 그렇지만 이 저자는 노예에게 "주인에게 복종하고, 그들을 기쁘게 하라"고 말했다. 따라서 이는 "우리의 구주이신 하나님의 교훈"을 강자에게 매력적인 말로 만든다. "종들을 가르치되, 말대꾸를 하지 말고, 훔쳐내지 말고, 온전히 신실하라고 하십시오. 그러면 그들이 모든 일에서 우리의 구주이신 하나님의 교훈을 빛낼 것입니다." 딛2:9-10

이 성경책은 디도에게 디도가 나이 많은 남자들과 젊은 남자들, 나이 많은 여자들과 젊은 여자들에게 제시해야 하는 실제적 가르침을 교시한다. 그것은 남자는 아내에 관한 아무런 가르침도 받지 않는 반면 여자는 남편을 사랑하고 복종하라는 말을 듣는다는 점에서 인상적이다.딛2:1-8 유대인을 혹평하는 말도 있다. 그들은 "복종하지 아니하며 헛된 말을 하며 속이는 사람이 많이 있는데, … 그들의 입을 막아야 한다." 딛1:10-11 이 성경 본문은 후대 교회사에서 유대인들과의 교제를 끊는 것을 인가하는 준거로서 그리고 여전히 후대로 와서 유대인은 기독교로 개종하려면 죽음을 걸어야 하는 것이 요구된다는 것을 인가하는 준거로서 빈번하게 인용되었다.

디모데전서처럼 이 성경 본문은 디도에게 "장로들"을 임명하라고 지도하고 남자가 "감독"이 되기 위한 자격을 서술한다.딛1:5-9 결혼은 했으되 "한" 아내의 남편이라야 한다는 필요조건은 일부다처제를 반대하는 가르침을 암시하는 것으로 이해되었다.

요한1서와 대조적으로, 이 저자는 "영생"을 현재의 실재로가 아닌 미래의 소망으로 말한다.딛1:2 야훼의 약속을 예수의 삶과 예수 따르미들의 공동체에서 드러난 것으로 기술한 바울과 대조적으로, 이 저자는 야훼의 위대한 날의 실재를 미래로 물러나게 했다. "모든 사람에게 하나님의 구원의 은혜가 나타났습니다. 그 은혜는 우리를 교육하여, 경건하지 않음과 속된 정욕을 버리고, 지금 이 세상에서 신중하고 의롭고 경건하게 살게 합니다. 그래서 우리는 복된 소망 곧 위대하신 하나님과 우리 구주 예수 그리스도의 영광이 나타나기를 고대합니다." 딛2:11-13

예수는 어떤 종류의 구원을 가져왔는가? 바울에 대해 그것은 즉각적으로 기만의 권력 구조를 전복하고 원수와 화해하며 새로운 정치 공동체를 창조하기 시작한 것이었다. 그러나 이 성경 본문에서 분명한 실체가 있는 구원은 독자들이 조용하게 생활하고 적응하는 생활을 행함으로써 준비해야 하는 순전한 미래의 소망이다. 제국에 관해 말해보면 그것은 사람들이 함께 지내기 위해 같이 가지 않으면 안 되는 것이다.

(9) 베드로후서

기원후 120년경에 베드로의 이름을 사용한 성명불상의 저자가 예수 따르미들의 총회에 이 설교를 회람했다. 이 성경책은 유다서에 대한 언급이 많고 공관복음의 인용을 포함하며 바울의 글을 언급한다. 그것은 통상 마지막으로 쓴 신약 성경책으로 간주된다.

그것은 "거짓 교사들"에 대해 가혹하게 말한다.벧후2:1 그들은 예수를 따른다고 주장하지만 그들의 과거의 삶의 방식으로 되돌아갔다. 그들은 "자기가 토한 것을 도로 먹는" 개, "몸을 씻고 나서 다시 진창에 뒹구는" 돼지와 같다.벧후2:22 유다서와 요한서신과 같이 이 성경책은 메시아 예수의 믿음을 삶의 방식이기보다는 오히려 일종의 지식으로 만드는 것에 반대한다. "그들은 사람들에게 자유를 약속하지만, 자기들은 타락한 종이 되어 있습니다. 누구든지 진 사람은 이긴 사람의 종노릇을 하게 되는 것입니다." 벧후2:19

이 설교의 두 번째 초점은 "주님의 날" 벧후3:10의 도래가 지연된 덕분에 독자들이 경험하게 되는 의심이다. 정의와 평화가 지배하게 될 시간은 구약 성경 예언자들에 의해 예상되었고 예수에 의해 이미 왔다고 담대하게 선포되었다. 바울에 의해 해석된 바와 같이 예수 안에서 시작된 새로운 창조는 진실로 정의와 평화를 위한 인간 역사의 궤도를 바꾸었지만 그 새로운 창조의 충만함은 예수의 지상 재림을 기다렸다. 이제 예수가 죽은 지 90년이 지난 지금 비웃는 사람들의 목소리가 힘을 얻기 시작했다. "그리스도가 다시 오신다는 약속은 어디 갔느냐?" 벧후3:4

그 응답으로 저자는 다음과 같이 말했다. "주님께는 … 천 년이 하루 같습니다." 바꾸어 말하면 예수가 눈앞에서 사라진 지 아직 그렇게 많은 시간이 지나가지 않았다. 또한 저자는 "주님께서는 약속을 더디 지키시는 것이 아닙니다. 도리어 여러분을 위하여 오래 참으시는 것입니다. 하나님께서는 아무도 멸망하지 않고, 모두 회개하는 데에 이르기를 바라십니다"라고 주장했다. 데살로니가전서를 인용하면서 그는 주의 날은 예기치 않게 "도둑같이" 올 것이라고 말했다. 그들의 기대에 적응하기 위해 저자는 "하나님의 날이 오기를 기대하고 그 날을 앞당기"는 경건한 삶을 살기를 촉구했다." 벧후3:8-

11 "우리 주님의 오래 참으심이 구원을 위한 것이라고 생각하십시오." 벧후 3:15

이 성경책은 땅의 미래에 대해 특이한 방식으로 말한다.

> 지금 있는 하늘과 땅도 불사르기 위하여 그 동일한 말씀으로 보존되고 있으며, 경건하지 못한 자들이 심판을 받아 멸망을 당할 날까지 유지됩니다. 벧후3:7

> 그러나 그 날에 하늘은 요란한 소리를 내면서 사라지고, 원소들은 불에 녹아버리고, 땅과 그 안에 있 는 모든 일은 드러날 것입니다. 벧후3:10

> 우리는 주님의 약속을 따라 정의가 깃들여 있는 새 하늘과 새 땅을 기다리고 있습니다. 벧후3:13

드러날 그 날에 "불사르기 위하여 보존되고" "유지됩니다" 라고 함은 바울이 피조물이 변혁되고 "해방되기"를 기대한 것롬8:18-22과 똑같이 저자가 피조물이 정화되고 회복되기를 기대했다는 것을 말해준다. 확실히 이 성경책의 저자는 야훼가 땅을 **파괴하는** 것을 기대하지 않았다. 그 말은 "경건하지 못한 자들"과 관련해서만 사용된다. 벧후3:7

23장: 지혜롭게 살기 II

야고보서

이 서신의 저자권, 역사적 배경, 그리고 연도는 모두 논란의 대상이다. 그래서 독자는 이러한 문제들에 대해서 가장 확실한 것이 무엇인지를 결정해야 한다.

그러나 우리의 판단은 이 서신의 주제들과 강한 어휘들은 그 연도가 바울의 저작 이전인 기원후 40년 후반이라는 점을 시사한다는 것이다. 예수의 형제 야고보는 많은 학자들에 의해서 저자라고 여겨지고 있으며 그는 기원후 61년 아니면 62년에 돌로 죽임을 당했다. 따라서 그 이후의 연도는 불가능하다. 우리는 그가 예루살렘에서 유대인 회당의 청중을 위해 이 글을 썼다고 가정한다.

사람들은 이 서신에서 예수에 대한 언급이 드물다는 점 때문에 당황했었다. 이에 관해 우리는 이 서신이 예수의 이름 없이 그분의 평화와 비폭력의 길을 옹호하는 것은 우리 시대에 예수의 이름을 그분의 평화와 비폭력의 길 없이 흔하게 사용하는 것과 뚜렷한 대비를 이룬다고 말할 수밖에 없다. 보그의 논평은 유의할 만한 가치가 있다. "야고보는 복음서 이외의 다른 신약 성경의 어떤 문서보다도 더 많이 예수의 말씀을 반향한다. 그 불타는 열정은 예수 자신의 열정을 반영한다."[36]

야고보서 독자들은 오랫동안 서신에 나오는 강한 언어에 감동을 받았다. 독한 시련, 인내의 필요, 정의와 빈자에 대한 열정, 강렬한 분노, 위선의 위험, 선동적 발언, 간음과 살육에 대한 언급, 그리고 믿음만이 아닌 행동과 행함에 대한 요구가 그것이다.[37] 이 모든 것은 현지 총회의 내부 동학에 대한 반응이었을지도 모른다. 그러나 그것은 매우 흔치 않은 총회를 가정하고 세상과의 제한적인 상호작용이거나 세상 참여에 대한 신중한 회피거나 둘 중의 하나를 가정한다. 그럼에도 이 서신은 세상의 길과 사고방식에 굴복하는 것을 반대하는 경고를 보낸다.약1:27, 4:4 따라서 이 공동체에서 세상의 목소리는 분명히 크게 선명하게 들렸다.

칼리굴라 치세와 그 이후에 팔레스타인 땅에 대한 제국의 점령과 억압에 대한 폭력적인 저항은 유대 신봉자에게 점점 더 매력적인 선택지가 되었다. 이는 유대계 그리스도인에게 의심의 여지가 없었고, 특히 로마 관리들에게 뇌물로 바칠 재원이 없던 사람들에게 갈수록 더했다. 이른바 열심당원들이 자유의 투사로서 이 운동을 이끌었다. 기원후 46-48년부터 두 열심당원이자 서로 형제인 작은 야고보와 시몬의 지도 하에 갈릴리에서 공공연한 봉기의 불꽃이 튀었다. 야고보가 편지에서 말한 유대인 예수 따르미들은 "세계에 흩어져 사는 열두 지파"와 함께 그 속에서 살았다.약1:1 이 그리스도인들이 정의를 위한 투쟁에 아무런 영향을 받지 않았다거나 하등 관심이 없었다는 것은 있을 법한 일인가? 정의는 그들의 시대에 유대인들을 너무나 열정적으로 사로잡았고 실로 예수보다 160년을 앞서 폭력적인 마카비들을 사로잡았지 않았던가?

---

36) Borg, *Evolution of the Word*, p. 196.
37) Reiher, "Violent Language-A Clue to the Historical Occasion of James", *Evangelical Quarterly*, 2013.

야고보는 이렇게 시작했다. "나의 형제자매 여러분, 여러 가지 **시험**에 **빠**질 때에, 그것을 더할 나위 없는 기쁨으로 생각하십시오. 여러분은 믿음의 **시련**이 인내를 낳는다는 것을 알고 있습니다." 약1:2-3, 강조는 첨가 예수 따르미들은 권력 문제를 둘러싼 예수의 광야 시험 이야기와 예수가 그 권력을 어떻게 사용할 것인지에 대해 잘 알았다. 이제 그들은 유사한 문제로 시험을 받고 있었고 야고보는 "한결같은 저항"으로 번역되어도 좋은 "인내"를 옹호했다.

그러나 그의 독자들이 받는 **시험**은 무엇이었는가? 야고보는 **지혜**는 야훼로부터 얻을 수 있다고 말했다. 그는 "조금도 의심하지 말고, 믿고 구해야 합니다. 의심하는 사람은 출렁이는 바다 물결과 같습니다"라고 말했다. 약1:5-11 그는 빈자가 높아지게 된 것과 부자가 낮아지게 된 것을 **지혜**의 진리라고 밝혔다. 열심당원은 이러한 사회적 뒤엎음을 **정의**의 실행으로 보았다. 그러나 야고보는 열심당원이 **정의**를 창조하기 위해 폭력을 부르는 요구에 "속지마십시오"라고 경고했다. 약1:16, 강조는 첨가 분노와 폭력은 정의를 창조하지 않는다.

야고보는 "정의"나 "의로움"으로 번역된 단어를 빈번하게 사용했다. 약2:21, 23, 25, 3:18, 5:6 아마 **시험**과 **기만**은 실제로 **정의**와 **의로움**을 성취하는 것과 관계가 있을 것이다. 열심당원은 폭력 행위는 원수를 선별해서 죽이는 것을 포함해서 정의라는 대의를 성공적으로 이룩했다고 주장했다. 그러나 야고보는 악마에 대해 **참을성 있게 견디**면서 한결같이 저항함, 다시 말해서 정의를 추구하는 비폭력적 방법을 권고했다. 약4:7 그리고 그는 "노하는 사람은 하나님의 **의**를 이루지 못하기 때문입니다"라고 말했다. 약1:20, 강조는 첨가

흥미롭게도, 야고보는 서신에서 스스로 분노를 표출했다. 그는 세상의 고통에 대해 부동의 스토아철학을 충고한 것이 아니라 부정의에 대해 분노를

어떻게 쏠을지를 분별할 것을 충고했다. 이를 위해 그는 폭력적 선택과 비폭력적 선택 사이에서 택정하는 법을 보여주는 하나님으로부터 오는 지혜를 제공했다. 이러한 지혜는 쉽게 오지 않는다. 그것은 굳센 믿음을 취한다. 반면 속는 일은 당하기 쉽다.

야고보는 서신의 절정에 달하는 중심부에서 평화를 정의로 가는 길로 확언했다. "정의의 열매는 평화를 이루는 사람들이 평화를 위하여 그 씨를 뿌려서 거두어들이는 열매입니다." 약3:18 정의가 평화의 선조건이라고 말하는 사람들의 메시지와는 대조적으로 야고보는 정의는 평화나 평화 옹호의 결과, 야훼의 지혜에 기반한 신실한 행동의 한결같은 인내의 결과라고 논변했다. 490쪽 43번 문항 참조하라.

제국 해방의 투쟁 그리고 부자와 빈자 사이의 정의 투쟁에서 야훼의 지혜를 따라 어떤 종류의 힘이 사용되어야 하는지 하는 주요 문제와 더불어 이러한 투쟁과 관련해서 야고보의 서신에 나타난 사유의 진행 과정은 명확하다.

"말씀을 행하는 사람이 되십시오. 그저 듣기만 하여 자신을 속이는 사람이 되지 마십시오." 약1:22 그리고 이와 같이 "행함"을 옹호하는 것은 열심당원이 한가한 꿈이라고 일축했을 법도 한 야훼의 정의의 확립을 위해 기도하고 믿고 가라는 충고일 뿐만 아니라 또한 행동하라는 충고가 된다. "하나님 아버지께서 보시기에 깨끗하고 흠이 없는 경건은, 고난을 겪고 있는 고아들과 과부들을 돌보아주며, 자기를 지켜서 세속에 물들지 않게 하는 것입니다." 약1:27 가난한 사람에게 몸을 따뜻하게 하고 배부르게 먹으십시오라고 말하지 말고 행함으로 보여주십시오. 그러나 정의와 공의를 부과하고 부자와 빈자 사이의 균형을 맞추기 위해 폭력적 수단을 취하라는 열심당원의 충고를 받아들이지 말라. 그것은 세상의 지혜이다.

부자에게 보여주는 편애약2:1-13는 가난한 사람을 위해 정의를 행하는 열정을 가진 공동체에 있을 법하지 않는 일이다. 사람들은 이쯤 해서 현실의 교회 공동체를 생각하면 서로 다른 관점이 경합하고 있다는 점을 비로소 떠올리게 된다. 한편으로 가난한 사람을 높이는 급진적 행동의 목소리가 있다. 다른 한편으로 "우리는 이 공동체의 삶을 지원하는 부자와 그들의 돈이 필요하다고 말하는 목소리가 있다."

누가 옳은가? 교회 내에서 주장하는 정파들은 자기가 편애하여 복종하기로 하는 법과 피해야 할 가장 두려운 죄를 불가피하게 정한다. 사람들은 오늘날 교회가 논쟁을 벌이고 있는 동성애를 생각할 수 있을 것이다. 야고보가 말씀을 전한 총회에서 아마도 부자는 간음이 두려운 죄라고 강조하고 있었고 빈자는 빈자의 억압이 두려운 죄라고 강조하고 있었다. 야고보는 "전체 그림을 명심하라"라고 말했다.

발언은 중요하다. 세속적 열심당원의 격렬한 수사는 예수 따르미들에 의해 믿어질 수 있고 심지어 채택될 수 있다. 그러나 하나님의 길과 지혜는 "우선 순결하고[일관되고, 두 마음을 품지 않고] 다음으로 평화스럽고, 친절하고, 온순하고, 자비와 선한 열매가 풍성하고, 편견과 위선이 없습니다." 약 3:17, 4:8

부자에 대한 호통 즉 "부자들은 들으십시오. 여러분에게 닥쳐올 비참한 일들을 생각하고 울며 부르짖으십시오" 약5:1는 총회의 부자보다는 세상의 부자를 더 많이 염두에 두었을 것이다. 이것은 가난한 사람을 위한 비폭력적 옹호가 치르는 값비싼 대가에 대해 야고보가 쓴 엄연한 진술을 설명해준다. "여러분[세상의 부자]은 의인을 정죄하고 죽였지만, 그는 여러분에게 대항하지 않았습니다." 약5:6

우리는 서신의 끝부분에 가서약5:7-11 서신의 앞부분에 나온 한결같은 저항을 다시 한 번 강조하는 것을 본다. 그리고 야고보는 그의 독자들에게 이렇게 장담했다. "[정의로운] 의인이 간절히 비는 기도는 큰 효력을 냅니다." 약 5:16 이 말은 그들에게 참된 능력의 특징을 상기시킨다.

성찰과 토론 8

39. 바울은 예수가 역사의 방향을 바꾸었다고 확신했다. 제국은 기만적, 폭력적, 그리고 불의한 것으로 폭로되었고 그런즉 패배했다. 세상을 돌아가게 하는 새로운 방식이 시작되었다. 이 담대한 주장이 수용되려면 증거가 필요하다는 것을 바울은 알았다. 그는 어떤 증거를 인용했는가? 그리고 그는 총회에 어떤 증거를 만들어내라고 요구했는가?

40. 바울의 세계관과 리더십에서 고난의 역할을 숙고해보라. 다른 운동의 지도자의 삶에서도 그것을 숙고해보라. 당신은 그 영향과 의의를 어떻게 기술하겠는가?

41. 사회 운동과 사회 조직 간의 차이는 무엇인가? 우리는 22장에서 성경책을 개관하는 과정에서 예수 따르미 공동체가 운동에 기반한 구조로부터 조직 구조로 이동하는 것을 본다. 운동이 목적 문제운동은 왜 존재하는가, 리더십, 회원자격누가 운동 안에 있고 누가 운동 밖에 있는가, 그리고 자기 훈련에 접근하는 방식을 조직이 그러한 문제에 접근하는 방식과 비교해보라. 당신은 종교적 공동체가 오늘날 사회 운동으로 기능하고 있는 것을 어디서 보는가?

42. 요한계시록을 제외한다면 기원후 90년 이후에 써진 성경책은 저항 문헌답다기보다는 그 수준 이하인 것으로 보인다. 물론 이러한 변화는 도미티아누스 제국의 광범위한 그리스도인 박해와 일치한다. 당신은 이러한 변화의 특징을 어떻게 묘사하는가? 배반인가, 적응인가, 아니면 또 다른 어떤 것인가? **디모데전서와 디**

도서는 "메시아 예수의 복음과의 결별"이라는 저자의 견해에 대해 478-479쪽을 참조하고 이에 대한 당신의 반응은 무엇인가?

43. **야고보서**는 지혜를 폭력 없는 인내로 말한다. 당신은 오늘날 제국의 대안을 창조하기 위한 노력을 생각할 때 어떤 형식의 저항을 기릴 필요가 있는가? 더 강조할 필요가 있는 저항은? 덜 강조할 필요가 있는 저항은? 폭력에 대한 **야고보서**의 가르침이 가장 적합한 곳은 어디인가?

24장: 한결같은 저항과 신실한 증인

요한계시록

(1) 저자의 중심 메시지와 양식

도미티아누스 황제의 강렬한 적대적 통치 하에서 계시자 요한은 그 시대의 교회와 제자들에게 다음과 같이 물었다. "당신은 탐욕과 폭력을 중심으로 조직된 제국 속에서 예수의 이처럼 비폭력적이고 단순한 삶을 살면서 어떻게 하고 있는가? 당신은 이 압력에 맞설 수 있는가?" 이 물음이 **요한계시록** 전체의 틀을 짜는 문제이고 또 우리의 읽기에 영향을 미쳐야 한다.

요한계시록은 "큰 그림"을 그리는 저술이고 눈, 귀, 코, 그리고 감정을 자극하는 일련의 극적 장면들로 구성되어 있다. 요한은 예술가 말하자면 음악가, 화가, 이야기꾼, 시인이었다. 그는 논리적 합리주의자는 아니었다. 그는 자신의 진리를 전하기 위해 총천연색 영화나 HD 티브이와 같은 매체를 가지고 있지 않았다. 그래서 그는 그가 가용할 수 있는 것을 사용했고 멋진 기술과 효과로 그 일을 수행했다.

이 성경책의 해석가들이 수년 간 범한 가장 흔하고 파괴적인 오류 중의 하나를 피하기 위해 먼저, 우리는 서구가 집착해 온 선형적인 연속 사건과 시간

전개를 한쪽으로 치워놓고 그 책을 그 책이 써진 대로 다시 말해서 대부분이 자극적이고 상상적인 장면들이 무더기로 또는 가득히 묘사되어 있는 책으로 읽는다. 그리고 이 장면들은 어떤 미래의 연속 사건들이 아니라 요한이 글을 쓴 그리스도인 총회의 매우 어려운 삶을 묘사한다.

둘째, 이 큰 그림은 작은 요소들로 이루어져 있고 말로 시작한다는 점을 주시하라. 명백한 것을 말하기 위해 **요한계시록**은 말과 그 의미에 주의를 기울이는 것이 중요한데, 특히 그 책 전체에 걸쳐 반복되는 말이 중요하다. 왜냐하면 반복은 요한의 주요한 기술의 하나이기 때문이다. 장면이 그런 것과 마찬가지로 말도 역시 그렇다. 즉 이들 반복은 독자에게 누적 효과를 산출한다. "이것을 내가 전에 어디서 봤더라?"는 것은 독자에게 좋은 정신적 태도이다.

셋째, 가장 그럴 법한 것을 가정하라. 무엇보다도 요한은 그의 동시대인에게 글을 썼다. 그는 그들이 소수로서 경험하고 있었던 것을 생각하고 반응하는 법을 알리려고 글을 썼다. 이들은 제국이 자신의 의제를 독하게 밀어붙인 사회적 정치적 힘의 압력을 받는 가운데서 때로는 교묘하게 유혹하고 때로는 악독한 박해를 가하는 가운데서 존재하는 소수 대안 공동체였다.[38]

요한계시록은 그 자체의 내용 때문에 예언자의 예언서이다. 그러나 "예언"이라는 말은 많은 사람들을 오도했다. 많은 독자들이 이 성경책은 미래 사건에 관한 것이라고 가정하거나 아니면 이 책은 오랫동안 미래 사건에 관해 틀린 것으로 입증되었기 때문에 무시해도 안전할 것이라고 가정할지모른다. 이 두 가정은 다 같이 틀렸다. 첫째 가정이 틀린 것은 그 책은 먼 미래에 관한 것이 아니라 주로 요한의 현재와 그의 독자의 현재에 관한 것이기 때문이다. 둘째 가정이 틀린 것은 오늘날의 그리스도인들은 이 책을 무시해도 자신

---

38) Pablo Richard, *Apocalypse: A People's Commentary on Revelation*, pp. 3-5.

들은 아무것도 잃을 것이 없다고 추정하기 때문이다.

이 책은 미래에 관해 한 가지 심중한 것을 말하고 또 말한다. 즉 악은 지속 **할 수 없는 반면 선은 지속할 수 있다.** 이것은 심장한 의미를 가지고 있다. 왜 냐하면 그것은 나와 당신 같은 한갓된 죽을 수밖에 없는 존재에게 보상 받지 못하는 어떤 선한 행위도 없다는 것과 억제되지 않은 탐욕 사업, 조직적인 사 기, 그리고 살인적인 국가 폭력은 궁극적으로 비참하고 절대적인 실패를 맞 이할 것이라는 것을 보장하기 때문이다. 확실히 우리는 이 메시지를 오늘날 에 들을 필요가 있다. 우리들 가운데 우리의 세상에서 지금 일어나고 있는 일 에 경성하는 사람으로서 선이 악을 극복하고 있으며 종국에 가서 확실하게 지배할 것이라는 보장을 필요로 하지 않는 이는 누구인가?

처음부터 우리는 요한이 우리처럼 모든 것에 대해 모든 것을 안다기보다 는 그보다 더 적게 안다고 함으로써 우리 스스로 요한의 메시지를 깊이 있게 이해하도록 할 것이다. 다시 말해서 우리는 그가 어떤 것들은 다른 것들보다 더 제대로 이해한다고 허락해야 한다. 그는 어떤 것들은 진실로 바르게 이해 하지만 다른 것들은 틀리게 이해한다.

예를 들면, 요한은 삶과 상황을 변혁하는 사랑의 힘에 대해서 더 적게 알 았거나 하다못해 그가 말했어야 하는 것보다 더 적게 말했다. 게다가 그는 악 은 종국적으로 승리하지 못할 것이라는 보장을 우리에게 확신시키려는 열성 때문에 하나님의 손을 악행자를 파괴하는 것으로 묘사했다. 차라리 그는 그 가 하고 싶었을지도 모르는 것처럼 악행자에게 그들은 자신의 행동의 피할 수 없는 결과를 거둘 것이며 또 하나님은 악 그 자체를 옭죄기 시작한, 바울 의 말로는 악을 선으로 이기기 시작한 방식으로 사람들을 변혁하기 위해 예 수를 통해 인간에게 역사한다는 것을 보여주었어야 했다. 그래서 우리는 요 한의 완전성을 기대하는 것을 접어두고 그가 제공하는 위대한 선을 보는 일을 잘 해나가도록 하자.

하나님이 주는 말씀을 듣는 예언자로서 요한은 자신과 자신이 글을 써 보낸 총회가 처해 있던 거대한 투쟁 상황에 대해 말한다. 그의 독자들은 이미 그들의 형제자매들이 제국과 금융 권력의 손에 다수가 죽는 것을 보았다. 그들은 투쟁을 포기하고 싶은 큰 유혹을 받았고 상업, 소비, 그리고 제국 세력 즉 잘 지내기 위해 같이 가야 하는 것들에 합류하고 싶었다.

요한은 암울한 장면 즉 고통, 고난, 피, 파괴의 장면을 그린다. **이것들은 모두 제국이 세상을 돌아가게 하는 방식의 결과에 관한 것이다.** 이 메시지는 매우 단순하다. 즉 나쁜 행동은 나쁜 결과를 가진다. 여기에 철학적, 신학적 물음이 있는 것은 확실하다. 야훼는 나쁜 행동의 모든 결과를 계획하고 사주하고 구출하는가? 야훼는 최고 처단자인가? 아니면 야훼의 직접적인 손길과 나쁜 행동 · 죄의 피할 수 없는 결과 사이에는 어떤 거리가 있는가? 이에 대한 쉬운 대답이 있었다면 당신은 이미 그것을 알았을 것이다. 우리가 자신 있게 말할 수 있는 것은 요한이 이천 년 전에 야훼의 간섭하는 손길과 피할 수 없는 결과 사이에 둔 거리는 우리가 오늘날 두는 거리보다 더 적었다는 점이다.

요컨대, 요한은 참을성 있게 견딤, 한결같은 저항 등과 같이 여러 가지로 번역 가능한 표현인 불굴의 끈기를 요구하고 이 요구를 그가 묵시록적 수사로 묘사하는 서사 드라마에서 광경, 소리, 냄새 이를테면 넘쳐나는 용광로, 거센 바람, 퍼붓는 비와 우박, 불과 빛, 치료하는 나무와 생명 속에 담아낸다. 그가 하는 이 모든 일은 독자에게 지금은 "교회"라고 부르는 그들의 새로운 공동체에서 스스로 헌신한 선과 공동체와 평화의 길을 계속 걸어가도록 용기를 주기 위함이다.

(2) 저자의 서론 (1장)

"이것은 예수 그리스도의 계시입니다. 이 계시는 하나님께서 그리스도에게 주신 것입니다. 그런데 그리스도께서는 자기의 종 요한에게 이것을 알려 주셨습니다. 요한은, 하나님의 말씀과 예수 그리스도의 증언 곧 자기가 본 것을 다 증언하였습니다." 계1:1-2, 강조는 첨가 여기서 요한은 시적으로 써진 글 전체의 열쇠 말 즉 증언을 두 번 반복하고 또한 결정적 이중 개념 즉 "하나님의 말씀과 예수의 증언"을 진술한다. 이러한 이중어를 구사함으로써 그는 옛 것과 새 것, 익숙한 것과 낯선 것을 그의 유대인 독자와 이방인 독자를 위해 통합한다. 이 이중어는 이 성경책에서 줄곧 결정적 순간에 반복되고 개념의 순서가 뒤바뀌는 뚜렷한 역전 즉 예수의 증언과 하나님의 말씀으로 마무리된다. 계20:4, 강조는 첨가

요한은 이 메시지를 요한계시록 1장 1절에서 "종"이라 부르는 예수 따르미들을 위해 썼지만 더 구체적으로 말하면 "아시아에 있는 일곱 교회에" 쓴 것이다. "지금도 계시고 전에도 계셨고 또 앞으로 오실 분과 … 또 신실한 증인이시요 죽은 사람들의 첫 열매이시요 땅 위의 왕들의 지배자이신 예수 그리스도께서 내려 주시는 은혜와 평화가, 여러분에게 있기를 빕니다." 계1:4-5

이것은 귀띔해 주는 것이다. 이 성경 본문에서 우리는 무엇이 강한지, 무엇이 세상을 다스리는지, 무엇이 오래 지속하고 세상을 바로 잡을지에 관해서 읽고 있다. 내가 실직한 세상, 당신이 퇴직 연금을 잃은 세상뿐만 아니라, 물론 이런 것들은 중요하지만, 전쟁이 벌어지는 우리 세상, 경제적 착취와 불평등이 있는 세상, 그리고 생명 자체가 의존하는 환경을 아무 생각 없이 파괴하는 세상, 물과 공기와 음식과 거주지가 파괴되는 세상에 관한 것이다. 구약 성경과 신약 성경 그리고 예수의 가르침의 많은 주제들은 역시 요한계시록의 주요 주제들이다. 514쪽 44-47 문항을 참조하라.

이제 잠시 요한이 서신을 보낸 일곱 교회의 동시대인 입장이 되어 생각해 보자. 그들은 로마 제국의 압제와 이방 종교의 농락 하에 이렇게 말하고 있었다. "정말 힘든 생활이다. 우리는 이런 삶 속에서 어떻게 해야 할까? 한편으로 그들은 우리가 그들의 물건을 많이 사고팔면 잘 살 수 있다고 말한다.계 17장 참조 다른 한편으로 그들은 우리가 선량한 애국자처럼 굴지 않으면 죽일 것이라고 말한다." 익히 듣던 말이다. 이것은 당근과 채찍 즉 제국의 방식이다.

그러나 제국은 죽어가고 있다고 요한은 독자들에게 상기시켰다. 즉 제국의 종말이 눈에 보인다는 것이다. 이 지축을 흔드는 변화 앞에서 요한은 "인자와 같은 분"계1:13이 "두려워하지 말아라. 나는 처음이며 마지막이요, 살아 있는 자다"계1:17-18라고 말하는 것을 인용한다. 예수는 세상을 운영하는 다른 길을 보여주었다. 그것은 생명의 나라이다. 요한의 메시지는 이 길이 오래 지속할 것이라는 것이다.

위에서 적은 바와 같이 요한은 예수를 "신실한 증인이시요 죽은 사람들의 첫 열매이시요 땅 위의 왕들의 지배자"로서 소개했다. 그리스어로 순교자 martus를 뜻하는 "증인"이라는 말은 무엇을 의미하는가? 법정에서 하는 바와 같이 증언한다는 것은 자기가 본 것, 자기가 경험한 것을 공정하고 신실하게 이야기한다는 것이다. 그러므로 예수는 인류에 대한 야훼의 의도를 충만하게 대표하기 위해 보냄을 받은 자로서 그 의도를 신실하게 증언한다.

(3) 일곱 교회에 보내는 메시지 (2-3장)

요한은 상징적인 숫자인 일곱 교회에 자신의 위대한 시로 말을 전했다. 이것은 그 책의 기반을 철저하게 역사 안에 둔다. 교회는 사고를 바꾸고 즉 회개하고 로마 제국의 죽음의 길에서 예수 제국·왕국의 생명의 길로 충성의 방향을 바꾼 개인들에 의해 형성된 새로운 사회적 정치적 공동체였다.

개개의 교회는 등불이고 어두운 세상을 비추는 빛의 원천이다. 개개의 교회 위에, 너머에, 또는 위로 별이 있고 이 별은 통합된 정신, 집단적 이해, 고유한 정체성 그리고 교회 하나하나의 영적·우주적 특성과 사명을 대표한다.

요한은 예수가 개교회의 별마다 그 고유한 사명과 행동에 잘 맞추어진 비판과 격려의 말씀을 전하는 것을 들었다. 우리는 요한이 환상 속의 인물인 인자의 한 가지 특정한 속성을 다시 진술하는 것으로써 개개의 메시지를 시작했다는 점에 주목한다. 그러므로 그 메시지는 그 교회의 특성과 필요에 구체적이었다. 모든 메시지는 "이기는 사람에게"라는 문구로 끝난다. **요한계시록은 투쟁과 성공의 가능성에 관한 책이다.**

개개의 메시지는 신자들이 부름을 받아 세상에서 "신실한 증인"됨을 구현하는 특정한 "행위"나 행동을 확인한다. 이 "행위"에는 "인내" 계 1:9, 2:2, 19, 3:10, "시험과 분별" 계2:2, "충성" 계2:10, "신실한 증인" 계1:5, 2:13, "내 말을 지킴" 계3:8, "굳게 붙잡음" 계2:13, 25, 3:11, "섬김" 계2:19, "되새김" 계 2:5, 3:3, "깨어남과 깨어 있음" 계3:2-3, "열심을 내고 노력함" 계3:15, 19, 생각과 마음을 바꾸는 "회개함" 계2:5, 16, 21, 3:3, 19이 포함된다. 회개하지 않음에 대해서 요한계시록 16장 9, 11절을 참조하라. 이 모든 행위는 세상을 돌아가게 하는 비제국적 방식을 정의한다. 이것들은 새로운 공동체의 윤리적 생활 양식이다. 이 책 전체가 전념하는 것은 이렇게 생명을 주는 행동, 세계를 바꾸는 행동을 격려하는 용기다.

우리 시대에 우리는 교회에 대해 무엇을 기대해야 하는가? 우리는 요한이 일곱 교회에 기대한 것을 기대해야 한다. 우리는 "참을성 있게 견딤" 또는 한결같은 저항계1:9, 2:2, 19, 3:10을 기준으로 삼고 사용함으로써 지혜로운 비판과 강한 격려를 기대해야 한다. 이 기준은 "행위" 계2:2, 19, 23, 3:1-2, 8, 15이거니와 이것으로써 교회와 성도는 이 세상에서 예수의 길과 왕도에 대한 "신실한 증인" 계1:5을 만들어낸다. 우리는 **교회가 자신의 "행위"에 의해 심판되는 것을 피하면 안 된다.** "나는 네 행위를 안다"고 매번 천사는 말한다. 이것은 성경의 주된 주제로서, 예를 들면 에베소서 2장 10절을 참조하라.

우리는 어쩔 수 없이 묻지 않을 수 없다. 나의 교회, 우리의 교회는 "예수를 믿는 믿음을 지키는" 계1:5, 14:12 것에 신실한 증인을 만들어내는 지침과 영양분을 제공하고 있는가? 예수는 야훼를 믿는 믿음을 지켰고 피조물을 건사하고 원수를 사랑하며 억압을 바로 십자가에서 해제하는 야훼의 길을 지켰다. 우리는 이 일을 하고 있는가?

우리 시대의 교회는 기업과 정부가 그들의 언론매체들과 함께 우리에게 말하고 있는 거짓을 간파하도록 도움을 주고 있는가? 그 각각의 매체들은 땅에서 올라오는 짐승의 역할을 감당하고 있는데도 말이다.계13:11-18 아니면 우리 시대의 교회는 땅을 걱정하고 지속 가능한 농업을 한다는 몬산토 회사의 거짓말과 기만에 맞서는 것을 피하고 있는가?

우리 시대의 교회는 우리를 위하여 비폭력의 길, 어린 양의 길의 승리를 위한 비전을 갱신하고 있는가? 우리는 현재 땅을 통제하는 사람들이 심판 받을 것이고 힘없는 존재로 드러날 것이라고 믿고 있는가? 아니면 우리는 제국이 지배할 것이고 우리를 구원할 것이라고 기대하는가? 그런데 이와 동시에 우리는 이러한 나라들이 마침내 생명수의 강 옆에서 자라나는 나뭇잎들로 상징된 생명에 의해 변혁될 것이라고 믿고 있는가?계21:24-22:2 교회의 예배는 회복적 정의와 적극적 평화 조성에 참여하는 삶, 테러리즘을 반대하는 제국 전쟁의 기만성을 보여주는 삶을 예배로 드리는 삶으로 살아내도록 도움을 주고 있는가?

우리 교회는 **요한계시록**에 나타난 바와 같이 창조주를 창조의 지혜와 분리될 수 없는 창조주로 기리는 방식을 우리에게 보여주고 있는가? 우리 교회는 이 세계가 지속 가능하게 작동하는 방식이 어떻게 그 발생적 관계적 실재 안에 내장되어 있는지를 이해하는가? 이것은 자연의 무한한 상호 관련성의 근본 법칙을 위반하는 기술은 지속할 수 없다는 것을 의미하지 않는가? 이것은 땅의 유한한 창고로부터 대체 불가능한 자원을 아무 생각 없이 추출하는 것에 기반을 두는 경제는 지속할 수 없다는 것을 의미하지 않는가? 이것은 인간 본성의 근본적 표현에서 탐욕보다 위에 있는 관용의 우선성을 거부하는 윤리는 지속할 수 없다는 것을 의미하지 않는가?

미래는 야훼가 이 지구 역사 수십억 년 동안 무엇을 만들어 왔는지를 아는 것처럼 알고 사는 사람들의 책임이다. 교회는 **요한계시록**에서 말하는 예수로부터 좋은 도움을 받아서 우리가 이것을 알도록 도와줄 수 있을 것이다.

(4) 사자냐 어린 양이냐? (4-5장)

우리는 역사를 볼 때 삶의 예측 불가성, 복잡성, 그리고 부정의에 대처하는 위대한 투쟁을 본다. 이러한 계속되는 투쟁에서 누가 참여의 조건을 규정하는가, 그리고 그들은 어떤 종류의 힘을 사용해서 그 일을 하고 있는가? 요한계시록은 이 문제에 사로잡혀 있고 이를 보여주기 위해 두 가지 주요 동물 이미지를 사용한다.

요한은 역사의 비밀을 간직한 그러나 봉인되어 닫힌 작은 두루마리를 상상했다. 그런데 이 두루마리를 누가 열 수 있을 것인가 하는 문제가 있었다. 그때 처음으로 요한의 귀에 말해진 소리가 들렸다. "유다 지파에서 난 사자, 곧 다윗의 뿌리가 승리하였으니, 그가 이 일곱 봉인을 떼고, 이 두루마리를 펼 수 있습니다." 계5:5 그렇다면 역사는 위대한 인간 즉 왕들의 지배적이고 폭력적인 힘에 의해 돌아가는 것처럼 보인다. 이 사자가 그 일을 할 것이다. 이것은 요한이 귀로 들었던 것이 자아낸 기대이다.

그런데 그때 요한의 눈에 죽임을 당한 것처럼 보인 어린 양이 나타났고 이어서 모든 천사 합창단과 동물과 하늘과 땅의 성도들이 이 어린 양은 역사의 두루마리를 열 수 있는 분이고 이 어린 양에게 모든 권력, 지혜, 명예, 부, 그리고 영광과 축복이 주어진다는 것을 노래하고 있었다.계5:6-13 아하! 이것은 바로 역전이다. **어린 양이 사자를 대신했다.** 요한은 이제 다시는 좋은 것과 관련해서 사자를 언급하지 않는다. 어린 양이 그 이야기를 넘겨받는다. 그렇다면 역사는 결국 폭력에 의해 돌아가지 않는다. 이것은 피상적으로 보이는 것과는 정반대이지만 **요한계시록의 토대를 이루는 진리가 된다.**[39]

(5) 어린 양이 일곱 봉인을 떼다(6-7장)

다음으로 요한의 상상적 설명이 이어지는데, 어린 양은 역사의 봉인들을 떼기 시작하고 우리는 세상에 무슨 일이 일어나는지를 본다. 급하게 연속적으로 네 봉인을 떼자 말을 탄 네 기사가 나타난다. 흰 말 기사는 정복 능력이 있고 붉은 말 기사는 평화를 없애고 칼로 전쟁을 벌이며 검은 말 기사는 경제를 관리하고 청황색 말 기사는 죽음의 권세를 행사한다. 다른 봉인이 떨어지고 "하나님의 말씀 때문에, 또 그들이 말한 증언 때문에, 죽임을 당한 사람들의 영혼"이 나타난다.계6:9 말씀 · 증언이라는 이중어를 주시하라. 그들은 흰 두루마기를 받아 가지고 있다. 흰 말을 기억하라는 것일까? 그리고 그들은 그들과 같은 동료 종들과 그들의 형제자매들이 받는 고난이 끝날 때 옹호될 것이라는 말씀을 듣는다. 여기서 요한은 선을 위한 고난은 **패배와 동일한 것**

---

39) Hays and Alkier, *Revelation and the Politics of Apocalyptic Interpretation*, pp. 69-83.

이 아니라는 것을 알기 원하는 참으로 진실된 인간의 갈망을 정직하게 밝힌다.

이 투쟁 시나리오는 여섯째 봉인을 떼기에 이르고 어린 양이 권세를 맡을 때 왕들, 고관들, 장군들, 부자들, 세도가들에게 재앙이 일어나는 것을 보여준다.

그 뒤에 요한이 보니, "아무도 그 수를 셀 수 없을 만큼 큰 무리가 있었습니다. 그들은 모든 민족과 종족과 백성과 언어에서 나온 사람들인데, 흰 두루마기를 입고, 종려나무 가지를 손에 들고, 보좌 앞과 어린 양 앞에 서 있었습니다. 그들은 '구원은 보좌에 앉아 계신 우리 하나님과 어린 양의 것입니다' 하고 외쳤습니다." 계7:9-10 이 방대한 무리는 일곱 교회이고 이 거대한 투쟁에서 이긴 사람들은 모두 그렇다. 그들은 세상을 돌아가게 하는 야훼의 방식을 위해 어린 양의 증언을 공유함으로써 그 일을 했다.

(6) 일곱 나팔: 회개를 거부하는 세상 (8-11장)

마지막으로 일곱째 봉인이 떼어지고 이야기는 다시 나선형을 그리며 일곱 교회가 영웅적으로 참여한 이 거대한 역사 투쟁의 다른 층위를 다시 한 번 드러내기 시작한다. 이번에는 나팔을 상징물로 제시하면서 이 일곱 나팔을 지구의 연한 생태계에 대한 인류 폭력의 끔찍한 결과를 들려주는 소리로 독자의 귓전을 때리는 데 사용한다. 사람들은 그들의 환경과 문화의 파괴를 보고 있다. 그러나 이러한 막대한 재난에도 그들은 회개하지 않고 어린 양에 의해 드러난 바와 같이 세상을 돌아가게 하는 야훼의 방식으로 돌아서지 않는다. 계9:20-21 이 모든 것은 이집트에 닥친 재난과 제국의 회개 거부출1-15를 반복하는 부분임이 분명하다.

그러나 여섯째 나팔은 재난뿐만 아니라 증인까지도 보여준다. 요한계시록 10:1-11:14의 본문은 이미 수세기 동안 세상은 예언자를 통한 야훼의 길을 증언하는 증인을 받아들였다고 말한다. 요한이 삼킨 작은 두루마리는 다시 한 번 문자로 써서 계시한 진리를 상징한다. 두 명의 대담하고 강력한 증인은 야훼의 진리를 세상에 말하는 보편적 제자도의 소명을 대표한다. 이두 증인은 이 땅 위에 사는 사람들에 의해 공격을 당하고 괴롭힘을 당하지만 "증언"은 위대한 투쟁이다. 결국, 그들은 승리하고 하늘로 올라간다.계11:7-13 이것은 예수 따르미들이 스스로 신실한 증언을 할 수 있도록 마음을 북돋워주는 장면이다. 여기서 요한은 스가랴서 4장에 나오는 상징들을 이용했다.

이어서 일곱째 천사가 마지막 나팔을 분다. 드라마는 더 격렬해진다. 이제 "세상 나라는 우리 주님의 것이 되고, 그리스도의 것이 되었다." 계11:15 이제는 "죽은 사람들이 심판을 받을 때가 왔습니다. 주님의 종 예언자들과 성도들과 작은 사람이든 큰 사람이든 주님 이름을 두려워하는 사람들에게 상을 주실 때가 왔습니다. 땅을 망하게 하는 자들을 멸망시킬 때가 왔습니다." 계11:18 사람들은 환경 악화의 결과에 대해 이보다 더 강조하는 진술을 거의 상상할 수 없을 것이다. 땅을 파괴하는 사람은 파괴당할 것이다.

(7) 성도의 한결같은 저항이 시험을 받다 (12-14장)

다음으로 요한은 드라마를 드세게 만들기 위해 지상의 사건들을 천상의 강력한 투쟁 장면으로 전환한다. 아들을 낳는 한 여자가 나타난다. 이 여자는 생명에 적대적인 세상에 있는 생명, 죽음과 파괴를 다루는 데 열중하는 세상에 있는 생명을 상징한다. "악마"라고도 하고 "사탄"이라고도 하는 큰 용은 미가엘과 미가엘의 천사들에 맞서 하늘에서 전쟁을 벌인다. 그 용은 그 여자와 그 여자의 모든 자손들과 전쟁을 벌이는 땅으로 내쫓긴다. 그 모든 자손들은 "하나님의 계명을 지키며 예수의 증언을 간직하고 있는 사람들"이다.계 12:17 다시 한 번 이중어를 주시하라.

그 후에 큰 짐승들이 땅과 바다에서 올라온다. 이들 짐승은 살인적, 우상적, 기만적 제국 제도들의 권력을 대표한다. 이들 권력은 피할 수 없고 압도적인 것처럼 보인다. 그러나 그때 대항 권력이 나타난다. 즉 "어린 양이 시온산에 서 있었습니다. 그 어린 양과 함께 십사만 사천 명이 서 있었는데, 그들의 이마에는 어린 양의 이름과 그의 아버지의 이름이 적혀 있었습니다."계 14:1 이들은 인류들로부터 구원을 받은 사람들이고 "어린 양을 따라다니는" 사람들이다. 짐승들은 이들을 이기지 못했다.

천사들이 하늘에서 나타나고 모든 사람에게 영원한 복음을 전하고 제국 즉 "큰 도시 바빌론"이 무너졌다고 말하고 짐승을 예배하는 사람들이 하나님의 진노의 포도주를 마실 것이라고 선언한다.계14:8 이 모든 것은 "하나님의 계명과 예수를 믿는 믿음을 지키는 성도들에게는 인내[한결같은 저항]가 필요하다" 계14:12는 것을 독자에게 말해준다. 역시 이중어이다. 요한이 사로잡혀 있는 관심은 항상 이 공동체의 삶이고 이는 제국의 대안으로서 사는 삶이다.

(8) 회개를 촉구하는 일곱 재난 (15-18장)

최종적으로 하늘에서 일곱 천사가 일곱 재난을 들고 나타난다. 많은 장면들이 쌓여 고조되면서 더욱 극적이게 된다. 이 천사들은 야훼의 진노의 대접을 가지고 있고 이를 쏟는다. 이들은 "하늘에 있는 증거의 장소인 장막 성전"에서 나온다.계15:5 여기서 드라마 즉 투쟁은 하늘로부터 나오는 예언자와 천사의 증언과, 땅의 제국을 대표하는 짐승의 유혹과 위협 사이에서 세상이 선택해야 하는 투쟁이다.

되풀이 되는 일은 먼저 파괴의 대접이 부어지고 이어서 "그러나 그들은 회개하지 않았다"계16:9, 11는 말이 뒤따른다는 것이다. 세계·인류는 대부분 제국의 유혹과 위협을 선택하고 있다. 15-18장에서 요한은 일련의 중복되는 다양한 장면들로 악의 궁극적 패배와 선의 승리를 묘사했다. 그가 묘사한 바와 같이 그것은 오랫동안 진행되고 있지만 영원히 진행되는 것은 아닌 과정과 같다. 이것은 우리가 알다시피 요한계시록이 역사의 클라이맥스에 대해 구체적인 것만큼이나 구체적이다. 이는 18장에 포함되어 있는 바와 같다. 거기는 바빌론을 상징하는 인간 탐욕과 상업을 아주 생생하게 묘사하고 "소와 양과 말과 병거와 노예와 사람의 목숨"을 포함하는 무수한 물품 거래가 끝이 나서 크게 슬퍼하는 것으로 막을 내린다.계18:13 그 모든 것이 쓰러져 패한다.

바로 이와 같은 장면에서 화석 연료에 의존하는 지구 교역, 탄소 배출로 인한 지구 온난화와 같은 오늘날의 현실을 알아보는 것은 상상력이 거의 필요치 않다. 교훈적인 유추가 저절로 제시된다.

(9) 하나님의 승리: 새 하늘과 새 땅(19-22장)

승리의 축하가 이어진다. 즉 "하늘에 있는 큰 무리가 내는 우렁찬 음성과 같은 소리가 이렇게 울려왔습니다. '할렐루야, 구원과 영광과 권력은 우리 하나님의 것이다. 그분의 심판은 참되고 의로우시다.' "계19:1-2

요한은 엄청난 혼인 잔치를 상상했는데 이 잔치에서 어린 양은 신랑이고 신부는 "단장을 끝냈다." "모시 옷은 성도들의 의로운 행위"이기 때문에 신부는 "빛나고 깨끗한 모시 옷을 입"었다.계19:7-9 또한 그렇게 해서 교회는 교회에게 폭력 제국의 한복판에서 비폭력의 대안적 삶을 사는 길을 보여준 그분과 하나가 된다.

19:11-21:27의 본문은 7개의 소주제를 담은 단락을 포함하는데 각각은 악의 점진적 패퇴를 묘사한다. 개개의 단락은 "나는 보았습니다"는 말로 시작한다. 첫째 단락은 흰 말을 탄 기사를 보았다고 하는데 그는 나타나서 "입에서 나오는 칼"로 악을 패퇴한다. 그의 이름은 "하나님의 말씀"이다. 폭력의 언어가 나오고 피의 이미지가 있다. 하지만 "신실하신 분, 참되신 분" 계 19:11이라는 그의 이름에서부터 모든 민족을 "다스리는" 그의 칼이 "말씀"이 되는 것에 이르기까지 그 기사는 비폭력적으로 묘사되고 우리가 복음서의 설명과 바울의 서신에서 만난 갈릴리 예수와 넉넉하게 일치하는 것으로 묘사된다.

둘째 단락은 "해에 한 천사가 서 있는 것"을 기술하고 죽음의 부패를 일소하려고 공중의 새들에게 "하나님의 큰 잔치"에 모여라고 외친다.계19:17-18

셋째 단락은 왕들, 장군들, 힘센 자들, 말들과 그 기사들, 짐승과 거짓 예언자가 유황이 타오르는 불바다에 던져진 것을 기술한다.계19:19 넷째 단락은 "한 천사가 하늘에서 내려오는 것"을 기술한다. 그는 그 용을 붙잡아 결박하고 깊은 구덩이에 던지고 닫은 다음에 그 위를 봉인하여 천 년 동안 가두어 두고 "민족들을 미혹하지 못하게 했다." 계20:1-3

다섯째 단락은 "예수의 증언과 하나님의 말씀 때문에 목이 베인" 사람들이지만 메시아 예수와 함께 천 년 동안 다스릴 주권이 부여된 사람들을 그린다.계20:4 이 쌍개념에서 순서상 예수가 먼저 나오는 것은 여기가 처음이다. 여기가 신실한 자들이 악이 패배하고 있는 중에 승리를 맛보는 지점이다. 바꾸어 말하면 승리는 모든 악이 최종적으로 패배했을 때까지 기다리지 않는다. 교회는 지금 역사 속에서 악의 부분적 패배의 시기와 궁극적 패배의 약속을 살고 있다.

여섯째 단락은 죽음 자체와 하데스, 그리고 생명책에 이름이 기록되어 있지 않은 사람이 불바다에 던져지고 이로써 악의 힘을 부수는 것을 그린다.계 20:11-15 줄곧 그랬지만 여기서도 우리는 요한의 상상적 설명과 세계상을 총회가 자신의 매우 험난한 삶의 경험을 이해할 수 있도록 도와줄 의도를 지닌 것으로 읽고 있다는 점을 상기하는 것이 중요하다. 마구잡이 문자주의는 좋은 해석이 아니다.

이제 무대는 새 하늘과 새 땅의 도래로 설정된다. 이것은 21:1에서 시작하는 일곱째 단락에서 기술된다. 여기서 우리는 성경 본문이 스스로 말하도록 하면서 그 대부분을 독자의 영과 상상력에 맡길 것이지만 몇 가지 정보만 제공한다.

(a) 모든 것의 정점은 딴 세상에 있는 것이 아니다. "새 예루살렘은 하늘에서 내려오는" 것이지만 땅으로 내려온다.계21:2

(b) 생명수의 강과 그 강이 물을 주는 나무는 새로움을 입은, 영양을 공급하는 땅을 위한 것뿐만 아니라계21:6, 26 "민족들을 치료하는 데 쓰인다." 계22:2 어떤 의미에서 제국들은 패배뿐만 아니라 변혁되고 치료된다.

(c) 신실한 증인 예수는 요한에게 다시 용기를 주는 말을 한다. "그렇다. 내가 곧 가겠다." 요한은 대답한다. "아멘. 오십시오, 주 예수님!" 그리고 요한은 주 예수의 현존하는 은혜를 "모든 사람"과 함께 공유하는 말로 본문을 끝낸다.계22:20-21 **요한계시록**에서 이 "가겠다"는 말은 예수의 삶의 길이 예수 제자들의 삶에 끊임없이 침입하는 사건을 의미한다. 이 "곧"이라는 말은 제국의 억압에 대한 예수 제자들의 한결같

은 저항이 자신들의 신실한 증언이 되는 현재 세계를 의미한다. 이 은혜는 여기 지금에 주어진다.

요한계시록의 메시지 전체는 이스라엘의 예언자적 전통 안에 있다. 최고의 열심을 보여주었던 이스라엘의 예언자들은 항상 생명과 죽음, 진리와 거짓, 사랑과 증오, 살림과 파괴, 긍휼과 보복 사이에서 선택하는 것을 제시했다. 그 사이에서 선택하는 일은 인간 삶의 매트릭스이다. 사람들의 선택에는 실재적인 결과가 따른다. 땅과 생명의 청지기직은 인간의 소명이다. 이 소명을 잘 했으면 좋겠다.

25장: 그러면 무엇을?

저자의 결어

앞서의 이 모든 것을 거친 후에 우리가 최종적으로 도달하는 한 가지 결론은 야훼 즉 이스라엘 민족의 하나님은 뽕나무나 소원을 바라는 사고에서 만들어진 인간의 구성물이 아니라는 것이다. 그렇다. 야훼에 대해 말해지는 그 모든 것 중 어떤 것은 바로 그것에 다름 아니다. 그러나 우리는 성경 이야기에서 발견하는 경이로움 가운데 적어도 두 가지는 무시할 수 없다. 즉 패전한 후에 유배되어 포로로 끌려간 외국 타지에서 야훼의 노래를 부르는 유대인들과 발생하기 전까지는 도무지 상상할 수 없었던 삶과 유산인 나사렛 예수가 그것이다.

이상의 것들로 인해 성경 이야기는 우리가 내어준 시간만큼 값어치를 한다.

(1) 대안적 정치 공동체

우리가 성경을 읽을 때 초점을 맞춘 것은 세계를 조직하고 운영하는 제국의 방식과는 다른 방식의 길을 걷는 정치 공동체를 형성하는 야훼 예배자들의 기나긴 노력이었다.

우리는 아시리아나 이집트와 같은 나라가 되기 위한 노력과 그리고 난 뒤 페르시아 제국과 협력하기 위한 노력이 어떻게 이스라엘의 야훼 이해를 왜곡했는지, 또 그들을 부정의와 억압의 곤경에 빠뜨렸는지를 배웠다. 또한 우리는 다른 길에 대한 예언자들의 부분적인 비전들이 새로운 종교가 아니라 새로운 정치를 가르친 예수의 가르침 속에서 꽃을 피웠다는 것을 배웠다.

이 새로운 정치는 정부의 수단에 대한 통제력을 얻으려고 하지 않는다. 그 대신에 그것은 **이사야서**에 의해 기술된 정의와 "악한 사람에게나 선한 사람에게나 똑같이 해를 떠오르게 하시고, 의로운 사람에게나 불의한 사람에게나 똑같이 비를 내려주시"마5:45는 하나님의 관대한 자비에 헌신하는 공동체를 창조한다. 그것은 목적만큼 수단에 똑같이 주의를 기울이고 그리하여 세상은 지배, 보복, 피흘림에 의해서가 아니라 긍휼, 용서, 비폭력적 저항에 의해서 구원될 것이라는 확신과 함께 살아간다.

그렇다. 이 공동체는 친절하고 사랑스러운 힘이기도 할 뿐만 아니라 그와 동시에 강력하기도 한 힘을 추구한다. 그것은 힘의 언어를 편안하게 생각한다. 그러나 그것은 제국이 힘을 이해하고 사용하는 방식이 이 땅과 그 거주민을 파괴한다고 확신한다. 그래서 그것은 다른 종류의 힘, 다시 말해서 공유된 믿음과 세계관과 헌신으로부터 숱한 맥락에서 행동하는 사람들의 힘을 추구한다.

사람들이 이러한 지혜에 이끌려감에 따라 이 공동체는 하부 문화가 되어가고 "영원한 것들에 신실하게 사는"40) 문화가 되어간다. 이 공동체는 삶을 선물로, 정의를 우리가 공유한 소명으로 이해한다. 이 공동체는 밀가루에 섞인 누룩처럼눅13:21 고요하게 행동하고 또한 세상을 돌아가게 하는 다른 길

---

40) Dreher, *Crunchy Cons: The New Conservative Counterculture and Its Return to Roots*, p. 227.

을 나사렛 예수에서 발견했다고 주장하는 베드로나 바울처럼 공적 광장에 위치한다. 이 공동체는 사람을 먼저 "자기 포도나무와 무화과나무 아래 앉아서, 평화롭게 살" 미4:4 능력을 가진, 소비자라기보다는 생산자로 간주한다.

(2) 힘에 대한 다른 이해

메시아 예수의 믿음은 부정의에 취약하게 맞서는 것이 세상을 치유의 방향으로 가게 한다는 것이다.[41] 그것은 긍휼, 용서, 고난 속에서 야훼의 영을 사람들 속에 일깨우는 힘을 보며 이렇게 가장 억압적인 무력을 뒤엎고 마침내 해제한다. 그것은 야훼의 약속을 믿지만 역시 상실과 고난을 예기한다. 따라서 그것은 무섭게 저항하는 것이면서도 비폭력적인 것이다.

그것은 모든 사람이 축하하고 초대 받는 연회로서 제국에 의해서 키워진 분열이 해소되고 해묵은 적대감이 극복되는 장소이다. 그것은 다성적이고 탈중앙적이며 그렇지만 스스로를 다스리고 세상을 심판하는 권세를 태연하게 주장한다.

우리는 이 정치 공동체, 이 하부 문화, 이 나라가 정부의 모든 형적을 배제한다고 주장하지 않는다. 우리는 정부를 정의의 필요조건과 공적 책임 내에서 제한된 목적에 봉사하기 위해 창조된 유력한 구조라고 이해한다.

그러나 제국은 그와 같이 제약을 받는 것을 싫어한다. 제국은 스스로를 드높이고 스스로의 비밀스러운 목적을 세우고 어느 누구 또는 사물에 대한 책임을 거역하고 기만과 폭력을 통해 커지고 모든 대안을 포섭하거나 억누르고 우리를 죽음의 손 안으로 데려간다. 이러한 짐승의 통제권을 거머쥐려는

---

41) Fairfield, *The Healer Messiah: Turning Enemies into Trustworthy Opponenst*, Self-published at www.rruuaacchh.org, 2014, pp. 109-130.

노력은 **요한계시록**에서 말해지듯이 예언자들의 비전에 의해 구상되고 나사렛 예수에 의해 분명해지고 그리고 초기 예수 따르미들의 총회에서 현시된 정치적 목적 내에서는 적합한 것이 아니다.

(3) 연대와 집단 정신

유진 데브스, 마하트마 간디, 마틴 루터 킹, 레흐 바웬사, 넬슨 만델라, 아웅 산 수 치가 주도한 현대 사회 운동은 폭넓은 기반을 가진 정의를 추구하는 비폭력적 힘의 원천과 표현에 대해 우리에게 많은 가르침을 준다. 소비 활동보다 생산 활동을, 임금 의존보다 개인기업소유제를, 계급보다 공동체를 지지하는 19세기의 저술들은 풍부한 자원들인데 이 모든 것에 대해서 크리스토퍼 래시가 서술한 바 있다.[42] 현대 작가들로는 아룬다티 로이, 나오미 클라인, 코넬 웨스트, 그렉 보이드, 쉐인 클레어본이 우리에게 도움을 줄 수 있다.

세계에 흩어져 사는 많은 그리스도인, 유대인, 무슬림 회중들이 있으며 이들의 성스러운 책은 이들에게 제국에 대한 정의로운 대안을 구현하라는 소명을 들려준다. 이들이 제국의 방법이 아니라 예수에 의해 육화된 수단을 통해 이 소명에 응답한다면 이 회중들은 영의 해방, 공적 참여, 악에 대한 저항의 전 지구적 네트워크를 위한 중요한 매듭이 될 수 있다. 이 소명에 대해서 종교적인 방식으로 이루어질 가능성보다는 낮겠지만 공동체 음식 안전이나 지역 에너지 지속 가능성에 집중하는 활동가 네트워크도 역시 응답할 수 있다.

부분적으로 이러한 가능성을 거론하는 의도는 연대와 집단 정신의 습관을 형성하는 것이 중요하다는 것을 강조하기 위함이다. 우리가 서로 고립적으로 남아 있는 한 대안적 정치 공동체는 우리의 손에서 벗어나게 될 것이다.

---

42) Lasch, *The True and Only Heaven: Progress and its Critics*, pp. 203-225.

(4) 제국을 탈퇴하기

정치적 대안을 분명히 할 수 있는 공동체 형성은 제국과 그 병리적 측면에 현혹되어 있는 우리의 상태에서 벗어나기 위해 회개 아마도 광야의 시간까지도 수반할 것이다.

그 현혹의 신호는 사방에 널려 있고 이와 다른 것을 창조하는 것은 쉬운 일이 아닐 것이다. 국가 정치 지도자들이 반복해서 우리를 속일지라도 우리는 그들의 말을 믿어주는 일을 계속한다. 시장이 경제 엘리트에게 거대한 보상을 가져다주도록 조정되어 있다 할지라도 우리는 시장을 신성불가침한 것으로 간주하는 일을 계속한다. 세계 자원의 불균형한 몫을 우리가 소비하는 것이 제국이 사용하는 제압적인 폭력과 강압에 의한 것임이 명백할지라도 우리는 아무런 관심도 없이 그 유익을 향유하는 일을 계속한다. 정파 딱지, 인종적 · 성적 정체성, 성별 차이, 계층과 명성은 우리를 갈라놓고 흩트려놓게 함으로써 제국의 목적에 봉사한다 할지라도 자아를 나타내는 우리의 소중한 배지로 남아 있다. 직업과 경력 기준이 우리의 용기를 약화시키고 우리의 반대 의견을 무디게 할지라도 우리는 이것들에 최고의 우위성을 부여하는 일을 계속한다.

회개하기, 집단 내에서 다른 정치를 포용하는 관계를 키워가기, 제국 대안을 구현한 사람들로부터 배우기, 대결에 지기 쉬운 취약한 힘을 실천하기, 이러한 것들은 우리를 정의롭고 긍휼하며 비폭력적 대안으로 가는 길에서 우리를 지속해줄 수 있는 경험들이다.

우리는 이 길을 걸어가는 사람들이 지속 가능한 비폭력적 방식으로 매일을 살아가는 유형적 공동체에서 다 함께 결속하는 것이 새로운 긴급 사안이라는 것을 앞으로 몇 년 동안 갈수록 더 느끼게 될 것이라고 예기한다. 제국 대안을 다시 한 번 볼 수 있도록 만드는 것은 이러한 공동체의 증언일 것이다. 야훼의 놀라운 현존이 다시 한 번 알려지게 될 곳은 바로 거기서이다. 이곳은 정의를 요구하고 원수와 화해하고 이 땅을 회복하는 곳이다.

성찰과 토론 9

44. 494쪽에 언급된 "고통, 고난, 피, 파괴", 이것들은 모두 제국이 세상을 돌아가게 하는 방식의 결과이다." 당신이나 당신이 아는 사람들은 제국이 세상을 돌아가게 하는 방식 때문에 어떤 대가를 경험하고 있는가? 당신은 그런 대가를 경험하는 그 누구도 알지 못한다면 그런 경험을 하는 사람들에 대한 설명을 어디서 찾을 수 있는가?

45. 497쪽에 나오는 24장의 ³ 일곱 교회에 보내는 메시지를 다시 읽으라. 이 부분은 오늘날의 교회에 대한 질문을 지정해서 묻는다. 당신이 교회 회중의 구성원이라면 구성원으로서 그 질문에 어떻게 부합하는가? 당신은 이러한 방식에 따라 평가될 수 있는 어떤 다른 집단의 구성원인가?

46. 인류의 미래에 대한 대화는 너무 사변적이기 때문에 종종 그 질적 가치는 아무런 의미도 없었다. 그러나 요한은 계시자로서 그의 성경 본문에서 미래에 대해 말하고 예수의 길은 이 땅의 생존을 위한 열쇠라고 주장한다. 우리 시대에 대기의 탄소 배출 부하가 증대함에 따라 이 땅에 거하는 인류 미래에 관한 시나리오는 경험적 중요성을 지니게 되었다. 당신은 지구의 미래 예측을 기초로 해서 **지금** 결정을 내리는 것이 중요하다고 생각하는가?

47. **요한계시록**은 대부분의 사람들은 제국이 그 결과로 완파될 때까지는 제국에 대한 마음을 바꾸지 즉 회개하지 않을 것이라고 말한다. 그러나 505쪽을 보면, 일

부 사람들은 예수의 길을 옹호하는 것에 대해 "단장을 끝냈다"고 한다. "단장을 끝냈다"는 말은 우리 시대에 무엇을 의미하는 것일 수 있는가?

48. 당신은 이 책에서 추적된 성경의 비전을 끝까지 살아내는 우리 시대의 정치 공동체를 어디서 보는가? 당신으로 하여금 그러한 연결을 하도록 유도하는 것이 무엇인지를 당신이 안다면 그것을 기술해보라.

49. 당신은 제국을 탈퇴하기 위해 무엇을 할 수 있고 48번 문항에 대한 대답으로 당신이 확인한 공동체를 강화하기 위해 무엇을 할 수 있는가?

제4부

기도하는 성경 말씀

말로 아뢰는 기도는 인간이 하나님과 교통하는 방식이다. 문자로 써진 말은 기도의 신비를 드러내는 데 실패한다. 그러나 우리는 시적이고 자기 폭로적이며 이와 동시에 영적 환기를 가져오는 기도의 실천을 통해서 통찰을 얻는다. 이러한 실천을 시작하는 일은 어려울 수 있지만 성경의 기도 말씀을 소리 내어 말하는 것이 도ㅋ움을 줄 수 있다.

(1) 모세의 축복 기도

"주님께서 당신들에게 복을 주시고, 당신들을 지켜 주시며, 주님께서 당신들을 밝은 얼굴로 대하시고, 당신들에게 은혜를 베푸시며, 주님께서 당신들을 고이 보시어서, 당신들에게 평화를 주시기를 빕니다." 민6:24-26

(2) 모세가 예물을 가져왔을 때 제단에서 드리는 기도

"당신들은 주 당신들의 하나님 앞에서 다음과 같이 아뢰십시오. '내 조상은 떠돌아다니면서 사는 아람 사람으로서 몇 안 되는 사람을 거느리고 이집트로 내려가서, 거기에서 몸 붙여 살면서, 거기에서 번성하여, 크고 강대한 민족이 되었습니다. 그러자 이집트 사람이 우리를 학대하며 괴롭게 하며, 우리에게 강제노동을 시켰습니다. 그래서 우리가 주 우리 조상의 하나님께 살려 달라고 부르짖었더니, 주님께서 우리의 울부짖음을 들으시고, 우리가 비참하게 사는 것과 고역에 시달리는 것과 억압에 짓눌려 있는 것을 보시고, 강한 손과 편 팔과 큰 위엄과 이적과 기사로, 우리를 이집트에서 인도하여 내셨습니다. 주님께서 우리를 이곳으로 인도하셔서, 이 땅 곧 젖과 꿀이 흐르는 땅을 우리에게 주셨습니다.' "

" '주님, 주님께서 내게 주신 땅의 첫 열매를 내가 여기에 가져 왔습니다.' " 신26:5-10

(3) 한나가 불임의 시간이 끝났을 때 드린 감사 기도

"한나가 기도로 아뢰었다. 주님께서 나의 마음에 기쁨을 가득 채워 주셨습니다. 이제 나는 주님 앞에서 얼굴을 들 수 있습니다. 원수들 앞에서도 자랑스럽습니다. 주님께서 나를 구하셨으므로, 내 기쁨이 큽니다. 주님과 같으신 분은 없습니다. 주님처럼 거룩하신 분은 없습니다. 우리 하나님 같은 반석은 없습니다."

"너희는 교만한 말을 늘어놓지 말아라. 오만한 말을 입 밖에 내지 말아라. 참으로 주님은 모든 것을 아시는 하나님이시며, 사람이 하는 일을 저울에 달아 보시는 분이시다. 용사들의 활은 꺾이나, 약한 사람들은 강해진다. 한때 넉넉하게 살던 자들은 먹고 살려고 품을 팔지만, 굶주리던 자들은 다시 굶주리지 않는다. 자식을 못 낳던 여인은 일곱이나 낳지만, 아들을 많이 둔 여인은 홀로 남는다. 주님은 사람을 죽이기도 하시고 살리기도 하시며, 스올로 내려가게도 하시고, 거기에서 다시 돌아오게도 하신다. 주님은 사람을 가난하게도 하시고, 부유하게도 하시고, 낮추기도 하시고, 높이기도 하신다. 가난한 사람을 티끌에서 일으키시며 궁핍한 사람을 거름더미에서 들어 올리셔서, 귀한 이들과 한자리에 앉게 하시며 영광스러운 자리를 차지하게 하신다."

"이 세상을 떠받치고 있는 기초는 모두 주님의 것이다. 그분이 땅덩어리를 기초 위에 올려놓으셨다." 삼상2:1-8

(4) 다윗이 정의를 위해 드린 기도

"주님, 어찌하여 주님께서는 그리도 멀리 계십니까? 어찌하여 우리가 고난을 받을 때에 숨어 계십니까? 악인이 으스대며 약한 자를 괴롭힙니다. 악인은 스스로 쳐 놓은 올가미에 스스로 걸려들게 해주십시오. 악한 자는 자기 야심을 자랑하고, 탐욕을 부리는 자는 주님을 모독하고 멸시합니다." 시10:1-3

"주님, 일어나십시오. 하나님, 손을 들어 악인을 벌하여 주십시오. 고난받는 사람을 잊지 말아 주십시오. 어찌하여 악인이 하나님을 경멸하고, 마음속으로 '하나님은 벌을 주지 않는다' 하고 말하게 내버려 두십니까? 주님께서는 학대하는 자의 포악함과 학대받는 자의 억울함을 살피시고 손수 갚아주려 하시니 가련한 사람이 주님께 의지합니다. 주님께서는 일찍부터 고아를 도우시는 분이셨습니다." 시10:12-14

"주님, 주님께서는 불쌍한 사람의 소원을 들어주십니다. 그들의 마음을 굳게 하여 주시고, 그들의 부르짖음에 귀 기울여 주십니다. 고아와 억눌린 사람을 변호하여 주시고, 다시는 이 땅에 억압하는 자가 없게 하십니다." 시 10:17-18

(5) 다윗이 용서를 구하는 기도

"하나님, 주님의 한결같은 사랑으로 내게 자비를 베풀어 주십시오. 주님의 크신 궁휼을 베푸시어 내 반역죄를 없애 주십시오. 내 죄악을 말끔히 씻어 주시고, 내 죄를 깨끗이 없애 주십시오. 나의 반역을 내가 잘 알고 있으며, 내가 지은 죄가 언제나 나를 고발합니다. 주님께만, 오직 주님께만, 나는 죄를 지었습니다. 주님의 눈앞에서, 내가 악한 짓을 저질렀으니, 주님의 판결은 옳으시며 주님의 심판은 정당합니다. 실로, 나는 죄 중에 태어났고, 어머니의 태 속에 있을 때부터 죄인이었습니다."

"마음속의 진실을 기뻐하시는 주님, 제 마음 깊은 곳에 주님의 지혜를 가르쳐 주셨습니다. 우슬초로 나를 정결케 해주십시오. 내가 깨끗하게 될 것입니다. 나를 씻어 주십시오. 내가 눈보다 더 희게 될 것입니다. 기쁨과 즐거움의 소리를 들려주십시오. 주님께서 꺾으신 뼈들도, 기뻐하며 춤출 것입니다. 주님의 눈을 내 죄에서 돌리시고, 내 모든 죄악을 없애 주십시오. 아, 하나님, 내 속에 깨끗한 마음을 창조하여 주시고 내 속을 견고한 심령으로 새롭게 하여 주십시오. 주님 앞에서 나를 쫓아내지 마시며, 주님의 성령을 나에게서 거두어 가지 말아 주십시오. 주님께서 베푸시는 구원의 기쁨을 내게 회복시켜 주시고, 내가 지탱할 수 있도록 내게 자발적인 마음을 주십시오." 시51:1-12

(6) 다윗이 어려울 때 도움을 위해 드린 기도

"주님, 나에게 귀를 기울이시고, 응답하여 주십시오. 나는 가난하고 궁핍한 사람입니다. 그러나 나는 신실하오니, 나의 생명을 지켜 주십시오. 주님은 나의 하나님이시니, 주님을 신뢰하는 주님의 종을 구원하여 주십시오. 내가 온종일 주님께 부르짖습니다. 주님, 나에게 은혜를 베풀어 주십시오. 주님, 내가 진심으로 주님을 우러러봅니다. 주님의 종의 마음을 기쁨으로 가득 채워 주십시오. 주님, 주님은 선하시며 기꺼이 용서하시는 분, 누구든지 주님께 부르짖는 사람에게는, 사랑을 한없이 베푸시는 분이십니다. 주님, 나의 기도에 귀를 기울이시고, 나의 애원하는 소리를 들어 주십시오. 주님은 나에게 응답해 주실 분이시기에, 제가 고난을 당할 때마다 주님께 부르짖습니다." 시86:1-7

(7) 지도를 위한 기도

"주님, 주님의 율례들이 제시하는 길을 내게 가르쳐 주십시오. 내가 언제까지든지 그것을 지키겠습니다. 나를 깨우쳐 주십시오. 내가 주님의 법을 살펴보면서, 온 마음을 기울여서 지키겠습니다. 내가, 주님의 계명들이 가리키는 길을 걷게 하여 주십시오. 내가 기쁨을 누릴 길은 이 길뿐입니다. 내 마음이 주님의 증거에만 몰두하게 하시고, 내 마음이 탐욕으로 치닫지 않게 해 주십시오. 내 눈이 헛된 것을 보지 않게 해주시고, 주님의 길을 활기차게 걷게 해주십시오. 주님을 경외하는 사람과 맺으신 약속, 주님의 종에게 꼭 지켜 주십시오. 주님의 규례는 선합니다. 내가 무서워하는 비난에서 나를 건져 주십시오. 내가 주님의 법도를 사모합니다. 주님의 의로 내게 새 힘을 주십시오." 시119:33-40, 저자 성명불상

(8) 이사야가 신비 경험 후에 드린 기도

"나는 부르짖었다. 재앙이 나에게 닥치겠구나! 이제 나는 죽게 되었구나! 나는 입술이 부정한 사람인데, 입술이 부정한 백성 가운데 살고 있으면서, 왕이신 만군의 주님을 만나 뵙다니! … 제가 여기에 있습니다. 저를 보내어 주십시오." 사6:5, 8

(9) 히스기야가 목숨이 위태로운 병에서 회복하기 위해 드린 기도

"나는 제비처럼 학처럼 애타게 소리 지르고, 비둘기처럼 구슬피 울었다. 나는 눈이 멀도록 하늘을 우러러보았다. '주님, 저는 괴롭습니다. 이 고통에서 저를 건져 주십시오!' 주님께서 말씀하셨고, 주님께서 그대로 이루셨는데, 내가 무슨 말을 더 하겠는가? 나의 영혼이 번민에 싸여 있으므로, 내가 잠을 이룰 수 없다."

"주님, 주님을 섬기고 살겠습니다. 주님만 섬기겠습니다. 저를 낮게 하여 주셔서, 다시 일어나게 하여 주십시오. 이 아픔이 평안으로 바뀔 것입니다. 주님께서 이 몸을 멸망의 구덩이에서 건져 주시고, 주님께서 저의 모든 죄를 용서하십니다. 스올에서는 아무도 주님께 감사드릴 수 없습니다. 죽은 사람은 아무도 주님을 찬양할 수 없습니다. 죽은 사람은 아무도 주님의 신실하심을 의지할 수 없습니다. 제가 오늘 주님을 찬양하듯, 오직 살아 있는 사람만이 주님을 찬양할 수 있습니다." 사38:14-19

(10) 예레미야가 대적자로 인해 낙담해 있을 때 드린 기도

"주님, 저를 고쳐 주십시오. 그러면 제가 나을 것입니다. 저를 살려 주십시오. 그러면 제가 살아날 것입니다. 주님은 제가 찬양할 분이십니다."

"백성이 저에게 빈정거리는 말을 들어 보십시오. '주님께서는 말씀으로만 위협하시지, 별 것도 아니지 않으냐! 어디 위협한 대로 되게 해보시지!' 합니다. 그러나 저는 목자가 되지 않으려고 도망을 가거나, 주님 섬기기를 피하려고 하지도 않았습니다. 재앙의 날을 오게 해달라고 간구하지도 않았습니다. 주님께서 보시는 앞에서 제가 아뢰었으므로, 주님께서는 제가 무엇을 아뢰었는지를 알고 계십니다."

"저를 무섭게 하지 마십시오. 주님은 재앙의 날에 저의 피난처이십니다. 저를 박해하는 사람들이 수치를 당하게 하시고, 제가 수치를 당하지는 않게 하여 주십시오. 그들이 무서워 당황하게 하시고, 제가 무서워 당황하지는 않게 하여 주십시오. 이제는 그들에게 재앙의 날이 오게 하시며, 갑절의 형벌로 그들을 멸망시켜 주십시오." 렘17:14-18

(11) 예수가 제자에게 가르친 기도

"하늘에 계신 우리 아버지, 그 이름을 거룩하게 하여 주시며, 그 나라를 오게 하여 주시며, 그 뜻을 하늘에서 이루심 같이, 땅에서도 이루어 주십시오. 오늘 우리에게 필요한 양식을 내려 주시고, 우리가 우리에게 죄 지은 사람을 용서하여 준 것 같이 우리의 죄를 용서하여 주시고, 우리를 시험에 들지 않게 하시고, 악에서 구하여 주십시오." 마6:9-13

(12) 예수가 체포를 예상하고 드린 기도

"나의 아버지, 하실 수만 있으시면, 이 잔을 내게서 지나가게 해주십시오. 그러나 내 뜻대로 하지 마시고, 아버지의 뜻대로 해주십시오." 마26:39

(13) 예수가 십자가에서 드린 기도

"나의 하나님, 나의 하나님, 어찌하여 나를 버리셨습니까?" 막15:34

(14) 마리아가 임신을 축하하는 말을 사촌 엘리사벳한테 들은 후에 드린 기도

"내 영혼이 주님을 찬양하며 내 마음이 내 구주 하나님을 좋아함은, 그가 이 여종의 비천함을 보살펴 주셨기 때문입니다. 이제부터는 모든 세대가 나를 행복하다 할 것입니다. 힘센 분이 나에게 큰일을 하셨기 때문입니다. 그의 이름은 거룩하고, 그의 자비하심은, 그를 두려워하는 사람들에게 대대로 있을 것입니다. 그는 그 팔로 권능을 행하시고 마음이 교만한 사람들을 흩으셨으니, 제왕들을 왕좌에서 끌어내리시고 비천한 사람을 높이셨습니다. 주린 사람들을 좋은 것으로 배부르게 하시고, 부한 사람들을 빈손으로 떠나보내셨습니다." 눅1:46-53

(15) 세리가 성전에서 드린 기도

"아, 하나님, 이 죄인에게 자비를 베풀어 주십시오." 눅18:13

(16) 예수가 십자가에서 드린 기도

"아버지, 저 사람들을 용서하여 주십시오. 저 사람들은 자기네가 무슨 일을 하는지를 알지 못합니다." 눅23:34

(17) 예수 따르미들이 베드로와 요한이 감옥에서 풀려난 후 드린 기도

"주님, 이제 그들의 위협을 내려다보시고, 주님의 종들이 참으로 담대하게 주님의 말씀을 말할 수 있게 해주십시오. 그리고 주님께서 능력의 손을 뻗

치시어 병을 낫게 해주시고, 주님의 거룩한 종 예수의 이름으로 표징과 놀라운 일들이 일어나게 해주십시오." 행4:29-30

(18) 예수의 총회들을 위한 기도

"아버지께서 그분의 영광의 풍성하심을 따라 그분의 성령을 통하여 여러분의 속사람을 능력으로 강건하게 하여 주시고, 믿음으로 말미암아 그리스도를 여러분의 마음속에 머물러 계시게 하여 주시기를 빕니다. 여러분이 사랑 속에 뿌리를 박고 터를 잡아서, 모든 성도와 함께 여러분이 그리스도의 사랑의 너비와 길이와 높이와 깊이가 어떠한지를 깨달을 수 있게 되고, 지식을 초월하는 그리스도의 사랑을 알게 되기를 빕니다. 그리하여 하나님의 온갖 충만하심으로 여러분이 충만하여지기를 바랍니다."

"우리 가운데서 일하시는 능력을 따라, 우리가 구하거나 생각하는 것 이상으로 더욱 넘치게 주실 수 있는 분에게, 교회 안에서와 그리스도 예수 안에서, 영광이 대대로 영원무궁하도록 있기를 빕니다. 아멘." 엡3:16-21, 저자 성명불상

(19) 브리스길라의 축복 기도

"영원한 언약의 피를 흘려서 양들의 위대한 목자가 되신 우리 주 예수를 죽은 사람들 가운데서 이끌어내신 평화의 하나님이 여러분을 온갖 좋은 일에 어울리게 다듬질해 주셔서 자기의 뜻을 행하게 해 주시기를 빕니다. 또 하나님께서 예수 그리스도로 말미암아 우리 가운데 자기가 기뻐하시는 바를 이루시기를 빕니다. 예수 그리스도께 영광이 영원무궁히 있기를 빕니다. 아멘." 히13:20-21

(20) 요한이 야훼의 보좌 둘레에 있는 성도들에 관해 드린 기도

"지금도 계시고 전에도 계시던 전능하신 분, 주 하나님, 감사합니다. 주님 께서는 그 크신 권능을 잡으셔서 다스리기 시작하셨습니다. 뭇 민족이 이것 에 분개하였으나 오히려 그들이 주님의 진노를 샀습니다. 이제는 죽은 사람 들이 심판을 받을 때가 왔습니다. 주님의 종 예언자들과 성도들과 작은 사람 이든 큰 사람이든 주님 이름을 두려워하는 사람들에게 상을 주실 때가 왔습 니다." 계11:17-18

참고문헌

Bartlett, Anthony W. *Virtually Christian: How Christ Changes Human Meaning and Makes Creation New*. O-Books, 2011.

Bellah, Robert N., et al. *Habits of the Heart: Individualism and Commitment in American Life*. Harper and Row, 1985.

Borg, Marcus. *Evolution of the Word: The New Testament in the Order the Books Were Written*. HarperOne, 2012.

Borg, Marcus and N.T. Wright. *The Meaning of Jesus*. HarperOne, 2007.

Crossan, John Dominic. *God and Empire: Jesus against Rome, Then and Now*. HarperOne, 2008.

Dear, John. *Lazarus Come Forth*. Orbis Books, 2011.

Douglass, James W. *The Nonviolent Coming of God*. Orbis Books, 1991.

Dreher, Rod. *Crunchy Cons: The New Conservative Counterculture and Its Return to Roots*. Three Rivers Press, 2006.

Fairfield, John. *The Healer Messiah: Turning Enemies into Trustworthy Opponents*. Self-published at www.rruuaacchh.org, 2014.

Harink, Douglas. *Paul among the Postliberals*. Brazos Press, 2003.

Hays, Richard B. and Stefan Alkier, eds. *Revelation and the Politics of Apocalyptic Interpretation*. Baylor University Press, 2013.

Holy Bible New Revised Standard Version. Zondervan, 1989.

Horsley, Richard A. "The Bible and Empires" and "Conclusion." in *In the Shadow of Empire: Reclaiming the Bible as a History of Faithful Resistance*, edited by Richard A. Horsley, pp. 1-8, 177-182. Westminster John Knox Press, 2008.

Horsley, Richard A. *1st Corinthians*. Abingdon Press, 1998.

Howard-Brook, Wes. *Come Out, My People: God's Call out of Empire in the Bible and Beyond*. Orbis Books, 2010.

Lasch, Christopher. *The True and Only Heaven: Progress and Its Critics*. Norton, 1991.

Lohfink, Gerhard. *Jesus and Community*. Fortress Press, 1984.

Myers, Ched. *Binding the Strong Man: A Political Reading of Mark's Story of Jesus*. Obris Books, 1988.

Reiher, Jim. "Violent Language–A Clue to the Historical Occasion of James." *Evangelical Quarterly*. Vol. LXXXV No.3. July 2013.

Richard, Pablo. *Apocalypse: A People's Commentary on Revelation*. Orbis Books, 1995.

Van Steenwyk, Mark. *The Unkingdom of God*. IVP Books, 2013.

Wink, Walter. *Engaging the Powers: Discernment and Resistance in a World of Domination*. Fortress Press, 1992.

Wright, N.T. "Paul's Gospel and Caesar's Empire." in *Paul and Politics: Ekklesia, Israel, Imperium, Interpretation*, edited by Richard A. Horsley, pp. 160-183. Trinity International Press, 2000.

Yoder, John Howard. *Politics of Jesus*. Wm. B. Eerdmans, 1972.

역자후기

저자와의 가상 인터뷰

(1) 저자는 이 책을 왜 썼는가?

Berry Friesen & John K. Stoner, *If Not Empire, What?: A Survey of the Bible* CreateSpace, 2014

www.bible-and-empire.net 저자 웹사이트

info@bible-and-empire.net 저자 전자주소

먼저 이 책의 역자는 대한성서공회 『새번역본 성경』을 사용했음을 밝힌다.

이 책은 성경을 성경과 제국의 프리즘으로 개괄적으로 톺아본다. 주지하듯, 성경은 오래 전에 써진 책이다. 그리고 우리는 현재를 살고 있다. 과거의 책이 현재를 살고 있는 우리들에게 들려줄 중요한 이야기가 있어서 저자는 이 책을 썼다. 우리가 살고 있는 현재의 세계는 제국적 현실이라고 말할 수 있다. 우리 모두가 현존 체제의 제국적 실체와 그 모습을 모르지 않음에도 저항하기란 정말로 어렵다. 이러한 어려움에 과거의 기록문서가 도움을 줄 것이라고 우리는 믿는다. 왜냐하면 성경은 일종의 제국 비판 문서로 읽힐 수 있

기 때문이다. 이 책은 하나님이 이스라엘을 통해 역대 제국들과 씨름하고 싸우는 성경 역사를 개관한다. 기존의 진부하고 정형화된 성경 해설서이자 입문서와는 다르다. 이 책은 그 판을 바꾸는 매우 심중한 시각과 통찰을 담고 있다. 독자들은 이 책을 읽으면서 성경이 과거와 현재의 제국 인식과 비판에 교훈을 주며 현대적 적실성을 함의할 수 있는 시사점을 얻을 수 있을 것이다. 이 책은 단적으로 성경의 제국 비판으로 요약된다. 따라서 이 책은 현대 제국 사회를 살고 있다고 믿는 이들에 대해, 성경은 제국에 대해 뭐라고 말하는지를 말해준다.

(2) 저자가 이 책에서 다루는 문제들은 어떤 것들인가?

저자는 이 책에서 성경을 보는 관점을 하나님, 제국, 이상 사회의 프레임으로 일이관지한다. 성경을 기록한 수많은 저자들의 아픔과 고민도 이 프레임 내에서 움직인다. 이러한 현상은 이스라엘만이 아니라 고대 그리스나 서구 근대와 후기 현대 사회에서도 변함없다. 어떻게 하면 폭력과 부정의가 상존하는 야만적인 현실 세계를 넘어서 인간이 인간답게 사는 좋은 문명, 이상 사회를 만들고 살 수 있는가 하는 문제의식에서 성경을 읽는다. 성경에 나오는 하나님 나라는 세속적으로 표현하면 이상 사회, 좋은 사회, 선한 사회, 인간적인 사회에 다름 아니다. 저자는 이러한 사회의 추구를 성경의 본류라고 생각한다. 따라서 대중적인 기독교는 본래적인 기독교가 아니다.

구약 성경은 이스라엘이 바빌론 제국에 의해 망하고 포로로 잡혀간 식민지 생활에서 어떻게 대처했는지를 보여주는 삶의 문서이다. 또한 출애굽 사건 역시 이스라엘 민족이 이집트 제국에 대해 취한 입장을 담은 문서이다. 이 모든 문서들이 제국의 역사적 현실 앞에 놓인 선택의 갈래들을 수용하고 부인하며 협력하고 순응하는 방식을 반영한다.

저자는 정의와 평화를 위해 인간 역사의 방향을 바꾸어놓은 사건은 예수의 십자가 죽음과 부활이었다고 믿는다. 이러한 사건은 하나님이 인간 역사에 개입하고 간섭함으로써 제국의 역사 지배권을 파괴하고 역사의 흐름을 급선회하도록 만든 것으로 해석된다. 예수의 십자가 죽음은 제국의 길에 대항하고 대안일 수 있는 새로운 삶의 방식이 무엇인지를 나타낸 것이라고 이해된다.

또한 저자는 교회를 로마 제국의 공동체 생활 방식에 대한 대항이자 대안으로서 제시된 새로운 정치 공동체로 이해한다. 특히 바울의 서신을 통해서 로마 제국의 현실 가운데 그리스도인들이 취한 대책들이 어떠했는지를 규명한다. 이들의 궤적을 통해서 제국 너머로 초월해 갈 수 있는 삶의 길과 지혜를 끌어낸다.

저자는 연대와 공동체 결속을 강조하고 우리를 강압과 폭력으로 순치하는 제국의 이데올로기를 비판하고 그 네트워크로부터 탈퇴하는 것을 주창한다. 그리고 저자는 예수가 보여준 것처럼 긍휼과 용서와 비폭력적 저항을 삶의 최고 가치로 평가하고 이를 기반으로 제국이 지배하는 현실을 비판하고 부정하며 대안적 정치와 삶의 문화를 창조하고 구축해 갈 것을 촉구한다. 저자는 이것이 예수의 믿음, 그리고 예수의 믿음을 믿는 믿음의 중핵이라고 확신한다.

(3) 저자는 성경에 대한 자신의 시각과 해석을 부정적으로 보는 사람을 어떻게 생각하는가?

물론 그런 사람이 있을 수 있다. 이 책에서 펼쳐진 성경 개관과 해석은 기존의 것과는 시각을 기본적으로 달리한다. 우리는 오늘날 제국과 싸우는 사람을 위해 성경도 할 말이 있다는 것을 보여주고 싶었다. 인류 역사상 정치적 경제적 문화적 구조와 체계가 소수의 권력층이나 엘리트에 의해 지배되고 있다는 제국적 현실에 대해 많은 이들이 거부하고 저항해 왔다. 이러한 맥락에서 성경을 읽지 말라는 법은 없다. 이 책에서 성경을 오해하고 오인한 부분이 있을지도 모른다. 그렇다면 같이 연구하고 토론하자. 그리고 성경의 진리를 살아나게 하자. 오히려 나는 나의 시각이 기존의 정형화되고 고정된 성경 시각과 이해보다 훨씬 더 성경의 속마음을 역동적으로 보여줄 수 있다고 생각한다. 오히려 이러한 접근 방법이 성경에 나타난 세계관과 지혜와 진리를 세속 사회에 더 잘 전해줄 수 있다.

만일 이 책의 성경 이해가 기존의 해묵은 성경 이해 때문에 어떠어떠한 연유로 가리어져 있었다면 성경에 대한 나의 시각과 비전은 더욱 개발되고 보급되고 선전되어야 할 것이다. 이 점에서 이 책은 성경의 정치적 프로퍼간다이기도 하다. 성경은 세상이 어떻게 돌아가고 작동되며 좋은 사회를 만들기 위해 조직을 어떻게 구성하고 동원하는가 하는 문제에 관한 책이다.

만일 한국의 기독교 인구 천만 명에게 이러한 시각으로 성경을 가르친다고 상상해보자. 많은 일이 일어나겠지만 일단 수긍만 한다면 그 사회적 정치적 위력은 함부로 대할 바가 아닐 것이다. 한국 기독교의 현재 처지와 사회적 입지를 고려할 때 나는 나의 성경 이해가 중대한 가치를 지닌다고 본다. 나는 한국 기독교가 성경의 본류와 그 가르침에서 벗어난 교육 때문에 현재 상황에 봉착했다고 진단한다. 나는 예수의 하나님 나라를 우리가 살고 있는 제국의 현실과 맥락에서 가르치는 교회를 본 적이 없다. 예수 믿고 구원 받아 잘 살고 죽어서 천당 가자는 것이 기독교인 거의 전부의 신앙의 알파요 오메가이다. 만국 민족들이 순례할 하나님의 이상 사회는 망각되었다.

(4) 저자는 스스로 평가하건대 이 책의 한계가 무엇이라고 보는가?

나는 성경이 본질적으로 제국 비판적이고 반제국적이라고 믿는다. 대략적으로, 예수는 지금으로부터 2000년 전에 로마 제국에 대해, 스룹바벨, 에스라, 느헤미야는 지금으로부터 2500년 전에 바빌론 제국에 대해, 모세는 지금으로부터 3500년 전에 이집트 제국에 대해 출애굽한 것으로 이해된다.

이와 같은 시대별 제국은 현대의 제국과 같은 점과 다른 점이 많이 있을 것이다. 그러나 그 특수한 형태는 달라도 일반적 유형은 거의 유사하지 않을까 싶다. 세월의 흐름과 경험의 축적 덕분에 사람과 역사를 강압과 폭력으로 순치하고 지배하고 통제하는 제국의 힘과 수단은 더욱 세련되고 교묘하며 영리하게 진화하였을 것이다.

그렇기 때문에 수천 년 전의 제국 대안의 공동체 형성과 강화가 현대의 그것과 같기는 어렵다. 과거의 그것들이 현대의 제국 현실에 얼마나 유효하고 타당할 것인지는 의구심을 가질 수 있다. 특히 예수의 비폭력적 저항이 폭력이 난무하는 현대 제국의 현실에 적실성을 가지고 있는지는 신앙으로 긍정하기보다는 사실과 실증에 입각한 검증이 필요하다.

예수의 십자가는 당대 제국의 불의와 부정의와 폭력을 그야말로 온 몸으로 받아들이는 것 이외 다른 것이 아니었다. 쉽게 말하면 저항하지 않고 그냥 투항했다는 말이다. 그 뒤에 사도들이 로마 제국의 대안적 해결책으로 교회를 정치 공동체로 구성했지만 한시적이었고 그 뒤로는 그런 교회는 없어졌다. 예수의 비폭력, 비저항의 윤리가 이상 사회, 좋은 사회의 질서를 가져오고 하나님의 약속을 구현할 수 있는 방도인가라는 의심을 가지기 시작하면 비폭력은 성공하기 어렵고 따라서 폭력을 선택하기 쉽다. 즉 폭력은 이상 사회 건설을 위해 정당화될 수 있는가라는 물음이 제기되고 긍정적으로 답하게 된다. 현대 사회 혁명 이론은 비폭력은 제국 현실의 저항과 개혁에 성공할 수 없기 때문에 폭력은 필요하다고 주장한다.

비폭력·무저항의 공동체가 제국적 현실에 저항하고 정의와 평화를 가져오는 사례들은 있다. 그러나 그것이 일반적 방법이 될 수 있는가? 교회가 그렇다는 것을 역사적으로 보여주었는가? 보여주었다면 하나님과 예수의 방법은 채택해도 좋을 것이다. 그러나 잘은 모르지만 솔직히 말하면 그것은 희망 고문이 아닌가? 희망 고문이 아닌 현실 적합성을 지닌 방법이려면 교회와 그 정치 구조가 제국의 한복판에서 그것을 실증해야 할 것이다. 서구 근대 이후로 인류 문화는 종교에서 벗어났고 종교 없는 문화로 간다는 의지를 계속 구현해 왔다. 후기 현대 사회, 탈 기독교 사회에서 그리스도인과 기독교가 성경의 세계관과 가르침에 의거해서 사회를 구원하고 책임을 질 수 있는 처지에 있는지는 검토되어야 한다. 혹시나 성경의 이상 사회론은 여전히 고대 철학자 플라톤처럼 철인왕 이론과 같은 것에 비유될 수 있을지도 모른다.

(5) 저자는 이 책을 어떤 사람이 읽어주기를 바라는가?

나는 이 책을 늘 제국의 현실을 생각하며 썼다. 옛날이나 지금이나 인간을 지배와 종속의 관계에서 조종하고 하나님의 형상을 회복하는 사회 구조를 허락하지 않는 죄의 근성과 현실이 가슴 아팠다. 국제적으로 현대 제국의 현실과 싸우는 많은 유명 지식인들이 있다. 또한 국내적으로 저마다 자국의 사회를 제국적 맥락에서 바라보고 이 현실을 바꾸려는 진보 세력이 있다. 이 책은 하나님이 이스라엘을 통해서 제국과 투쟁하는 역사를 조사했으므로 이 점에서 그들에게 어떤 면에서 도움을 줄 것이다.

현대 세계는 여전히 살인, 폭력, 전쟁이라는 제국적 패러다임의 지배를 받고 있고 신자유주의 경제 체제가 전 지구적으로 지배적으로 확장되어 가는 상황에서 사람들은 이에 맞서는 대항적 대안적 세계 체제를 보급하지 못하고 있다. 성경 저자들의 세계관을 다루는 이 책은 이러한 문제 상황에서 해결 모색을 위한 시사점을 제공할 수 있을 것이다.

이상 사회를 추구하는 인간의 욕망은 고대의 플라톤의 『국가론』과 아우구스티누스의 『신국론』에서 시작하여 근대의 스피노자, 로크, 칸트, 헤겔 마르크스의 『자본론』을 거쳐, 롤즈의 『정의론』를 위시한 현대의 숱한 철학적 논쟁에서 지속되어 왔다. 성경도 그러한 책으로 읽을 수 있다. 성경은 폭력을 통하지 않고 그러한 이상 사회를 추구하는 길과 방법을 제시한다. 예수의 삶과 죽음이 그 열쇠이다. 나는 이것을 이 책을 읽는 독자에게 전하고 싶었다. 특히 현대의 제국적 현실에 대한 각성과 더불어 대안적 상상력을 가지고 현존 체제보다 나은 세상을 추구하고 싶은 이들에게 일독을 권한다. 그런 연후에 톰 라이트의 『혁명이 시작된 날』비아토르, 2019을 읽기를 추천한다.

기독교 신자이든 아니든 성경을 폐쇄된 내부 언어로만 이해하지 말고 실험적으로 제국 비판, 제국 반대의 언어로 읽어보라고 힘주어 말하고 싶다. 또한 나는 구약 성경과 신약 성경을 제국의 현실과 맥락 속에서 연구한 결과들을 교회 안에 갇혀 제국이 지배하는 줄도 모르고 까막눈인 채로 갑갑하게 살고 있는 기독교 신자들에게 알리는 것이 각성된 의식을 지닌 예수 따르미의 시대적 소명 중 하나라고 믿는다.

성경책별 찾기

구약전서

신약전서